Die Mediatisierung der Grafschaft Wertheim

# Rechtshistorische Reihe



Band 336

Peter Lang
Frankfurt am Main · Berlin · Bern · Bruxelles · New York · Oxford · Wien

Sven Christian Gläser

# Die Mediatisierung der Grafschaft Wertheim

## Der juristische Kampf eines kleinen Reichsstandes gegen den Verlust der Landesherrschaft und seine Folgen

Peter Lang
Europäischer Verlag der Wissenschaften

**Bibliografische Information der Deutschen Nationalbibliothek**
Die Deutsche Nationalbibliothek verzeichnet diese Publikation in der Deutschen Nationalbibliografie; detaillierte bibliografische Daten sind im Internet über <http://www.d-nb.de> abrufbar.

Zugl.: Heidelberg, Univ., Diss., 2006

Die vorliegende Arbeit wurde von
Prof. em. Dr. Hans Hattenhauer zur Aufnahme
in die Reihe empfohlen.

D 16
ISSN 0344-290X
ISBN 3-631-55482-6



www.peterlang.de

MEINEN ELTERN

IN TIEFER DANKBARKEIT

# VORWORT

Die vorliegende Untersuchung wurde im Frühjahr 2006 von der Juristischen Fakultät der Ruprecht-Karls-Universität Heidelberg als Inauguraldissertation angenommen. Sie verdankt ihr Entstehen vor allem der kollegialen Unterstützung und freundschaftlichen Hilfe Professor Dr. *Ulrich Hufelds*, der mich insbesondere in meiner Zeit als sein wissenschaftlicher Mitarbeiter an der *Andrássy Gyula Universität Budapest* in jeder denkbaren Weise gefördert und mit Rat und Tat begleitet hat. Ihm bin ich in großer Dankbarkeit zutiefst verbunden.

Mein besonderer Dank gilt meinem Doktorvater, Herrn Professor Dr. *Reinhard Mußgnug*, der mir bei der Konkretisierung des Themas wertvolle Hilfe geleistet und die Fertigstellung der Arbeit nach Kräften gefördert hat. Bedanken möchte ich mich auch bei Herrn Professor Dr. *Klaus-Peter Schroeder* für anregende Gespräche und aufschlußreiche Hinweise während meiner Studien sowie die zügige Erstellung des Zweitgutachtens. Für die Aufnahme meiner Arbeit in die rechtshistorische Reihe des Peter Lang Verlags bin ich Herrn Professor Dr. *Hans Hattenhauer* zu Dank verpflichtet.

Danken darf ich auch den Damen und Herren Mitarbeiterinnen und Mitarbeitern der Staatsarchive, in denen ich meine Quellenforschungen durchgeführt habe, namentlich des Staatsarchivs Wertheim sowie des Generallandesarchivs Karlsruhe. Nur mit ihrem geduldigen und fachkundigen Einsatz konnte die Untersuchung gelingen. Für unverzichtbare technische Hilfe schulde ich Herrn cand. rer. pol. *Alexander Philip Gläser* sowie Frau stud. phil. *Odile Weber* meinen Dank.

Besonders herzlicher Dank gebührt meinen Eltern, denen ich dieses Werk widme. Ihre uneingeschränkte Förderung meiner Ausbildung und ihre liebevolle Unterstützung und Loyalität hat die Anfertigung der vorliegenden Arbeit erst ermöglicht.

Wertheim am Main, im Juli 2006 — Sven Christian Gläser

# Inhaltsverzeichnis

## ABKÜRZUNGSVERZEICHNIS

| | |
|---|---|
| AfS | Archiv für Sozialgeschichte |
| AJ | Aschaffenburger Jahrbuch |
| Bearb. | Bearbeiter |
| BHStA | Bayerisches Hauptstaatsarchiv München |
| DBA | Deutsche Bundesakte |
| ders. | derselbe |
| Fn. | Fußnote |
| ggf. | gegebenenfalls |
| GLAK | Generallandesarchiv Karlsruhe |
| GuG | Geschichte und Gesellschaft |
| HistZ | Historische Zeitschrift |
| Hrsg. | Herausgeber |
| HVAW | Jahrbuch des Historischen Vereins Alt-Wertheim |
| iVm | in Verbindung mit |
| IPO | Instrumentum Pacis Osnabrugensis |
| KE | Konstitutionsedikt |
| MA | Ministerium des Auswärtigen |
| MInn | Ministerium des Innern |
| MRA | Mainzer Regierungsarchiv |
| N.F. | Neue Folge |
| o.O. | ohne Ortsangabe |
| RBA | Rheinbundakte |
| RDH | Reichsdeputationshauptschluß |
| Rep. | Repertorium |
| Sp. | Spalte |
| StAWt | Staatsarchiv Wertheim |
| StAWt-F | Staatsarchiv Wertheim, Löwenstein-Wertheim-Freudenbergsches Archiv |
| StAWt-G | Staatsarchiv Wertheim, Gemeinschaftliches Archiv |
| StAWt-R | Staatsarchiv Wertheim, Löwenstein-Wertheim-Rosenbergsches Archiv |
| StAWü | Staatsarchiv Würzburg |
| US | Urkundenselekt |
| vgl. | vergleiche |
| WJB | Wertheimer Jahrbuch |
| WSA | Wiener Schlußakte |
| ZfBayLG | Zeitschrift für Bayerische Landesgeschichte |
| ZfhistF | Zeitschrift für historische Forschung |
| ZfWürttLG | Zeitschrift für Württembergische Landesgeschichte |
| ZGO | Zeitschrift für die Geschichte des Oberrheins |
| ZgStW | Zeitschrift für die gesamte Staatswissenschaft |
| ZNR | Zeitschrift für Neuere Rechtsgeschichte |
| ZSStfR | Zeitschrift der Savigny-Stiftung für Rechtsgeschichte |

## § 1 EINLEITUNG

Zwei tiefe Zäsuren prägen die Geschichte der Grafschaft Wertheim: Mit der ersten im Jahre 1556 erlischt das bis dahin die Grafschaft regierende Geschlecht der Grafen von Wertheim im Mannesstamme. Das Erbe der Wertheimer Grafen gelangt zunächst an die Grafen von Stolberg, kurz darauf an die Grafen von Löwenstein. Als zweite Zäsur beraubt die Mediatisierung im Jahre 1806 die Grafschaft ihrer Eigenständigkeit und unterwirft sie badischer sowie – nach einem kurzen Intermezzo fürstprimatischer Regierung – bayerischer Landesherrschaft. Im Jahre 2006 jährt sich dieses Ereignis zum zweihundertsten Mal. Nachdem sich die Grafschaft über viele Jahrhunderte hinweg gegen ihre beiden mächtigen und weitaus bedeutenderen Nachbarn – das Hochstift Würzburg und das Kurfürstentum Mainz – behauptet hatte, vermochte sie dem letzten großen Sturm der napoleonischen Ära, der im Jahre 1806 über das Reich hereinbrach, nicht mehr standzuhalten. Zwar war man aus dem Reichsdeputationshauptschluß von 1803 noch gestärkt hervorgegangen und hatte in früherer Zeit verlorenen Boden gutmachen können. Diese *legale Revolution*[1] sollte aber der endgültigen Liquidation des Heiligen Römischen Reichs Deutscher Nation den Boden bereiten und stellte damit auch für die kleinen Reichsstände nurmehr ein retardierendes Moment dar auf dem Weg zum endgültigen Verlust ihrer politischen Existenz. Auch in Wertheim war man sich durchaus der Tatsache bewußt, daß das eigene Vorgehen gegen noch kleinere Mitstände *im Grunde nichts anderes als Ausübung des Rechts der Stärkeren gegen einen Schwachen war, welches, wenn es so fort gehen sollte, in kurzem auch gegen mindermächtige Reichsstände würde ausgeübt werden.*[2] In der Tat sollte die Grafschaft nur wenig später selbst Opfer noch größerer Reichsstände werden.

Mediatisierungen hatte es in der Reichsgeschichte immer wieder gegeben, freilich nahmen diejenigen der Jahre 1803 und 1806 ein bis dahin nicht gekanntes Ausmaß an. So reichen die frühesten, nicht nur machtpolitisch, sondern auch verfassungsrechtlich zu qualifizierenden Mediatisierungsbestrebungen in das 15. und 16. Jahrhundert zurück, als nach der Aufstellung der Reichsmatrikel die Frage der Reichsunmittelbarkeit entschieden werden mußte und viele Landesherren die Superiorität über Territorien von zweifelhaftem Rechtsstatus zu erringen suchten.[3] Im 17. Jahrhundert gewann der Mediatisierungsgedanke erstmals Methode, als mehrfach die Entschädigung deutscher Fürsten durch Reichs-

---

[1] Vgl. *Hufeld* (Hrsg.), Der Reichsdeputationshauptschluß von 1803, S. 24.

[2] Schreiben der fürstlichen Regierung an Fürst Dominik Konstantin vom 12. Dezember 1803, StAWt-R Lit. B Nr. 317.

[3] *Willoweit*, in: Handwörterbuch, Band 3, Sp. 413.

städte als Ausgleich für Gebietsverluste oder Kriegsschäden erwogen wurde.[4] Bis zum Reichsdeputationshauptschluß mit seinen massenhaft-systematischen Mediatisierungen war es da nur noch ein kurzer Weg. Als fatal im Hinblick auf das Geschick der Grafschaft Wertheim, aber auch die jüngere deutsche Geschichte insgesamt sollte sich die Prophezeiung eines Augsburger Bürgers aus dem Jahre 1789 erweisen:

> *Fällt eine Reichsstadt, so fallen mehrere, fallen mehrere, so fallen alle; fallen die Reichsstädte, so fallen die kleineren Fürstentümer, fallen die, so hat Deutschland nur zwei Regenten, und diese sind dann ewige Nebenbuhler, so lang bis hier nur einer regiert.*[5]

Tatsächlich ereilte nur wenig später rund siebzig bisher reichsständische Territorien weltlicher Landesherren das Schicksal der Mediatisierung. Die Rechtsgrundlage hierfür bildete die Rheinbundakte vom 12. Juli 1806, welche auch die Grafschaft Wertheim nicht verschonte und deren Gebiet dem Großherzog von Baden sowie dem vormaligen Kurerzkanzler und nunmehrigen Fürstprimas zusprach. Neben dem Verlust ihrer Landeshoheit und der damit verbundenen Reichsstandschaft mußten die Mediatisierten auch einschneidende wirtschaftliche Einbußen hinnehmen, da nunmehr der Staat einen erheblichen Teil ihrer bisherigen Einkünfte beanspruchte. Immerhin beließ die Akte den nunmehr als Standesherren bezeichneten vormaligen Reichsständen eine Reihe von Privilegien und Vorrechten, die wie die niedere Jurisdiktion und Polizei zum Teil hoheitlichen Charakter aufwiesen. Hiervon ausgenommen waren die als wesentliche Bestandteile der Souveränität bezeichneten Rechte der Gesetzgebung, hohen Jurisdiktion und Polizei, Konskription sowie Besteuerung.

Die mehrdeutigen und vagen Formulierungen der Rheinbundakte führten in der Folgezeit zu zahlreichen Auseinandersetzungen zwischen den Depossedierten und ihren nunmehrigen Souveränen über Inhalt und Reichweite der durch die Akte vorbehaltenen standesherrlichen Befugnisse. Zudem suchten die Rheinbundfürsten ihre neu gewonnene Souveränität zu festigen und auszubauen. Zu diesem Zweck sollten die von ihnen als lästige Relikte einer vergangenen Epoche angesehenen ehemaligen Mitstände aus ihrer neuen Stellung verdrängt werden, indem man die einschlägigen Bestimmungen der Rheinbundakte möglichst eng auslegte oder die darin verbrieften standesherrlichen Rechte kurzerhand ganz entzog. Naturgemäß stieß dies auf energischen Widerstand der anderen Seite, die – ohnehin empört ob des aus ihrer Sicht unrechtmäßigen und skrupellosen Akts der Mediatisierung – verzweifelt versuchte, die Ebenbürtigkeit mit

---

[4] *Schroeder*, Das Alte Reich, S. 8.

[5] Zitiert nach: *Schroeder*, Das Alte Reich, S. 8.

ihren einstmaligen Mitständen sowie den übergeordneten Status gegenüber ihren vormaligen Untertanen aufrechtzuerhalten. Besonders hervor taten sich dabei die gräflichen Häuser Löwenstein-Wertheim-Rochefort und Löwenstein-Wertheim-Virneburg[6], welche die Grafschaft bisher gemeinschaftlich regiert hatten. Mangels übergeordneter Appellationsinstanz – ein zentrales Bundesgericht für Streitigkeiten zwischen Souverän und Standesherren über die Auslegung der Rheinbundakte existierte nicht – sah man sich dabei auf Remonstrationen gegenüber den neuen Landesherren beschränkt. Solche gingen denn auch zwischen 1807 und 1813 in großer Zahl bei den Regierungen in Karlsruhe und Aschaffenburg ein.

Wie schmerzlich der Verlust der Landeshoheit für die Mediatisierten gewesen sein muß, dokumentiert eine Vorstellung der ehemaligen Reichsstände im Königreich Württemberg sowie in den Großherzogtümern Baden, Hessen und Frankfurt an die zunächst als Befreier herbeigesehnten verbündeten Mächte.[7] Immerhin sieben Jahre nach der Unterwerfung empfand man diese immer noch als *schreiende Ungerechtigkeit*, als bloßen *Act der Willkür, der Usurpation u. der mißbrauchten Übermacht Frankreichs*, welcher *gar nicht gerechtfertigt werden könne*. Nicht ganz zu Unrecht wies man darauf hin, daß bei dem gemeinschaftlichen Vorgehen der Rheinbundsouveräne mit Frankreich keineswegs rationale Überlegungen im Vordergrund gestanden hätten, sondern persönliche Sympathien und verwandtschaftliche Beziehungen, wie die Beispiele der nicht mediatisierten Häuser Isenburg und von der Leyen bewiesen. Sich selbst sahen die Mediatisierten als *ganz schuldlos in ihrem Friedenszustand an der Catastrophe die sie betroffen hat*. Geflissentlich überging man dabei die Tatsache, daß man erst drei Jahre zuvor selbst von der Einverleibung umfangreicher Gebiete ehemaliger geistlicher Mitstände profitiert und sich in der Folge auch nicht gescheut hatte, benachbarte oder enklavierte reichsritterliche Besitzungen zu okkupieren, um diese für sich zu vereinnahmen.

Auch nach dem Ende des Rheinbundes – an der Subjizierung der einstigen Reichsstände hatte sich nichts geändert, lediglich der vormals fürstprimatische Teil der Grafschaft war nun unter bayerische Herrschaft gelangt – endeten die Spannungen mit den Souveränitätsstaaten nicht. Zwar stabilisierte sich der stan-

---

[6] Die Rocheforter Linie erwarb im Jahre 1711 den Fürstentitel. Erst hundert Jahre später vermochte die Virneburger Linie mit der Verleihung der Fürstenwürde durch König Max I. Joseph von Bayern gleichzuziehen. Fortan nannten sich die beiden Linien Löwenstein-Wertheim-Rosenberg sowie Löwenstein-Wertheim-Freudenberg. Vgl. hierzu eingehend *Hofmann*, in: WJB 1981/1982, S. 149 ff.

[7] *Kurze Vorstellung der Hauptbeschwerden der mediatisirten Fürsten und Grafen in dem Königreich Würtemberg, und in den Grosherzogthümern Baden, Hessen und Frankfurt* aus dem Jahre 1813, StAWt-R Lit. A Nr. 490.

desherrliche Rechtszustand nach dem Wiener Kongreß im Vergleich zu den in der Endphase der Rheinbundzeit insoweit nahezu anarchischen Verhältnissen. Da man aber auf mediatisierter Seite mit den Errungenschaften der Deutschen Bundesakte alles andere als zufrieden war und man auf staatlicher Seite mehrheitlich nicht daran dachte, die dauerhafte Etablierung von außerhalb des regulären Staatsaufbaus stehenden Subjekten hinzunehmen, waren Konflikte vorprogrammiert. Dabei stellte sich die Situation in den verschiedenen Einzelstaaten durchaus unterschiedlich dar. So scheiterte Baden etwa mit dem Versuch, einseitig von Staats wegen Bestimmungen über den standesherrlichen Rechtszustand zu erlassen, und sah sich aus diesem Grund gezwungen, in mühevollen Einzelverhandlungen mit den jeweiligen standesherrlichen Häusern zu einvernehmlichen Ergebnissen zu gelangen. Derartige Probleme kannte man dagegen in Bayern nicht, wo es angesichts einer vergleichsweise großzügigen Gesetzgebung nur wenig Anlaß zu Klagen gab.

Mit jeder Einigung zwischen Souverän und standesherrlichem Haus und mit jedem Jahr, das verging, erlahmte der standesherrliche Widerstand indes mehr und mehr. Nicht so in Wertheim, wo man sich auch nach 1815 mit der mißlichen Situation nicht abfinden mochte und sowohl auf einzelstaatlicher als auch auf bundesstaatlicher Ebene erbittert gegen die negativen politischen, sozialen und nicht zuletzt wirtschaftlichen Folgen der Mediatisierung kämpfte. Als Waffe blieb den Löwenstein-Wertheimern auch in dieser Jahrzehnte währenden Auseinandersetzung angesichts der ungleichen politischen und militärischen Kräfteverhältnisse lediglich das Wort. Hiervon machten sie freilich in ungezählten Streitschriften, Eingaben und Beschwerden an die Regierungen der souveränen Staaten sowie an die Frankfurter Bundesversammlung ausnehmend Gebrauch. Dabei legten sie trotz ihrer vergleichsweise bescheidenen Bedeutung und der damit verbundenen beschränkten fachlich-personellen Ressourcen erstaunliche juristische Fertigkeiten an den Tag und vermochten teilweise durchaus tragfähige rechtliche Argumentationen zu liefern.

Die vorliegende Arbeit will diesen – abgesehen von wenigen bescheidenen Zugeständnissen der souveränen Staaten im Ergebnis erfolglosen – juristischen Kampf eines kleinen mediatisierten Reichsstandes aus rechtshistorischer Perspektive dokumentieren und in den Zusammenhang des sich damals rasch fortentwickelnden Rechts stellen. Unter Berücksichtigung der damals leidenschaftlich geführten wissenschaftlichen Diskussion sollen die Wertheimer Argumente gewogen und sodann mit Hilfe allgemeiner Rechtsgrundsätze sowie des vor 1806 und nach 1848 erschienenen Schrifttums bewertet werden. Da man es auf Seiten der Souveräne offenbar nur sehr begrenzt für nötig hielt, auf die löwensteinische Argumentation individuell einzugehen – die Antwortschreiben auf die Beschwerden aus Wertheim vermieden in den meisten Fällen konkrete Einlassungen und beließen es bei oberflächlichen und allgemeinen Erklärungen –, muß insoweit die Sicht der Löwensteiner im Vordergrund stehen. Ohnehin fochten zahlreiche namhafte Autoren im damaligen staatsrechtlichen Schrifttum auf Seiten der neuen Souveräne, so daß deren Auffassung hinreichend deutlich wird.

Im Mittelpunkt der Untersuchung stehen die für beide Parteien besonders bedeutsamen und daher meistumkämpften Rechte und Befugnisse: Dabei handelte es sich um die sowohl für den modernen Souveränitätsstaat als auch für die Löwensteiner so wichtige niedere Gerichtsbarkeit und Polizei, die Gesetzgebung sowie das in wirtschaftlicher Hinsicht bedeutsame Abgaben- und Schuldenwesen. Für ersteren galt es, den modernen Staat auf allen Ebenen durchzusetzen und eine straff organisierte, gleichförmige Verwaltung ohne Privilegierung einzelner Gruppen zu schaffen. Letztere trachteten danach, diese verbliebenen Reste ihrer einstigen Herrschaftsstellung gegenüber den Grafschaftsbewohnern aufrechtzuerhalten.

Um ermessen zu können, worum es für beide Seiten in dieser Auseinandersetzung ging, soll den jeweils herrschenden Verwaltungs- und Gerichtsstrukturen in den verschiedenen Territorien vor und nach 1806 besonderes Augenmerk gelten. Zudem hatte die unterschiedliche Entwicklung in Baden und Bayern während des Alten Reiches eminente Auswirkungen auf den jeweiligen – durchaus andersartigen – Umgang mit den Standesherren nach der Mediatisierung. Während die Entpatriarchalisierung in Baden nur zögerlich vonstatten ging, erfolgte in Bayern schon frühzeitig die Trennung von Staat und Regent. Es verwundert daher nicht, wenn man den Standesherren in Baden auch nach 1806 zunächst in patriarchaler, mit dem modernen Verfassungsstaatsgedanken unvereinbarer Denkweise gegenübertrat, wohingegen die vergleichsweise straffe – in Einzelfragen aber durchaus entgegenkommende – Vorgehensweise Bayerns an der Untertanenstellung der Mediatisierten von Anfang an keinen Zweifel ließ. Die völlige Kehrtwendung der badischen Politik ab 1809 stieß die standesherrliche Seite dann auch umso mehr vor den Kopf und namentlich in Wertheim auf erbitterten Widerstand. War man von der badischen Regierung zunächst in dem Glauben bestärkt worden, im wesentlichen werde alles beim Alten bleiben, so schlug diese ab 1809 eine immer härtere Gangart gegenüber den ehemaligen Mitständen ein. In der darauf folgenden harten Konfrontation konnte den auf ihrem letztlich aussichtslosen Standpunkt beharrenden Löwensteinern nur das Nachsehen bleiben. In Bayern dagegen, wo sich bereits im Alten Reich der moderne Staatsgedanke durchzusetzen begonnen hatte, betrieb die Regierung eine für die Mediatisierten teilweise zwar schmerzliche, aber weitgehend kontinuierliche Politik. Nicht zuletzt aus diesem Grunde erfreute sich diese einer wesentlich höheren Akzeptanz bei den ehemaligen Reichsständen, deren Rechtsposition bis 1848 auch kaum geschmälert wurde.

## § 2 Das Alte Reich

### A. Die Geschichte der Grafschaft Wertheim bis 1803

Die Ursprünge der Grafschaft Wertheim gehen bis in das 8. Jahrhundert zurück, in dem eine Reihe von Orten, die später zur Grafschaft Wertheim gehörten, erstmals urkundlich Erwähnung fanden.[1] Der Ort Wertheim taucht in einer im Jahre 1009 von König Heinrich II. ausgestellten Urkunde zum ersten Mal auf. Darin verlieh dieser dem Bischof Heinrich von Würzburg das Recht, in dem Ort Wertheim – womit das heute auf der jenseitigen Mainseite gelegene Kreuzwertheim gemeint ist – einen Markt einzurichten.[2]

Die Grafen von Wertheim selbst werden im Jahre 1132 erstmals in einer Urkunde schriftlich erwähnt, die der Mainzer Erzbischof Adalbert für sein Domkapitel ausstellte. Das Auftreten des darin als Zeugen genannten Grafen Wolfram von Wertheim steht vermutlich im Zusammenhang mit den Thronstreitigkeiten nach dem Aussterben der Salier im Jahre 1125. Die nach der Wahl des Sachsenherzogs Lothar von Supplinburg entbrannte Auseinandersetzung zwischen diesem und dem Staufer Konrad hatte vor allem für Franken Bedeutung, da die Staufer dort umfangreichen Besitz hatten. Das Erscheinen Wolframs auf vormals würzburgischem Boden scheint mit dem Umstand zusammenzuhängen, daß sich der Würzburger Bischof Embricho, für den die fortwährend zunehmende Macht der Staufer offenbar bedrohlich wurde, auf die Seite Lothars stellte. Wolfram wurde vermutlich als Parteigänger der antistaufischen Seite angesetzt.[3] Nach dem Tod Lothars wechselte Wolfram dann aber auf die Seite der Staufer, deren Vertreter Konrad III. 1138 zum König gewählt worden war. In der Folgezeit suchten die Wertheimer stets die Nähe des Reichsoberhaupts, was sicher auch auf ihre geopolitische Lage zwischen den beiden großen benachbarten Herren, dem Bischof von Würzburg und dem Erzbischof von Mainz, zurückzuführen ist. Beide versuchten im Laufe der Geschichte der Grafschaft immer wieder, ihre Fühler in deren Richtung auszustrecken.

Die Wertheimer Grafen hatten keine echte, alte Gaugrafschaft inne, sondern einen vielfältig zusammengesetzten Komplex aus Allodialgütern, also in ihrem freien Eigentum stehenden Höfen und Lehensgütern. Sie waren somit gezwungen, ihre Herrschaft zu erweitern durch die Ausübung von besonderen Rechten wie Zoll und Geleit, Gerichtsherrschaft und Klostervogtei, später auch Münz-

---

[1] *Ehmer*, Grafschaft, S. 20 ff.

[2] *Schöffel*, in: ZGO 1941 (54 N.F.), S. 468 ff.

[3] *Ehmer*, Grafschaft, S. 30.

recht und Judenschutz. Hierdurch kam es in den folgenden Jahrhunderten allmählich zur Bildung einer Territorial- oder Landesherrschaft, die die überkommene Form des Personenverbands durch adelige Grundherrschaft und Gerichtsbarkeit ablöste.[4] Von besonderer wirtschaftlicher Bedeutung für die abseits der großen Straßen residierenden Wertheimer Grafen war das bereits 1183 erwähnte Zoll- und Geleitsrecht zwischen Marktheidenfeld und Freudenberg auf beiden Seiten des Mains, eines schon zur damaligen Zeit wichtigen Schiffahrtswegs.[5] Obwohl die Grafschaft ein vielfältig zusammengesetzter Komplex von Allodial- und Lehenbesitz[6] und damit ein recht heterogenes Gebilde war, ist bereits 1292 die Rede von einer ‚comitia', also einer Grafschaft im Sinne eines Territoriums. Da sich die weiteren Besitzungen der Grafen neben Burg und Stadt Wertheim als Kern ihrer Herrschaft sowie deren näherer Umgebung weitgestreut um Prozelten, Freudenberg, Holzkirchen, Helmstadt und im Bachgau befanden und demnach nicht nur vom Zentrum aus verwaltet werden konnten, entwickelten sich die Burgen Wertheim, Prozelten, Freudenberg und Remlingen zu lokalen Zentren der Machtausübung, wodurch bereits die spätere Gliederung in Ämter vorweggenommen wurde.[7]

König Albrecht I. verlieh Wertheim im Jahre 1306 dann Frankfurter Stadtrecht. Im Jahre 1316 erhielt die Stadt Wertheim eine Gerichtsordnung, wonach kein Bürger einen anderen vor einem fremden Gericht verklagen dürfe, vielmehr alle Rechtsstreitigkeiten entweder vor den Grafen selbst oder ihrem Schultheißen verhandelt werden sollten. Erwähnt werden dabei auch Schultheiß und Schöffen der Stadt, woraus ersichtlich ist, daß bereits die fränkische Schöffengerichtsverfassung galt, wonach der Rat der Stadt unter dem Vorsitz des von der Herrschaft eingesetzten Schultheißen zugleich auch das Gericht bildete.[8] Die Gerichtsordnung von 1316 stellte eine Erläuterung des königlichen Stadtrechtsprivilegs von 1306 dar, das nur pauschal auf Frankfurter Recht und Gewohnheit als Vorbild des Wertheimer Stadtrechts verwies.[9] Im Spätmittelalter des 14. Jahrhunderts – wohl die eigentliche Blütezeit der Wertheimer Grafen[10] – gelangen diesen mit Burg und Dorf Schweinberg sowie der Breuberger Herrschaft durch Erbgang und Heirat bedeutende Erwerbungen. Die Anlehnung der Wertheimer an die Reichsgewalt und die daraus folgende enge Verbindung zu Kaiser Ludwig dem Bayern bescherte den Wertheimern im Jahre 1333 zwei Stadtrechtsprivilegien

[4] *Willoweit*, Deutsche Verfassungsgeschichte, S. 79.
[5] *Diepolder*, in: Bayerischer Geschichtsatlas, S. 111.
[6] Das Allodium stellte im Gegensatz zum Lehen echtes Eigentum des Inhabers dar. Vgl. Deutsches Rechtswörterbuch, Band 1, Sp. 486 ff.
[7] *Ehmer*, Grafschaft, S. 42.
[8] *Wagner*, Über Verfassung und Einrichtung, S. 9 ff.
[9] *Ehmer*, Grafschaft, S. 46.
[10] *Stockert*, Adel im Übergang, S. 11.

für Wertheim und Freudenberg, wobei ersteres gleichsam als eine Bestätigung dessen von 1306 anzusehen ist. Allerdings handelte es sich dabei um Gelnhäuser Stadtrecht, was aber an den tatsächlichen Verhältnissen nichts änderte, da Gelnhausen Frankfurter Recht besaß.

Während der Regierungszeit Kaiser Karls IV. suchten die Grafen den eigenen Herrschaftsbereich weiter reichsrechtlich abzusichern: Die Goldene Bulle wies den Wertheimer Grafen 1356 das Geleit der beiden Kurfürsten zu, die auf der Reise nach Frankfurt zur Königswahl die Mainlande durchzogen, nämlich des Königs von Böhmen und des Kurfürsten von Sachsen. Da Karl IV. aus dem Hause Luxemburg stammte und seine Machtbasis in Böhmen hatte, war er daran interessiert, sowohl den Zugang nach Frankfurt als auch die Verbindung nach Luxemburg offenzuhalten, und betrieb aus diesem Grunde seine so bezeichnete „Landbrückenpolitik".[11] Den Höhepunkt erreichte die Verbindung der Grafen zu Karl im Jahre 1362, als sie diesem als böhmischem König den Kern der Grafschaft, nämlich Burg und Stadt Wertheim mit Kreuzwertheim sowie den Mainübergang zu Lehen auftrugen, was zweifellos auch in der Sicherung der eigenen Herrschaft vor dem Zugriff des gefährlich nahen Bischofs von Würzburg begründet war. Kaiser Karl IV. revanchierte sich für dieses Entgegenkommen der Grafen mit der Verleihung weiterer Rechte, insbesondere des Münzrechts.[12]

Die Nachfolger Karls IV. erneuerten die von diesem verliehenen Privilegien und erweiterten diese noch: So werden in dem von König Ruprecht im Jahre 1408 erteilten Lehenbrief Münze, Zoll, Geleit und Judenschutz als Regalien genannt und damit die bereits bestehenden Privilegien bestätigt. In der von König Sigismund 1417 erteilten Urkunde über die Reichsregalien werden noch mehr Rechte als zuvor genannt, nämlich Halsgericht, Geleit, Zentgericht, Zölle, Wildbann, Klosterschirm, Vogelweide, Münze, Bergwerke und Judenschutz. Damit war der Umfang der Regalien erreicht, wie er für die späteren Lehenurkunden der Kaiser und Könige maßgebend wurde.[13] 1422 gewährte Sigismund den Wertheimern ein weiteres Privileg: Er befreite sie und ihre Untertanen von jeglichem fremden Gericht mit Ausnahme desjenigen des Königs und dessen Hofgerichts. Abgeschlossen wurde die Reihe der wichtigen kaiserlichen und königlichen Privilegien durch die von König Sigismund gewährte Vergünstigung, wonach niemand außer dem Grafen von Wertheim in der Grafschaft eine Burg oder ein ähnliches Gebäude errichten durfte. Damit besaß der Graf nun auch das alleinige Befestigungsrecht und damit die Militärhoheit in seiner Herrschaft. Aus der Herrschaft der Grafen, die ursprünglich nur aus einigen wenigen persönlichen Rechten be-

---

[11] *Rommel*, in: WJB 1952, S. 43 f.
[12] *Ehmer*, Löwenstein-Wertheim, S. 390.
[13] *Ehmer*, Grafschaft, S. 65.

stand, war nun eine Landesherrschaft als Bündelung von Herrschaftsrechten geworden, die auf Allodial- und Lehenbesitz – Reichslehen sowie böhmischen und würzburgischen Lehen – beruhte.[14]

Mit Michael III. sollte im Jahre 1551 der letzte Graf von Wertheim an die Regierung kommen: Bereits 1556 starb er im Alter von nur 26 Jahren. Er hinterließ als Witwe Katharina geborene Gräfin von Stolberg mit einer kleinen Tochter, die allerdings schon zehn Tage nach dem Vater verstarb. Da somit keine erbfähigen Nachkommen vorhanden waren, trat Graf Ludwig von Stolberg, der Schwiegervater Michaels III., dessen Erbe an, mußte zuvor allerdings die wieder aufgelebten Ansprüche der weiblichen Erben befriedigen.[15] Im Jahre 1574 verstarb Ludwig von Stolberg. Seine Erben waren mangels männlicher Nachkommen seine drei Töchter, vertreten durch ihre Ehemänner, die Grafen Philipp von Eberstein, Dietrich VI. von Manderscheid-Schleiden und Ludwig III. von Löwenstein. Sie übernahmen zunächst gemeinschaftlich, dann alternierend die Regierung der Grafschaft Wertheim, was sich jedoch als nicht praktikabel erwies.

Nach dem Tod seiner Mitregenten ohne erbberechtigte Nachkommen vermochte Ludwig III. von Löwenstein das Wertheim-Stolberger Erbe nur unter großen Verlusten durchzusetzen. So weigerte sich Julius Echter von Mespelbrunn, der Bischof von Würzburg, ihm die heimgefallenen Würzburger Lehen zu übertragen. Stattdessen verübten Würzburgische Truppen in der sogenannten Würzburger Fehde fast zwanzig Jahre lang Überfälle, Plünderungen und Gewalttätigkeiten gegen die Bevölkerung der zwischen Wertheim und Würzburg gelegenen Orte. Weder Beschwerden Graf Ludwigs beim Kaiser noch beim Fränkischen Kreis geboten den Repressalien Einhalt. Am Vorabend des Dreißigjährigen Krieges waren Kaiser und Reichsinstitutionen, allen voran der Fränkische Kreis, nicht mehr willens oder in der Lage, einen kleineren Reichsstand vor der Willkür eines mächtigeren Fürsten zu schützen. Auch in einem Prozeß vor den Reichsgerichten, der später als Vierämterstreit bezeichnet wurde, gelang es den Löwensteinern nicht, die von Würzburg besetzten Ämter, darunter auch Freudenberg, wiederzuerlangen.[16]

Graf Ludwig III. starb im Jahre 1611. Zuvor hatte er 1597 eine Erbfolgeregelung (*statutum Gentilitium*[17]) für seine Nachkommen getroffen, welche das Erstgeburtsrecht sowie die weibliche Erbfolge ausschloß und jedem der Söhne das gleiche Erbrecht zusprach. Seine vier erbberechtigten Söhne mußten sich dar-

---

[14] *Ehmer*, Grafschaft, S. 66 f.; vgl. auch *Willoweit*, Deutsche Verfassungsgeschichte, S. 80 ff.
[15] *Stockert*, Adel im Übergang, S. 11 f.
[16] *Neidhard*, Geschichte Ludwigs, S. 42 ff.
[17] StAWt-G XIII, 50 Statutum Gentilitium, 1597.

aufhin auf einen Kompromiß einigen, der eine gemeinschaftliche Regierung der Grafschaft Wertheim sowie eine Aufteilung der übrigen Nutzungs- und Herrschaftsrechte vorsah, wobei alle Territorien als Familienfideikommiß unverletzlich und unveräußerlich sein sollten[18]. Nur zwei von ihnen – Christoph Ludwig und Johann Dietrich – hinterließen Erben und begründeten damit die beiden noch heute bestehenden Hauptlinien ihres Hauses, die sich fortan jeweils nach einer ihrer Außenbesitzungen nannten, nämlich Löwenstein-Wertheim-Virneburg und Löwenstein-Wertheim-Rochefort.

Die latenten konfessionellen und daraus entstandenen politischen Spannungen im Reich entluden sich 1618 im Ausbruch des Dreißigjährigen Krieges und fanden auch innerhalb des Gesamthauses Löwenstein ihre Entsprechung: Graf Johann Dietrich, der jüngere der Stammväter beider Linien, trat 1621 zum katholischen Glauben über, wodurch die konfessionellen Spannungen in die Familie hineingetragen wurden. War das Kriegsglück zunächst der katholischen Liga hold – was Johann Dietrich dazu ausnutzte, sich in den alleinigen Besitz der Grafschaft zu bringen und die Gegenreformation zu betreiben –, wandte es sich mit dem Eingreifen König Gustav Adolfs von Schweden zugunsten der protestantischen Union. Nachdem er den kaiserlichen Feldherrn Tilly in der Schlacht von Breitenfeld besiegt und die Würzburger Festung Marienberg eingenommen hatte, kam Gustav Adolf nach Wertheim, wo er auch über Nacht blieb. Von ihm erhielten die evangelischen Grafen von Löwenstein-Wertheim reiche Gebietsentschädigungen, darunter auch sämtliche Würzburger Lehen. Diese waren jedoch nur von kurzer Dauer, da die Situation ein weiteres Mal umschlug und die schwedische Armee mit ihren Verbündeten 1634 bei Nördlingen von den Kaiserlichen vernichtend geschlagen wurde. 1647 erschienen die Schweden erneut in der Stadt, was wiederum die evangelischen Grafen in Vorteil setzte.[19] Schließlich stellte der Westfälische Friede von 1648 den Status quo ante im wesentlichen wieder her: Artikel IV § 41 f. IPO setzte Graf Friedrich Ludwig und seinen katholischen Vetter Ferdinand Karl wieder in die gemeinschaftliche Regierung der Grafschaft ein. Insbesondere garantierte er den lutherischen Konfessionsstand der Grafschaft, was aber ständige Auseinandersetzungen zwischen beiden Linien in Glaubensfragen über Jahrhunderte nicht verhinderte.

Im Jahre 1711 erhob Kaiser Joseph I. Graf Maximilian Karl, der sich in kaiserlichen Diensten unter anderem als Kaiserlicher Administrator in Bayern nach der Niederlage des Kurfürsten Max Emanuel von Bayern im Spanischen Erbfolgekrieg um das Haus Habsburg verdient gemacht hatte, in den Reichsfürstenstand. Maximilian Karl erhielt 1713 beim Fränkischen Kreis Sitz und Stimme auf der

---

[18] *Stockert*, Adel im Übergang, S. 15.
[19] *Rössler*, Fränkischer Geist, S. 92 ff.

Fürstenbank, wohingegen der Versuch scheiterte, auch beim Reichstag Aufnahme in den Reichsfürstenrat zu erlangen. 1716 legte er testamentarisch die Primogeniturerbfolge in seiner Linie fest, die sein Sohn Dominik Marquard 1728 bestätigte. Auf evangelischer Seite behielt man die Regierungsteilung unter mehreren Grafen dagegen bei, was die Regierungstätigkeit zeitweise nahezu lahmlegte. Erst gegen Ende des 18. Jahrhunderts wurde die Primogenitur in den einzelnen Speziallinien durchgesetzt, was die Zahl der Regenten auf drei, später auf zwei in Gestalt der Vollrathschen sowie der Karlischen Linien reduzierte.[20]

## B. Die Verhältnisse in der Grafschaft Wertheim vor 1803

### I. Die staatsrechtliche Stellung der Löwensteiner

Die staatsrechtliche und politische Situation in der Grafschaft war im ausgehenden 18. Jahrhundert symptomatisch für die Adelsherrschaft in Franken, wo die Territorialbildung im Spätmittelalter nicht in dem Maße vorangeschritten war wie im Norden des Reiches sowie in Bayern: Obwohl man sich im Spätmittelalter zahlreiche Privilegien und Herrschaftsrechte gesichert hatte und den Regenten kraft ihrer *plenitudo potestatis* die oberste Verordnungsgewalt über ihre Untertanen zustand, war die Ausübung der Landesherrschaft nur eingeschränkt möglich. Nur selten befanden sich sämtliche Hoheits- und Herrschaftsrechte über ein bestimmtes Gebiet und den dort lebenden Personenverband in einer einzigen Hand, vielmehr bestand häufig eine wechselseitige Verschränkung der diversen Herrschaftskreise. Auch die Wertheimer Fürsten und Grafen hatten sich oftmals Hoch- und Niedergerichtsbarkeit, Dorf-, Grund- und Leibherrschaft mit anderen Herren zu teilen, was allgemein mit dem Prinzip des *territorium non clausum* bezeichnet wurde.[21] So unterlagen mehrere Dörfer der Zent- und Niedergerichtsbarkeit fremder Herren wie dem Bischof von Würzburg und dem Erzbischof von Mainz sowie der Grafen von Castell, während die Wertheimer Zentherren umgekehrt in auswärtigen Orten waren. Neben der Gerichtsbarkeit beruhte die Machtstellung der Grafen und Fürsten auf der Bündelung verschiedener Rechtstitel als Landes-, Grund-, Patronats- sowie vereinzelt noch als Leibherren.[22] Erschwert wurde die Regierung der Grafschaft ferner durch das Kondominat der beiden Löwensteiner Linien, welches einen sehr schleppenden Geschäftsgang sowie oftmals langwierige Kompetenzstreitigkeiten zur Folge hatte.

---

[20] *Stockert*, Adel im Übergang, S. 17 ff.
[21] *Hofmann*, Adelige Herrschaft, S. 47 ff.
[22] *Hofmann*, Adelige Herrschaft, S. 47 ff.

Zwar war die gemeinschaftlich regierte Grafschaft Wertheim zu Beginn des Jahres 1803 bei 13.335[23] auf einer Fläche von fünf Quadratmeilen (etwa 282 km²) in einer Stadt und etwa dreißig Dörfern und Flecken lebenden Einwohnern im Vergleich zu anderen Grafschaften und Fürstentümern des Reiches relativ klein; gleichwohl war sie das einzige größere weltliche Territorium am Unterlauf des Mains. Besondere politische Bedeutung kam der Grafschaft insofern zu, als sie ihren Landesherren Sitz und Stimme im Fränkischen Reichsgrafenkollegium und somit Anteil an der fränkischen Grafenstimme auf dem Reichstag sicherte.

Aufgrund der überkommenen Machtverteilung durch Reichs- und Territorialgewalt hatten die Löwensteiner freilich nicht die volle Souveränität im Sinne der damals noch kaum entwickelten modernen Staatsauffassung inne: Reichsunmittelbare Territorien besaßen den *status rei publicae subalternae*, wodurch diese der Reichsverfassung und damit dem Reichslehenrecht, den Reichstagsabschieden und der Rechtsprechung der Reichsgerichte unterworfen waren.[24] Zwar kam ihren Regenten als Reichsständen die *superioritas territorialis* – in der Spätzeit des Alten Reiches auch als Landeshoheit bezeichnet – und ihrem Territorium damit weitgehende Selbständigkeit zu, jedoch blieben sie Kaiser und Reich verpflichtet.[25] Andererseits übte man als Reichsstand zusammen mit dem Kaiser die *summa potestas* aus, auch wenn dies lediglich über die fränkische Kuriatstimme im Reichstag und damit nur in Übereinstimmung mit dem Reichsgrafenkollegium des fränkischen Reichskreises möglich war. Dieser setzte sich zuletzt aus 24 Ständen zusammen – 43 Landesherren hatten Anteil an ihm[26] – und stellte für die mindermächtigen Reichsstände eine bedeutende politische Institution dar, da ihm wichtige Aufgaben im Bereich des Münzwesens, der Polizei-, der Handels- und Gewerbeordnung sowie die Sicherung des Landfriedens zukamen.[27] Die Löwensteiner hatten als Landesherren der Grafschaft Wertheim einen gemeinsamen Sitz auf der Grafen- und Herrenbank des fränkischen Kreises inne, bis auf Veranlassung Graf Maximilian Karls die Stimme im Jahre 1706 geteilt wurde und die Rocheforter Linie 1713 auf die Fürstenbank aufrückte. Der Versuch der katholischen Linie, nach der Erhebung in den Fürstenstand auch im Reichstag eine Virilstimme zu erlangen, scheiterte dagegen am entschiedenen Widerstand der etablierten Reichsfürsten.[28]

Angesichts dieser aus dem mittelalterlichen Personenverbandsstaat stammenden Herrschaftsstrukturen kann folglich weder von Staatlichkeit noch von Souverä-

---

23 *Ehmer*, Löwenstein-Wertheim, S. 394.
24 Vgl. *Eichhorn*, Deutsche Staats- und Rechtsgeschichte, S. 337 ff.
25 *Hofmann*, Adelige Herrschaft, S. 63.
26 *Hofmann*, Adelige Herrschaft, S. 90.
27 Vgl. hierzu eingehend *Sicken*, Der Fränkische Reichskreis.
28 *Stockert*, Adel im Übergang, S. 76.

nität nach moderner Auffassung gesprochen werden. An diesem im wesentlichen auf den Vorgaben des Westfälischen Friedens beruhenden Staatsverständnis des *ius territorii et superioritatis*, also der hohen Landesobrigkeit oder Landeshoheit[29], hielt die Staatsrechtslehre im ausgehenden 18. Jahrhundert grundsätzlich fest.[30] Reklamierte ein Landesherr Souveränitätsansprüche für sich, war dies als unerhörter Verfassungsbruch zu werten.[31] In Wertheim rüttelte man aus naheliegenden Erwägungen nicht an dieser überkommenen Struktur, half diese doch die eigene Existenz zu sichern vor dem Zugriff mächtigerer Reichsstände, insbesondere des Bischofs von Würzburg. Überdies fühlte man sich jedenfalls auf katholischer Seite angesichts seines Engagements in kaiserlichen Diensten und beim Kreis gegenüber Kaiser und Reich verpflichtet.[32]

Diese alte Ordnung erschütterten die französischen Revolutionäre jedoch 1789 in ihren Grundfesten: Auch in der Grafschaft kam es zu Konflikten zwischen der Bevölkerung und der Landesherrschaft, die freilich bei weitem nicht die Dimensionen der in Frankreich herrschenden bürgerkriegsähnlichen Zustände annahmen. Zudem stellten größere Reichsstände den Status quo zunehmend in Frage und suchten ihren Machtbereich auf Kosten der kleineren auszudehnen.

## II. Die rechtliche Struktur des Hauses Löwenstein

Die grundlegende Richtschnur für das Haus Löwenstein-Wertheim in seinen späteren beiden Hauptlinien bildete nach dem Erbantritt Ludwigs III. von Löwenstein das *Statutum Gentilitium* vom 28. Juni 1597[33]. Dieses schloß jegliche Art von Bevorrechtigung eines Grafen vor den anderen bei der Erb- und Nachfolge in die Stammländer des Hauses aus und bestimmte den durchgehend gleichen Anspruch aller Söhne auf die väterliche und mütterliche Verlassenschaft als Grundsatz. Daneben enthielt es Vorschriften über die Unveräußerlichkeit der ererbten Lande, über das Verbot, Schulden zu machen, sowie über Unterhalt, Aussteuer und Dotalgelder gräflicher Töchter und Witwen.

Nach dem Tode Graf Ludwigs III. von Löwenstein-Wertheim im Jahre 1611 einigten sich seine vier erbberechtigten Söhne in einem Hausvertrag, dem *Interims-Theilungs-Recess* vom 29. Juli 1611[34], auf einen anfangs als Interimslösung gedachten Kompromiß, der im wesentlichen die Umsetzung des *Statutum Genti-*

[29] *Zoepfl*, Deutsche Rechtsgeschichte, Band 2, Teil 2, S. 413.
[30] *Willoweit*, Rechtsgrundlagen, S. 169.
[31] Vgl. *Willoweit*, Rechtsgrundlagen, S. 179.
[32] *Ehmer*, Grafschaft, S. 191.
[33] StAWt-R US 1597 Juni 28.
[34] StAWt-R US 1611 Juli 29.

*litium* umfaßte: Als Familienfideikommiß unverletzlich und unveräußerlich sollte die Grafschaft Wertheim fürderhin gemeinschaftlich regiert werden. Von einer Aufteilung hatte man *um deren vilen hochwichtigen bedencklichen Ursachen willen*[35] zunächst Abstand genommen, nach Stockerts Vermutung[36] aufgrund des noch schwelenden Vierämterstreits mit Würzburg. Diese Entscheidung erwies sich im Interesse einer effektiven und kostensparenden Verwaltung der Grafschaft als wenig hilfreich, da die eigenen Interessen der Mitregenten jeweils im Vordergrund standen und Streit daher an der Tagesordnung war. Graf Johann Dietrich von Löwenstein-Wertheim-Rochefort verschärfte dann im Jahre 1621 den Dauerkonflikt durch seinen Konfessionswechsel zum katholischen Glauben. Nachdem ihre zwei Brüder kinderlos verstorben waren, begründeten Graf Christoph Ludwig mit der Linie Löwenstein-Wertheim-Virneburg und Graf Johann Dietrich mit der Linie Löwenstein-Wertheim-Rochefort die beiden noch heute bestehenden Hauptlinien des Hauses Löwenstein.

Ein zweiter Hausvertrag vom 10. Oktober 1611[37] legte sodann die gemeinschaftliche Regierung der Grafschaft Wertheim im einzelnen fest. Dieser Rechtszustand der gemeinschaftlichen Regierung durch die beiden Hauptlinien blieb bis zur Mediatisierung der Grafschaft Wertheim erhalten.[38] Beide Seiten wachten streng darüber, daß jeder Linie die gleichen Rechte an der Grafschaft zustanden und keine sich Vorteile gegenüber der anderen verschaffen oder gar die Machtbalance stören konnte. Dieser Umstand mag unter anderem ein Grund für das Fehlen eines Seniorats für das Gesamthaus Löwenstein-Wertheim gewesen sein. Viele kleinere Reichsstände ohne Primogeniturordnung wie etwa die Häuser Hohenlohe, Limburg und Oettingen nutzten dieses Rechtsinstitut, wonach ein Senior das Gesamthaus als verfassungsrechtliches Organ nach außen vertrat, um eine territoriale Zersplitterung ihres Besitzes zu verhindern.

Ein dritter Hausvertrag vom 10. Oktober 1611[39] schließlich regelte das Verfahren zur Beilegung von Streitigkeiten innerhalb des Gesamthauses Löwenstein-Wertheim. Danach sollte Streit zwischen den Grafen oder deren Erben, welcher den ererbten Stammbesitz sowie Eigentum, Allodial- oder Lehenbesitz betraf, nach Möglichkeit in der Familie beigelegt werden. Zu diesem Zweck sollten zwei oder drei unparteiische Agnaten von den streitenden Parteien um Vermitt-

---

[35] Zitat bei *Moser*, Teutsches Staats-Recht, Teil 15, S. 190.
[36] *Stockert*, Adel im Übergang, S. 15.
[37] StAWt-R US 1611 Oktober 10.
[38] Der Osnabrücker Friede bestimmte in Artikel IV § 41, 42 sowie Artikel V § 25, 43 IPO die gemeinschaftliche Regierung der Grafschaft Wertheim durch beide Linien. IPO abgedruckt bei *Oschmann* (Bearb.), in: Acta Pacis Westphalicae, Serie III, Abteilung B, Band 1/1 Verhandlungsakten: Die Friedensverträge mit Frankreich und Schweden. 1. Teil: Urkunden.
[39] StAWt-R US 1611 Oktober 10.

lung gebeten werden. War eine solche nicht zu erzielen, so konnte sich der Kläger nunmehr an das aus den genannten Agnaten zusammengesetzte Schiedsgericht wenden. Auf Antrag einer Partei war die Streitsache einer rechtswissenschaftlichen Fakultät zur Begutachtung vorzulegen. Sahen dies die Schiedsrichter oder die Parteien als nicht ausreichend an oder gab es in einer Angelegenheit keine unbeteiligten Mitglieder des Gesamthauses, so war die Entscheidung des Reichskammergerichts einzuholen.[40] Das Ziel, Zwistigkeiten innerhalb des Gesamthauses Löwenstein-Wertheim schnell beizulegen und ein friedliches Zusammenleben aller Agnaten zu gewährleisten, erreichten diese Schiedsregeln indes nur leidlich, wie die große Zahl der im Laufe ihrer Geltung bei den Reichsgerichten anhängig gemachten Prozesse zeigt.[41]

### III. Regierungs- und Verwaltungsstrukturen

Mit dem Tod Ludwigs III. von Löwenstein-Wertheim im Jahre 1611 traten dessen Söhne die gemeinschaftliche Regierung der Grafschaft Wertheim an. Da sich Ludwigs Söhne bei Antritt ihres Erbes zahlreichen mehr oder minder begründeten Ansprüchen Dritter – insbesondere des Bischofs von Würzburg – ausgesetzt sahen, waren sie nicht in der Lage, die Grafschaft wie den übrigen Besitz untereinander aufzuteilen, sondern gezwungen, dieselbe unter gemeinschaftlicher Verwaltung und Regierung zu belassen. Zu diesem Zweck wurden in den Hausvertrag vom 10. Oktober 1611 umfangreiche Bestimmungen zu den Rechten und Pflichten der Grafen bei Regierung und Verwaltung aufgenommen. Der Vertrag galt zunächst neun Jahre, wurde aber im Jahre 1621 um weitere sechs Jahre verlängert. Da die gemeinschaftliche Regierung und Verwaltung der Grafschaft Wertheim durch die beiden Linien Virneburg und Rochefort beibehalten und durch den Frieden von Osnabrück 1648[42] als für die Zukunft verbindlich festgelegt wurde, blieb dieser Hausvertrag von 1611 bis zur Mediatisierung in seinem wesentlichen Grundgehalt die maßgebende Richtschnur für die Regierungs- und Verwaltungsstruktur der Grafschaft.[43]

Die Grafschaft Wertheim bildete damit ein Kondominat, auch Mitherrschaft genannt. Der Begriff bezeichnet die gemeinsame Territorialgewalt mehrerer, meist benachbarter reichsunmittelbarer oder souveräner Herren über eine Stadt, ein Dorf oder ein Territorium.[44] Im 18. Jahrhundert definierte man: *Wo die landeshoheit zwischen mehreren herren gemeinschafftlich, und zwar ungetheilet ist; da*

---

[40] *Barfuß*, Hausverträge, S. 186 ff.
[41] *Stockert*, Adel im Übergang, S. 16 f., 47, 49.
[42] Vgl. Fn. 38.
[43] *Barfuß*, Hausverträge, S. 155 ff.
[44] *Willoweit*, in: Handwörterbuch, Band 2, Sp. 997.

*hat zwar jeder mit-herr so vil recht ueber die unterthanen, als der andere: aber keiner kan es allein ausueben.*[45] Im 77. Kapitel seines *Teutsche[n] Staatsrecht[s]* behandelt Moser[46] die Kondominate, allerdings nicht als eigene Regierungsform, sondern im Rahmen der Vererbung von Herrscherrechten wie Primogenitur und Töchterrechten. Die Landeshoheit der Grafen war also an die Einigkeit aller Kondominatsherren gebunden und widersprach damit a priori dem Begriff der *superioritas territorialis* einer einzelnen Person als Landesherr.[47]

Über eine institutionalisierte gemeinschaftliche Regierung verfügte die Grafschaft nur bis zum Dreißigjährigen Krieg, an dessen Beginn Graf Johann Dietrich mit seinem Übertritt zum katholischen Glauben die Rocheforter Linie begründete. Nach dem Hausvertrag von 1611 stand eine aus einem Oberamtmann, zwei Räten sowie einem Kanzleisekretär zusammengesetzte Regierung an der Spitze der gemeinschaftlichen Behörden und Ämter. Neben ihren exekutiven Kompetenzen oblag dieser auch die Rechtsprechung in zweiter, bei kanzleisässigen Untertanen in erster Instanz. Beschlüsse und Entscheidungen waren nach dem Mehrheitsprinzip zu fassen, wobei die Stimme des Oberamtmanns bei Stimmengleichheit den Ausschlag gab. Die Kommunikation mit den Grafen erfolgte auf schriftlichem Wege, wobei kein Graf ohne Zustimmung der anderen Anweisungen an Räte erteilen durfte. Ein gesondertes Grafenkollegium existierte hingegen nicht.[48] An die Stelle der gemeinschaftlichen Regierung traten nach 1650 Regierungskanzleien beider Hauptlinien, die nurmehr – meist auf schriftlichem Wege – gemeinschaftlich konferierten. Angesichts des überschaubaren Herrschaftsgebiets und der begrenzten materiellen Ressourcen hielt sich der personelle Umfang der Regierungs- und Verwaltungsbehörden in Grenzen. Die Beamten wurden infolgedessen häufig auf mehreren Positionen eingesetzt, was allerdings zu erheblichen personellen Verflechtungen und damit einhergehend großem Einfluß einzelner Personen auf die Entscheidungsfindung führte. Überdies verhinderten die beengten Verhältnisse die Schaffung von zentralen Regierungsinstanzen nach dem Ressortprinzip und damit eine Diversifizierung von Regierungskompetenzen nach dem Vorbild der großen, moderneren Reichsstände.[49] In Fragen der Reichs- und Kreispolitik versuchten beide Linien mehr oder minder, ihre Politik miteinander abzustimmen und sandten zu Missionen bei auswärtigen Mächten – schon aus Kostengründen – regelmäßig einen gemeinsamen Delegierten, der die Interessen des Gesamthauses zu vertreten hatte.[50]

---

45 *Moser*, Teutschen Reichs-Stände Landen, zitiert nach: *Speer* (Bearb.), Deutsches Rechtswörterbuch, Band 9, Sp. 767.
46 *Moser*, Teutsches Staatsrecht, Teil 15.
47 *Meier*, in: ZNR 2002, S. 255 Fn. 9.
48 *Meier*, in: ZNR 2002, S. 256.
49 *Stockert*, Adel im Übergang, S. 44.
50 *Stockert*, Adel im Übergang, S. 47 ff.

Neben den Regierungsbehörden besorgte eine gemeinschaftliche Rentei die Verwaltung der von den Ämtern eingetriebenen Steuern und Domänengefälle. Darüber hinaus unterhielten beide Hauptlinien noch je eine eigene Kameralverwaltung. Zu einer weiteren Diversifizierung in Steuer-, Militär- und Religionsbehörden wie in den größeren Territorien oder gar einer Trennung von Rechtsprechung und Verwaltung kam es in Wertheim indes nicht. Vielmehr blieb es bei Regierung und Kammer, diese freilich in mehrfacher Ausführung, da sich auf evangelischer Seite bis zu fünf Brüder die Regierung teilten. Meier nennt diesen Zustand denn auch ein *doppeltes Kondominat*, da sich zum einen die beiden Hauptlinien untereinander verständigen mußten, zum anderen aber auch die Grafen innerhalb der Virneburger Linie.[51] Diese komplizierte Kondominatsstruktur, die Partikularinteressen der Fürsten und Grafen sowie ihr Streben nach einem möglichst ungehinderten persönlichen Regiment sorgten zum einen für dauernden Zwist zwischen beiden Löwensteiner Hauptlinien, aber auch innerhalb der Virneburger Linie. Dieser beschäftigte auch die Reichsgerichte in beträchtlichem Maße und erfreute sich wie etwa der Wertheimer Teilungsstreit als Folge der 1611 interimistisch vorgenommenen Aufteilung als Beispiel für endlose Kondominatsstreitigkeiten damals landauf landab trauriger Berühmtheit. Zum anderen hatten diese Umstände aber auch eine fortwährende gegenseitige Blockade und daraus folgend einen weitgehenden Stillstand, jedenfalls aber eine stark verzögerte Entscheidungsfindung der Verwaltung zur Folge. Der Staatsrechtslehrer Johann Jakob Moser urteilte daher mit Blick auch auf die Wertheimer Situation über Gemeinherrschaften: *Communia mater discordiarum und: Negotia communia communiter negliguntur. Wer es nicht glaubt, der lese, was zuvor z.E. von Sachsen-Meiningen, Löwenstein-Wertheim und Schwartzburg angemercket worden ist.*[52]

Das kurz nach seinem Regierungsantritt im Jahre 1789 von Fürst Dominik Konstantin zu Löwenstein-Wertheim-Rochefort erlassene Dienstorganisationsedikt[53] sah für die katholische Seite folgende Regierungs- und Verwaltungsstruktur vor: Über den fürstlichen Dikasterien – Regierung und Hofkammer – stand die Geheime Konferenz für Kabinettssachen. Sie hatte die Aufgabe, *die an das Kabinett unmittelbar gehörige, oder von Unsern nachgesetzten Dicasteriis an Uns gelangende Gegenstände in Ueberlegung* [zu] *nehmen*; zudem sollte sie *bey Unserer öftern Abwesenheit aus Unsern Reichs-Landen die dringendsten Angelegenheiten statt Unserer besorgen* und war somit auch in Abwesenheit des Fürsten handlungsbefugt. Die Aufgaben der Regierung bestanden in der Wahrnehmung der äußeren (insbesondere Reichs-, Kreis- und Lehenssachen) und inneren

---

[51] *Meier*, in: ZNR 2002, S. 259.
[52] *Moser*, Teutsches Staats-Recht, Teil 15, S. 256 f.
[53] Dienstorganisationsedikt vom 12. Juli 1789, StAWt-R Lit. B Nr. 264.

Geschäfte (speziell des umfangreichen Polizeiwesens sowie der Justizverwaltung). Im übrigen indes – namentlich auf dem Gebiet der Gesetzgebung – besaß sie keine eigene Handlungskompetenz und hatte die Beschlüsse der Geheimen Konferenz und des Fürsten nur zu vollziehen. Streng hiervon getrennt waren die Zuständigkeiten der Hofkammer, die sich auf die engere Finanzverwaltung beschränkten. Ihr oblag *die Special-Aufsicht über Unsere Herrschaften im Reich in allen Cameral-Angelegenheiten*, sie kümmerte sich also um die Verwaltung der Steuern sowie der fürstlichen Domänen. Außerdem hatte sie die Einnahmen und Ausgaben der fürstlichen Hauptkasse zu erfassen, was dem Fürsten einen besseren Überblick über seine finanzielle Situation verschaffte. Zuvor hatte es daran oftmals gefehlt. Diese Regierungs- und Verwaltungsstruktur entsprach dem damals modernen aufklärerischen Staatsverständnis, was insbesondere die Trennung zwischen im weitesten Sinne gesetzgebenden und vollziehenden Stellen sowie der sehr zurückhaltend ausgeübte Einfluß des Regenten auf die Rechtsprechung und damit deren relative Unabhängigkeit dokumentieren.

Ähnliche Strukturen wiesen die Behörden der evangelischen Linie auf: Bei vergleichbarer Kompetenzverteilung waren auch hier innere Verwaltung sowie Vertretung der Grafschaft nach außen Aufgaben der Regierung, während die Kammer mit den finanziellen und wirtschaftlichen Angelegenheiten betraut war. Aufgrund des *Statutum Gentilitium* waren hier freilich im Gegensatz zur katholischen Linie bis zu fünf Grafen an der Regierung beteiligt, wodurch sich die Entscheidungsprozesse erheblich verzögerten. Wohl um diese nicht noch langwieriger werden zu lassen, verzichtete man auf eine Geheime Konferenz. Regierung und Kammer bestanden auf evangelischer Seite aus dem gemeinschaftlich beschäftigten Verwaltungspersonal wie Schreibern, Registratoren und Sekretären sowie den jeweils von den einzelnen Grafen angestellten Geheimen Räten, die deren individuelle Interessen zu vertreten hatten.[54]

Auf Virneburger wie auch auf Rocheforter Seite führten die Regierungen die Oberaufsicht über die einzelnen Besitzungen, die als Ämter verwaltet wurden. Im Kondominat Wertheim unterstand das örtliche Verwaltungs-, Polizei- und Justizwesen für die Stadt Wertheim einem Stadtamt und für die umliegenden Orte einem Landamt. Beide Kondominatsherren betrauten jeweils einen eigenen Landamtmann und Oberschultheißen mit der Wahrnehmung der Verwaltungsgeschäfte, während für die Stadt ein gemeinschaftlicher Stadtamtmann und Stadtschultheiß ernannt wurde. Diese mußten in bedeutenden Angelegenheiten die Weisungen der Regierungen einholen, die sich dann ihrerseits über den jeweiligen Sachverhalt zu verständigen hatten.[55]

---

[54] *Stockert*, Adel im Übergang, S. 46.
[55] *Hofmann*, Inventar, S. 32.

## IV. Gesetzgebung und Rechtspflege

Wie erwähnt, war Wertheim 1306 zunächst Frankfurter Stadtrecht und 1333 sodann Gelnhäuser Stadtrecht verliehen worden, wobei letzteres im wesentlichen ersterem entsprach. Die Verleihung des Stadtrechts hatte zur Folge, daß die Rechtsordnung einer größeren, bereits bestehenden städtischen Gemeinde als Vorbild für die städtischen Einrichtungen und das Rechtswesen auf die betreffende Gemeinde übertragen wurde.[56] Neben diesem Recht bildeten sich in Wertheim durch die von den Grafen gegebenen Statuten eigene städtische Rechtsgewohnheiten aus. Von 1316 bis gegen Ende des 15. Jahrhunderts erließen die Grafen sechzehn Statute, die das Privatrecht der Bürger näher bestimmten. Zuletzt wurde daraus ein förmliches Buch der Rechtsgewohnheiten der Stadt, welches man als das Rote Buch bezeichnete.[57]

Als Gerichtsherren übten die Wertheimer Fürsten und Grafen die Gerichtsbarkeit aus. Zu unterscheiden ist dabei einerseits zwischen hoher und niederer Gerichtsbarkeit und andererseits zwischen herrschaftlichen und städtischen Gerichten. Freilich übten letztere auch nur die vom Landesherrn delegierte Gerichtsbarkeit aus, was nicht zuletzt die Anwesenheit des landesherrlichen Schultheißen dokumentierte. Das Streben der Grafen nach Erhalt und Ausbau der Hochgerichtsbarkeit im eigenen Territorium war weniger durch materielle oder administrative Interessen als vielmehr durch politische Beweggründe motiviert. Um die Reichsunmittelbarkeit und damit die Selbständigkeit vor dem begehrlichen Zugriff der benachbarten Hochstifte Mainz und Würzburg zu sichern, war den Grafen daran gelegen, die Hochgerichtsbarkeit als wesentlichen Rechtstitel und augenfälliges Merkmal ihrer Landesherrschaft zu erhalten.

In Zivilsachen war nach einer Verordnung aus dem Jahre 1750[58] für Bagatellfälle in erster Instanz bis zu einem Streitwert von fünf Gulden der landesherrliche Schultheiß zuständig, ggf. im Zusammenwirken mit dem jeweiligen, mit Laienrichtern besetzten Dorfgericht. Bei höherem Streitwert bis zu 30 Gulden oder liquiden Schuldforderungen bis zu 100 Gulden waren das Wertheimer Stadtgericht für das Gebiet der Stadt Wertheim sowie das Landkommissariat für die Grafschaftsdörfer erstinstanzlich zuständig. An diese ging bei einem Streitwert von mehr als zwei Gulden auch die Appellation vom Schultheißen. Klagen mit einem Streitwert von über 30 Gulden bzw. über 100 Gulden bei liquiden Schuldforderungen waren schließlich bei den beiderseitigen Regierungen anzubringen,

---

[56] *Droege*, in: Deutsche Verwaltungsgeschichte, Band 1, S. 179.
[57] *Aschbach*, Grafen von Wertheim, S. 385 f.
[58] Sechs Verordnungen über die Zivilgerichtsbarkeit in der Grafschaft Wertheim vom 17. April 1750, StAWt-R NL Nr. 531.

die auch als Appellationsinstanz fungierten, soweit mehr als zehn Gulden streitbefangen waren. Einen privilegierten Gerichtsstand bei den Regierungen genossen nach einer Prozeßordnung aus dem Jahre 1773[59] die herrschaftlichen Diener sowie die Geistlichen. Gegen Entscheidungen der Regierungen eröffnete diese außerdem – freilich nur in absoluten Ausnahmefällen und unter Androhung strenger Strafen für den Fall des Mißbrauchs – den Rekurs zu den *Höchst- und Hohe Landes-Herrschaften* sowie die Möglichkeit der Aktenversendung an die juristische Fakultät einer Universität. Schließlich blieb den Parteien unbenommen, bei Erreichen der Appellationssumme in Höhe von 400 Reichstalern[60] in dritter und letzter Instanz die höchsten Reichsgerichte anzurufen.

Die niedere Strafgerichtsbarkeit übten mit den Zentgerichten besondere – ausschließlich landesherrliche[61] – Gerichte aus. Ihre Zuständigkeit erstreckte sich namentlich auf Straftaten gegen das Eigentum und das Vermögen sowie gegen die körperliche Unversehrtheit.[62] Die Zentgerichte bestanden aus einem vom Landesherrn eingesetzten Zentgrafen sowie einer Anzahl Zentschöffen. Zudem existierte bis zum Verlust der vier Ämter an das Hochstift Würzburg während der Würzburger Fehde die eigentümliche Institution eines ‚schweigenden Zentgrafen' des Hochstifts, der ohne Stimmrecht an den Sitzungen des Zentgerichts teilnahm und dadurch den Würzburger Anspruch auf die im Laufe der Jahrhunderte an die Grafen verlorenen Rechte an den Wertheimer Zenten dokumentierte.[63] Da sich die ursprünglich selbständige Zentgerichtsbarkeit durch die Ausbildung und Verdichtung der Territorialherrschaft mit dieser vereinigte und der jeweilige Amtmann ohnehin häufig das Amt des Zentgrafen in Personalunion bekleidete, wurde die Zentgerichtsbarkeit im 17. Jahrhundert vollends von den Ämtern übernommen.[64] Für die Ausübung der Hochgerichtsbarkeit und damit die Verfolgung schwerer Straftaten wie namentlich Kapitaldelikte und schwere Körperverletzungsdelikte war das landesherrliche Halsgericht verantwortlich. Grundlage dieser Hochgerichtsbarkeit war der als kaiserliches Lehen übertragene Blutbann, den die Grafen in ihrer Eigenschaft als Landesherren durch den Zentgrafen und zwei Schöffen versehen ließen. Sie übten damit in ihrem Territo-

---

[59] *Fürstlich-Löwenstein-Wertheimische Verordnung, wornach sich sämtliche Gerichts-Stellen [...] bey Führung Gerichtlicher Process in erster und zweyter Instanz hinkünftig zu richten haben* aus dem Jahre 1773. Druckschrift in StAWt-A 52 Nr. 921.
[60] § 112 des Reichsabschieds von 1654.
[61] Nach außen erkennbar war dies daran, daß sich das Zenthaus außerhalb der Wertheimer Stadtmauern befand.
[62] *Aschbach*, Grafen von Wertheim, S. 389.
[63] *Zimmermann*, Obrigkeit, S. 36 f.
[64] Vgl. *Amts-Reglement, wornach sich ein Gemein-Herrschaftlich-zeitlicher Amtmann und Stadt-Schultheiß allhier zu Wertheim in seinen Amts-Verrichtungen zu achten hat. Nebst beygefügter Civil- und Criminal-Tax-Ordnung bey dem Stadt-Amt und Gericht zu Wertheim. Im Druck publicirt 1746. Neu aufgelegt 1773.* GLAK 189/167.

rium sowohl die aufgrund persönlicher Bemühungen durch kaiserliche und königliche Gunst verliehene Blut- bzw. Halsgerichtsbarkeit als auch die überkommene Form der Hochgerichtsbarkeit sonstigen rechtlichen Ursprungs aus.[65]

## V. Das Lehnssystem

Die Entwicklung zur Territorienbildung hing nicht zuletzt von der Grundherrschaft der Wertheimer Grafen ab. Grundherrschaft bedeutete, daß der Grundherr den Bauern bzw. Grundholden Teile seines Landes als Aktivlehen zur Bebauung gab, anstatt diese in Eigenregie zu bewirtschaften. Dabei bekam der Beliehene ein *dominium utile,* ein dingliches Nutzungsrecht, für welches er als Gegenleistung einen Anteil am Ertrag des Wirtschaftsguts in Form von Abgaben und teilweise auch Dienstleistungen erhielt. Der Grundherr selbst behielt das *dominium directum*, das Obereigentum an dem Grundstück.[66] Der von den Grundholden zu bewirtschaftende Boden war zunächst stets an einen bestimmten Hofbesitz gebunden, so daß Kern der Grundherrschaft der Grafen als erweiterter Hausherrschaft die Burg Wertheim war.[67] Die Wertheimer Grundherrschaft war sehr umfangreich und im Spätmittelalter in fünf Landkreisen mit 64 Orten nachweisbar.[68] In der Gesamtschau stellte die Grundherrschaft über den wirtschaftlichen Aspekt hinaus ein komplexes Gebilde dar. Die mehrfache Untertänigkeit der Bauern bestand, wenn man die Landesherrschaft als Normalfall obrigkeitlicher Befugnisse beiseite läßt, in ihrer Einordnung in die Systeme der Grund-, Leib-, Gerichts- und Zentherrschaft.[69] Die Grundherrschaft war damit als einer der wichtigsten Träger des politischen Lebens im Mittelalter ein Kernelement der Sozialordnung überhaupt.[70]

Seit dem 14. Jahrhundert zeigte sich in der Grafschaft Wertheim dann verstärkt eine andere Form der Grundherrschaft, für die zerstreuter, nicht an einen bestimmten Hofsitz gebundener Bodenbesitz kennzeichnend war, den die Grafen seit dem 15. Jahrhundert im wesentlichen als Gefälle von einzelnen Äckern und Wiesen erwarben. Dieser sogenannte walzende Grundbesitz erlaubte den freien Verkehr der Grundstücke und wurde ein Kennzeichen der wertheimischen Grundherrschaft.[71] Ursächlich für diese Entwicklung waren die Loslösung der Leibeigenschaft und der Gerichtsherrschaft von der Grundherrschaft sowie der

[65] *Zimmermann*, Obrigkeit, S. 39.
[66] *Bog*, Dorfgemeinde, Freiheit und Unfreiheit in Franken, S. 48 f.
[67] *Störmer*, in: WJB 1963/1964, S. 19.
[68] *Bachmann*, Lehenhöfe, S. 65.
[69] *Dipper*, Bauernbefreiung, S. 40.
[70] *Störmer*, in: WJB 1963/1964, S. 18 f.
[71] *Störmer*, in: ZfBayLG 30 (1967), S. 120 ff.

Umstand, daß der Grundherr bei der Übergabe neuer Grundstücke mit Ausnahme der Verpflichtung zur Leistung eines Zinsfixums auf alle Erscheinungen der Unfreiheit seitens der Bauern und der Abhängigkeit, die mit der alten Fronhofsverfassung verbunden war, verzichtete. Dieses System wies mit dem im Spätmittelalter weit verbreiteten Erbpachtsystem starke Ähnlichkeit auf.[72]

In den Lehenbüchern der Grafen von Wertheim finden sich bei den Aktivlehen Burg-, Renten- und Treuhandlehen, bei denen es sich regelmäßig um Mannlehen handelte.[73] Nicht mehr individualisierbar war der jeweilige rechtliche Grund der Fronen, ob dieser also landes-, grund-, gerichts- oder leibherrlicher Natur war, da man alle diese Rechte auf sich vereinigte. Vielmehr waren die zu erbringenden Fronen zu einer einzigen Gesamtfron verschmolzen, so daß eine privat- oder staatsrechtliche Grundlage der zu leistenden Abgaben in concreto nicht mehr zu erkennen war.

Den Grafen von Wertheim oblagen sowohl gegenüber dem Kaiser als auch gegenüber höherrangigen Reichsständen Lehnspflichten, die sogenannten Passivlehen. Die Reichslehen setzten sich aus Regalien, Privilegien, Grundbesitz sowie Vogteirechten zusammen. Zu den Regalien zählten insbesondere die hohe wie die niedere Gerichtsbarkeit, folglich Halsgerichtsbarkeit bei schweren und Zentgerichtsbarkeit bei leichteren Vergehen. Weiter gehörte dazu die freie Ausbildung des Rechts in der Grafschaft in bezug auf die Grafenfamilie, also die Möglichkeit, Familienstatute und Satzungen über Nachfolge, Erbfolge, Teilung, Volljährigkeit, Verzichtsleistung etc. zu erlassen. Gleiches galt in bezug auf die Vasallen und Burgmänner, weshalb die Mannengerichte unter dem Vorsitz des Grafen ihre Urteile sprachen und dieser die Burgfrieden erteilte. In bezug auf die Städte verfügte er die Statute oder Dekrete für die bürgerlichen Gemeinden und bestätigte die Stadtrechte. Schließlich kam dem Grafen in bezug auf die Dörfer und Höfe die Abhaltung der Land-, Zent- und Rugegerichte durch den Zentgrafen oder Amtmann sowie die Erteilung von neuen Ortsrechten oder Weistümern zu. Daneben war das Geleit zu Wasser auf dem Main und zu Lande durch die Grafschaft Bestandteil der Regalien. Weitere bedeutende Regalien waren das Zollregal, der Wildbann, die Münzgerechtigkeit, der Klosterschirm sowie der Judenschutz[74]. Die Regalien berechtigten ihre Inhaber zur Erhebung der damit verbundenen Gefälle und Abgaben. Neben den Reichslehen trugen die Wertheimer Grafen als Bestandteil der Grafschaft Königlich Böhmische, Bischöflich Würzburgische sowie Fuldische Lehen zu Lehen.[75]

---

[72] *Störmer*, in: WJB 1963/1964, S. 19.
[73] *Bachmann*, Lehenhöfe, S. 68.
[74] Hierbei handelte es sich um den gegen Leistung einer Abgabe den Juden gewährten obrigkeitlichen Schutz. Vgl. Deutsches Rechtswörterbuch, Band 6, Sp. 568.
[75] *Aschbach*, Grafen von Wertheim, S. 364 ff., 392 ff.

## C. DIE VERHÄLTNISSE IN DER MARKGRAFSCHAFT BADEN VOR 1803

### I. Die innere Verfassung Badens

Die Markgrafen von Baden, eine Seitenlinie der 1218 ausgestorbenen Herzöge von Zähringen, herrschten über ein aufgesplittertes Gebiet. Diese Situation wurde im Jahre 1535 noch verschlimmert, als Baden in zwei Teilmarkgrafschaften – Baden-Baden und Baden-Durlach – zerfiel. Erst nach dem Aussterben der katholischen Linie Baden-Baden im Jahre 1771 wurde die Markgrafschaft wieder vereinigt, als Baden-Baden an die evangelische Linie Baden-Durlach fiel. Die Zahl der Einwohner Badens betrug zu dieser Zeit etwa 175.000 (vorher 82.000), der Umfang des Territoriums ca. 3.660 $km^2$ (vorher ca. 1.660 $km^2$).[76] Bevölkerungszahl und Flächenausdehnung der Grafschaft Wertheim im ausgehenden 18. Jahrhundert betrugen demnach nur einen Bruchteil derjenigen der Markgrafschaft Baden.

Nachdem im badischen Kernland bereits seit 1668 keine Stände mehr existiert hatten[77], erlebte Baden in der zweiten Hälfte des 18. Jahrhunderts unter der Regierung von Markgraf Karl Friedrich einige für damalige Verhältnisse sehr fortschrittliche Reformen: So erfuhren gerichtliche Prozesse durch die 1752 erlassene *Hofgerichtsordnung*, die 1803 den veränderten Verhältnissen angepaßt und als *Obergerichtsordnung* bis 1832 in Kraft blieb, eine erhebliche Beschleunigung. Die inneren Verhältnisse der Gemeinden regelte die *Communeordnung* von 1760, wobei die wirtschaftliche Selbständigkeit der Gemeinden nur insoweit beschränkt wurde, als zur Sicherung des Gemeindevermögens eine staatliche Aufsicht unentbehrlich war.[78] Nach preußischem Vorbild erfolgte 1767 die Abschaffung der Folter zur Erzwingung von gerichtlichen Geständnissen, und 1783 hob der Markgraf die Leibeigenschaft auf.

### II. Verwaltung und Rechtspflege in Baden

Im Laufe des 18. Jahrhunderts hatte sich auch in den beiden badischen Landesteilen an der Spitze der Verwaltungshierarchie die für einen entwickelten Territorialstaat typische Dreizahl der Behörden herausgebildet: Geheimer Rat, Hofrat bzw. Hofgericht und Rentkammer. Diese Dikasterien arbeiteten nach

---

[76] *Krieger*, Badische Geschichte, S. 62.

[77] Diese hatten sich selbst ihres Rechtes begeben, die Schatzung einzuziehen und zur Schuldentilgung zu verwenden, und sich damit faktisch selbst abgeschafft. Vgl. *von Weech*, in: ZGO 1877 (29), S. 324 f.

[78] *Von Weech*, Badische Geschichte, S. 396.

dem Kollegialitätsprinzip, grundsätzlich durfte keins ihrer Mitglieder selbständig handeln.[79] Im Gegensatz zu größeren Territorien wie etwa Bayern erfuhr die badische Verwaltungsstruktur – nach wie vor an den begrenzten Bedürfnissen eines überschaubaren Patrimonialstaates orientiert – bis 1803 aber keine wesentlichen Veränderungen mehr. Trotz entsprechender Bestrebungen einiger leitender Staatsbeamter erfolgte namentlich weder auf unterer noch auf oberer Ebene eine förmliche Trennung von Justiz und Verwaltung.[80]

Obwohl ihm die anderen Kollegien formell gleichgestellt waren, stellte der Geheime Rat die oberste Verwaltungsbehörde dar; er führte – auch bei Abwesenheit des Landesherrn – die Oberaufsicht über die gesamte Staatstätigkeit. Alle gesetzgeberischen Maßnahmen wurden im Geheimen Rat bei regelmäßiger Anwesenheit des Markgrafen als alleiniger Quelle der Gesetzgebung erwogen. Daneben oblag ihm die Leitung der auswärtigen Politik nebst Reichs- und Kreissachen sowie die Aufsicht über das Militärwesen.[81] Dem Hofrat kam eine Doppelfunktion zu: Zum einen fungierte er als Zentralstelle für die allgemeine Landesverwaltung und führte als solche die Aufsicht über die Tätigkeit der untergeordneten Ämter und Oberämter. Zum anderen erfüllte er – regelmäßig als Hofgericht – richterliche Aufgaben, indem er in Zivilsachen in zweiter Instanz über Appellationen gegen Urteile der Ämter, in erster Instanz über Prozesse der kanzleisässigen Untertanen[82] entschied. In Strafsachen übte er für den Markgrafen die Hochgerichtsbarkeit aus. Nicht selten erledigte man Angelegenheiten der Verwaltung und der Rechtspflege in ein und derselben Sitzung.[83] Die Rentkammer schließlich bildete die oberste Finanzbehörde der Markgrafschaft.

Den Zentralkollegien unterstanden direkt die Bezirks- und Lokalbehörden, da angesichts des begrenzten geographischen Umfangs des Landes kein Bedarf für Mittelbehörden bestand. In Angelegenheiten der Rechtspflege kannte die Markgrafschaft noch keinen voll entwickelten dreistufigen Instanzenzug, da auch ihr das *Privilegium de non appellando* fehlte[84], die markgräflichen Untertanen ihr Recht in dritter Instanz also bei den Reichsgerichten zu suchen hatten. Das Land war eingeteilt in Oberämter und Ämter, die je nach Größe von einem oder zwei Beamten geleitet wurden. Das Verhältnis zwischen Oberamt und Amt ließ sich landesweit nicht einheitlich definieren. Zwar waren beiden die örtlichen Verwal-

---

79 *Windelband*, Verwaltung, S. 172 f.
80 Vgl. *Gothein*, in: ZGO 1911 (26 N.F.), S. 400 ff.
81 *Lenel*, Badens Rechtsverwaltung, S. 10 ff.
82 Kanzleisässige Untertanen genossen einen privilegierten Instanzenzug, indem sie im Gegensatz zu den amtssässigen nicht dem Amt, sondern direkt der landesherrlichen Kanzlei unterstanden. Vgl. Deutsches Rechtswörterbuch, Band 7, Sp. 180 f.
83 *Gothein*, in: ZGO 1911 (26 N.F.), S. 397 f.
84 *Lenel*, Badens Rechtsverwaltung, S. 139 f.

tungsangelegenheiten, die Zivilgerichtsbarkeit über amtssässige Untertanen in erster Instanz sowie die niedere Strafgerichtsbarkeit zugewiesen. Allerdings fungierte für Urteile größerer Ämter das Hofgericht als Berufungsinstanz, während Urteile kleinerer Ämter bis zu einem gewissen Streitwert vor dem zuständigen Oberamt anzufechten waren.[85]

Wie die allgemeine Staatsverwaltung, so waren auch Finanzverwaltung und Finanzwesen in Baden bis 1803 noch stark patrimonial geprägt. Die Finanzverwaltung der Markgrafschaft war zweistufig aufgebaut. An der Spitze stand die markgräfliche Rentkammer, der unterschiedlich strukturierte Bezirks- und Lokalverrechnungen untergeordnet waren. Neben den Domänen verwalteten diese sowohl das hoheitlich geprägte Steueraufkommen als auch die markgräflichen Revenüen mit patrimonialem Charakter.[86] Da das absolutistisch-patrimoniale System rechtlich nicht zwischen Landesherr und Staat unterschied – die Markgrafschaft galt als Patrimonium der herrschenden Dynastie –, fielen markgräfliche Privat- und öffentliche Finanzen zusammen. Gegen Ende des 18. Jahrhunderts bildete bei geringer Steuerfinanzierungsquote die Domanial- und Regalwirtschaft mit zwei Dritteln der Bruttoeinnahmen die weitaus wichtigste Stütze der Staatsfinanzierung.[87] Spiegelbildlich setzte sich die markgräfliche Verschuldung kaum aus Landesschulden, sondern nahezu ausschließlich aus Kammerschulden zusammen, bei denen sich private Verbindlichkeiten des Regenten und seines Hauses mit öffentlichen Schulden mischten.[88]

## D. Die Verhältnisse im Kurfürstentum Bayern vor 1803

### I. Die innere Verfassung Bayerns

Nach dem Sturz Heinrichs des Löwen belehnte Kaiser Friedrich Barbarossa im Jahre 1180 den bayerischen Pfalzgrafen Otto von Wittelsbach mit dem Herzogtum Bayern. Die folgenden Jahrhunderte bayerischer Geschichte waren geprägt von dem Bestreben der Wittelsbacher Herzöge, ihre Hausmacht sowohl nach innen als auch nach außen auszubauen. Im inneren wurden die bayerischen Landstände Opfer dieser Politik, die in der zweiten Hälfte des 16. Jahrhunderts einen wesentlichen Teil ihres Einflusses verloren.[89] Maximilian I. gelang es

[85] *Windelband*, Verwaltung, S. 279, 284 f.
[86] *Ullmann*, in: GuG 1982, S. 335.
[87] *Ullmann*, Staatsschulden, Band 1, S. 324, 328.
[88] *Ullmann*, Staatsschulden, Band 2, S. 619 ff.
[89] Im Jahre 1577 ermächtigte der Landtag die Landschaftsverordnung, welche zwischen den Landtagen die Rechte und Interessen der Stände zu wahren und die laufenden Geschäfte zu

schließlich zu Beginn des 17. Jahrhunderts, den Einfluß der Landschaft schrittweise völlig auszuschalten und mit Hilfe einer gut ausgebildeten und zuverlässigen Beamtenschaft zumindest im Herzogtum Bayern das Finanzwesen und die Staatsverwaltung umfassend neu zu ordnen sowie im Interesse eines einheitlichen und geschlossenen Rechtsraumes das Landrecht für Ober- und Niederbayern zu erlassen.[90]

Nach dem Erwerb der Kurwürde im Jahre 1623 und deren Bestätigung durch die westfälischen Friedensschlüsse von Münster und Osnabrück 1648 stellte der 1669 letztmals einberufene Landtag Höhepunkt und Abschluß der Entwicklung zur Ausschaltung der Landstände dar. Künftig bewilligte nicht mehr der gesamte Landtag, sondern in Gestalt der Landschaftsverordnung lediglich ein Ausschuß die vom Fürsten geforderten Steuern. Entsprechend dem absolutistischen Herrscherbild war damit der Anspruch der Stände als organisierter Körperschaft und Teilgewalt auf politische Mitbestimmung zwar nicht wie in Baden vollkommen, aber doch weitgehend beseitigt.[91] Einen ersten Anfang zur Ausbildung des Rechtsstaats im Sinne des aufgeklärten Absolutismus bildeten Mitte des 18. Jahrhunderts unter Wiguläus Xaverius Aloysius von Kreittmayr – Kanzler und Jurist Maximilians III. Joseph – der *Codex Juris Bavarici Criminalis*, der *Codex Maximilianeus Bavaricus Civilis* sowie ein neu kodifiziertes Prozeßrecht.[92]

## II. Verwaltung und Rechtspflege in Bayern

Nach dem Aussterben der altbayerischen Linie und dem Regierungsantritt des ersten pfälzischen Kurfürsten Karl Theodor im Jahre 1777 war Pfalz-Bayern *zu einem föderativen Territorialstaat ohne einheitliche Verfassung, ohne einheitliches Recht, ohne einheitliches Staatsbewußtstein* [...], *zusammengehalten nur durch die Person des Herrschers* geworden.[93] In diesem Länderkonglomerat existierten für jedes Territorium gesonderte Behörden mit unterschiedlichen Verwaltungsstrukturen. In Kurbayern etwa gab es um 1750 wie in Baden mit dem Geheimen Rat, dem Hofrat sowie der Hofkammer die klassischen, kollegial organisierten Zentralbehörden. Daneben bestand seit 1726 eine Geheime Konferenz als Ausschuß des Geheimen Rates; dabei handelte es sich aber eher um ein Beratergremium ohne Leitungs- und Kontrollfunktion als eine oberste Regie-

erledigen hatte, dies für zwölf Jahre zu tun und machte sich damit selbst entbehrlich. Vgl. *von Aretin*, Bayerns Weg, S. 16.

[90] *Kraus*, Geschichte Bayerns, S. 230 f.

[91] *Kraus*, Geschichte Bayerns, S. 278 f.

[92] *Hammermayer*, in: Handbuch der bayerischen Geschichte, S. 1250 f.

[93] *Doeberl*, Bayern, Band 2, S. 386.

rungs- und Verwaltungszentrale.[94] Nachdem der Hofrat zunächst Rechtsprechungs- und Verwaltungsaufgaben in sich vereinigt hatte, behielt er nach Errichtung einer neuen kollegialen Zentralbehörde lediglich die Jurisdiktionszuständigkeit, womit auf höchster Ebene bereits zu diesem Zeitpunkt die Trennung von Justiz und Verwaltung verwirklicht war.[95] Der neu geschaffenen Obersten Landesregierung wurden dagegen nahezu die gesamte innere Verwaltung sowie die Reichs- und Kreisangelegenheiten übertragen. Die Hofkammer schließlich blieb auf reine Finanz- und bestimmte Wirtschaftsfragen beschränkt.[96] Als landesherrliche Mittelbehörden fungierten in den ober- und niederbayerischen Stammlanden, die in vier Rentamtsbezirke eingeteilt waren, die Rentamtsregierungen in Burghausen, Landshut und Straubing; keine eigene Mittelbehörde besaß der Rentamtsbezirk München, da die Oberste Landesregierung deren Funktionen ausübte. Neben ihren Verwaltungsaufgaben hatten die Rentämter zusätzlich Rechtsprechungsaufgaben in Berufungssachen gegen erstinstanzliche Urteile der Landgerichte wahrzunehmen.[97] Auf unterer Stufe standen die Landgerichte, die die allgemeine Verwaltung wahrnahmen, die niedere Zivilgerichtsbarkeit ausübten sowie in Strafsachen instruierendes Gericht waren.[98] Besondere Privilegien genossen die Städte, die die niedere Jurisdiktion innehatten – die Hauptorte München, Landshut, Straubing, Burghausen und Ingolstadt sogar die Hochgerichtsbarkeit – und in kommunalen Angelegenheiten mit Hilfe eines eigenen Verwaltungsapparats gebieten und verbieten konnten.[99]

Nach dem Regierungsantritt des Kurfürsten Maximilian IV. Joseph aus der Linie Pfalz-Zweibrücken und dessen Erstem Minister Maximilian Joseph von Montgelas kam es dann zu einer umfassenden Verwaltungsreform. Diese sollte die auf das alte Herzogtum Bayern zugeschnittenen, mit den erheblichen Gebietszuwächsen aber überforderten und veralteten Verwaltungsstrukturen an die neuen Anforderungen anpassen und im Sinne einer neuen Staatsauffassung modernisieren.[100] Grundlage für den Bau einer alle wittelsbachischen Lande überspannenden einheitlichen Staatsverwaltung war das Kurfürstliche Geheime Ministerialdepartement, geschaffen durch Verordnung vom 25. Februar 1799. Dabei ersetzte mit der Einführung der Ministerialverfassung und den Departements des

---

[94] *Volkert*, in: Deutsche Verwaltungsgeschichte, Band 2, S. 511 f.
[95] *Schimke*, in: Quellen, Band 4, S. 240.
[96] *Hammermayer*, in: Handbuch der bayerischen Geschichte, S. 1241 f.
[97] *Volkert*, in: Deutsche Verwaltungsgeschichte, Band 2, S. 523.
[98] *Volkert*, in: Reformen im rheinbündischen Deutschland, S. 175.
[99] *Press*, in: Deutsche Verwaltungsgeschichte, Band 1, S. 595.
[100] *Knemeyer*, Regierungs- und Verwaltungsreformen, S. 112.

Äußeren, der Finanzen, der Justiz sowie der geistlichen Angelegenheiten[101] das moderne Direktorialprinzip das traditionelle Kollegialprinzip.[102]

Ab dem Jahre 1801 gab es auf der Ministerialebene keine kollegiale Beratung und Entscheidung mehr, die Geschäftsführung innerhalb der Departements war im Sinne einer hierarchisch-bürokratischen Ordnung unter der alleinigen Verantwortung des Ministers geregelt. Exekutivbefugnisse standen dem Geheimen Ministerialdepartement indes nicht zu, vielmehr mußte es sich darauf beschränken, Entschließungen lediglich vorzubereiten und auszufertigen. Die Durchführung der Gesetze als eigentlicher Verwaltungsaufgabe oblag stattdessen den Landesdirektionen, welche aus den bisherigen Dikasterien entstanden und ausschließlich für die jeweilige Provinz zuständig waren. Gleichzeitig mit der Bildung des Gesamtministeriums wurde der Geheime Rat wiederbelebt und als Staatsrat völlig umgestaltet. Dieser bestand aus den Ministern der Justiz, der Finanzen und der geistlichen Angelegenheiten sowie den vortragenden Räten dieser drei Departements und war zuständig für die Beratung der wichtigsten Verfassungs- und Verwaltungsgegenstände. Außerdem übte er die Gerichtsbarkeit in den Fällen aus, in denen die ordentlichen Gerichte nicht zuständig waren.[103]

Anstelle derjenigen Dikasterien, die sich mit Angelegenheiten der inneren Staatsverwaltung beschäftigten, richtete Montgelas eine Generallandesdirektion mit Sitz in München ein. Diese hatte als Behörde für innere Angelegenheiten die altbayerischen Kurlande und deren Außenbehörden zu leiten und zu überwachen.[104] Unterstellt wurden ihr die vier Regierungen der Stammlande in München, Burghausen, Landshut und Straubing. In sieben nach dem Kollegialprinzip arbeitende Deputationen gegliedert (für Landeshoheitsangelegenheiten, Polizeisachen, Rechungswesen, Salinen- Münz- und Bergwerkssachen, Wirtschafts- und Mautsachen sowie Kriegsangelegenheiten), hatte sie die meisten Aufgaben der inneren Verwaltung zu erledigen.[105] Teilweise war die Generallandesdirektion für Gesamtbayern, zum überwiegenden Teil aber nur für die vier Stammprovinzen zuständig. Für die beiden Pfalzprovinzen errichtete man Landesdirektionen in Amberg für die Oberpfalz und in Neuburg für Pfalz-Neuburg. Entsprechend der besonderen Ausgestaltung der Ministerien stellten die Generallandesdirektion sowie die einzelnen Landesdirektionen aber keine den Ministerien un-

[101] Das Departement der geistlichen Angelegenheiten wurde im Jahre 1806 in ein Innenministerium umgewandelt. Ein Kriegsministerium wurde erst 1808 geschaffen.
[102] *Press*, in: Deutsche Verwaltungsgeschichte, Band 1, S. 598.
[103] *Knemeyer*, Regierungs- und Verwaltungsreformen, S. 114 f.
[104] *Volkert*, in: Reformen im rheinbündischen Deutschland, S. 172.
[105] *Volkert*, in: Deutsche Verwaltungsgeschichte, Band 2, S. 514.

tergeordneten Mittelbehörden dar, sondern müssen als exekutive Ergänzungsbehörden zu den vier Ministerialdepartements angesehen werden.[106]

Im Jahre 1802 folgte die Aufhebung des Geistlichen Rates und die Aufteilung seiner bisherigen Kompetenzen auf die Landesdirektionen, einen Administrationsrat für die Kirchen und milden Stifte sowie das General-, Schul- und Studiendirektorium.[107] Im gleichen Jahr richtete Montgelas dann die Hofgerichte als reine Gerichtsbehörden[108] ein und übertrug ihnen diejenigen Rechtsprechungsaufgaben, die bislang den Regierungen als Gerichten zweiter Instanz über den Landgerichten zugekommen waren. Die Verwaltungsaufgaben nahmen die Landesdirektionen wahr, so daß man nunmehr zumindest auf mittlerer Ebene die Trennung von Justiz und Verwaltung vollzogen hatte.[109]

Anders als in Baden vollzog sich in Bayern die Trennung von Staatsvermögen und Privatvermögen des Landesherrn bereits gegen Ende des 18. Jahrhunderts. Dieser Entwicklung hatten zuvor führende bayerische Juristen wie von Kreittmayr geistig den Weg bereitet, indem diese begannen, zwischen Privateigentum des Regenten und Kammergut schärfer zu trennen. Nachdem der Ansbacher Hausvertrag von 1796 die Verschuldungsfreiheit des Regenten bereits stark eingeschränkt hatte, indem er die Kapitalaufnahme nur noch bei öffentlichen, nicht aber bei Verschuldungsanlässen zuließ[110], kam es nach der Regierungsübernahme Maximilians IV. Joseph im Jahre 1799 und mit dem fortschreitenden Staatsgedanken zu weiteren Reformmaßnahmen im Finanzwesen.[111] Dies hatte nicht zuletzt zur Folge, daß die Einnahmenwirtschaft im Kurfürstentum mit einem Steueranteil von zwei Dritteln der Gesamteinnahmen bei nur einem Drittel Kammergutertägen und Regalien bereits stark steuerwirtschaftlich geprägt war.[112] An der Zweiteilung aller Schulden in Kammer- und Landesschulden änderte sich indes auch in Bayern bis zur Auflösung des Alten Reiches nichts.[113]

---

[106] *Knemeyer*, Regierungs- und Verwaltungsreformen, S. 115.
[107] *Press*, in: Deutsche Verwaltungsgeschichte, Band 1, S. 599.
[108] Verordnung vom 5. November 1802, Regierungsblatt 1802, S. 793.
[109] *Weis*, in: HistZ 1983 (237), S. 590.
[110] *Ullmann*, Staatsschulden, Band 2, S. 416.
[111] *Rall*, Kurbayern, S. 531 ff.
[112] *Ullmann*, Staatsschulden, Band 1, S. 61.
[113] *Ullmann*, Staatsschulden, Band 2, S. 402 f.

## § 3 Vom Reichsdeputationshauptschluss bis zum Ende des Alten Reiches

### A. Der Reichsdeputationshauptschluss und seine Vorgeschichte

Hatte Baden in den Koalitionskriegen zunächst treu an der Seite Österreichs gestanden, so änderte sich dies mit dem zunehmenden Leidensdruck durch Kriegseinwirkungen und österreichische Truppenpräsenz. Als Preußen gar im April 1795 den Sonderfrieden von Basel schloß, wandte man sich auch in Baden zunehmend von Kaiser und Reich ab. Nach dem württembergischen Sonderfrieden vom 7. August 1796 schloß auch Baden am 22. August einen Separatfrieden mit Frankreich. Darin verzichtete es auf seine linksrheinischen Besitzungen, wobei Frankreich in einem geheimen Zusatzvertrag umfangreiche rechtsrheinische geistliche Gebiete als Entschädigung für die verlorenen Territorien zusicherte.[1]

Nach den Niederlagen Österreichs gegen Napoleon in Oberitalien verzichtete auch der Kaiser in einem Geheimartikel zu dem in Campo Formio am 17. Oktober 1797 unterzeichneten Frieden gegen *angemessene Entschädigungen* auf die linksrheinischen Gebiete und gab damit den Grundsatz der Reichsintegrität preis. Auf ein Ultimatum Frankreichs hin sah sich die auf dem Rastatter Kongreß nach Artikel 20 des Friedensvertrags zusammengetretene Reichsfriedensdeputation gezwungen, der Säkularisation der Reichskirche zuzustimmen. Die tatsächliche Durchführung der Säkularisation verhinderte freilich zunächst der Ausbruch des Zweiten Koalitionskrieges.[2] Mit dem Abschluß dieser Verträge verstießen die beteiligten Reichsstände augenfällig gegen die Reichsverfassung, da über die Abtretung der linksrheinischen Reichslande nur das Reich als solches hätte entscheiden können.[3]

Der am 9. Februar zwischen Frankreich und Österreich geschlossene Friede von Lunéville statuierte in der Folge endgültig den Rhein als Grenze. In Artikel VII des Vertrages verabredeten der Kaiser – für seine Erblande wie auch in Vertretung des Reiches – und die französische Republik, *daß in Gemäßheit der auf dem Congreß zu Rastadt förmlich festgesetzten Grundsätze, das Reich verpflichtet seyn soll, jenen Erbfürsten, die von ihren Besitzungen auf dem linken Rhein-Ufer entsetzet werden, eine Entschädigung zu geben.*[4] Napoleon wollte Baden

---

[1] *Sauer*, Napoleons Adler, S. 27.
[2] *Fehrenbach*, Die territoriale Neuordnung des Südwestens, S. 212.
[3] *Huber*, Verfassungsgeschichte, Band 1, S. 31, 33.
[4] Zitiert nach: *Hufeld* (Hrsg.), Der Reichsdeputationshauptschluß von 1803, Nr. 7.

bei der Verteilung der Entschädigungsgebiete in großzügiger Weise bedenken, um es für seine standhafte Neutralität im Zweiten Koalitionskrieg zu belohnen und den engen verwandtschaftlichen Beziehungen der markgräflichen Familie zum russischen Zarenhaus Rechnung zu tragen.[5] Durch Gutachten vom 2. Oktober und kaiserliches Kommissionsratifikationsdekret vom 7. November 1801 setzte das Reich eine außerordentliche Reichsdeputation ein, deren am 24. August 1802 in Regensburg begonnene Arbeit schließlich in den am 25. Februar 1803 verabschiedeten Reichsdeputationshauptschluß mündete.[6]

Als Reichsgrundgesetz trat der Reichsdeputationshauptschluß mit der Vereinigung der drei Reichstagskollegien zum gemeinsamen Gutachten am 24. März 1803 sowie dem Ratifikationskommissionsdekret des Kaisers vom 27. April 1803[7] von Reichs wegen formell in Kraft. Er sah in seinen §§ 1 bis 29 vor, mit Ausnahme des Reichskurerzkanzlers, des Hoch- und Deutschmeisters sowie des Großpriors des Malteserordens alle geistlichen Staaten zu säkularisieren und mit Ausnahme der freien Städte Augsburg, Bremen, Frankfurt, Hamburg, Lübeck und Nürnberg alle Reichsstädte zu mediatisieren. Unter Säkularisation ist in diesem Zusammenhang die Übertragung der staatlichen Hoheitsgewalt durch Aufhebung der landesherrlichen Gewalt eines geistlichen Reichsstandes und die Einverleibung seines Gebiets in ein weltliches Territorium zu verstehen.[8] Zusammen mit den weltlichen Herrschaftsrechten gingen nach § 36 RDH die Vermögensrechte der geistlichen Reichsfürsten an ihrem Territorialbesitz uno actu auf die neuen weltlichen Herren über.[9] Mediatisierung bedeutet nach Willoweit im weitesten Sinne die Aufhebung der unmittelbaren Beziehung von Territorien, Herrschaften oder Städten zu einer übergeordneten hoheitlichen Gewalt durch einen dazwischentretenden regionalen Herrschaftsträger; im besonderen wird darunter die Einverleibung bis dahin reichsunmittelbarer Territorien in weltliche Fürstentümer verstanden.[10]

Der Umfang der im Reichsdeputationshauptschluß für die größeren Reichsstände jeweils vorgesehenen Entschädigungen überstieg in den meisten Fällen die linksrheinischen Verluste bei weitem. So erhielt Baden mehr als das siebenfache

[5] *Sauer*, Napoleons Adler, S. 45.
[6] *Hömig*, Der Reichsdeputationshauptschluß, S. 27 f.
[7] *Hömig*, Der Reichsdeputationshauptschluß, S. 28 f.
[8] Von dieser Herrschaftssäkularisation zu unterscheiden ist die in § 35 RDH geregelte Vermögenssäkularisation kirchlichen Gutes, die der Trennung der (weiterhin kirchlichen) Sorge um das Seelenheil von der (künftig staatlichen) Förderung der allgemeinen materiellen Wohlfahrt sowie der Deckung des staatlichen Finanzbedarfs diente und zu der auch die nicht linksrheinisch geschädigten Landesherren befugt waren. Vgl. *Willoweit*, Deutsche Verfassungsgeschichte, S. 203 f.
[9] *Hömig*, Der Reichsdeputationshauptschluß, S. 32.
[10] *Willoweit*, in: Handwörterbuch, Band 3, Sp. 412.

seiner linksrheinischen Gebietsverluste als Entschädigung und konnte damit sein bisheriges Territorium vervierfachen.[11] Der Ausgleich für die kleineren Reichsterritorien wurde dagegen umso exakter nach der wirklich erlittenen Einbuße bemessen.

Neben den Regelungen über die materielle Entschädigung verabschiedete die außerordentliche Reichsdeputation Bestimmungen über die Neuorganisation der beiden höheren Reichskollegien, des Kurfürstenkollegs und des Reichsfürstenrats. So verlieh § 31 RDH dem Markgrafen von Baden die Kurwürde.

## B. Die Folgen des Reichsdeputationshauptschlusses

Neben beträchtlichen territorialen Veränderungen hatte der Reichsdeputationshauptschluß mittelbar tiefgreifende Umwälzungen in der Organisations- und Verwaltungsstruktur der in den Genuß der Entschädigungen gekommenen Territorien zur Folge. Dabei resultierten die Veränderungen in Regierung und Verwaltung zum einen aus dem äußeren Zwang zu Reformen, den die zum Teil erheblichen Gebietserweiterungen bedingten. Die neu entstandenen, dem überschaubaren Personenverbandsstaat feudaler Prägung entwachsenen Mittelstaaten ließen sich mit den aus dem Alten Reich überkommenen patrimonialen Strukturen schlicht nicht regieren. Zum anderen waren sie aber nicht zuletzt Konsequenz einer veränderten Auffassung von der Stellung des Monarchen im Staatsgefüge und vom Staat im allgemeinen. So löste Montgelas die Idee des Staates bewußt von der Dynastie. Folgerichtig vollzog man in Bayern 1804 mit der Domanialfideikommißpragmatik die gedankliche Unterscheidung von Staat und Dynastie auch rechtlich, insbesondere vermögensrechtlich. Aus der Einsicht, daß *die ungeschmälerte Erhaltung des gesamten Staats- und Kameralvermögens für die Wohlfahrt Unsere sämtlichen Erbstaaten eine ebenso wichtige Angelegenheit, als für das eigene Wohl Unseres Hauses ist*, band der Monarch sich und seinen Nachfolgern hinsichtlich einer willkürlichen Veräußerung von Staatsgütern und der Verleihung von Landeshoheitsrechten die Hände.[12]

In Baden hielt man einstweilen noch am patrimonialen Staatsverständnis der Dynastie fest. Obwohl auch hier der Absolutismus den dualistischen Ständestaat überwunden hatte, repräsentierte die badische Beamtenschaft – an ihrer Spitze der Geheime Kabinettsrat Johann Niklas Friedrich Brauer[13] – in wesentlichen

[11] *Fehrenbach*, Die territoriale Neuordnung des Südwestens, S. 212.
[12] Verordnung vom 20. Oktober 1804, Regierungsblatt 1805, S. 161 ff.
[13] Zum politischen Denken und Handeln Brauers, der die badische Mediatisiertenpolitik entscheidend prägen sollte, eingehend *Würtz*, Johann Niklas Friedrich Brauer – badischer Reformer in napoleonischer Zeit.

Teilen noch die Auffassung vom Staat als einem Patrimonium und von dessen Regenten als Obereigentümer des Staatsgebiets. Die Gruppe der Beamten um Sigismund Freiherr von Reitzenstein, der im Sinne der modernen Staatsauffassung für den Abschied vom Patrimonialstaat und die Versachlichung der Staatsgewalt eintrat, sollte erst später ein Umdenken herbeiführen. Dieses manifestierte sich augenfällig in den Schuldenpragmatiken von 1806 und 1808[14], welche die landesherrliche Privatschatulle von den Staatsfinanzen trennten. Gleichwohl vertrat auch Brauer in einem eigenartigen Zwiespalt zwischen dem feudal-absolutistischen Patrimonialstaatsgedanken und dem institutionellen Herrscherbegriff die Idee vom selbständigen Staatswesen mit einheitlicher Staatsgewalt.[15]

Vermochte dieser Gegensatz zweier Staatsauffassungen die Entwicklung in Baden lediglich zu verzögern, verhinderte das Wertheimer Beharrungsvermögen selbst zaghafte Neuerungen. So scheiterte der Versuch der katholischen Seite, eine regelmäßig tagende gemeinschaftliche Regierungskonferenz einzurichten und mit sämtlichen Justiz- und Polizeiangelegenheiten zu befassen[16], an dem Widerstand Graf Friedrich Karls zu Löwenstein-Wertheim-Virneburg. Friedrich Karl, den Stockert[17] als *Landespatriarch*[en] *des Ancien Régime* einschätzt, sah in dieser Reform eine Bedrohung seiner Selbstherrschaft, da diese der *Selbständigkeit und den Rechten der Herrschaften sowie dem Wohl des Landes schnurstracks zuwider*[18] sei. Zu wahren Landesherren, fürchtete er, würden damit die Regierung und ihre Beamten, während die Herrschaft zu bloßen Unterhaltserbringern herabsinke und froh sein müsse, über ihre Einkünfte noch frei verfügen zu dürfen. Die staatsphilosophische Entwicklung ging damit auch nach den Veränderungen des Reichsdeputationshauptschlusses weitgehend an der Grafschaft vorüber.

## I. Die Grafschaft Wertheim nach dem Reichsdeputationshauptschluß

### 1. § 14 des Reichsdeputationshauptschlusses

§ 14 RDH legte in bezug auf die Löwensteiner den Verlust ihrer linksrheinischen Besitzungen endgültig fest und bestimmte die hierfür aus dem Reich zu

---

[14] Schuldenpragmatik vom 1. Oktober 1806, Regierungsblatt 1806, S. 155 ff., sowie Schuldenpragmatik vom 18. November 1808, Regierungsblatt 1808, S. 176 ff.

[15] *Arndt*, in: ZGO 1953 (62 N.F.), S. 175.

[16] *Entwurf, wie die gemeinschaftliche Regiments-Verfassung in der Grafschaft Wertheim zum allgemeinen Besten der Herrschaften und Untertanen zu verbessern seye* aus dem Jahre 1800, StAWt-R Lit. B Nr. 1469.

[17] *Stockert*, Adel im Übergang, S. 133.

[18] Brief an Fürst Dominik Konstantin vom 13. Mai 1800, StAWt-R Lit. B Nr. 1469.

leistenden Entschädigungen: Danach verlor die fürstliche Linie die Grafschaft Püttlingen, die Herrschaften Scharfeneck und Cugnon sowie ihre übrigen niederländischen Besitzungen Hotton, Feuilly, Neufchateau und Chassepierre. Die gräflichen Vettern büßten ihre Grafschaft Virneburg ein. Als Entschädigung zugesprochen wurden der katholischen Linie die kurmainzischen Dörfer Würth und Trennfurt, die würzburgischen Ämter Rothenfels und Homburg, die Klöster Bronnbach, Neustadt und Holzkirchen, die würzburgischen Verwaltungen Widdern und Talheim sowie die würzburgischen Rechte und Einkünfte in der Grafschaft Wertheim. Freilich wurde gleichzeitig bestimmt, daß die Fürsten zugunsten des Kurfürsten von Bayern gegen eine noch auszuhandelnde Entschädigung auf das Amt Homburg und die Propstei Holzkirchen zu verzichten hätten, was Bayern auch umgehend in Anspruch nahm. Die evangelische Linie erhielt das würzburgische Amt Freudenberg, die Kartause Grünau, das Stift Triefenstein, die kurmainzischen Dörfer Mondfeld, Rauenberg und Wessental sowie das würzburgische Dorf Trennfeld.

Nachdem Bayern, welches mit dem Hochstift Würzburg bedacht worden war, bereits im September 1803 die Stadt Würzburg besetzt und in der Folgezeit auch dessen übrige Besitzungen – darunter eigentlich den Löwensteinern zugeteilte – in Besitz genommen hatte, sahen sich diese veranlaßt, noch im Oktober von den ihnen zugesprochenen Territorien provisorisch Besitz zu ergreifen. Dabei kam es zu Konflikten mit der bayerischen Seite, da beide Parteien von den jeweiligen Gebieten provisorisch Besitz ergriffen, entsprechende vorherige Maßnahmen der Gegenseite für nichtig erklärten und sich von den dortigen Amtsträgern und Geistlichen huldigen ließen. Schließlich schuf Bayern durch die militärische Besetzung der betreffenden Gebiete vollendete Tatsachen. Als problematisch erwies sich dabei auch das oben beschriebene Prinzip des *territorium non clausum* mit der damit verbundenen großen Zahl unterschiedlicher Herrschaftsrechte in den Händen verschiedener Herren. Bayern reklamierte das Stift Triefenstein und das Dorf Trennfeld, welche den Grafen zugewiesen worden waren, als Teil des Amtes Homburg und damit für sich; den Grafen sei nur das Grundeigentum und die Vogteiherrschaft zugesprochen worden, nicht dagegen die Landeshoheit. Der von den Löwensteinern bei der Reichsdeputation eingelegte Protest gegen die bayerische Besitzergreifung hatte letztlich Erfolg, woraufhin sich Bayern aus den betreffenden Gebieten zurückzog.[19]

Der Umfang der Entschädigungslande betrug für die katholische Linie ca. 310 km² mit etwa 13.000 Einwohnern bei linksrheinischen Verlusten von ca. 510 km² mit 23.000 Einwohnern. Die Entschädigung für die evangelische Linie nahm sich mit ca. 85 km² und rund 3.800 Einwohnern wesentlich bescheidener

[19] *Stockert*, Adel im Übergang, S. 118 f.

aus, allerdings hatte man linsrheinisch auch nur Verluste in Höhe von rund 170 km² und etwa 2.600 Einwohnern zu verbuchen. Für beide Linien ergab sich damit zwar ein negativer Saldo zwischen Gebietsverlusten und Entschädigungen. Zu beachten ist jedoch der landsässige Charakter der linksrheinischen Besitzungen, während die Entschädigungsgebiete ausnahmslos reichsunmittelbar waren und diesen damit eine wesentlich größere politische Bedeutung zukam. Überdies konnte durch die Entschädigungsgebiete die Grafschaft Wertheim arrondiert und die starke geographische Streuung auch der Kernbesitzungen beendet werden.[20]

## 2. § 32 DES REICHSDEPUTATIONSHAUPTSCHLUSSES

Neben der Neuordnung des Kurfürstenkollegs verteilte der Reichsdeputationshauptschluß in seinem § 32 die Stimmen der Fürstenbank des Reichstags neu. So erhielt auch das Haus Löwenstein-Wertheim-Rochefort eine fürstliche Virilstimme zugesprochen. Seit der Erhebung der katholischen Linie in den Fürstenstand im Jahre 1711 hatte diese sich um den Erwerb einer Virilstimme und die Aufnahme in den Reichsfürstenrat bemüht, war aber immer wieder am Widerstand der dort bereits vertretenen Reichsstände gescheitert. Nachdem die Rocheforter Linie in den ersten Fassungen des Entschädigungsplans nicht in der Reihe der neuen Stimmenführer vorgesehen war, wurde sie zwar nach diversen Gesuchen an den Kaiser, die vermittelnden Mächte und die Reichsdeputation sowie Zahlung von Bestechungsgeldern in diesen erlauchten Kreis aufgenommen. Freilich scheiterte die endgültige Erhebung der katholischen Linie in den Reichsfürstenrat am kaiserlichen Veto gegen § 32 RDH. Dieser hätte die Zahl der Virilstimmen im Reichsfürstenrat zugunsten der protestantischen Seite erhöht und damit die nach der Säkularisation der geistlichen Territorien entstandene konfessionelle Imparität im Reichstag zementiert.[21]

## 3. DIE NEUORGANISATION DER GRAFSCHAFT

Die beachtlichen territorialen Veränderungen durch den Reichsdeputationshauptschluß nahm man auch in Wertheim zum Anlaß, das überkommene Herrschaftsgefüge den neuen Gegebenheiten anzupassen. Zumindest die katholische Seite wagte eine durchaus bemerkenswerte Verwaltungsreform, indem sie die Geheime Konferenz auflöste und in einem Dienstreglement für die Hofkammer vom 9. Mai 1803[22] bestimmte, daß Hofkammer und Regierung als selbständige Kollegien von nun an jeweils eigene Sitzungen abzuhalten hätten. Auch in per-

---

[20] *Stockert*, in: ZfWürttLG 2002 (61), S. 297 f. sowie *ders.*, Adel im Übergang, S. 127.
[21] *Stockert*, Adel im Übergang, S. 121 f.
[22] StAWt-R Lit. B Nr. 255.

soneller Hinsicht vollzog man die strikte Trennung beider Institutionen, indem einem Kammerpräsidenten die alleinige Aufsicht über die Hofkammer übertragen, die Kompetenzen des Regierungspräsidenten hingegen ausschließlich auf die Regierung beschränkt wurden. Zwar handelte es sich bei diesen Strukturen keineswegs um revolutionäre Neuerungen, hatten sich diese in den größeren Territorien doch in der Regel bereits im Laufe des 18. Jahrhunderts herausgebildet. Gleichwohl sind darin Ansätze einer Verselbständigung von Regierung und Verwaltung des Territoriums von seinem Landesherrn zu erkennen, wenn auch von Staatlichkeit im modernen Sinne keine Rede sein kann. Nach wie vor waren die Beamten von Regierung und Hofkammer Diener ihres Landesherrn, nicht eines von diesem abstrakten Staatswesens. Zu weitergehenden Schritten – etwa der Trennung von privaten Eigentumsrechten und staatlichen Hoheitsrechten oder privater und öffentlicher Verwaltung – vermochte man sich daher auch nicht durchzuringen.

### 4. REICHSRITTERSCHAFT UND RITTERSTURM

Symptomatisch für die Phase des Reichsdeputationshauptschlusses, in der nach dem Recht des Stärkeren größere und mächtigere Reichsstände auf kleinere und schwächere losgingen und sich deren Territorien einverleibten, und damit für den Zerfall der alten Rechtsordnung war der im Oktober 1803 beginnende sogenannte „Rittersturm". Bereits in den Verhandlungen der Reichsdeputation hatten insbesondere Bayern und Württemberg zunächst vergeblich versucht, ihre Territorien auf Kosten der Reichsritterschaft weiter zu arrondieren. Stattdessen blieb die Reichsritterschaft erhalten, wie Ziffer 3 des Reichsgutachtens vom 24. März 1803 ausdrücklich klarstellte; darüber hinaus waren dieser in § 28 RDH Entschädigungen für ihre linksrheinischen Verluste vage in Aussicht gestellt worden. Gleichwohl begannen noch im Herbst zuerst Bayern und nach dessen Vorbild sodann Württemberg, die von ihren Territorien eingeschlossenen oder diesen benachbarten reichsritterschaftlichen Gebiete militärisch zu besetzen und ihrer Landeshoheit zu unterwerfen.

Auch die fürstlich löwensteinische Regierung beteiligte sich an diesem gegen die Reichsverfassung gerichteten Vorgehen, indem sie im Januar 1804 löwensteinisches Militär in das freiherrlich fechenbachische Dorf Laudenbach sowie die ritterschaftlichen Nachbarorte der Herrschaft Rosenberg einmarschieren ließ und sie annektierte.[23] Dabei war man sich durchaus der Tatsache bewußt, daß dieser Schritt die eigene Position als kleiner Reichsstand gefährdete und man nur durch die Erhaltung der verfassungsmäßigen Ordnung der Bedrohung durch

[23] *Von Stetten*, Reichsritterschaft, S. 150.

mächtigere Reichsstände begegnen konnte. Freilich überwog offensichtlich der Wunsch nach territorialer Arrondierung die Skrupel und Bedenken.[24]

Von langer Dauer waren diese Aktionen allerdings einstweilen nicht. Noch im Januar 1804 erklärte der Reichshofrat die gegen die Reichsritterschaft ergriffenen Maßnahmen für unwirksam und verlangte unter Androhung der Reichsexekution die Wiederherstellung des Status quo ante.[25] Dem beugten sich die Reichsstände ein letztes Mal und zogen ihre Truppen zurück.[26]

## II. Das Kurfürstentum Baden nach dem Reichsdeputationshauptschluß

### 1. § 5 des Reichsdeputationshauptschlusses

Den linksrheinischen Verlusten Badens in Form seines Anteils an der Grafschaft Sponheim und der Güter und Herrschaften in Luxemburg und im Elsaß standen erhebliche Gebietsgewinne auf der rechten Rheinseite gegenüber. Dabei handelte es sich nach § 5 RDH um das Hochstift Konstanz mit den Abteien Reichenau und Öhningen, die Reichsstifte Petershausen und Salem, die Reichsstädte Biberach, Gengenbach, Offenburg, Pfullendorf, Überlingen, Wimpfen und Zell am Harmersbach, rechtsrheinische Gebiete der Hochstifte Basel, Straßburg und Speyer, die Abteien Allerheiligen, Ettenheimmünster, Frauenalb, Lichtenthal, Odenheim und Petershausen, die Herrschaft Lahr, das Reichsstift Gengenbach, die hessen-darmstädtischen Ämter Lichtenau und Willstätt sowie die kurpfälzischen Oberämter Heidelberg, Ladenburg und Bretten mit den Städten Mannheim und Heidelberg. Der Umfang der verlorenen Gebiete betrug etwa 450 km² mit 25.000 Untertanen, während sich derjenige der Entschädigungsgebiete auf etwa 3.380 km² mit 237.000 Einwohnern belief.[27] Ohne Widerstand der betroffenen Reichsstände nahm Baden die zugesagten Territorien schon Monate vor der endgültigen Verabschiedung des Reichsdeputationshauptschlusses provisorisch in Besitz.[28]

### 2. Die Neuorganisation des badischen Staates

Angesichts der rundweg veränderten territorialen Verhältnisse war in der Folgezeit eine völlige Neuorganisation des badischen Staates erforderlich. Anders als in früherer Zeit konnte Kurfürst Karl Friedrich in den neu erworbenen Gebieten

[24] *Dunkhase*, Das Fürstentum Krautheim, S. 159 ff.
[25] *Willoweit*, Deutsche Verfassungsgeschichte, S. 204.
[26] *Schulz*, Die Mediatisierung des Adels, S. 160.
[27] *Krieger*, Badische Geschichte, S. 66.
[28] *Sauer*, Napoleons Adler, S. 50.

nicht lediglich die Oberhoheit übernehmen und im übrigen die gesamte innere Verwaltung bestehen lassen. Die persönliche Regierung eines Fürsten über mehrere Länder früherer Prägung, die bloße Überwölbung der in den erworbenen Ländern beibehaltenen Behörden durch einen geheimen Rat, entsprach nicht mehr den modernen Erfordernissen nach größeren, zusammenhängenden Staatsgebilden.[29] Karl Friedrich agierte dabei im Vergleich zu Württembergs Kurfürst Friedrich behutsam und rücksichtsvoll und wandte möglichst wenig Gewalt und Zwang an. Ihm ging es auch um die Schonung der jeweiligen Eigenart und Bedeutung der neubadischen Territorien sowie ihres territorialen Zusammenhangs, was namentlich in der neuen verwaltungsmäßigen Gliederung des Kurstaates Baden zum Ausdruck kam. Dabei erleichterte der Umstand, daß in der alten Markgrafschaft im Gegensatz zu den Verhältnissen in Württemberg schon lange keine Landstände mehr existiert hatten, die Durchführung der Umgestaltungsmaßnahmen erheblich.[30]

Indes wurde die Verwaltung Badens nicht von Grund auf umgestaltet, sondern die markgräfliche Verwaltungsorganisation für den Kurstaat im wesentlichen übernommen und den neuen Verhältnissen angepaßt. Zwischen Februar und Mai 1803 wurden unter dem Titel *Kurfürstlich-badische Landesorganisation* 13 von dem Geheimen Rat Brauer entworfene Organisationsedikte publiziert, die die Grundzüge der Organisation und des Behördensystems des badischen Kurstaats festlegten. Dieser sollte sich nach dem ersten Organisationsedikt künftig in drei Provinzen gliedern, nämlich die Pfalzgrafschaft im Norden, die Markgrafschaft in der Mitte und das Obere Fürstentum im Süden. Problematisch an dieser Einteilung war, daß sie zum einen die neu erworbenen Gebiete nicht mit den Stammlanden verschmolz und zum anderen angesichts erheblicher Unterschiede zwischen den einzelnen Einheiten im Hinblick auf Flächenausdehnung und Bevölkerungszahl eine effektive Verwaltung erheblich erschwerte.[31] Das vorrangige Ziel Brauers bestand darin, das auch in der Markgrafschaft bis dato herrschende altdeutsche Verwaltungssystem behutsam aus dem Patriarchalstaat in den modernen Mittelstaat zu überführen. Daneben wurden bewährte markgräfliche Einrichtungen wie die öffentlichen Wohlfahrtseinrichtungen, die Brandversicherungsanstalt und die Satzungen der Dienerwitwenkasse auf die neuen Lande übertragen.[32]

Mit dem Ersten Organisationsedikt *Über die Einrichtung der directiven Landesadministration* vom 4. Februar 1803[33] blieb der Regent zwar absolutistisch re-

---

[29] *Knemeyer*, Regierungs- und Verwaltungsformen, S. 147.
[30] *Wunder*, in: Baden und Württemberg im Zeitalter Napoleons, S. 105 f.
[31] *Knemeyer*, Regierungs- und Verwaltungsformen, S. 147 f.
[32] *Sauer*, Napoleons Adler, S. 61.
[33] Kurfürstlich Badische Landesorganisation, Erstes OrganisationsEdikt, S. 1 ff.

gierender Monarch, doch standen ihm in Gestalt des Geheimen Rates und des Oberhofgerichtes in Bruchsal zwei starke Zentralinstanzen zur Seite. Obwohl der Geheime Rat als Kollegialorgan verfaßt war, zeigen sich bei ihm Ansätze einer Einteilung in Departements, die durch die Fülle der anfallenden Geschäfte bedingt war. Brauer gliederte den Geheimen Rat in drei Senate: einen Staatsrat, einen Regimentsrat und einen Finanzrat. Ersterer war vorderhand zuständig für auswärtige und diplomatische Angelegenheiten sowie Militärsachen. Dem Regimentsrat waren die Gesetzgebung, die innere Verwaltung sowie die Aufsicht über die Justizverwaltung zugewiesen. Der Finanzrat schließlich führte als Rentkammer die Oberaufsicht über die Domänen, das Steuerwesen sowie die Leitung der Handels-, Gewerbe- und Zunftangelegenheiten.[34] Eine moderne Fachministerialorganisation ließ jedoch noch auf sich warten, wenn sich hierzu auch mit der Schaffung der Generalkommissionen nach dem Vorbild der württembergischen Deputationen erste Ansätze zeigten. Diese direkt dem Geheimen Rat unterstellten Kommissionen waren landesweit zuständig und bildeten demnach eine Ausnahme zur Provinzialverfassung. Generalkommissionen wurden eingerichtet auf Gebieten mit provinzübergreifender Bedeutung wie dem Militär-, Bau- und Forstwesen sowie dem Straßenbau.[35] Dem Umstand, daß Baden Kurfürstentum geworden war und damit nach § 33 RDH das *privilegium de non appellando* erworben hatte, welches ein landesherrliches Gericht dritter Instanz erforderlich machte, trug man mit der Errichtung des Oberhofgerichts Rechnung.[36]

Als Mittelbehörden schuf Brauer auf Ebene der drei Provinzen jeweils einen Hofrat mit staatsrechtlichem und staatswirtschaftlichem Senat sowie ein Hofgericht als zweite Rechtsprechungsinstanz und sorgte damit auf dieser Stufe für eine Trennung von Rechtsprechung und Verwaltung. Eine Ausnahme bildete dabei freilich das Obere Fürstentum, in dem Regierung, Finanzverwaltung und Justiz einem dreifach gegliederten Kollegium anvertraut waren. Ihren Sitz nahmen die Hofratskollegien in Mannheim für die Pfalzgrafschaft, in Karlsruhe für die Markgrafschaft und in Meersburg für das Obere Fürstentum.[37]

Mit dem Sechsten Organisationsedikt *Über die exekutive Landes-Administration* vom 9. März 1803[38] reformierte Brauer auf unterer Ebene die Ämterorganisation, indem er kleinere Ämter schuf und diese nach dem Vorbild des Großherzogtums Hessen gruppenweise zu einem Oberamt zusammenfaßte, an dessen Spitze

[34] *Wunder*, in: Baden und Württemberg im Zeitalter Napoleons, S. 106.
[35] *Andreas*, in: ZGO 1909 (24 N.F.), S. 636, 669 f.
[36] *Andreas*, Badische Verwaltungsorganisation, S. 57.
[37] *Ott*, in: Deutsche Verwaltungsgeschichte, Band 2, S. 587 f.
[38] Kurfürstlich Badische Landesorganisation, Sechstes Organisations Edict, S. 1 ff.

ein Landvogt stand.[39] Dieser übte insonderheit Aufsichtsfunktionen aus, sprach aber auch in einer Reihe von Verwaltungssachen in Einzelfällen mit grundsätzlicher Bedeutung das entscheidende Wort zu den Vorbereitungen des Amtes. Die Wahrung von Landeshoheitsrechten kam ihm allein zu, ferner vertrat er die Zivilbehörde, soweit deren Mitwirkung erforderlich war, in Militärsachen. Kaum der Erwähnung wert waren hingegen seine Kompetenzen im Bereich der Zivil- und Strafjustiz. Wie zuvor blieben die Hauptstädte Mannheim und Heidelberg unter ihrer jeweiligen Stadtdirektion den Provinzialbehörden unmittelbar untergeben. In der ehemals fürstbischöflichen Residenzstadt Bruchsal entstand ein Stadtamt.[40] Eine Trennung von Rechtsprechung und Verwaltung fand auf der Ebene der Ämter indessen nicht statt. Dagegen schied man die staatswirtschaftlichen Angelegenheiten, insbesondere die Verwaltung des Steuer- und Abgabenwesens, von der allgemeinen Verwaltung und legte sie auf der unteren Ebene in die Hände eines Rentamtmannes.[41]

Daraus ergibt sich für die Zeit zwischen 1803 und 1807/1808 folgende Übersicht der badischen Gerichts- und Verwaltungsstrukturen:

| *Justiz* | *Polizei* | *Kameralverwaltung* |
|---|---|---|
| Oberhofgericht | Geheimer Rat (Regimentsrat) | Geheimer Rat (Finanzrat) |
| Hofgericht/Justizsenat des Hofrates | Hofrat (Staatsrechtl. Senat) | Hofrat (Staatswirtschaftl. Senat) |
| Amt | | Rentamt |

## III. Das Kurfürstentum Bayern nach dem Reichsdeputationshauptschluß

### 1. § 2 des Reichsdeputationshauptschlusses

Der territoriale Verzicht Bayerns umfaßte nach § 2 RDH insbesondere die Rheinpfalz, die Herzogtümer Zweibrücken, Simmern und Jülich, die Fürstentümer Lautern und Veldenz, das Marquisat Bergopzoom sowie die Herrschaft Ravenstein. Dem standen Gebietsgewinne gegenüber in Form der Hochstifte Würzburg, Bamberg, Freising, Augsburg, Passau und Eichstätt mit Ausnahme der dem Großherzog Erzherzog zugestandenen Teile, weiter die Propstei Kempten, die Abteien Waldsassen, Eberbach, Irrsee, Wengen, Söflingen, Elchingen,

[39] *Krapp*, Ämterorganisation, S. 6 ff.

[40] *Andreas*, Badische Verwaltungsorganisation, S. 64 ff.

[41] *Krapp*, Ämterorganisation, S. 7.

Ursberg, Roggenburg, Wettenhausen, Ottobeuren, Kaisersheim und St. Ulrich sowie schließlich die Reichsstädte und Reichsdörfer Rothenburg, Weißenburg, Windsheim, Schweinfurt, Gochsheim, Sennfeld, Kempten, Kaufbeuren, Memmingen, Dinkelsbühl, Nördlingen, Ulm, Bopfingen, Buchhorn, Wangen, Leutkirch und Ravensburg. Der Umfang der verlorenen Gebiete betrug etwa 11.460 km² mit 730.000 Untertanen, während sich derjenige der Entschädigungslande auf etwa 16.500 km² mit 843.000 Einwohnern belief.[42]

## 2. DIE NEUORGANISATION DES BAYERISCHEN STAATES

Die durch den Reichsdeputationshauptschluß erworbenen Provinzen unterstellte man Landesdirektionen in Würzburg, Bamberg und Ulm. Montgelas dehnte das bayerische System der Behördenorganisation im Sinne möglichst weitgehender Integration ohne Rücksicht auf die bisherigen Verhältnisse auf die neu erworbenen Gebiete aus. Die Versetzung altbayerischer Beamter in die neu erworbenen Provinzen wirkte in personeller Hinsicht vereinheitlichend. Die wichtigste Integrationsmaßnahme stellte indes die Verschärfung des Zentralismus dar, die sich in der Konzentration aller Entscheidungskompetenzen auf Ministeriumsebene manifestierte.[43] 1803 verlor die Generallandesdirektion ihre Zuständigkeit für Gesamtbayern und wurde zu einer reinen Mittelbehörde. Die bislang von ihr für den Gesamtstaat wahrgenommenen zentralen Leitungsfunktionen übertrug Montgelas auf die fachlich zuständigen Ministerialdepartements.[44] Stärker an die Zentrale band man die Mittelbehörden mit der Schaffung des Generallandeskommissärs im Jahre 1804. Dabei wurden die Präsidenten der Landesdirektionen gleichzeitig zu Generallandeskommissären ernannt und waren als solche für alle Fälle zuständig, *welche sich nach der Natur und Beschaffenheit für eine kollegiale Behandlung nicht eignen*[45]. In dieser Eigenschaft waren sie kollegialer Bindung enthoben und allein dem Ministerium unterstellt.[46]

1806/1807 faßte Montgelas schließlich die Leitungsaufgaben der Regierung als Beratungsorgan des Monarchen mit den Aufgaben der Koordinierung und Überwachung der nachgeordneten Behörden in den Ministerien zusammen. Damit schuf er aus dem bisherigen Geheimen Ministerium des 18. Jahrhunderts als bloßer Regierungsinstanz eine Regierungs- und Verwaltungsbehörde und überführte die Landesdirektionen in Behörden der Mittelstufe.[47] Diese Zentralisierungsbestrebungen resultierten nicht zuletzt aus der politischen Entwicklung,

---

[42] *Spindler* (Hrsg.), Handbuch, S. 13.
[43] *Volkert*, in: Deutsche Verwaltungsgeschichte, Band 2, S. 507.
[44] *Knemeyer*, Regierungs- und Verwaltungsformen, S. 115 f.
[45] Dekret vom 12. Oktober 1804, Regierungsblatt 1804, S. 909 ff.
[46] *Knemeyer*, Regierungs- und Verwaltungsformen, S. 117.
[47] *Volkert*, in: Reformen im rheinbündischen Deutschland, S. 173.

sollten doch die neu erworbenen Gebiete insbesondere durch eine einheitliche Verwaltung mit Bayern zusammengeführt werden.[48]

Neben der Zentrale war aber auch die regionale und lokale Verwaltung neu zu organisieren, wenn gleiche Untertanen in gleicher Weise unter derselben staatlichen Obrigkeit stehen und die administrativen Einrichtungen aus diesem Grunde vergleichbar sein sollten. Im Jahre 1802 verschwanden die Regierungen als bisherige Mittelstellen der Verwaltung in Altbayern; an ihre Stelle traten Hofgerichte in München, Straubing, Amberg und Neuburg a. d. Donau, denen nunmehr ausschließlich Rechtsprechungsaufgaben oblagen.[49] Auch auf unterer Ebene wurde die Gerichts- und Verwaltungsorganisation auf der Grundlage des altbayerischen Landgerichts vereinheitlicht. Dabei ließ Montgelas das herkömmliche Landgericht im wesentlichen bestehen. Abgesehen von einigen Änderungen bei der örtlichen Zuständigkeit durch Umgliederung und Zusammenlegung von Gerichtsbezirken blieben seine sachlichen Kompetenzen – allgemeine Polizei, niedere Zivilgerichtsbarkeit, instruierende Funktion in Strafsachen – erhalten.[50] Mit der Neuorganisation der Landgerichte verbunden war die Trennung der eigentlichen Verwaltung von der Kameralverwaltung, die den gleichzeitig eingerichteten Rentämtern übertragen wurde.[51] Deren Rentamtmänner zeichneten für die Einnahme und Verrechnung der Staatsgefälle verantwortlich.

Mit Erlangung der vollen Souveränität Bayerns entfiel die reichsrechtliche Begründung für die ständischen Privilegien und Korporationen, weshalb im Jahre 1807 folgerichtig die Steuerverwaltung durch die altbayerischen Landstände aufgehoben und die Erhebung der Haus-, Grund- und Gewerbesteuer auf die Rentämter übertragen wurde. Die nunmehr staatliche Finanzverwaltung übertrug man den Provinzialstaatskassen bei den Landesdirektionen und der dem Finanzministerium unterstellten Zentralstaatskasse. Die Steuerreform von 1807/1808 beseitigte die bisher bestehenden Steuerprivilegien und sah eine allgemeine, gleiche Steuerbelastung für alle Staatsangehörigen vor.[52] Nicht durchsetzbar war dagegen die Beseitigung der gesamten Adelsgerichtsbarkeit mit den den Hofmarken und Herrschaften obliegenden Verwaltungsaufgaben. Die patrimoniale Gerichtsbarkeit über die Hintersassen blieb als *iurisdictio delegata* erhalten, allerdings benötigte der Patrimonialgerichtsherr die Ermächtigung des Souveräns als Quelle aller Gerichtsbarkeit.[53]

---

[48] *Weis*, in: HistZ 1983 (237), S. 590.
[49] *Volkert*, in: Deutsche Verwaltungsgeschichte, Band 2, S. 514.
[50] *Volkert*, in: Reformen im rheinbündischen Deutschland, S. 175.
[51] Verordnung vom 24. März 1802, Regierungsblatt 1802, S. 236.
[52] *Volkert*, in: Deutsche Verwaltungsgeschichte, Band 2, S. 515, 534.
[53] *Volkert*, in: Deutsche Verwaltungsgeschichte, Band 2, S. 507.

Im Bereich der Territorialgliederung erfolgten zunächst keine Neuerungen. Die Erwerbungen des Jahres 1803 wurden ebenso wie die der Jahre 1805 und 1806 als neue Provinzen angegliedert. Erst nach dem vorläufigen Abschluß der territorialen Ausdehnung wurde mit dem Erlaß der bayerischen Konstitution im Jahre 1808 auch eine Gebietseinteilung nach neuen Gesichtspunkten durchgeführt.[54]

Die Verwaltungsstrukturen in Bayern mit dem dreistufigen Verwaltungsaufbau vor dem Erlaß der Konstitution im Jahre 1808 lassen sich demnach wie folgt tabellarisch darstellen:

| *Justiz* | *Polizei* | *Kameralverwaltung* |
|---|---|---|
| Hof-rat/Revisorium | Innendepartement | Finanzdepartement (Zentralstaatskasse) |
| Hofgericht | Landesdirektion | Landesdirektion (Provinzialstaats-kasse) |
| Stadt-/Landgericht | Polizeidirek-tor/Landgericht | Rentamt |

## IV. Der Reichserzkanzler nach dem Reichsdeputationshauptschluß

Bereits während des Ersten Koalitionskrieges waren das linke Rheinufer und damit auch wesentliche Teile des geistlichen Kurfürstentums Mainz in die Hände Frankreichs gefallen, was dann in den diversen Sonderfriedensschlüssen auch bestätigt wurde. Seit 1792/1793 blieb die Säkularisation auf der Tagesordnung, vertraglich vereinbart wurde sie aber erst in Artikel 7 des Friedens von Lunéville, der sich ausdrücklich auf die Verhandlungen des Kongresses von Rastatt bezog, wo man das Prinzip der kompensatorischen Säkularisation bereits erörtert hatte, jedoch nicht zu einem Abschluß gekommen war.[55] Die durch die Abtretung des linken Rheinufers geschädigten weltlichen Fürsten sollten danach durch geistliche Gebiete Ersatz erhalten. In der Folge gelang es mit Ausnahme der beiden Ritterorden allein Kurmainz, sich seine Existenz zu erhalten, freilich nicht die Integrität seines Territoriums. Die Stellung des Reichserzkanzlers Carl Theodor von Dalberg – seit 25. Juli 1802 Kurfürst-Erzbischof von Mainz – erschien, solange überhaupt die Reichsverfassung gelten sollte, unverzichtbar. Mainz selbst war seit Weihnachten 1797 eine Stadt der französischen Republik, Erfurt und das Eichsfeld waren für die preußische Entschädigung, die Bergstra-

[54] *Knemeyer*, Regierungs- und Verwaltungsformen, S. 117.
[55] *Darmstaedter*, Großherzogtum Frankfurt, S. 1; *Hufeld* (Hrsg.), Der Reichsdeputationshauptschluß von 1803, S. 12 f.

ße war für Hessen-Darmstadt bestimmt, der Rheingau für Nassau. Von den Landen des Erzstifts blieb somit nur das Obere Stift übrig.[56]

## 1. § 25 des Reichsdeputationshauptschlusses

§ 25 RDH übertrug den Stuhl zu Mainz auf die Domkirche zu Regensburg. Die Würden eines Kurfürsten, Reichserzkanzlers, Metropolitan-Erzbischofs und Primas von Deutschland sollten auf ewig damit vereinigt bleiben. Ausgestattet wurde der Kurfürst Erzkanzler mit dem Fürstentum Aschaffenburg, welches aus dem ungeschmälert erhaltenen Vizedomamt Aschaffenburg nebst großen Teilen des Spessarts, den Oberämtern Lohr und Orb, dem Amt Aufenau, dem Oberamt Klingenberg als Rest des alten Oberamtes Miltenberg mit den Ämtern Klingenberg und Stadtprozelten sowie dem vormals Würzburgischen Amt Aura gebildet wurde.[57] Dazu erhielt er die Reichsstadt Regensburg mit den drei Abteien St. Emmeran, Obermünster und Niedermünster als Fürstentum Regensburg und schließlich die Reichsstadt Wetzlar als Grafschaft zugesprochen. Dieses Gebilde aus mehreren, nicht zusammenhängenden Territorien umfaßte etwa 1.400 km² mit ungefähr 100.000 Einwohnern.[58]

## 2. Die Organisation des Reichserzkanzlerstaates

Vor 1810 gab es im Fürstentum Aschaffenburg, welches den Kern des Reichserzkanzlerstaates bildete, im Gegensatz zu anderen späteren Rheinbundstaaten nur ein geringes Maß an Reformaktivitäten. Einstweilen beschränkte man sich auf eine Neuorganisation der Verwaltungsspitze, wobei man die vorhandenen Einrichtungen möglichst schonend behandelte. Das *Organisationspatent für den Erzkanzlerischen Kurstaat* vom 18. Juli 1803[59] schuf als einzige echte Zentraleinrichtung des Gesamtstaates neben dem Militär ein Oberappellationsgericht in Aschaffenburg als dritte und letzte Instanz für alle im Kurstaat auftretenden Rechtsstreitigkeiten. Dieses wirkte zugleich als Oberlandgericht des Fürstentums Aschaffenburg, in erster Instanz zuständig für alle nicht unter die Gerichtsbarkeit der Stadt- und Ämtergerichte fallenden Untertanen sowie in zweiter Instanz in allen Appellationssachen. In ein Regensburger und ein Aschaffenburger Gouvernement an Stelle eines kurmainzischen Statthalters gespalten war dagegen das Ministerium, welches jeweils lediglich aus zwei Personen bestand.

---

[56] *Darmstaedter*, Großherzogtum Frankfurt, S. 2.
[57] *Klueting*, in: AJ 1988 (11/12), S. 365 f.
[58] *Darmstaedter*, Großherzogtum Frankfurt, S. 3.
[59] Abgedruckt bei: *Beaulieu-Marconnay*, Karl von Dalberg, Band 2, S. 351 ff. (Beilage V).

Zur Wahrnehmung der Regierungsgeschäfte entstanden daher Landes- und Finanzdirektorien in Regensburg und Aschaffenburg. Das Aschaffenburger Landesdirektorium war eine noch im Stil des 17. und 18. Jahrhunderts als Kollegialbehörde organisierte Institution und gemäß § 10 des Organisationspatents für alle Regierungs-, Finanz-, Jagd-, Lehen- und Forstsachen im Fürstentum Aschaffenburg zuständig. Ganz unberührt von der Verwaltungsneugliederung blieb nach § 12 zunächst die mittlere und untere Verwaltungsebene. Das aus dem alten Mainzer Kurstaat übernommene Vizedomamt Aschaffenburg sowie die Ämter behielten ihre Funktionen als Verwaltungsbehörden. Letztere betätigten sich wie in der Vergangenheit gleichzeitig als Zivilgerichte erster Instanz. Für die Eintreibung der Steuern und Gefälle blieben auf unterer Ebene die Rezepturen zuständig, wobei man hier auf eine mittlere Ebene verzichtete.[60]

Daraus ergibt sich für die Zeit zwischen 1803 und 1806 folgende Übersicht der Gerichts- und Verwaltungsstrukturen im Dalbergstaat:

<table>
<tr><th>Justiz</th><th>Polizei</th><th>Kameralverwaltung</th></tr>
<tr><td>Oberappellations-gericht</td><td colspan="2">(Ministerium)<br>Landes- und Finanzdirektorium</td></tr>
<tr><td>Oberlandgericht</td><td>Vizedomamt</td><td></td></tr>
<tr><td colspan="2">Amt</td><td>Rezeptur</td></tr>
</table>

## C. Der Untergang des Alten Reiches

### I. Die Bündnisse Badens und Bayerns mit Frankreich

Nach dem Ausbruch des Dritten Koalitionskrieges im Frühjahr 1805 schwankten die süddeutschen Länder zwischen traditioneller Loyalität zu Kaiser und Reich durch Anlehnung an Österreich, dem Risiko einer Neutralität und einem Militärbündnis mit Frankreich. Während man in Baden einem Militärbündnis mit Frankreich angesichts der reichspatriotischen Gesinnung Kurfürst Karl Friedrichs skeptisch gegenüberstand, überzeugte Bayerns Erster Minister Montgelas seinen zu Neutralität neigenden Herrn Maximilian Joseph von dessen Notwendigkeit. Montgelas hielt angesichts der österreichischen Bestrebungen, auf Kosten Bayerns seine territoriale Basis und seinen politischen Einfluß in Süddeutschland zu vergrößern, nichts von einer Allianz mit dem habsburgischen Kaiserstaat. Eine neutrale Position Bayerns sah er zum einen als zur Erhaltung des Status quo aussichtslos an, da er Österreich und Rußland für weder willens

[60] *Christ*, Aschaffenburg, S. 176 f.

noch in der Lage hielt, Bayern in diesem Fall zu schützen, zum anderen aber auch als den Vergrößerungsbestrebungen Bayerns unzuträglich.[61] Folgerichtig schloß Bayern bereits am 24. August 1805 einen Bündnisvertrag mit Napoleon, über den freilich strengstes Stillschweigen vereinbart wurde. Der Wunsch Karl Friedrichs nach Arrondierung des badischen Territoriums durch den Breisgau und die Ortenau, die beide zu Vorderösterreich gehörten, sowie nach Anerkennung des Erbfolgerechts seiner Kinder aus zweiter, nicht ebenbürtiger Ehe durch Napoleon zur Sicherung der Thronfolge überwogen nach einigem Zögern allerdings dessen Bedenken. Napoleons listiger Kammerherr Thiard, an den Hof Karl Friedrichs entsandt, um diesem einen Bündnisvertrag abzunötigen, brachte das Bündnis schließlich am 5. September 1805 unter der falschen Behauptung zustande, Württemberg habe sich Frankreich bereits angeschlossen.[62]

In dem Vertrag mit Bayern garantierte Napoleon dem Kurfürsten insbesondere die Integrität aller seiner Besitzungen und sonstigen Rechte, wie sie durch den Reichsdeputationshauptschluß festgelegt worden waren, sowie für den Fall eines erfolgreichen Ausgangs des Krieges Frankreich kein deutsches Gebiet jenseits des Rheins einzuverleiben, wohl aber Bayern zu vergrößern und zu arrondieren.[63] Ähnliche Regelungen enthielt der Vertrag mit Baden, wobei Karl Friedrich dem Kaiser der Franzosen ein *mémoire séparé* abzutrotzen vermochte, welches eine größere Selbständigkeit des badischen Kontingents im Verband der französischen Armee wahrte und die Erklärung enthielt, daß die Neutralität für Baden im Grunde das Wünschenswerteste gewesen wäre.[64] Eine Zusicherung der *souveraineté pleine et entière* wie diejenige im Vertrag mit Württemberg vom 5. Oktober 1805 enthielten beide Bündnisse nicht.

## II. Die Frankfurter Union

### 1. Vorgeschichte und Gründung der Union

Auf Löwensteiner Seite sah man den Verfallsprozeß der Reichsverfassung mit zwiespältigen Gefühlen. Einerseits hatte man von den durch den Reichsdeputationshauptschluß gewährten Gebietsentschädigungen noch einmal zu Lasten anderer Reichsstände profitieren und die Besitzungen am Untermain vorteilhaft arrondieren können. Andererseits sah man durchaus die aus dieser Entwicklung resultierende Gefahr für die eigene Existenz:

---

[61] *Sauer*, Napoleons Adler, S. 78 f.
[62] *Sauer*, Napoleons Adler, S. 81.
[63] *Bitterauf*, Geschichte des Rheinbundes, Band 1, S. 164 f.
[64] *Sauer*, Napoleons Adler, S. 81.

> *Die Mindermächtigen Stände hätten ihre Erhaltung nur einzig und allein so lange zu hoffen, als die leyder sehr baufällige Constitution des teutschen Reichs aufrecht stehen bleibe; falle diese zusammen, so würden die mindermächtigen unfehlbar ein Raub der mächtigeren Nachbarn werden und der erste Grundsatz in der Politique der mindermächtigen Stände müßte also seyn, sich fest an die teutsche Constitution anzuschmiegen, und sich nicht den geringsten Schritt zu erlauben, welcher nicht mit dieser Constitution genau übereinkäme.*[65]

Um sich bei den Großmächten mehr Gehör zu verschaffen und das gemeinsame Interesse an der Erhaltung der kleineren Reichsstände gegenüber diesen wirksam vertreten zu können, nahmen die Häuser Isenburg-Birstein, Löwenstein-Wertheim, Leiningen und Solms-Laubach miteinander Kontakt auf. Erbach und Hohenlohe stießen etwas später hinzu. Unter Rückgriff auf die allen beteiligten Adelshäusern gemeinsame und nach wie vor lebendige Tradition des adeligen Assoziationswesens gründete man am 29. August 1803 die Frankfurter Union.

Als vorrangiges Ziel formulierte man in der Einigungsakte die *verfassungsmäßige Selbsterhaltung*, welche durch eine gemeinschaftliche Interessenvertretung an den Höfen in Paris, Wien und Berlin erreicht werden sollte. Zu diesem Zweck unterhielt der Bund Gesandte in den wichtigsten europäischen Hauptstädten, darunter auch einen Botschafter in Paris, der sich um die wichtigen Beziehungen zu Napoleon kümmern sollte.[66] Überhaupt suchte man die Annäherung an Frankreich, welches sich zu einem entschiedenen Mitspieler in deutschen Angelegenheiten entwickelt hatte und damit als mächtiger Partner und Gegengewicht zum Habsburger Kaiserhaus in Betracht kam.[67] Daneben installierte man einen zum Empfang von Erklärungen und zur Instruktion von Gesandten ermächtigten Ausschuß, in dem auch das Haus Löwenstein-Wertheim vertreten war. Die laufenden Geschäfte führte das Haus Leiningen, weshalb sich das Zentrum der Union auch in Amorbach befand.[68]

## 2. AKTIVITÄTEN UND ENDE DER UNION

Der politische Erfolg der Union hielt sich freilich in Grenzen. Dies lag zum einen daran, daß die einzelnen Unionsmitglieder nach wie vor vornehmlich ihre Partikularinteressen statt der gemeinsamen Interessen verfolgten und sogar auf

---

[65] Schreiben der fürstlichen Regierung an Dominik Konstantin vom 12. Dezember 1803, StAWt-R Lit. B Nr. 317.
[66] *Gollwitzer*, Standesherren, S. 18.
[67] *Kell*, in: ZfhistF 1991, S. 73.
[68] *Von Schweinitz*, Hohenlohe und die Mediatisierung, S. 15.

Kosten der Mitstände diplomatische Alleingänge unternahmen. Dieses Verhalten war allerdings von Anfang an absehbar, konnten doch die Mitglieder ihre Partikularinteressen auch durch die Unionsgesandten vertreten lassen. Artikel 9 der Gründungsakte sah lediglich die Einschränkung vor, *daß solche weder mit dem Interesse eines anderen unierten Hauses noch mit dem Zweck des Ganzen collidieren* solle.[69] Zum anderen unterminierte die Beteiligung einzelner Mitglieder am zweiten Rittersturm insgesamt die Position der kleinen Reichsstände und wirkte sich auf die Bereitschaft der tonangebenden Mächte sie zu unterstützen kontraproduktiv aus.[70]

Nachdem die Reichsritterschaft im Januar 1804 den Zugriff der größeren Reichsstände im Rahmen des ersten Rittersturms noch ein letztes Mal hatte abwehren und den Status quo ante hatte wiederherstellen können, änderte sich ihre Lage mit dem französischen Einmarsch in Wien und dem Wegfall der kaiserlichen Protektion. Wiederum ergriff Württemberg als Vorreiter Mitte November 1805 vorläufig Besitz von den reichsritterschaftlichen Territorien, den Gebieten des Deutschen Ordens und des Johanniterordens sowie sämtlicher bislang noch nicht säkularisierter auswärtiger geistlicher Korporationen, die in oder an den württembergischen Grenzen lagen. Ähnlich verhielt sich Bayern, ging dabei jedoch zurückhaltender vor, indem es die Güter des Deutschen Ritterordens lediglich beschlagnahmte und sequestrierte, sich aber nicht wie Württemberg die Kassen aneignete.[71] Baden hingegen handelte erst, als Württemberg auf seinen territorialen Besitz übergriff, um sich möglichst viele reichsritterschaftliche Besitzungen und Rechte zu sichern. Am 3. Dezember 1805 verwahrte sich Kurfürst Karl Friedrich gegen *jede auch nur provisorische Besitzergreifung* von Seiten Württembergs und nahm gleichzeitig die innerhalb der und an den badischen Landesgrenzen gelegenen oder dem badischen Lehenverband angehörenden reichsritterschaftlichen Territorien unter seinen *landesherrlichen Schutz, Schirm und Aufsicht*, wobei er erklärte, diese Maßnahme sei *lediglich durch die Pflicht der Selbsterhaltung und des Gleichgewichts* geboten, und sie sei *bei etwas verschwindender Veranlassung von keinen Folgen*[72]. Dieses Vorgehen verstieß wiederum offenkundig gegen die nach wie vor geltende Reichsverfassung, geschah aber mit ausdrücklicher Billigung Napoleons, der sich zunächst als Verteidiger der Rechte der Reichsritterschaft gesehen, dann aber die Interessen Österreichs erkannt hatte, welches bereits seit Jahren die Stellung des reichsunmittelbaren Adels durch den Ankauf von Adelsherrschaften in Südwestdeutschland unterminierte. Auch die Löwensteiner wollten dabei nicht hintanstehen und

[69] *Kell*, in: ZfhistF 1991, S. 74.
[70] *Furtwängler*, Standesherren, S. 36.
[71] *Sauer*, Napoleons Adler, S. 93 f.
[72] *Sauer*, Napoleons Adler, S. 94.

suchten sich durch die erneute Besetzung benachbarter ritterschaftlicher Gebiete schadlos zu halten.[73] Obwohl man sich der eigenen schwachen Position und der Bedrohungen für die Reichsverfassung durchaus bewußt war, überwogen das Verlangen nach Ausweitung der Besitzungen und die Befürchtung, bei der Verteilung der ritterschaftlichen Gebiete sonst ins Hintertreffen zu geraten.[74]

Insbesondere Preußen, welches den kleineren Reichsständen im Vorfeld der Mediatisierung Unterstützung zugesagt hatte, brachte nun kein Verständnis für die Haltung der Unionsmitglieder auf, deren schiere Existenz von der Erhaltung der Reichsverfassung abhing, die indessen nicht bereit waren, dieselbe unter Verzicht auf Repressalien gegenüber noch schwächeren Gliedern des Reiches zu wahren.[75] Ende 1805 wurden die Löwensteiner mit der Besetzung der Rocheforter Anteile an Remlingen und Widdern durch Bayern bzw. Württemberg dann selbst Opfer dieses Verhaltens der stärkeren Reichsstände gegenüber den schwächeren.

Schließlich scheiterte Anfang des Jahres 1806 auch der Versuch der Union, Napoleons Gunst zu erlangen durch das Angebot, die Vereinigung in ein Militärbündnis zu verwandeln und sich gegenüber Frankreich zur Gestellung von Truppen für dessen Kriegszüge zu verpflichten.[76] In Paris hatte man zu diesem Zeitpunkt längst erkannt, daß die überkommene territoriale Zersplitterung im Süden des Reiches den eigenen Bestrebungen im Wege stand, Österreichs dortige Vormachtstellung endgültig zu beseitigen und es dauerhaft aus Süddeutschland zu verdrängen. Der vermeintliche Protektor der kleinen Reichsstände hatte daher kein Interesse mehr an der Erhaltung des für die Unionsmitglieder so wichtigen Status quo.

In dieser Endphase der Union suchten ihre Mitglieder ihr Heil erneut und umsomehr in Alleingängen – allein auch dies vergeblich. So schloß das Haus Leiningen am 22. März 1806 zur Wahrung seiner Selbständigkeit einen Schutz- und Erbvertrag mit Bayern, den König Maximilian I. Joseph auch am 6. April 1806 bestätigte. Dieser vermochte die Mediatisierung des Fürstentums indessen ebensowenig zu verhindern wie das von den Löwensteinern bereits seit Jahrhunderten betriebene und nunmehr wiederaufgegriffene Projekt, als Familienzweig des Hauses Wittelsbach anerkannt zu werden und als solcher der Mediatisierung zu entgehen.[77]

---

[73] *Dunkhase*, Das Fürstentum Krautheim, S. 180; *von Stetten*, Reichsritterschaft, S. 175.
[74] *Stockert*, Adel im Übergang, S. 138 f.
[75] *Schulz*, in: Zeitalter Napoleons, S. 164.
[76] *Furtwängler*, Standesherren, S. 34.
[77] *Dunkhase*, Das Fürstentum Krautheim, S. 191; *Stockert*, in: ZfWürttLG 2002 (61), S. 301 f.

## III. Die Verträge von Brünn und Wien und der Frieden zu Preßburg

Nach dem Sieg Napoleons über Österreich bei Austerlitz schloß dieser mit Bayern am 10. Dezember 1805 in Brünn einen Vertrag, wonach Bayern gegen Verzicht auf jegliche Vergütung für die geleisteten Kriegslieferungen zum Königreich erhoben werden sollte, ohne seine Zugehörigkeit zum Reich zu beseitigen, und dem Kurfürsten die volle Souveränität verheißen wurde.[78] Baden hingegen mußte hinnehmen, daß in dem Vertrag von Wien vom 20. Dezember 1805 von dem ursprünglich angedeuteten Erwerb der Königskrone keine Rede mehr war. Volle Souveränität bei gleichzeitigem Verbleib im Reichsverband erhielt aber auch Kurfürst Karl Friedrich zugesprochen.[79]

Der Friedensvertrag von Preßburg[80] enthielt dann keine inhaltlichen Änderungen mehr für Bayern und Baden, bestätigte vielmehr die Regelungen der Verträge von Brünn und Wien und unterwarf diesen auch Österreich. So sah Artikel VII des Friedensvertrages vor:

> *Die Kurfürsten von Bayern und Württemberg nehmen den Königstitel an, ohne jedoch aufzuhören Glieder des deutschen Bundes zu sein. Se. Majestät der Kaiser von Deutschland und Oesterreich erkennt sie in dieser Würde.*

Auffallend an dieser Formulierung ist, daß das Reich nur noch als Staatenbund[81] angesehen wird, obwohl in Artikel XIV weiterhin von *Reich* die Rede ist.[82] Damit fand der Auflösungsprozeß des Alten Reiches seinen Niederschlag auch im Wortlaut des Vertrages, dessen Bestimmungen über die Souveränität Badens, Bayerns und Württembergs in rechtlicher Hinsicht mit der Reichsverfassung unvereinbar waren.[83] Diesbezüglich bestimmte Artikel XIV des Vertrages:

> *Ihre Majestäten die Könige von Bayern und Württemberg und Se. Durchlaucht der Kurfürst von Baden werden über die ihnen hier abgetretenen Ländereien sowohl, als über ihre alten Staaten die vollständige Souveränetät und alle Gerechtsame, die damit verbunden und ihnen von Se. Majestät dem Kaiser der Franzosen und Könige von Italien garantirt sind, so und auf die nämliche Weise ausüben, wie Se. Majestät der Kaiser von*

---

[78] *Bitterauf*, Geschichte des Rheinbundes, Band 1, S. 236 f.
[79] *Bitterauf*, Geschichte des Rheinbundes, Band 1, S. 246.
[80] Im folgenden zitiert nach: *Hufeld* (Hrsg.), Der Reichsdeputationshauptschluß von 1803, Nr. 13.
[81] Der französische Text lautet *Confédération Germanique* statt *Empire*.
[82] *Quint*, Souveränitätsbegriff und Souveränitätsbegriff in Bayern, S. 203 Fn. 196.
[83] *Hartung*, Deutsche Verfassungsgeschichte, S. 161.

*Deutschland und Österreich, und S. Majestät der König von Preußen sie über ihre deutschen Staaten ausüben.*

Mit dieser Festlegung der Souveränität[84] nach kaiserlichem und preußischem Vorbild fand Frankreichs Außenminister Talleyrand eine Form, die die beiden deutschen Großmächte schlechterdings nicht angreifen konnten, hatten sie selbst sich diese Rechte doch bereits seit längerem genommen.[85] Gleichwohl stellte das Postulat der vollen und uneingeschränkten Souveränität bei gleichzeitigem Verbleib Badens, Bayerns und Württembergs im Reichsverband einen Anachronismus dar. Denn nach der alten Reichsverfassung war die Eigenschaft als Reichsstand untrennbar mit der Unterordnung der Reichsglieder unter die Reichsgewalt verbunden und demnach mit deren Souveränität unvereinbar. Das Reich blieb nach diesen Bestimmungen mithin lediglich als leere Attrappe bestehen, Kaiser und Reich waren faktisch aller ihrer verfassungsmäßigen Rechte über die süddeutschen Reichsstände entkleidet.

Diese bewußt herbeigeführte Widersprüchlichkeit führte naturgemäß zu unterschiedlichen Interpretationen des Begriffs der Souveränität und divergierenden Auffassungen hinsichtlich der sich daraus ergebenden Folgen. So schrieb selbst Karl Friedrich von Baden am 4. Januar 1806 an seinen Minister Reitzenstein:

> *Bei der eingeräumten Souveränität bleibt immer noch eine genaue Bestimmung der künftigen Verhältnisse im Deutschen Reiche wünschenswert. Denn wenn auch über die gänzliche Exsemtion des jedesmaligen Kurfürsten, seiner Familie, Untertanen und Staaten von der Reichsgerichtsbarkeit und den Reichsvicariatsgerechtsamen kein Zweifel, noch Streit zu besorgen wäre, so verdienen doch manche Punkte einer festen Bestimmung.*[86]

Zu den offenen Fragen zählte insbesondere, ob weiterhin Reichssteuern, vorab der dem Reichskammergericht in Wetzlar zukommende Kammerzieler, zu zahlen seien, ob die badische Präsentationskonkurrenz bei der Besetzung der Beisitzerstellen am Reichskammergericht fortbestehe, ob badische Standeserhöhungen vom Reich anerkannt und die Kreisverbindungen aufrecherhalten würden.[87] Der widersprüchliche Titel Karl Friedrichs – er nannte sich jetzt *Des Heiligen Römischen Reichs souveräner Kurfürst* – spiegelte die unklare Situation anschaulich

---

[84] Im französischen Text mit *Souveraineté pleine et entière* bezeichnet.
[85] *Quint*, Souveränitätsbegriff und Souveränitätsbegriff in Bayern, S. 200.
[86] Zitiert nach: *Obser*, Band 5, S. 511 f.
[87] *Quint*, Souveränitätsbegriff und Souveränitätsbegriff in Bayern, S. 203.

wider.[88] Auch die Könige Bayerns und Württembergs behielten ihre seitherigen Kurfürstentitel bei.

In territorialer Hinsicht brachte der Frieden von Preßburg in seinem Artikel VIII dem König von Bayern die Markgrafschaft Burgau, das Fürstentum Eichstätt, den bis dahin zu Salzburg gehörenden Teil Passaus, die Grafschaft Tirol mit den Herrschaften Brixen und Trient, die Grafschaften Hohenems und Königsegg, die Herrschaften Tettnang und Arzen sowie Rothenfels und die Stadt Lindau. Die Fläche Bayerns vergrößerte sich damit um zwei Drittel bei einem Einwohnerzuwachs von 1,2 Mio.[89] Allerdings mußte man in München im Gegenzug auf das erst im Zuge des Reichsdeputationshauptschlusses wenige Jahre zuvor erworbene Würzburg verzichten, welches dem früheren Großherzog von Toskana und Kurfürsten von Salzburg als Entschädigung für den Verlust Salzburgs an Österreich hingegeben wurde.

Baden wurde um den größten Teil des Breisgaus, die Ortenau, die Stadt Konstanz sowie die Insel Mainau erweitert, was einem Gebietszuwachs von etwa 2.300 km² und einem Bevölkerungszuwachs von 164.000 Einwohnern entsprach.[90] Die Gesamtorganisation des Kurfürstentums wurde freilich nach der Erwerbung der vorderösterreichischen Lande nicht grundlegend verändert. Zunächst nahm man per Dekret vom 5. Mai 1806 eine *Provisorische Organisations-Eintheilung in den Landgrafschaften Breisgau und Ortenau* sowie in den neu erworbenen Gebieten am Bodensee vor, bei der Freiburg eine *kurfürstlich badische breisgauische Regierung und Kammer* mit einer den Provinzkollegien entsprechenden Stellung sowie ein Hofgericht erhielt. Die bis dahin noch bestehende landständische Verfassung wurde rasch aufgehoben.[91]

Am Vormittag des 1. Januar 1806 ließ Kurfürst Maximilian Joseph seine Königsproklamation zusammen mit der Souveränität des neuen Königreiches feierlich in München verkünden, beließ aber wie auch Baden und Württemberg seinen Reichstagsbeauftragten in Regensburg.

## IV. Die Gründung des Rheinbundes und die Auflösung des Alten Reiches

Einen weiteren Schritt auf dem Wege zur Beseitigung der alten Reichsverfassung stellte die Gründung des Rheinbundes unter französischer Führung dar. Seit Beginn des Jahres 1806 hatte Napoleons Außenminister Talleyrand den

88 *Sauer*, Napoleons Adler, S. 103.
89 *Kraus*, Geschichte Bayerns, S. 383.
90 *Albert*, in: Badische Neujahrsblätter 1901 (N.F. 4), S. 3.
91 *Ott*, in: Deutsche Verwaltungsgeschichte, Bd. 2, S. 590.

Plan zur Schaffung einer festen Verbindung des Dritten Deutschland in Vertragsverhandlungen verfolgt. Mit der unverhohlenen Drohung, die Gebiete der zahlreichen, noch nicht mediatisierten kleineren Reichsstände unter französische Oberhoheit zu nehmen und die süddeutschen Staaten bei der Verteilung der mediatisierten Territorien leer ausgehen zu lassen, sollten jene nicht zur Unterschrift bereit sein, nutzte Napoleon ein weiteres Mal die Landgier Badens, Bayerns und Württembergs aus.[92] Den Vertretern der kleinen Reichsstände hatte er freilich zuvor noch gegenteilige Zusagen gemacht. Um aber von seinen durch weitere Gebietszuwächse gestärkten Bundesgenossen größere Militärkontingente erhalten zu können, erachtete er eine zusätzliche Stärkung der süddeutschen Mittelstaaten als notwendig.[93] Diese war nur zu erreichen durch eine Beseitigung der politischen Zersplitterung und der sie tragenden mindermächtigen Reichsstände, die überdies als traditionell österreichische Klientel galten.[94]

Mit der Rheinbundakte vom 12. Juli 1806 schlossen sich Baden, Bayern, Württemberg und dreizehn weitere Reichsfürsten unter dem Protektorat des Kaisers der Franzosen zur Konföderation der Rheinischen Bundesstaaten zusammen. Gleichzeitig erklärten sie sich in deren Artikel 1 als *auf ewig von dem Territorium des deutschen Reiches getrennt*. Desweiteren bildete die Rheinbundakte aus Sicht der Vertragsparteien die Rechtsgrundlage für die Mediatisierung der kleinen Reichsstände. Die förmliche Erklärung der nunmehr souveränen Mitglieder über den Austritt aus dem Reich gegenüber dem Reichstag in Regensburg erfolgte am 1. August 1806.[95] Der Fortbestand des Reiches war durch diesen Schritt zunächst nicht betroffen, vielmehr setzte Franz II. durch die Niederlegung der römisch-deutschen Kaiserkrone am 6. August 1806 den Schlußpunkt unter den Auflösungsprozeß des Reiches, was ungeachtet der zweifelhaften staatsrechtlichen Wirkung dieser Vorgehensweise jedenfalls zu einer faktischen Auflösung des Reiches führte.[96]

Die Rheinbundakte brachte Baden einen weiteren Gebietszuwachs von etwa 5.200 km² mit 270.000 Einwohnern[97]: die übrigen Teile des Breisgaus, insbesondere die Deutschordenskommenden Freiburg und Beuggen und das Johanniter-Großpriorat Heitersheim, die gefürstete Grafschaft Bonndorf, das Fürstentum Fürstenberg mit Ausnahme der nordöstlichen schwäbischen Herrschaften, die Herrschaft Hagnau am Bodensee, die Herrschaft Tengen, die Landgrafschaft Klettgau, das Fürstentum Leiningen, die Herrschaften des Fürsten von Salm-

[92] *Kraus*, Geschichte Bayerns, S. 386.
[93] *Vollgraff*, Standesherrn, S. 202.
[94] *Fehrenbach*, Ancien Régime, S. 74; *Gollwitzer*, Standesherren, S. 19.
[95] *Willoweit*, Deutsche Verfassungsgeschichte, S. 205.
[96] Vgl. auch *Willoweit*, Deutsche Verfassungsgeschichte, S. 206.
[97] *Albert*, in: Badische Neujahrsblätter 1901 (N.F. 4), S. 3.

Reifferscheid-Krautheim nördlich der Jagst sowie die Besitzungen der Fürsten und Grafen von Löwenstein-Wertheim auf dem linken Mainufer. Dazu kamen noch die durch badisches Gebiet nunmehr eingeschlossenen reichsritterschaftlichen Besitzungen.[98] An Bayern fielen die Gebiete der Fürsten von Schwarzenberg und Hohenlohe in Franken, Oettingen, Fugger, Stadion und Thurn und Taxis in Schwaben, der Grafen von Castell, Pappenheim, Schönborn in Franken, Sinzendorf in der Oberpfalz, ferner des letzten bayerischen Dynasten aus der Zeit der Welfen und Staufer, des Grafen von Ortenburg, sowie schließlich die Reichsstadt Nürnberg.[99]

Artikel 5 RBA stellte schlicht die Annahme des Titels Großherzog durch den Kurfürsten von Baden mit den *der königlichen Würde anklebenden Rechte*[n], *Ehren und Vorzüge*[n] fest.

## D. Die Übernahme der Grafschaft Wertheim durch das Grossherzogtum Baden und den Staat des Fürstprimas

Schon frühzeitig hatte man in Wertheim erkannt, daß angesichts der rasanten politischen Entwicklung der Machthunger der neu entstandenen Mittelstaaten sich nicht mit den bisherigen Erwerbungen begnügen werde. Die Einverleibung der reichsritterschaftlichen Gebiete sah man als Menetekel für die Beseitigung der eigenen reichsständischen Existenz:

> *Ohne Zweifel werde die Ritterschaft zu Grunde gehen, und kein deutscher Patriot könne sich darüber freuen, weil hierdurch wieder ein Sparren aus dem alten Gebäude der deutschen Freiheit gerissen werde, und man mit Recht fürchten müsse, daß des Mediatisirens so lange kein Ende seyn werde, bis Deutschland in zwey – höchstens drey Reiche getheilt seye.*[100]

So kam die Nachricht von der bevorstehenden Mediatisierung am 31. Juli 1806 für die Löwensteiner nicht sonderlich überraschend. Bereits am 4. August kündigte ein französischer Offizier die Besetzung der löwensteinischen Gebiete an, was dann auch am folgenden Tag geschah. Die Nachricht des fürstlich löwensteinischen Agenten beim Reichstag in Regensburg über die Niederlegung der Kaiserkrone durch Franz II. traf am 11. August ein.[101]

---

[98] *Bader*, Zur politischen und rechtlichen Entwicklung Badens, S. 17.
[99] *Kraus*, Geschichte Bayerns, S. 388.
[100] Schreiben der fürstlichen Regierung an Dominik Konstantin vom 27. Januar 1806, StAWt-R Lit. B Nr. 317.
[101] *Stockert*, Adel im Übergang, S. 145.

Drei Wochen später erreichte die beiden Regierungen in Wertheim ein Schreiben des in Frankfurt residierenden französischen Generalkommissars Lambert. Darin forderte dieser jene auf, einen Beauftragten nach Frankfurt am Main zu entsenden, um die Übergabe der auf der rechten Mainseite gelegenen löwenstein-wertheimischen Besitzungen an den Fürstprimas vorzubereiten. In einem weiteren Schreiben an die fürstliche Regierung forderte Lambert die Entsendung von löwenstein-wertheimischen Vertretern nach Frankfurt, wo sie in der Hauptkirche unter Kanonendonner vor versammeltem Volk die Besitzungen ihrer Herren übergeben und anschließend den Beauftragten des Fürstprimas huldigen sollten. In Wertheim war man vom entwürdigenden Charakter dieser Zeremonie sehr betroffen und nahm umgehend Kontakt zum Fürstprimas und seinem Minister Albini auf, um eine Änderung des Übergabezeremoniells zu erreichen. Tatsächlich war die fürstprimatische Seite bemüht, die Übergabe der mediatisierten Lande für die Betroffenen so erträglich wie möglich zu gestalten, weshalb Lambert auf ihre Intervention beschloß, die Übergabe auf wertheimischem Gebiet stattfinden zu lassen. Am 13. September 1806 fand dann in Triefenstein in Anwesenheit Lamberts, des fürstprimatischen Beauftragten Itzstein sowie der Vertreter beider Regierungen die Besitzübertragung der auf der rechten Mainseite gelegenen Teile der Grafschaft Wertheim sowie weiterer löwensteinischer Gebiete an den Fürstprimas statt. Nachdem die Besitzübertragungsprotokolle vorgelesen und unterzeichnet worden waren, wurden die Besitzergreifungspatente verlesen, wonach der Fürstprimas die Souveränität in den genannten Gebieten übernehme und

> *daß somit von nun an die volle Souveränität Sr. Hoheit darin ausgeübt und alle dahin zielende öffentliche Akten in Höchstdero Namen ausgefertigt werden sollen und werden* [...].[102]

Vorläufig solle aber alles in den alten Formen bleiben, und die vorhandenen Behörden hätten die Hoheitsrechte im Namen des Fürstprimas auszuüben, was die anwesenden löwensteinischen Beamten per Handschlag gelobten. Als erstes wurden sie angewiesen, die fürstprimatischen Patente in allen Orten anbringen und an den Grenzen des Rheinischen Bundes Hoheitspfähle setzen zu lassen.[103]

Aus Karlsruhe hatte der Geheime Rat des Großherzogs am 14. August den Löwensteinern mitgeteilt, daß man dem Rheinischen Bund beigetreten sei, aufgrunddessen der badische Regent die Souveränität über verschiedene Reichsgebiete erhalten habe und man die Wertheimer Herrschaften deshalb auffordere,

---

[102] Protokoll des fürstprimatischen Oberappellationsgerichtssekretärs *Johann Joseph Werner*, in: Der Rheinische Bund, Band I (1806), S. 271-274.
[103] *Ehmer*, Grafschaft, S. 237.

einen Bevollmächtigten zur Vorbereitung der Besitzergreifung nach Karlsruhe zu entsenden. Zuvor hatte es in dem badischen Mediatisierungspatent vom 13. August 1806 in Hinsicht auf die badischer Souveränität unterworfenen bisherigen Reichsstände geheißen:

> *Wir versichern dagegen, daß Wir die Uns zugewandte Fürsten und Grafen, so wie deren Diener und Unterthanen gemäß dem Bundesvertrag nach Billigkeit behandeln, die deßfallsige Wünsche, welche jene Patrimonial-Herrschaften Uns vorzutragen zwekmäßig finden, gerne vernehmen, in Unsrer Weisheit wägen und nach aller Thunlichkeit zu erhören Uns bestreben werden.*[104]

Zwei Wochen später entsandte man von fürstlicher wie von gräflicher Seite je einen Rat nach Karlsruhe mit Glückwunschschreiben an den Großherzog, ohne diese jedoch mit konkreten Instruktionen für Verhandlungen auszustatten. Wenige Tage später trafen bei den beiden Wertheimer Regierungen Schreiben aus Miltenberg ein, in denen der französische Kommissar Pillet und der großherzoglich badische Kommissar von Dawans diese aufforderten, sich am 20. September 1806 im Saal der gräflichen Regierung in Wertheim zur Zeremonie der badischen Besitzergreifung einzufinden. Dabei wurde zunächst die Souveränitätsübertragungsakte verlesen, deren Regelungen im Hinblick auf die Rechte der Mediatisierten folgendes vorsahen:

> *Les Princes et les Comtes de Löwenstein-Wertheim et de Salm Krautheim jouiront de tous les droits, qui leurs sont assurés par les Articles 27, 28 et 31 du traité de Paris, et S.A.R. le grand duc de Bade tiendra la main à ce qu'aucun de Ses tribunaux n'y porte atteinte.*
>
> *De tout ce que dessus accepté par Monsieur de Dawans au nom de son Souverain, nous avons dressé le présent procès verbal en six expéditions.*
>
> *Copie en a été remise aux autorités administratives pour être déposée aux archives des Princes et des Comtes de Löwenstein et de Salm Krautheim, et notifiée par eux à leurs dépendances.*[105]

Sodann ließ man lediglich die Namen der anwesenden löwensteinischen Beamten auf der Urkunde vermerken. Auch erfolgte die Verpflichtung, nicht gegen die Rechte des Großherzogs zu verstoßen, ohne Schwur und Handschlag. Nachdem die Besitzergreifung solcherart vollzogen war, erfolgten sodann die Entlas-

[104] Badisches Mediatisierungspatent vom 13. August 1806, StAWt-F Rep. 167 Nr. 1.
[105] Zitiert nach: *Meyer* (Hrsg.), Corpus Iuris Confoederationis Germanicae, Teil 1, S. 85.

sung des löwensteinischen Kreiskontingents[106] aus dem Eid gegenüber dem Fränkischen Kreis und der Herrschaft sowie seine Vereidigung auf den Großherzog. Auch der badische Kommissar ließ großherzogliche Patente zurück, um die Besitzergreifung nach außen zu dokumentieren.[107]

Die Vorgehensweise der fürstprimatischen und der großherzoglichen Kommissare bei der Besitzergreifung war demnach vergleichsweise moderat und suchte auf die Situation der Mediatisierten Rücksicht zu nehmen. Von dem aggressiven und entwürdigenden Vorgehen der württembergischen Besitzergreifungskommissionen[108] konnte in beiden Fällen keine Rede sein.

[106] Dieses war mit 24 Mann freilich von eher bescheidenem Umfang. Vgl. Besoldungstabelle in StAWt-F Rep. 167 Nr. 3.
[107] *Ehmer*, Wertheim, S. 238 ff.; Besitzergreifungsdokumente in StAWt-R Lit. D Nr. 396a und StAWt-F Rep. 167 Nr. 1.
[108] *Schulz*, Die Mediatisierung des Adels, S. 167.

## § 4 Die Rheinbundzeit

### A. Die Rheinbundakte als Rechtsgrundlage für die Mediatisierung

Die Rheinbundakte vom 12. Juli 1806 entfaltete als völkerrechtlicher Vertrag zwischen Napoleon und den Mitgliedsstaaten in dreierlei Hinsicht rechtliche Wirkung: Erstens schuf sie unter dem Protektorat des Kaisers der Franzosen nach innen souveräne Staaten, die aber nur von jeder der Konföderation *fremden* Macht unabhängig sein sollten.[1] Zweitens sah sie für die Vertragsschließenden bestimmte Pflichten vor, neben zahlreichen Einzelverpflichtungen[2] insbesondere die grundlegende Bündnispflicht. Und drittens stellte sie einen Verfassungsvertrag dar, der eine Grundordnung für den Bund errichtete und diesen zur Handlungsfähigkeit mit Organen ausstattete.[3]

Für den Stand des hohen Adels brachte die Rheinbundakte große Veränderungen mit sich, indem sie die reichsständischen Familien und ihre Territorien in zwei Gruppen teilte und der einen Souveränität zubilligte, die andere dagegen ihrer Reichsunmittelbarkeit beraubte und der Souveränität der anderen unterwarf. Der hohe Adel setzte sich nunmehr aus den souveränen Familien einerseits und den ehemals reichsständischen mediatisierten Familien andererseits zusammen, welche fürderhin als Standesherren bezeichnet wurden.

Für die Grafschaft Wertheim bedeutete Artikel 24 RBA das Ende der Reichsunmittelbarkeit und ihre Unterwerfung unter die Souveränität des Großherzogs von Baden und des Fürstprimas:

> *Leurs Altesses Sérénissimes les Grand-Ducs de Bade,* [...] *Son Altesse Eminentissime le Prince-Primat,* [...] *exerceront tous les droits de souveraineté, savoir:* [...]
> *Son Altesse Sérénissime le Grand-Duc de Bade, sur* [...] *les possessions des Princes et Comtes de Loewenstein-Wertheim situées à la rive gauche du Mein* [...]. [...]
> *Son Altesse Eminentissime le Prince-Primat, sur les possessions des Princes et Comtes de Loewenstein-Wertheim situées à la droite du Mein* [...].

---

[1] *Willoweit*, Deutsche Verfassungsgeschichte, S. 226.
[2] Etwa die in Artikel 37 vorausschauend normierte Zwiebackpflicht Bayerns, den Plan künftiger Kriegszüge durchaus erkennen lassend.
[3] *Huber*, Verfassungsgeschichte, Band 1, S. 79.

Dieser Bestimmung der Rheinbundakte kam aus Sicht der Betroffenen eminente Bedeutung zu, wirkte sie sich doch unmittelbar auf ihre Rechtsstellung aus. Allein, gefragt wurde von ihnen niemand, weshalb Artikel 24 RBA auch bereits aus damaliger Sicht als Vertrag zu Lasten Dritter angesehen wurde, der mangels Beteiligung gegenüber diesen keine Wirkung entfalten konnte.[4] Aber wie schon drei Jahre zuvor bei den Verhandlungen der Reichsdeputation gaben auch hier Macht und Einfluß jenseits der Reichsverfassung den Ausschlag.

## I. Die staatsrechtliche Stellung der Mediatisierten

Mit dem Verlust der den bisherigen Landesherren innerhalb ihrer Territorien zustehenden Landeshoheit an im Rheinbund vereinigte souveräne Fürsten souveräner Bundesstaaten wurde die Neudefinition des Verhältnisses der Mediatisierten gegenüber ihren früheren Mitreichsständen notwendig. Die Grundlage für die staatsrechtliche Stellung der ihrer Eigenständigkeit verlustig gegangenen Fürsten gegenüber dem jeweiligen Souverän bildeten die Artikel 24 und 26 bis 31 RBA.

Die Rheinbundakte unterschied zwischen drei verschiedenen Arten von Territorien. In den ihnen zugewiesenen Territorien der ehemaligen Mitreichsstände sollten die Rheinbundfürsten nach Artikel 24 *tous les droits de souveraineté* ausüben. Artikel 26 definierte diese als Gesetzgebung, oberste Gerichtsbarkeit, Oberpolizei, Militärgewalt und Besteuerung. Einschränkend bestimmte Artikel 27 im einzelnen die den Mediatisierten verbleibenden Rechte. Dazu zählten ihre Domänen als Patrimonial- und Privateigentum sowie die Herrschafts- und Feudalrechte, die nicht wesentlich zur Souveränität gehörten.[5] Eine Enteignung wie die Vermögenssäkularisation im Rahmen des Reichsdeputationshauptschlusses erfolgte durch die Rheinbundakte demnach nicht, vielmehr respektierte sie das Privateigentum der mediatisierten Fürsten. Diese Einschränkung der Souveränität der Bundesfürsten in bezug auf die Territorien der Mediatisierten führte zu einer Teilung ihres Staatsgebiets in Souveränitätslande, in denen ausschließlich sie die Staatsgewalt ausübten, und Oberhoheitslande, in denen neben ihnen die ehemaligen Landesherren Hoheitsrechte wahrnahmen.[6] Artikel 25 RBA hingegen bestimmte im Hinblick auf die Reichsritterschaft, daß die Rheinbundfürsten deren Gebiete *en toute souveraineté* besitzen sollten, also ohne jede Einschränkung ihrer Souveränität. Die reichsritterlichen Eigentumsrechte wiederum blieben gleichfalls unangetastet.[7] Die in den Artikeln 17 bis 23 genannten

[4] *Fischer*, Der Teutsche Adel, Band 1, S. 153, 156.
[5] *Winkopp*, Die Rheinische Konföderationsacte, Artikel 26, S. 64 ff.
[6] *Klüber*, Staatsrecht des Rheinbundes, S. 131 ff.
[7] *Vollgraff*, Standesherrn, S. 222.

Gebiete schließlich sollten die Rheinbundfürsten *en toute souveraineté et propriété* und damit ohne Einschränkung der Souveränität als Eigentum besitzen.

Die sich gleichwohl bereits kurze Zeit nach Unterzeichnung der Rheinbundakte entspinnende Auseinandersetzung um die Rechtsstellung der Mediatisierten bezeichnet Schuck[8] als charakteristisch für einen dem Rheinbund von Anfang an innewohnenden Grundwiderspruch. Einerseits sprach die Rheinbundakte den Mitgliedsstaaten die volle und uneingeschränkte Souveränität zu und schuf damit die Grundlage für die zur rechtlichen Entfeudalisierung des Staates führenden Reformen insbesondere in Süddeutschland. Andererseits bewahrte sie überkommene Herrschaftsformen und Privilegien einzelner und knüpfte als Grundgesetz eines Staatenbundes mit einem Bundestag an die Verfassung des Alten Reiches an und bot damit denjenigen eine Basis für ihre Argumente, die sich eine möglichst weitgehende Kontinuität zu diesem wünschten. Die den Mediatisierten durch die Rheinbundakte gewährten Rechte stellten sich als einziger Restbestand konstitutioneller Verhältnisse dar.[9]

Aber auch im Hinblick auf den Umfang der einzelnen Souveränitätsrechte bestand Uneinigkeit: So verstanden die Souveränisten[10] die durch Artikel 26 verliehene Gesetzgebungskompetenz als umfassend und nicht wie etwa die Gerichtsbarkeit oder die Polizei auf die oberste Gesetzgebung oder gar eine bloße Oberaufsicht beschränkt. Daraus folgerte man, daß Artikel 27 den Mediatisierten im Gegensatz zu Gerichtsbarkeit und Polizei keine Anteile an der Gesetzgebung zugestand, während nach der Position der Mediatisiertenvertreter[11] diesen immerhin auf lokaler Ebene die Gesetzgebungszuständigkeit zukam. Ähnliche Meinungsverschiedenheiten bestanden im Hinblick auf die den Souveränen durch die Rheinbundakte zugewiesene Oberpolizei. Definierten deren Wortführer die Oberpolizei umfassend als Polizeigesetzgebung und deren Vollziehung, soweit diese sich über das standesherrliche Gebiet hinaus erstreckte, sowie als Aufsicht über die niedere Polizei[12], wollten die Parteigänger der ehemaligen Reichsstände darin lediglich ein Recht zur bloßen Oberaufsicht und Leitung erkennen[13]. Nicht eindeutig voneinander abgrenzbar war bei der Vielzahl altständischer Gerechtsame auch das Souveränitätsrecht der Besteuerung von den *prestations féodales* der Mediatisierten.

---

[8] *Schuck*, Staatssouveränität, S. 21 f.
[9] *Schuck*, Staatssouveränität, S. 24.
[10] So etwa *Behr*, Systematische Darstellung, S. 329 f.
[11] Vgl. *Münzing*, Mediatisierung, S. 55 f.
[12] *Behr*, Systematische Darstellung, S. 344 ff.
[13] Vgl. *Münzing*, Mediatisierung, S. 55 f.

Die den mediatisierten Reichsständen ausdrücklich vorbehaltenen Rechte sah Artikel 27 RBA als *non-essentiellement inhérens à la souveraineté* an und leitete sie aus deren Patrimonial- und Privatbesitz ab. Hierzu zählten namentlich die Forstpolizei und -gerichtsbarkeit, das Jagd-, Fischerei-, Bergwerks- und Hüttenrecht, die Zehnten und Feudalgefälle sowie das Schul- und Kirchenpatronat. Große Bedeutung kam insoweit den hiervon ebenfalls umfaßten Rechten der bürgerlichen und peinlichen Gerichtsbarkeit in erster und zweiter Instanz – dem dreistufigen Instanzenzug des Alten Reiches entsprechend – sowie der niederen Polizei als Ausdruck herrschaftlicher Macht über die Untertanen zu. Es überrascht nicht, daß auch die Auslegung dieser Begriffe heftig umstritten war. Auf Seiten der Mediatisierten ging man davon aus, durch die entsprechende Bestimmung der Rheinbundakte unmittelbar und ohne weitere Beleihung Inhaber originärer Souveränitätsrechte geworden zu sein.[14] Naturgemäß stieß ein derartiges Verständnis auf den heftigen Widerspruch der im Sinne der neuen Souveräne argumentierenden Publizisten, die die von der Rheinbundakte belassenen Rechte als lediglich derivativ ansahen. Ihre Träger sollten diese nur als übertragene Hoheitsrechte im Namen des Souveräns ausüben dürfen.[15]

Diese unterschiedlichen Auffassungen im Hinblick auf Qualifikation und Reichweite der den ehemaligen Reichsständen durch die Rheinbundakte vorbehaltenen Rechte führte in der Folgezeit nicht nur zu publizistischen Auseinandersetzungen zwischen den der Verfassungstradition des Alten Reiches verhafteten Staatsrechtslehrern und denjenigen Autoren, die dem verfassungspolitischen Umbruch Rechnung trugen. Vielmehr setzte sich diese eher rechtstheoretisch geprägte Debatte in den teilweise erbitterten Konflikten zwischen den Mediatisierten und den neuen Souveränen fort, die von handfesten Macht- und Ansehensfragen bestimmt waren und noch Jahrzehnte währen sollten. In Wertheim spielte man dabei eine nicht unerhebliche und in den juristischen Argumentationsmustern teilweise durchaus beachtliche Rolle, wie noch zu zeigen sein wird. Am Ende mußten sich jedoch auch die Löwensteiner der Machtpolitik der neuen Souveräne beugen, die sich in vielen Fällen um die einschränkenden Bestimmungen der Rheinbundakte wenig scherten und ihre ehemaligen Mitstände häufig kurzerhand vor vollendete Tatsachen stellten.

## II. Wirtschaftliche Bestimmungen und persönliche Privilegien

Die Artikel 27 bis 31 RBA trafen Regelungen im Hinblick auf die wirtschaftlichen Folgen der Mediatisierung und sahen für die ehemaligen Reichsstände eine

[14] *Vollgraff*, Standesherrn, S. 227 f.
[15] *Behr*, Systematische Darstellung, S. 404 f.

Reihe von persönlichen Privilegien vor. Im einzelnen sprach Artikel 27 den Mediatisierten die Domänen, die sie zur Zeit der Auflösung des Reiches besessen hatten, als freies, allodiales Eigentum zu. Ihre freie Verfügungsmacht wurde dabei insofern eingeschränkt, als sie ihr Besitztum an keinen dem Rheinischen Bund fremden Souverän veräußern durften und bei jeder sonstigen Veräußerung den betreffenden Gegenstand zunächst dem eigenen Souverän anzubieten hatten, dieser also ein Vorkaufsrecht erhielt. In steuerlicher Hinsicht sollten die Domänen und Güter der Mediatisierten denjenigen der Prinzen des regierenden Fürstenhauses, unter dessen Herrschaft man gekommen war, gleichstehen. Waren solche nicht vorhanden, sollten insoweit die der jeweils privilegiertesten Klasse maßgeblich sein. Durch diese Bindung der Steuerpflicht der ehemaligen Reichsstände an Gruppen mit vergleichbarem sozialem Status stand es der jeweiligen Regierung offen, sie der Steuerpflicht zu unterwerfen oder darauf zu verzichten.

Desweiteren sollten den ehemaligen Reichsständen *tous les droits seigneuriaux et féodaux nonessentiellement inhérens à la souveraineté, et notamment les droits de* [...] *dixmes et prestations féodales* [...] *et les revenus provenans des dits domaines et droits* und damit einige der ihnen bisher zustehenden Abgaben verbleiben. Da der Souveränitätsbegriff der Rheinbundakte unstreitig das Besteuerungsrecht erfaßte, fielen alle eigentlichen Staatsabgaben und damit auch die indirekten Steuern in den Hoheitsbereich des Souveräns[16], wobei sich freilich die Abgrenzung zwischen staatlichen Abgaben und solchen mit ausschließlich privatem Charakter als problematisch erwies. Allgemein anerkannt war, daß zu den Herrschaftsrechten die aus dem Leibeigenschaftsverband fließenden Abgaben wie Leibschilling, Manumissionsgebühren, Rauchhühner und Besthaupt zählten, während sich die Feudalrechte ausschließlich aus den Gefällen von Erbleih- und Erbzinsgütern zusammensetzen sollten.[17] Von den Zehnten gestand man den ehemaligen Landesherren nur diejenigen zu, die diese schon von alters her innegehabt und sich unterdessen zu einem Eigentumsrecht verfestigt hatten.[18] Bei den aus den Domänen und Gerechtsamen resultierenden Einkünften bereitete die Unterscheidung zwischen ehemals der Landeshoheit entspringenden und nunmehr dem Souverän gebührenden Revenüen einerseits sowie Patrimonial- und Privatrenten andererseits Schwierigkeiten. Auch hier stellte man in erster Linie darauf ab, ob die jeweilige Revenüe im Laufe der Zeit zu einer wirtschaftlichen Eigentumsposition erstarkt war.[19]

[16] *Behr*, Systematische Darstellung, S. 353 f.
[17] *Medikus*, in: Der Rheinische Bund, Band II (1807), S. 73.
[18] *Behr*, Systematische Darstellung, S. 486 ff.; *Medikus*, in: Der Rheinische Bund, Band II (1807), S. 79.
[19] *Münzing*, Mediatisierung, S. 58.

Nach Artikel 30 RBA sollten die Schulden der ehemaligen Reichsstände in dem Verhältnis aufgeteilt und entsprechend von den neuen Souveränen übernommen werden, in dem auch die Revenüen verteilt wurden. Die Bezeichnung der Verbindlichkeiten als solche des Fürstentums, der Grafschaft oder der Herrschaft deutet darauf hin, daß darunter die Staatsschulden zu verstehen waren und nicht die Privatschulden der früheren Landesherren. Der Umstand, daß diese somit nicht nur einen Teil der Revenüen vereinnahmen, sondern auch einen Teil der Staatsschulden tragen sollten, wurde von den Parteigängern der Mediatisierten als Hinweis auf ihre besondere Stellung als Inhaber eines Teils der Souveränität angesehen.[20]

Artikel 28 RBA gewährte den Mediatisierten und ihren Erben das Recht des *iudicium parium* in Strafsachen. Dieses sah in Anlehnung an das altdeutsche Fürstenrecht in peinlichen Fällen statt der ordentlichen staatlichen Gerichtsbarkeit ein mit Angehörigen gleichen Standes besetztes Gericht vor.[21] In Artikel 31 wurde den bisherigen Reichsständen und ihren Nachkommen Freizügigkeit innerhalb des Rheinbundes eingeräumt, so daß es ihnen freistand, in allen Bundesstaaten oder einem mit dem Rheinbund alliierten Staat sowie in ihren außerhalb des Bundesgebiets liegenden Besitzungen, in denen sie die Souveränität behalten hatten, ihren Wohnsitz zu nehmen.

## III. Die Diskussion um die Interpretation der Rheinbundakte

Der knappe und interpretationsbedürftige Wortlaut der Rheinbundakte – diese war ausschließlich in französischer Sprache abgefaßt, eine offizielle Fassung in deutscher Sprache gab es nicht – bereitete recht bald Verständnisschwierigkeiten. Es verwundert daher nicht, daß sich bereits nach kurzer Zeit, noch bevor die neuen Souveräne überhaupt konkretisierende Ausführungsbestimmungen erlassen hatten, ein Disput entspann über die Bedeutung und Auslegung der französischen Rechtsbegriffe. Auf der einen Seite standen die neuen Souveräne und die sie unterstützenden Autoren im Schrifttum, die die neuen Souveränitätsrechte möglichst umfassend interpretiert wissen wollten, während die Mediatisierten und ihre Vertreter auf der anderen Seite naturgemäß ein restriktives Verständnis der Regelungen propagierten.

---

[20] So etwa *Vollgraff*, Standesherrn, S. 232 ff.

[21] *Weber*, Veränderungen, S. 14 und 16.

## 1. DIE AUFFASSUNGEN VON SOUVERÄNEN UND MEDIATISIERTEN

Aus Sicht der Mediatisierten, die als mindermächtige Reichsstände zuvor nur einen Kaiser als Primus inter pares über sich gehabt hatten, handelte es sich bei der Einverleibung ihrer Territorien um eine unrechtmäßige Unterjochung[22], durch die sie zu Untergebenen eines ehemaligen Standesgenossen herabgewürdigt wurden. In Flugschriften wie derjenigen mit dem Titel *Was ist Souverainetät? und Was ist Landeshoheit?*[23], deren Inhalt dem Löwenstein-Wertheimer Grafen Johann Karl Ludwig zugerechnet wird[24], bezeichnete man die Mediatisierung als *willkürliche Gewalttat.* Frankreich und seine Bundesgenossen hätten die Selbständigkeit der kleinen Reichsstände ohne Rechtstitel und überdies im Frieden aufgehoben, könnten sich daher noch nicht einmal auf das Recht des Eroberers berufen.

Nachdem man auf mediatisierter Seite erkannt hatte, daß an den herrschenden Verhältnissen einstweilen nicht zu rütteln war, versuchte man, sich den gegebenen Umständen anzupassen und das Beste aus seiner Lage zu machen. Anstatt die Rheinbundakte als solche abzulehnen und damit die Augen vor der Wirklichkeit zu verschließen, begann man, sich mit ihr inhaltlich auseinanderzusetzen. Dabei berief man sich auf den eingangs der Akte genannten Zweck des Vertragsschlusses, nämlich die Sicherung des inneren und äußeren Friedens in Süddeutschland. Ausschließlich dieser und nicht die partikularen Interessen der Souveräne seien maßgeblich bei der Auslegung der zugrundeliegenden Bestimmungen.[25] Souveränität sei den Rheinbundfürsten nur insoweit gewährt worden, als diese zur Erreichung des Vertragszwecks unbedingt erforderlich sei[26], die Bundesakte insoweit also restriktiv auszulegen. Die Akte selbst sah man als Vertrag unter Gleichen an, entsprechend den aus der Reichsgeschichte bekannten Unterwerfungsverträgen wie etwa den *lettres patentes d'Alsaces* von 1723[27], nach außen manifestiert durch die Mediatisierungspatente der Rheinbundfürsten.[28] Demgegenüber hielt man auf souveräner Seite die Erlangung der Souveränität als solcher für den Hauptzweck des Bundesvertrages.[29]

[22] Brief der Grafen Johann Karl Ludwig und Friedrich Karl zu Löwenstein-Wertheim an ihre Regierungskanzlei vom 2. Oktober 1806, StAWt-F Rep. 167 Nr. 1.
[23] *Was ist Souverainetät? und Was ist Landeshoheit? Eine bloße Skizze*, StAWt-F Rep. 167 Nr. 1.
[24] *Stockert*, Adel im Übergang, S. 148 Fn. 12.
[25] *Anonymer Autor*, in: Der Rheinische Bund, Band II (1807), S. 418 f.
[26] *Gärtner*, in: Der Rheinische Bund, Band II (1807), S. 193 ff., sowie *Stephan*, in: Der Rheinische Bund, Band II (1807), S. 264.
[27] Diese regelten die Unterwerfung der deutschen Fürsten im Elsaß unter die Souveränität des Königs von Frankreich. Vgl. unten S. xxx.
[28] *Von Moser*, in: Der Rheinische Bund, Band IV (1808), S. 174 ff.
[29] *Medikus*, in: der Rheinische Bund, Band II (1807), S. 66 ff.

Diese eher abstrakt erscheinende Auseinandersetzung wurde konkret, sobald es um die den mediatisierten Reichsständen durch die Rheinbundakte belassenen Vorrechte ging. Freilich bot die Akte den Mediatisierten als bloße völkerrechtliche Richtlinie keinerlei Rechtssicherheit, waren ihre Bestimmungen doch unpräzise gehalten und daher in unterschiedlicher Weise auslegbar, insbesondere aber gar nicht durchsetzbar. Auch Fürstprimas von Dalberg erkannte in seinem Aufsatz *Bemerkungen und Wünsche zu der rheinischen Conföderations Acte, insbesondere zu den Artikeln 26-32*, dieses Problem und sah

> *ein dringendes Bedürfnis, daß über das in der Bundes Acte festgesetzte Verhältnis der Standesherren nähere Bestimmungen mit größter Präcision geschehen, damit nicht einer Seits die Territorial-Gewalt der Souveraine in Willkühr übergehen könne, und anderer Seits nicht ewiges Mißtrauen und unangenehmes Widerstreben der Mediatisierten erfolge.*[30]

Mit dieser Auffassung stand Dalberg freilich unter den Rheinbundfürsten allein, dachten die anderen doch nicht daran, die eben gewonnene Stellung ohne Not wieder preiszugeben. Da es keine Institution gab, die die Einhaltung der Bestimmungen der Rheinbundakte und die Beachtung der den Mediatisierten gewährten Rechte durch die neuen Souveräne hätte gewährleisten können – trotz der Parallelen der Rheinbundakte zur alten Reichsverfassung war mit Reichskammergericht und Reichshofrat vergleichbares nicht vorgesehen –, stand die Interpretationshoheit über die Rheinbundakte den neuen Landesherren jedenfalls faktisch zu. Napoleon selbst bestätigte dies in einem Schreiben an Fürstprimas von Dalberg vom 11. September 1806:

> *Les affaires intérieures de chaque état ne Nous régardent pas. Les princes de la confédération du Rhin sont des Souverains qui n'ont point de Suzerain. Nous les avons réconnus comme tels. Les discussions qu'ils pourroient avoir avec leurs sujets ne peuvent donc être portées à un tribunal étranger.*[31]

Damit blieb es den neuen Souveränen überlassen, detaillierte Regelungen im Hinblick auf die staatsrechtlichen Verhältnisse ihrer Standesherren zu schaffen. Widersprachen diese den Bestimmungen der Rheinbundakte, was oft genug der Fall war, blieb den Mediatisierten nichts als der – meist zwecklose – Protest bei der jeweiligen landesherrlichen Regierung. Bevor und während derartige Ausführungsbestimmungen zur Rheinbundakte in den Einzelstaaten erlassen wurden, setzte sich die oben beschriebene Grundsatzdiskussion über die Frage fort,

---

[30] Zitiert nach: *Klüber*, Uebersicht, S. 277.

[31] Zitiert nach: *Meyer*, Corpus Iuris Confoederationis Germanicae, Teil 1, S. 86 f.

wie die Akte im Hinblick auf die einzelnen Rechte auszulegen und welche rechtlichen und tatsächlichen Konsequenzen daraus zu ziehen seien.

In rechtsdogmatischer Hinsicht argumentierte man auf mediatisierter Seite mit dem Schlüsselbegriff der Rheinbundakte. Souveränität wurde als Reichshoheit ausgelegt, als diejenige Gewalt, die im Alten Reich Kaiser und Reich in ihrer Gesamtheit ausgeübt hatten. Die neuen Souveräne sollten demnach lediglich in die Rechtsstellung von Kaiser und Reich eingerückt sein, während man selbst in seiner landesherrlichen Position verblieben sei. Die Mediatisierten erachteten demnach die Souveränität[32] nicht als umfassende Regelungskompetenz des Souveräns nach innen im Sinne der modernen Staatsauffassung[33], sondern als eine in Umfang und Reichweite beschränkte ständische Gewalt.[34] Die landesherrlichen Rechte der Mediatisierten bezeichneten sie als *Aggregat einzelner Hoheits- und Regierungsrechte*, die entsprechend der kaiserlichen obersten Staatsaufsicht und Gerichtsbarkeit im Alten Reich der Obergerichtsbarkeit des Souveräns unterstehen, gleichwohl deren Eigentum und Patrimonium sein und bleiben sollten.[35] Den Inhalt der Souveränität sah man als beschränkt an auf die vormals kaiserlichen Reservatrechte der Reichsgesetzgebung, obersten Gerichtsbarkeit, Reichs- und Kreispolizei, Reichsverteidigung sowie Besteuerung zur Finanzierung von Reichsbedürfnissen.[36] Solcherart ließ sich aus den nach der Rheinbundakte verbliebenen Herrschaftsrechten eine *landesherrliche Stellung bekannter reichsrechtlicher Observanz*[37] konstruieren, bei der man die neuen Souveräne nach Möglichkeit aus der Gestaltung der inneren Verhältnisse der jeweiligen Herrschaft herauszuhalten und die eigene bisherige Stellung gegenüber den Untertanen zu bewahren suchte.

Neben dieser ständestaatlichen Argumentationslinie stützten sich die Mediatisierten auch auf die dem modernen Bürgerrechtsdenken entspringende Eigentumsgarantie. So habe ihnen die Rheinbundakte ihre Rechte nicht verliehen und erst recht nicht als Ausfluß der Souveränität gegeben, sondern als bereits in ihrem Eigentum stehend belassen.[38] Handele es sich dabei aber um Privateigentum

---

[32] Vgl. *Quartisch*, in: Handwörterbuch, Band 4, Sp. 1715 ff.

[33] In Erfüllung der in den Vorverträgen mit Bayern (24. August 1805), Baden (5. September 1805) und Württemberg (5. Oktober 1805) gemachten Zusagen hatte Napoleon den drei Verbündeten durch Tagesbefehl seines Chefs des Stabes vom 19. Dezember 1805 die volle und uneingeschränkte Souveränität in ihren Staaten nach Maßgabe der Souveränität garantiert, die der deutsche Kaiser in seinen österreichischen Erblanden und der König von Preußen in Brandenburg innehabe. Vgl. *Hofmann*, Historischer Atlas II/2, Regest 14.

[34] *Furtwängler*, Standesherren, S. 52.

[35] *Was ist Souverainetät? und Was ist Landeshoheit?*, S. 4.

[36] *Was ist Souverainetät? und Was ist Landeshoheit?*, S. 8 ff.

[37] *Dunkhase*, Das Fürstentum Krautheim, S. 202.

[38] Vgl. *Furtwängler*, Standesherren, S. 54.

des hohen Adels, sei dieses ebenso unantastbar wie dasjenige der übrigen Staatsbürger.[39] Ähnlich argumentierten die Mediatisierten im Hinblick auf die Ebenbürtigkeit – immerhin war nunmehr ein fühlbarer Standesunterschied zwischen ihnen und den souverän gewordenen Familien zu Tage getreten. Insoweit hülle sich die Rheinbundakte in Schweigen, woraus dann auch kein Rechtsverlust folgen könne. Gleichwohl war man bestrebt, die standesmäßige Gleichrangigkeit mit den Souveränen durch die Festschreibung von persönlichen Privilegien zu erhalten.[40]

Auf Seiten der neuen Souveräne sah man die Rechtslage naturgemäß vollkommen anders. Allerdings wurden dabei im wesentlichen zwei unterschiedliche Begründungsansätze vertreten. Die Verfechter des modernen Gedankens eines vom Staat losgelösten Regenten, wozu insbesondere die Publizisten der staatswissenschaftlichen Literatur in Bayern zählten, bestritten die Zugehörigkeit des Regentenrechts zum Patrimonium und Privateigentum seines Inhabers. Gerechtfertigt wurde der Zugriff auf die mindermächtigen Reichsstände durch die Anwendung des staatsrechtlichen Notrechts, des *ius eminens*, auf das Staatenrecht. So wie auch das einzelne Staatsglied *zur Erreichung des wahren Staatszwecks* Opfer zu bringen habe, müßten auch einzelne Staaten im Völkerrecht Opfer bringen. Nur dem Staat selbst komme das Recht der Selbständigkeit als Staat zu, nicht indessen der Person des Regenten. Mit der – stillschweigenden – Aufgabe ihrer Selbständigkeit durch die betreffenden Völker habe sich auch das aufgetragene Regentenrecht erledigt.[41] Nach Arndt zeigt sich hierin bereits *eine deutliche Ausprägung der Souveränität des Staates als einer von den Individuen losgelösten Einrichtung, ausgeübt durch eine aus der Volkssouveränität abgeleitete Monarchengewalt*[42]. In Baden argumentierte man hingegen aus der Perspektive des überkommenen Verfassungsdenkens und ging von einem über den Dingen stehenden Naturrecht im Sinne des landesherrlichen Absolutismus aus. Nach Brauers Ansicht war die Rheinbundakte ein neuer *Unterwerfungsvertrag*[43]. Mittels Unterscheidung zwischen öffentlich-rechtlichem und privatrechtlichem Rechtsverhältnis versuchte er, die neue Gesellschaftsordnung zu bestimmen. Diejenigen Rechtsverhältnisse, die nicht ohne Unterwerfungsvertrag fortbestehen könnten, seien als staatsrechtliche Verhältnisse anzusehen und stünden dem Souverän, rein privatrechtliche Vereinbarungen dagegen den unterworfenen Fürsten zu. Daneben gebe es frühere positiv-rechtliche Privatrechte, die als sol-

[39] Promemoria der Grafen Johann Karl Ludwig und Friedrich Karl zu Löwenstein-Wertheim vom 12. Juni 1807, GLAK 48/5674.
[40] *Furtwängler*, Standesherren, S. 53.
[41] *Behr*, Systematische Darstellung, S. 305 ff.
[42] *Arndt*, in: ZGO 1953 (62 N.F.), S. 219 f.
[43] *Brauers* Antwortschreiben auf das Schreiben von Mosers, in: *Winkopp*, Der Rheinische Bund, Band VI (1808), S. 343 f.

che nicht aus dem Naturrecht flössen, aber durch den *Willen der Bundesstifter* als Privatrechtsverhältnisse fortbestehen sollten.[44]

Aus diesen unterschiedlichen Auffassungen im Hinblick auf Stellung und Rechte des Souveräns sowie die rechtliche Begründung der Bestimmungen der Rheinbundakte resultierten in Baden, Bayern und dem Dalbergstaat verschiedene Ansatzpunkte für die Behandlung und den Umgang mit den Mediatisierten. Brauers sehr schonender Haltung gegenüber den ehemaligen Landesherren stand ein strafferes Vorgehen auf bayerischer Seite gegenüber. Während man in Baden einen eigenartigen Zwischenzustand schuf, der später nur langsam überwunden wurde[45], gelang es Bayern von allen Rheinbundstaaten am besten, die einst Reichsunmittelbaren dem souveränen Staat einzugliedern[46]. In fürstprimatischen Landen schließlich beließ man zunächst alles beim alten. Auf den Status der Mediatisierten umfassend bestimmende Regelungen verzichtete man völlig, selbst hinsichtlich der ihnen vorbehaltenen Wirkungsbereiche in Gerichtsbarkeit und Verwaltung ergingen Vorschriften erst nach Jahren.

### 2. DIE ARGUMENTE DER LÖWENSTEINER

Auch die Löwensteiner griffen in die Debatte um die Interpretation der Rheinbundakte ein. Wie bereits das den Mediatisierten nahestehende Schrifttum, so beriefen auch sie sich auf den vermeintlichen Hauptbeweggrund des Bundes, nämlich die Sicherung des inneren und äußeren Friedens in Süddeutschland.[47] Insoweit hob man aber nicht so sehr auf die eher dogmatische Frage nach dem Umfang der rheinbündischen Souveränität ab, sondern schloß daraus, daß hierdurch

> *der große Grundsatz, der selbst in dem blutigsten Ringen beibehalten wird, und welchen die unumschränkteste Despotie sowohl, als der schlimmste RevolutionsZustand, wenigstens im Prinzip anerkannt haben, derjenige nemlich, daß das Eigenthum heilig sein müßte nicht in der entferntesten Hinsicht erschüttert worden* [ist].[48]

---

[44] *Brauer*, Beyträge, S. 21 ff.
[45] *Arndt*, in: ZGO 1953 (62 N.F.), S. 220.
[46] *Hofmann*, Adelige Herrschaft, S. 266.
[47] Beschwerdeschrift vom 28. Februar 1810 an den badischen Großherzog, verfaßt von dem gräflichen Regierungsrat von Städel und seinem fürstlichen Kollegen von Jagemann, StAWt-F Rep. 167 Nr. 24.
[48] Ebenda. Hervorhebung im Original.

Aber auch mit dem Souveränitätsbegriff der Rheinbundakte setzte man sich in Wertheim auseinander. Die bereits erwähnte, Graf Johann Karl Ludwig zu Löwenstein-Wertheim zugeschriebene Flugschrift *Was ist Souverainetät? und Was ist Landeshoheit?*[49] differenzierte trennscharf zwischen Souveränität und Landeshoheit und kam zu dem Schluß, daß beide unabhängig voneinander fortbestehen könnten, ohne daß die landesherrlichen Rechte der ehemaligen Reichsstände davon betroffen seien. Souveränität wird in der Flugschrift mit der bisherigen Reichshoheit gleichgesetzt, welcher die dazu im Gegensatz stehende Landeshoheit stets untergeordnet sei. Diese könne daher als Aggregat einzelner, auf bestimmten Erwerbstiteln beruhender Hoheits- und Regierungsrechte neben jeder Souveränität bestehen. Da die deutschen Reichsstände mehrere einzelne Hoheits- und Regierungsrechte schon weit vor Herausbildung der Landeshoheit besessen hätten und die Reichssouveränität demnach auch ohne diese Rechte habe bestehen können, seien diese keine wesentlichen, sondern entweder den Landesherren als solchen zustehende und damit bloße landesherrliche oder lediglich zufällige Hoheitsrechte. Ausschließlich diese bislang dem deutschen Reich in seiner Gesamtheit zugestandene Souveränität habe nun den neuen Souveränen zuteil werden können unter der Voraussetzung, daß die Vorgehensweise der Rheinbundfürsten im übrigen – Austritt aus dem Reichsverband, Aufhebung der Reichssouveränität und Unterordnung bisheriger reichsunmittelbarer Stände unter die Oberhoheit ihrer ehemaligen Mitstände – rechtmäßig gewesen sei. Denn diese und nur diese Reichssouveränität habe sich solcherart erledigt.

Die wesentlichen Souveränitätsrechte des Reiches hätten aber bestanden in der obersten Staatsaufsicht über die landesherrliche Regierung zum Schutz vor Mißbrauch, der Reichsgesetzgebung unbeschadet des landesherrlichen Rechts der lokalen Gesetzgebung, der Reichs- und Kreispolizei, der Reichsgerichtsbarkeit in dritter und letzter Instanz nach den zwei landesherrlichen Vorinstanzen, der Reichsverteidigung sowie in der Besteuerung zur Bestreitung allgemeiner Reichsbedürfnisse im Gegensatz zu willkürlichen Bedürfnissen des Souveräns. Nicht enthalten seien in diesem Reichsbesteuerungsrecht aber fixe Steuern, welche als landesherrliche Kammerrevenüen zur Bestreitung der Landesverwaltungskosten *in ordinario* erhoben würden und damit im Gegensatz zu den *in extraordinario* erhobenen, sich nach den allgemeinen Staatsbedürfnissen richtenden und somit variablen Steuern stünden. Nur diese wesentlichen Souveränitätsrechte hätten folglich den neuen Souveränen zugewendet werden können und sollen. Alle anderen Hoheits- und Regierungsrechte gehörten kraft der ihnen zugrunde liegenden Erwerbstitel zum Eigentum und Patrimonium der Landesherren.

---

[49] Vgl. oben Fn. 23.

Nichts anderes bestimme auch die Rheinbundakte, die den neuen Souveränen lediglich die wesentlichen Souveränitätsrechte der *legislation*, der *jurisdiction suprême*, der *haute police*, der *conscription* und des *impôt* zugewendet habe, während sie alle zufälligen und nur landesherrlichen, nicht wesentlich zur Souveränität gehörenden Rechte – teilweise im einzelnen genannt, im übrigen mit *autres semblables* erfaßt – und damit die Landeshoheit den Mediatisierten erhalten habe. Gleiches gelte aber auch für Zölle, Verbrauchssteuern und sonstige Abgaben, die nicht vom Begriff des *impôt* erfaßt seien. Die Zölle etwa seien lediglich ein zufälliges Hoheitsrecht, welches auf einem besonderen Eigentumserwerbstitel beruhe, da es sich dabei weder um ein wesentliches, dem deutschen Reich in seiner Gesamtheit zustehendes noch um ein bloßes landesherrliches Hoheitsrecht handeln könne. Im ersteren Fall wären die einzelnen Reichsstände dieses Rechts sonst gar nicht fähig gewesen; im letzteren hätten dann auch alle deutschen Reichsstände das Zollrecht besessen, nicht dagegen Mittelbare und Privatleute, jeweils im Gegensatz zu den erwiesenen tatsächlichen Verhältnissen.

Ähnlich argumentierten die Löwensteiner gegenüber der badischen Regierung,

> *daß die Pariser Föderations Akte vom 12. July dieses Jahres nur allein die ehemalige deutsche Reichssouveränität und hiermit nur diejenige allgemeine wesentliche Souverainitäts Rechte, welche theils dem Römischen Kaiser als Reservat Rechte, theils dem deutschen Reich in seiner Gesamtheit zugestanden sind* [...] *den Souverains zugewendet habe, und daß hierunter alle nur zufällige Hoheits und bloße Landesherrliche Rechte durchaus nicht begriffen seyen* [...].[50]

Da sich Deutschland zudem im tiefsten Frieden befunden und daher weder Frankreich noch den neuen Souveränen das Recht des Eroberers zur Seite gestanden habe, habe bei der Auflösung der deutschen Reichsverfassung unstreitig nur von denjenigen Rechten die Rede sein können, die zuvor dem deutschen Kaiser sowie dem Reich in seiner Gesamtheit zugestanden hätten und durch diese Auflösung erledigt worden seien.

Im Hinblick auf das den neuen Souveränen durch die Rheinbundakte gewährte Recht der Gesetzgebung wies man auch bei dieser Gelegenheit darauf hin, daß neben der Gesetzgebungshoheit des Reichs auch die Stände das Recht besaßen, Vorschriften mit lokalem Geltungsbereich zu erlassen, sofern diese den Reichs-

[50] Noten der Grafen an den badischen Geheimrat von Marschall vom 13. Dezember 1806, in denen diese ihre Erwartungen im Hinblick auf die zu regelnde künftige Rechtsstellung der Mediatisierten äußern, GLAK 48/5670. Hervorhebungen im Original.

gesetzen nicht entgegenstanden. Die Rheinbundakte lasse dieses Recht freilich unberührt, so daß man davon ausgehe, auch fürderhin berechtigt zu sein, Gesetze aller Art zu erlassen, sofern diese nur denjenigen des neuen Souveräns nicht widersprächen.

Die niedere und mittlere peinliche und bürgerliche Gerichtsbarkeit sei wie bisher unverändert und ohne Einschränkung in Händen der ehemaligen Reichsstände:

> *Die niedere und mittlere Strafgerichtsbarkeit eignet die FöderationsAkte den LandesHerrschaften bestimmt und ohne Einschränkung zu. Keine Gattung von Verbrechen ist hievon ausgenommen. Alle rechtliche peinliche Erkentniße der Löwensteiner Stellen werden daher eben so wenig als die Erkentniße in Civilsachen, der Bestättigung des höchsten Souverains unterliegen können, wenn nicht die Sache durch Provocation an den SouverainitätsGerichtshof gelangt.* [...] *Für die Grenzen der bürgerlichen Gerichtsbarkeit enthält die FöderationsAkte eben so klare Normen, als für die peinliche. Hier nach werden auch die Herrn Grafen von Löwenstein in allen Civilsachen, wo bisher von den Erkentnißen ihrer Stellen an die höchste ReichsGerichte provocirt werden konnte, den Rekurs an die höchste Souverainitäts Instanz unbedenklich anerkennen.*[51]

Hinsichtlich der Polizeigewalt ging man davon aus,

> *daß für Se. Königl. Hoheit den Grosherzog von Baden in den Löwensteinischen Landen nur diejenige Polizei-Gewalt werde angesprochen werden, welche ehemals dem deutschen Kaiser, dem Reich und den Kreisen in den Reichsständischen Gebieten zugestanden ist, und daß ihnen dagegen alle übrige Polizey Gewalt, da ihnen die Bundes Akte solche eben so, wie die Justiz Gewalt, keineswegs entzieht, nicht weiter beschränkt werden möge.*[52]

Entsprechend der Finanzverfassung des Alten Reiches sollte den neuen Souveränen nach Meinung der Löwensteiner nur das vormals vom Reich und den Kreisen innegehabte Recht zukommen, Steuern und Auflagen zur Deckung der Staatsbedürfnisse zu erheben, nicht dagegen die in den vormals reichsständischen Landen bestehenden, der Disposition des Landesherrn unterliegenden Kammeralgefälle. Diese stellten vielmehr nutzbares Eigentum der früheren Landesherren dar, welches unantastbar sei. Hinsichtlich der Besteuerung ihrer eigenen Domänen und Güter waren sie sich der aus der Formulierung in Artikel 27

[51] Ebenda. Hervorhebungen im Original.
[52] Ebenda.

RBA – *Leurs domaines et biens seront assimilés quant à l'impôt aux domaines et biens des princes de la maison* – resultierenden Manipulierbarkeit wohl bewußt:

> *Bei dieser Besteuerung müßen sich auch die Landesherrschaften eben diejenige BehandlungsArt gefallen laßen, welche bey den Domainen und Gefällen der Prinzen des Haußes des Souverain zur Zeit der Errichtung der Föderations Akte beobachtet wurde; aber nur dieser Zeitpunkt kann die Norm abgeben, weil jede andere Auslegung die ganze Bestimmung der Akte offenbar völlig zernichten würde.*[53]

Alles in allem hoffte man in Wertheim also, daß die bisherige Stellung weitestgehend unverändert bleiben werde und die früher von Kaiser und Reich ausgeübten Rechte nun einfach der badische Großherzog in Karlsruhe sowie Fürstprimas von Dalberg in Aschaffenburg ausüben würden. Die Politik der badischen Regierung zur Integration der Mediatisierten in den neuen Staat kam diesen Wünschen freilich kaum entgegen, während sich die fürstprimatische Regierung den Erwartungen der Löwensteiner deutlich gewogener zeigte.

## B. Die rechtliche Integration der mediatisierten Territorien in das Grossherzogtum Baden

### I. Die provisorische Verwaltung

Nachdem die großherzoglichen Beamten von den linksmainischen Grafschaftsteilen Besitz ergriffen hatten, konnte die badische Regierung angesichts des Umfangs der in den Jahren zuvor erworbenen Territorien und der daraus resultierenden Notwendigkeit einer Neustrukturierung der Verwaltung einstweilen nicht auf die vorhandenen Verwaltungseinrichtungen verzichten. So erklärte Großherzog Karl Friedrich in seinem Mediatisierungspatent vom 13. August 1806:

> [Wir] *treten sofort auch in den neu Unserer Oberhoheit anerwachsenen Landen die Regierung hiermit an, ordnen und wollen sonach, daß solche von denen Besitzern und Eigenthümern einstweilen an Unserer statt und in Unserm Namen ausgeübt werde, bis Wir* [...] *über die nähere Form der Ausübung und der Art der Ausscheidung der Patrimonial-Hoheit und Jurisdiktion der uns neu zugewandten Stände (mit deren Regulirung Wir*

[53] Ebenda. Hervorhebungen im Original.

*Uns unverzüglich beschäftigen werden) die nähere Ordnung zu geben Uns in dem Stand befinden.*[54]

Die Organisation der badischen Verwaltung lehnte sich danach zunächst an die der Mediatisierten an. Auch in Wertheim bestanden vorerst die fürstlichen und gräflichen Ämter weiter und fungierten, nachdem die Beamten nunmehr auch dem Großherzog den Treueid geleistet hatten, je nach Bedarf als standesherrliche oder großherzogliche Ämter. In dieser Form übten die ehemaligen Landesherren noch bis Ende März 1807 die Souveränitätsrechte kommissarisch für den Großherzog aus und hatten auf diese Weise die volle Regierungsgewalt inne. Auf der unteren Verwaltungsebene gab es weiterhin ein Stadt- und ein Landamt, wobei letzteres nicht nur für die Dörfer des badischen Teils der ehemaligen Grafschaft zuständig war, sondern zugleich mit demselben Personal als fürstprimatisches Landamt mit Sitz in Kreuzwertheim für die rechtsmainischen Teile der Grafschaft.[55] Ebenfalls erhalten blieben einstweilen die fürstliche sowie die gräfliche Regierung, die freilich auf hoheitlichem Gebiet – jedenfalls aus Karlsruher und Aschaffenburger Sicht – nurmehr Namens und im Auftrag des badischen Großherzogs bzw. des Fürstprimas tätig wurden.

## II. Das Edikt vom 20. März 1807

Nach dem Erwerb der ehemals reichsunmittelbaren Territorien, die allesamt in unterschiedlichen Traditionen wurzelten, sah sich Baden vor das Problem gestellt, diese in den neuen Staat zu integrieren und mit den altbadischen Gebieten zu einem homogenen Gebilde zu verschmelzen. Mit der sich daraus ergebenden Notwendigkeit einer möglichst engen Anbindung der neuerworbenen Gebiete an den badischen Staat waren die Vorstellungen der Mediatisierten von möglichst weitgehender Wahrung ihrer bisherigen Stellung bei bloßer Oberhoheit des Großherzogs zweifellos unvereinbar. Eine einheitliche, von Napoleon vorgegebene Interpretation der Rheinbundakte im Hinblick auf die Rechte der Mediatisierten und ihre staatsrechtliche Stellung gab es nicht, so daß es den einzelnen Bundesstaaten überlassen blieb, die Verhältnisse der ehemaligen Reichsstände zu regeln. Zwar führte Baden ab September 1806 Gespräche mit den Mediatisierten, bevor deren Verhältnisse geregelt wurden; diese waren freilich weniger als Verhandlungen anzusehen als vielmehr als bloße Gelegenheit für die ehemaligen Reichsstände, ihre Wünsche vorzutragen. Zu wirklichen Zugeständnissen war man angesichts der nach innen wie nach außen instabilen Machtverhältnisse weder bereit noch in der Lage – Tatkraft und Entschlossenheit der badischen

[54] Badisches Mediatisierungspatent vom 13. August 1806, StAWt-F Rep. 167 Nr. 1.
[55] *Ehmer*, Wertheim, S. 14.

Großherzöge waren nicht entfernt mit denjenigen König Friedrichs I. von Württemberg vergleichbar, die Erbfolgefrage im Hause Zähringen war noch immer nicht endgültig geklärt[56], und angesichts der nach wie vor begehrlich auf Baden gerichteten französischen, württembergischen und bayerischen Blicke war dessen territoriale Existenz keineswegs gesichert.

Hinderlich bei der Eingliederung der ehemaligen Reichsstände wirkten sich jedoch zum einen der Mangel an Erfahrung im Umgang mit mediatem Adel aus – vor dem Preßburger Frieden hatte es in Baden nur wenige landsässige Adelige gegeben –, zum anderen aber auch die unterschiedlichen Auffassungen innerhalb der badischen Beamtenschaft über den gegenüber den Mediatisierten einzuschlagenden Kurs. So postulierten die Anhänger des modernen souveränen Staates für diesen das Gewaltmonopol sowie Einheitlichkeit des Staatsaufbaus und Rechtsgleichheit aller Untertanen. Ihr Wortführer Sigismund Freiherr von Reitzenstein strebte für den inneren Staatsaufbau einen Verwaltungszentralismus nach französischem Vorbild an und lehnte aus diesem Grunde hoheitliche Rechte und Privilegien für den mediatisierten Adel ab.[57] Dem stand die Haltung Brauers gegenüber, der als altbadischer Beamter der tradierten territorialen und juristischen Denkweise des Alten Reiches verhaftet blieb und den Gesamtstaat eher als eine die einzelnen Territorien zusammenhaltende Klammer ansah. Nur durch eine milde Behandlung des hohen Adels, so glaubte er, könne man diesen an die Krone Baden binden.[58]

Brauer sollte sich mit seinen Vorstellungen im Hinblick auf die Adelsgesetzgebung zunächst durchsetzen. In einem ersten Entwurf vom 20. März 1807[59] bestimmte Großherzog Karl Friedrich die staatsrechtlichen Verhältnisse der mediatisierten Fürsten und Grafen im Großherzogtum. Einleitend ging er darin

> *von dem Hauptgesichtspunkt aus, daß die Absicht jener Akte vorzüglich diese war, die Regierungen der deutschen Staaten zu koncentriren, ihre Kraft dadurch, sowohl in der äussern als innern Staatsverwaltung zu erhöhen, und den Souverainen diejenigen Rechte und Einkünfte zu geben, welche nothwendig sind, um das Band mit ihren neuen Unterthanen fest und dauerhaft zu knüpfen, den Wohlstand der letztern zu vermehren, und diejenigen Lasten zu tragen, welche zu Erreichung dieses Zwecks erforderlich sind.*

---

[56] Erst auf dem Aachener Kongreß im Jahre 1818 erkannten alle Großmächte die Erbfolge der Hochberger Linie an.
[57] *Furtwängler*, Standesherren, S. 57.
[58] *Andreas*, Der Aufbau des Staates, S. 176.
[59] Abgedruckt bei: *Winkopp*, Der Rheinische Bund, Band III (1807), S. 106 ff.

Dieser Vorspruch ließ den Willen des Souveräns deutlich erkennen, die Vorschriften der Reinbundakte nach teleologischen Gesichtspunkten im Sinne eines modernen, effizienzorientierten Staatsaufbaus mit einer straff geformten und büromäßig organisierten Verwaltung auszulegen. Für Strukturen feudalständischer Prägung konnte in diesem den patrimonialen Vorstellungen der Mediatisierten diametral entgegengesetzten Staatsverständnis naturgemäß kein Raum mehr bleiben. Daneben schimmerte in der Präambel bereits die Absicht des Souveräns durch, die Interpretationshoheit über die Rheinbundakte für sich zu beanspruchen und deren Bestimmungen in gemeinwohlorientierter Weise ohne Rücksicht auf die überkommene Konstitution auszulegen. Den vormaligen Reichsständen bot sich damit ein Menetekel ihres staatsrechtlichen Untergangs: einerseits als lästiges Hindernis auf dem Weg zum modernen Verfassungsstaat wahrgenommen zu werden und andererseits keinerlei Einfluß auf die Festlegung und Ausgestaltung ihres Rechtszustandes zu haben, sondern hilflos der eigenen Verdrängung aus dem staatlichen Hoheitsbereich zusehen zu müssen.

## III. Das Dritte Konstitutionsedikt vom 22. Juli 1807

Nach dem Entwurf vom 20. März 1807 kam ebenfalls unter maßgeblichem Einfluß Brauers die am 22. Juli 1807 als Drittes Konstitutionsedikt[60] erlassene Standesherrlichkeitsverfassung zustande. Diese bestimmte die Rechtsverhältnisse der ehemals reichsunmittelbaren Stände in Baden und schied die auf den Souverän übergegangenen Rechte und Befugnisse von den den Mediatisierten verbliebenen. Inhaltlich stimmte das Dritte KE weitgehend mit dem Entwurf vom 20. März 1807 überein und entsprach damit überwiegend den in der Rheinbundakte den ehemaligen Reichsständen zugesicherten Rechten.

### 1. VERGLEICH MIT DER BAYERISCHEN DEKLARATION VOM 19. MÄRZ 1807

Um den Anspruch des bayerischen Staates auf die neu gewonnene Landeshoheit – auch gegenüber Napoleon – zu untermauern und durchzusetzen, war es nötig, die staatsrechtlichen Verhältnisse der ehemaligen Landesherren möglichst schnell und umfassend zu regeln. Dabei verfolgte man mehrere Ziele: Montgelas' Streben nach staatlicher Souveränität über alle Untertanen setzte einheitliche Rechtsverhältnisse derselben zum Staat voraus – freilich nicht bei gleichen Rechten für alle Untertanen. Vielmehr sollte der Adel eingegliedert und der Landeshoheit untergeordnet werden, ohne deshalb die für den Staatsdienst und die Stabilität der örtlichen Verhältnisse unentbehrliche Führungsschicht ernst-

[60] Regierungsblatt 1807, S. 141 ff.

haft zu beschädigen. Aus diesem Grunde suchte man die die Souveränität des Staates einschränkenden Privilegien zu beseitigen, wozu namentlich die Hoheitsfunktionen wie Gerichtsbarkeit und Steuererhebung zählten, während alle übrigen, die herausgehobene Stellung des Adels in der Gesellschaft unterstreichenden Ausnahmerechte als Teil der Staatsverfassung vereinheitlicht erhalten bleiben sollten.[61]

Zu diesen Zwecken legte der bayerische König in einer Deklaration[62] für die mediatisierten Fürsten, Grafen und Herren deren staatsrechtliche Unterwerfung und zukünftige Privilegien fest. Mit dieser Deklaration stimmt die badische Standesherrlichkeitsverfassung in ihrer Struktur und teilweise sogar im Wortlaut überein. So entsprechen die §§ 1 bis 13 des Dritten KE mit Ausnahme des § 5 dem Abschnitt A der bayerischen Deklaration über die *Allgemeine*[n] *persönliche*[n] *Vorzüge, Rechte und Verbindlichkeiten der mediatisirten Fürsten Grafen und Herren.* § 14 des Dritten KE findet sein bayerisches Pendant in Abschnitt B über die *Auswärtige*[n] *Verhältnisse.* §§ 15 bis 17 des Dritten KE regeln wie Abschnitt M den *Lehens-Verband,* §§ 20 bis 22 wie Abschnitt C die *Allgemeine Oberaufsicht und Gesez-Gebung.* §§ 23 und 24 des Dritten KE enthalten wie Abschnitt D Vorschriften über die *Staats-Justiz-Gewalt,* §§ 25 bis 37 wie Abschnitt E solche über die *Staats-Polizei-Gewalt,* §§ 38 bis 41 wie Abschnitt F solche über die *Staats-Kirchen-Gewalt* und §§ 43 bis 48 wie Abschnitt H solche über die *Staats-Finanz-Gewalt und* [die] *Ausscheidung der an den Souverain übergehenden, oder den mediatisirten Herren verbleibenden Gefälle.* Die *Künftige Anstellung der Diener und ihr Verhältniß zu den Landes-Stellen des Souverains* wird in Baden in §§ 49 bis 51 des Dritten KE entsprechend dem bayerischen Abschnitt L behandelt, die *Ausscheidung der Diener* in §§ 52 und 53 entsprechend dem Abschnitt K. Ebenso wie § 54 des Dritten KE trifft schließlich Abschnitt I der bayerischen Deklaration Regelungen über die *Ausscheidung der Schulden.*

Während die bayerische Deklaration in deutlicher, ja schroffer Sprache bereits in ihrer Überschrift von der *Bestimmung der künftigen Verhältnisse der, der königlichen Souverainetät unterworfenen Fürsten, Grafen und Herren zu den verschiedenen Zweigen der Staats-Gewalt betr.* spricht, äußert sich das badische Dritte KE deutlich zurückhaltender, indem es eingangs *die künftigen staatsrechtlichen Verhältnisse der durch die Rheinische BundesActe* [...] *zugewandten ehemaligen teutschen ReichsFürsten und Graven und ihrer mediatisirten Gebiete*[63] zu regeln ankündigt. In Bayern mußten sich die Standesherren in der Sub-

[61] *Schimke*, in: Quellen, Band 4, S. 83 f.
[62] Königliche Deklaration vom 19. März 1807, Regierungsblatt 1807, S. 465 ff.
[63] Präambel zum Dritten Konstitutionsedikt vom 22. Juli 1807, Regierungsblatt 1807, S. 141.

jektionsurkunde als *Untertanen* bezeichnen (Abschnitt A 15 der Deklaration), in Baden dagegen erachtete man sie als *StaatsBürger* (§ 1 des Dritten KE). In apodiktischer Befehlsmanier ließ Bayern keinen Zweifel an dem nunmehrigen Über- und Unterordnungsverhältnis, indessen Baden in der Präambel zumindest andeutungsweise ein Gleichordnungsverhältnis zu erkennen gab, indem es auf die zuvor erfolgte ausführliche Prüfung der von den Standesherren vorgetragenen Wünsche und Erinnerungen hinwies.

In dogmatischer Hinsicht greift die bayerische Deklaration häufiger auf allgemein gehaltene Vorschriften und auslegungsbedürftige Generalklauseln zurück, wohingegen sich das Dritte KE recht regelungsfreudig zeigt. So beschied sich Bayern im Hinblick auf die Gesetzgebung mit der Feststellung *die allgemeine Gesezgebung des Souverains erstrecket sich über alle Landes-Angelegenheiten, und kömmt allein dem Souverain zu.* Das Dritte KE indessen ließ den Standesherren *die Befugniß, Gebote und Verbote in Gegenständen, welche die in ihrem Wirkungskrais liegende vollziehende Gewalt betreffen, innerhalb ihrer Standesgebiete zu erlassen.* Ein augenfälliges Beispiel stellt auch die Verteilung der Einkünfte dar, die die großherzogliche Regierung durch eine ausführliche Kasuistik normierte und nicht weniger als 39 Auflagen, Abgaben und Gefälle aufzählte, ja sogar für etwaige nicht erwähnte Abgaben in § 48 bereits vorsorglich den Erlaß einer Regelung analog der vorhandenen ankündigte. In Bayern dagegen begnügte man sich mit den schlichten Feststellungen, daß künftig *Alle aus dem Unterthanen-Verbande zeither entrichtete oder künftig zu entrichtende Abgaben und Landessteuern* [...] *in Unsere Kasse* [...] flössen und daß *Alle Abgaben, wozu die Bewilligung des ehemaligen ReichsSouverains erfoderlich war, oder die nach der vormaligen deutschen Verfassung nur erhoben werden durften zur Bestreitung der Bedürfnisse des Landes und der Regierung,* [...] *dem Souverain* [...] gehörten.

Obwohl die Standesherrlichkeitsverfassung als einziges Konstitutionsedikt von dem Geheimen Rat Karl Wilhelm Freiherr Marschall von Bieberstein ausgearbeitet wurde, nahm Brauer hierauf starken Einfluß zugunsten der Mediatisierten[64], dabei erkennbar seinem Leitsatz folgend,

> *möglichst das Alte, und wo es verschieden ist, aus ihm das Beste beizubehalten, es aber in seinen Benennungen und Formen dem Zeitgeist anzupassen, der nicht mehr alles tragen kann, was er sonst trug, aber gar leicht sich mit Worten statt Sachen sättigen läßt*[65].

[64] *Furtwängler*, Standesherren, S. 59.
[65] Zitiert nach: *Andreas*, Der Aufbau des Staates, S. 170.

## 2. Neue Verwaltungsstrukturen

Während eine landesherrliche Verordnung vom 22. Juni 1807[66] auf der unteren Verwaltungsebene mit einem Stadt- und Landamt in der Grafschaft zunächst alles beim Alten beließ, wurde durch Verordnung vom 10. Dezember 1807[67] als landesherrliche Mittelinstanz eine Landvogtei mit Sitz in Wertheim errichtet. Im Bereich der Grafschaft Wertheim sowie der Entschädigungslande erstreckte sich deren Zuständigkeitsbereich auf die standesherrlichen Bezirke des Stadt- und Landamts Wertheim, der Ämter Freudenberg und Bronnbach sowie darüber hinaus bis Tauberbischofsheim, Lauda und Külsheim.

## 3. Gesetzgebung und Rechtspflege

*Die Gesezgebung in allen ihren Theilen ist ein Uns allein innerhalb Unseres Landes zustehendes Recht,* normierte § 20 des Dritten KE. Die Standesherren durften jedoch innerhalb ihrer Standesgebiete Gebote und Verbote erlassen, welche die in ihrem Wirkungskreis liegende exekutive Gewalt betrafen. Außerdem erhielten sie die Befugnis, für die in ihren Diensten stehenden Beamten und ihr sonstiges Personal Vorschriften hinsichtlich der Verwaltung ihrer Patrimonial- und Eigentumsrechte zu erlassen. Die in den standesherrlichen Gebieten bis dato bereits bestehenden Gesetze und Verordnungen behielten einstweilen ihre Gültigkeit, soweit sie nicht durch spätere landesherrliche Regelungen aufgehoben wurden. Freilich durften standesherrliche Normen nicht den landesherrlichen Gesetzen entgegenstehen; ansonsten hatte dies die Nichtigkeit der betreffenden Norm zur Folge.

§§ 23 und 24 des Dritten KE regelten die standesherrliche bürgerliche und peinliche Gerichtsbarkeit in erster und zweiter Instanz. So bestimmte § 23 Absatz 1 des Edikts, daß in bürgerlichen Sachen die standesherrlichen Ämter im gleichen Umfang wie die landesherrlichen Recht zu sprechen hätten. Die Rechtsprechung in Strafsachen behielt § 23 Absatz 2 hingegen den Hofgerichten als höheren Gerichtsbehörden vor, während den standesherrlichen Ämtern lediglich die Instruktion der Prozesse zugestanden wurde. § 24 des Edikts gestand den Standesherren die bürgerliche Gerichtsbarkeit in zweiter Instanz über die amtssässigen sowie in erster Instanz über die kanzleisässigen, also in den Genuß eines privilegierten Gerichtsstands kommenden Untertanen zu. Der Zuständigkeitsbereich dieser Justizkanzleien entsprach demjenigen der landesherrlichen Hofgerichte, wobei die ehemaligen Reichsstände für deren Unterhalt aus eigener Tasche aufzu-

[66] Regierungsblatt 1807, S. 93 ff. Vgl. auch *Ehmer*, in: WJB 1984/1985, S. 161 f.

[67] Regierungsblatt 1807, S. 281 ff. Vgl. auch *Hofmann*, in: WJB 1981/1982, S. 162 Fn. 90.

kommen hatten. In personeller Hinsicht war eine Mindestbesetzung von einem Direktor und zwei Räten vorgesehen. Konnte oder wollte ein Standesherr diesen Aufwand nicht tragen, so stand es ihm offen, seine Gerichtsbarkeit insoweit dem jeweiligen landesherrlichen Hofgericht zu überlassen oder mit einem benachbarten Standesherrn eine gemeinsame Justizkanzlei zu errichten.

### 4. ABGABEN- UND SCHULDENWESEN

Neben der Aufteilung der Verwaltungs- und Rechtsprechungskompetenzen war auch eine Auseinandersetzung in wirtschaftlicher Hinsicht erforderlich, insbesondere eine Aufteilung der Einkünfte und Verbindlichkeiten. Während man den Standesherren die *regalia minora* wie Zehnten, Zinsen und Gülten sowie Zwang- oder Bannutzungen, Herrschaftsfrohnden und Judenschutzgelder beließ, wurden ihnen das Besteuerungsrecht und die *regalia maiora* wie Besalzungsrecht, Bergregal und Privilegienverleihung entzogen.

Hinsichtlich der Einkünfte bestimmte § 43 des Dritten KE, daß alle Steuern in den Standesgebieten künftig in die großherzogliche Staatskasse fließen sollten. § 45 erklärte darüberhinaus eine Reihe von Abgaben für landesherrlich, insbesondere – für die Löwensteiner, deren Haupteinnahmequelle vor 1806 die Land- und Wasserzölle am Main gewesen waren, besonders schmerzlich – den Ertrag der Land-, Heer- und Poststraßen wie Landzoll und Geleitgeld sowie der Wasserstraßen wie Wasserzoll und Floßgeld. Für Abgaben, die hiervon nicht erfaßt waren, gleichwohl aber in den mediatisierten Landen existierten, behielt man sich in § 48 des Dritten KE den Erlaß gesonderter Bestimmungen analog zu den vorhandenen einschlägigen Regelungen vor. Die den Standesherren verbleibenden Einkünfte zählte § 46 auf, darunter namentlich die Revenüen aus den Domänengütern, die Zehnten, alle leibherrlichen Gefälle sowie Abzug und Nachsteuer. Das Ohmgeld[68] sowie die Judenschutzgelder waren nach § 47 des Dritten KE je zur Hälfte aufzuteilen, während Gerichtsbarkeits- und Polizeigefälle abhängig vom jeweiligen Träger der Gerichts- oder Polizeigewalt dem Souverän oder den Standesherren zufallen sollten.

§ 54 des Dritten KE unterschied in der Tradition des alten Reichsrechts zwischen Landesschulden, Kammerschulden und Privatschulden der Standesherren und bestimmte:

---

[68] Hierbei handelte es sich um eine auf alkoholische Getränke, namentlich auf Wein erhobene Verbrauchsteuer. Vgl. Deutsches Rechtswörterbuch, Band 10, Sp. 292 f.

> *Die Landes-Schulden müssen, soweit die Activa und die ordentlichen Einkünfte der einschlagenden LandesKassen nicht zureichen, durch ausserordentliche Contributionen getilgt werden. Die KammerSchulden sind nach Abzug der Activen der KammerKassen nach dem Verhältniß jener reinen KammerEinkünfte zu theilen, die Uns zufallen und den Standesherren bleiben. Die PrivatSchulden fallen ihnen allein zur Zahlung heim.*

Eine derartige Unterscheidung zwischen Landes- und Kammerschulden kannte die Rheinbundakte freilich nicht. Artikel 30 sprach nur von *dettes propres de chaque principauté, conté ou seigneurie*, die geteilt werden sollten *entre ledit Etat et les princes ou comtes actuellement régnans dans la proportion des revenus que ledit Etat doit acquérir et de ceux que les princes ou comtes doivent conserver d'après les stipulations cidessus*. Zwar kannte die Territorialfinanzverfassung im Alten Reich in der Tat unterschiedliche Finanzquellen: Zum einen die Kammerkasse, welche aus den landesherrlichen Domänen gespeist wurde – einem Zwitter zwischen im heutigen Sinne privatem sowie öffentlichem Vermögen –, und zum anderen die Landessteuerkasse, in die ausschließlich das Aufkommen aus den von den Ständen bewilligten Steuern floß.[69] Beide Kassen waren grundsätzlich streng voneinander zu trennen und gesondert zu verwalten. Während erstere mit gewissen Verfügungsbeschränkungen dem unmittelbaren Zugriff des Landesherrn durch seine Hofkammer unterlag, kontrollierten letztere die Landstände.[70]

Den Finanzverwaltungen der meisten mediatisierten Häuser – auch der Löwensteiner[71] – war hingegen eine derartige Aufteilung fremd, existierten in den kleinen Territorien doch regelmäßig keine Landstände (mehr) und damit auch kein tatsächliches – obgleich nach wie vor rechtliches – Bedürfnis für getrennte Kassenführung. Daher bestand regelmäßig nur noch eine Hauptkasse für alle landesherrlichen sowie sonstigen Einnahmen und Ausgaben – eine strikte Trennung zwischen landesherrlichem und privatem Haushalt gab es ohnehin nicht. Zudem hatten zahlreiche größere mediatisierte Landesherren in der Vergangenheit im Interesse einer effektiven Finanzwirtschaft in ihren Herrschaften das Prinzip fiskalischer Kasseneinheit realisiert und damit auch von Rechts wegen die Unterscheidung zwischen Kammer- und Landeskasse aufgegeben.[72]

---

[69] *H. A. Zachariä*, Staats- und Bundesrecht, S. 102 ff.

[70] *Kohler*, Die staatsrechtlichen Verhältnisse, S. 48 f.; eingehend zum vorkonstitutionellen Finanzverfassungsrecht *Mußgnug*, Der Haushaltsplan, S. 40 ff., sowie *ders.*, Die Finanzierung der Verwaltung. Vgl. auch *ders.*, in: ZNR 2002, S. 298 ff.

[71] Vgl. Vorstellung der Fürsten Friedrich Carl und Georg Wilhelm zu Löwenstein-Wertheim-Freudenberg an den Großherzog vom 27. März 1819, StAWt-R Lit. D Nr. 396l.

[72] *Ullmann*, Staatsschulden, Band 2, S. 655 ff.

Der Rückgriff der großherzoglichen Regierung auf die überkommene Dreiteilung der Verbindlichkeiten (statt der naheliegenden Zweiteilung in Landes- und Privatschulden) bewirkte nun folgendes: Bei der Aufteilung der auf der einheitlichen Hauptkasse lastenden Schulden ging man badischerseits sehr kleinlich vor und verbuchte viele mehr oder minder diskutable Posten als Kammerschulden, anstatt sie den Landesschulden zuzurechnen. Auf diese Weise hielt man den vom Souverän zu übernehmenden Anteil an Landesschulden vergleichsweise gering, während die Kammerschulden den Hauptanteil ausmachten. Maßgeblich für die Berechnung des hiervon jeweils zu übernehmenden Betrags war nach § 54 des Dritten KE der jeweilige Anteil an den reinen Kammerrevenüen. Konsequenterweise fiel die Aufteilung hier relativ großzügig aus, was dazu führte, daß die ehemaligen Reichsstände einen verhältnismäßig großen Teil der hohen Kammerschulden zu übernehmen hatten. Zusätzlich verschärft wurde die Situation dadurch, daß die direkten Steuern nicht in die Berechnung des Teilungsquotienten einflossen und Baden folglich hierfür auch keine (Kammer)Schulden zu übernehmen hatte. Schließlich bürdete der badische Staat den Standesherren im Ergebnis auch noch die von ihm eigentlich übernommenen Landesschulden auf, indem er zu deren Tilgung außerordentliche Steuern erhob, von denen der mediatisierte Adel nicht befreit war.[73]

Zur Begründung für diese Vorgehensweise berief man sich auf badischer Seite auf die Verfassung des Alten Reiches, wonach die Landesherren von ihren Untertanen nur insoweit Steuern erheben durften, als diese zur Bestreitung der Reichs- und Kreisfreistände nötig waren. Ausgaben für Hofhaltung und Landesadministration dagegen waren aus den Domänengefällen zu bestreiten, welche demnach auch nur mit Schulden belastet werden konnten. Als neuer Landesherr habe der badische Souverän folglich zwar die Landesschulden zu übernehmen, dürfe das mediatisierte Territorium einschließlich seiner ehemaligen Landesherren dann aber durch die Erhebung außerordentlicher Steuern rückbelasten. Da die Rheinbundakte lediglich von Schulden des Fürstentums, der Grafschaft oder der Herrschaft spreche, müßten private Schulden sämtlich bei den Standesherren verbleiben.[74]

Während diese Berechnungsweise für manche mediatisierte Häuser wie Leiningen und Krautheim den finanziellen Ruin bedeutete[75], war der finanzielle Verlust für die Löwensteiner zwar beträchtlich – insbesondere die Grafen hatten hohe Schulden bei relativ bescheidenem Allodialbesitz. Ihre Existenz gefährdete er

---

[73] Ebenda.

[74] Vgl. den Bericht der badischen an die bayerische Regierung vom 30. November 1829, GLAK 233/5408.

[75] *Furtwängler*, Standesherren, S. 63 ff.

indes nicht. Obwohl das badische Vorgehen klar gegen den in der Rheinbundakte formulierten Grundsatz des gleichen Verhältnisses zwischen zu übernehmenden und verbleibenden Schulden einerseits und zwischen einzuziehenden und zu belassenden Einkünften andererseits verstieß, verlief das Aufteilungsgeschäft in Wertheim weitgehend ohne Schwierigkeiten.[76] Erst später sah man Anlaß zu Verdruß und monierte die Unterscheidung zwischen Kammerschulden und Privatschulden, wie noch zu zeigen sein wird.

## IV. Die Reitzensteinsche Reformpolitik

Die den Mediatisierten relativ entgegenkommende Politik Brauers fand ein Ende, als sich die finanzielle Lage Badens zusehends verschlechterte und im Jahre 1808 infolge einer Intervention Napoleons mit der Ernennung Emmerich Joseph Freiherr von Dalbergs zum Kabinettsdirektor und Finanzminister die Gruppe der Beamten um Reitzenstein die Oberhand über ihre altbadischen Kollegen gewann. Obwohl er bereits ein Jahr später zurücktreten mußte, leitete Dalberg die Zentralisierung der Verwaltung sowie die Beschneidung der adligen Vorrechte ein, wobei er als erstes die Steuerfreiheit aufhob. Ihm folgte im Jahre 1809 der zum Kabinetts- und Staatsminister berufene Reitzenstein nach – *ein Verfechter des unbedingten Souveränitätsprinzips und eines dem französischen Vorbild angelehnten Verwaltungszentralismus*[77] –, der die von Dalberg begonnene Modernisierung des badischen Staatswesens konsequent fortführte.

### 1. DAS STAATSORGANISATIONSEDIKT VOM 26. NOVEMBER 1809

Reitzenstein hatte erkannt, daß sich die vielfältigen Probleme Badens nur durch eine völlige Reorganisation des Staatsaufbaus und mit Hilfe von Behörden bewältigen ließen, die nach den Bedürfnissen eines Territorialstaates moderner Prägung strukturiert waren. Mit dem am 26. November 1809 verkündeten Staatsorganisationsedikt[78] ordnete er die verwaltungsmäßige Gliederung des Großherzogtums sowie den Behördenaufbau vollkommen neu und führte zugleich einen ersten Schlag gegen die Stellung der Mediatisierten.[79]

Auf oberster Ebene führte Dalberg in einem ersten Schritt das Ressort- sowie das Realprinzip ein, indem er in ihrem Geschäftsbereich klar abgegrenzte Fachministerien für Inneres, Äußeres, Finanzen, Krieg und Justiz schuf. Ein zweiter,

[76] *Stockert*, Adel im Übergang, S. 208 f.
[77] *Schulz*, in: Baden und Württemberg im Zeitalter Napoleons, S. 168.
[78] Edikt vom 26. November 1809, Regierungsblatt 1809, S. 395 ff.
[79] *Andreas*, in: ZGO 1912 (27 N.F.), S. 313 ff.

das Regierungsgefüge erneut reformierender Schritt folgte. Diesem fiel das Kabinettsministerium als eigenständiges Departement zum Opfer, so daß als Mittler zwischen Regent und Fachministern nunmehr lediglich ein Kabinettsminister fungierte und die Departements ihre Arbeit von nun an in einer Ministerkonferenz koordinierten.[80]

Auf mittlerer Ebene wurde die Einteilung des Staatsgebiets in Provinzen aufgehoben und durch zehn nach rein verwaltungstechnischen Kriterien ohne Rücksicht auf landsmannschaftliche oder historische Gegebenheiten gebildete Kreise ersetzt. Diese wurden von Kreisdirektorien verwaltet, an deren Spitze nach dem Büroprinzip regelmäßig allein entscheidende und verantwortliche Direktoren standen, vergleichbar mit dem französischen Vorbild des Präfekten. In deren Zuständigkeitsbereich fielen nunmehr alle Gegenstände der allgemeinen Staatsverwaltung, soweit nicht ausdrücklich etwas anderes bestimmt war, insbesondere wichtige Gebiete des Kirchen- und Schulwesens, der Gemeinden, der Polizei und der Staatswirtschaft sowie die Finanzverwaltung. Daneben führten sie die Rechts- und Fachaufsicht über sämtliche im Kreis tätigen Beamten, soweit diese staatliche Aufgaben erfüllten, und konnten sogar auf Antrag der Bezirksämter Bürgermeister und Gemeinderäte wegen Untauglichkeit oder Mißständen ihrer Ämter entheben. Schließlich waren sie in erster Instanz für bürgerliche Rechtsstreitigkeiten von Militärangehörigen und landesherrlichen Dienern zuständig[81], wobei ansonsten im Gerichtswesen auf mittlerer Ebene die alte Dreiteilung entsprechend den drei Provinzen mit Hofgerichten in Mannheim, Rastatt und Freiburg erhalten blieb[82].

Jedem Kreis waren auf unterer Ebene etwa zehn Ämter unterstellt, von denen es insgesamt 118 gab (66 landesherrliche und 52 standesherrliche Bezirksämter)[83]. Ein jedes von ihnen sollte 7.000 bis 9.000 Seelen umfassen, in der Praxis schwankte die Einwohnerzahl freilich zwischen 6.000 und 12.000 Einwohnern.[84] Die bislang mit beschränkten Kompetenzen ausgestatteten Polizeikommissionen und -deputationen, die in Karlsruhe, Mannheim, Freiburg und Bruchsal bestanden hatten, wurden in Stadtämter überführt bzw. mit solchen verbunden. Derartige Stadtämter gab es nach 1809 in Karlsruhe, Mannheim, Freiburg und Heidelberg sowie in Verbindung mit Landämtern in einer Anzahl weiterer Städte[85], darunter auch in Wertheim. Die Zuständigkeit der Ämter umfaßte namentlich die Sicherheits-, Gesundheits-, Gewerbe- und Armenpolizei, außerdem erteilten

---

[80] *Ullmann*, in: Handbuch der baden-württembergischen Geschichte, Band 3, S. 45.
[81] *Andreas*, Der Aufbau des Staates, S. 262.
[82] *Franz/Hofmann/Schaab*, Gerichtsorganisation, S. 2.
[83] *Redecker*, in: Historischer Atlas von Baden und Württemberg, VII 4-5, S. 3.
[84] *Krapp*, Ämterorganisation, S. 45.
[85] *Stiefel*, Baden, Band 2, S. 1087.

sie Zu- und Wegzugserlaubnisse. Ihre Gerichtsbarkeit erstreckte sich auf alle bürgerlichen Rechtsstreitigkeiten mit Ausnahme der den Kreisdirektorien zugewiesenen, im übrigen wurde der privilegierte Gerichtsstand einzelner Personen – auch der Mediatisierten – aufgehoben. In Strafsachen sprachen sie in dem bisherigen Umfang Recht, wobei hier die Privilegien der Mediatisierten bestehen blieben. Eine Trennung von Rechtsprechung und Verwaltung in erster Instanz fand also auch bei dieser Gelegenheit nicht statt, woran sich in Baden bis 1857 auch nichts ändern sollte.[86] Den Ämtern untergeordnet waren die sämtlicher körperschaftlicher Befugnisse entkleideten Gemeinden, die folglich nur als verlängerter Arm des Staates agierten und lediglich für Bagatellsachen wie Orts- und Feldpolizei sowie das örtliche Bauwesen zuständig waren.[87] Die Finanzverwaltung verfügte auf unterer Ebene über eigene Behörden in Gestalt der landesherrlichen Bezirksverrechnungen, die sich in Domänenverwaltungen und Einnehmereien aufteilten.[88]

Als allgemein geltende Regel normierte das Organisationsedikt in Nr. 14 und 15 ausdrücklich den alten badischen Verwaltungsgrundsatz, wonach in den Zuständigkeitsbereich unterer Stellen fallende Angelegenheiten nicht unter Übergehung dieser Zuständigkeit vor obere Stellen gebracht werden konnten und der Geschäftskreis der oberen Stellen erst dort begann, wo derjenige der unteren aufhörte.

Die Verwaltungsstrukturen in Baden nach dem Erlaß des Staatsorganisationsedikts vom 26. November 1809 lassen sich wie folgt tabellarisch darstellen:

<table>
<tr><th>Justiz</th><th>Polizei</th><th>Kameralverwaltung</th></tr>
<tr><td>Oberhofgericht</td><td>Ministerium des Innern</td><td>Ministerium der Finanzen</td></tr>
<tr><td>Hofgericht/ Justizkanzlei</td><td colspan="2">Kreisdirektorium</td></tr>
<tr><td colspan="2">Amt (landes-/standesherrlich)</td><td>Bezirksverrechnung</td></tr>
<tr><td></td><td>Gemeinde</td><td></td></tr>
</table>

Infolge der Einteilung Badens in zehn Kreise im Zuge der Reitzensteinschen Verwaltungsreform wurde aus den Landvogteien Wertheim und Freudenberg – diese bestanden aus den ehemals löwensteinischen Landen links des Mains und

[86] *Franz/Hofmann/Schaab*, Gerichtsorganisation, S. 3.
[87] *Redecker*, in: Historischer Atlas von Baden und Württemberg, VII 4-5, S. 4.
[88] Beilage C V zum Organisationsedikt vom 26. November 1809, Regierungsblatt 1809, S. 459 ff.

dem früher leiningenschen Besitz – sowie dem Amt Buchen der Main- und Tauberkreis mit etwa 98.000 Einwohnern und neunzehn standesherrlichen sowie achtzehn grundherrlichen Ämtern gebildet.[89] Als Sitz der neu eingerichteten Kreisdirektion behielt die Stadt Wertheim zunächst ihre Funktion als Verwaltungszentrale. Auch die Aufteilung in Stadt- und Landamt behielt man bei.

Für die Standesherren hatte das Staatsorganisationsedikt empfindliche Einbußen an Rechten und Befugnissen zur Folge: So bestimmte Nr. 2 des Edikts, daß alle Gerichtsbarkeit und Polizeigewalt in den großherzoglichen Landen künftig ausschließlich im Namen und Auftrag des Souveräns wahrzunehmen sei. Ferner fanden sich die standesherrlichen Justizkanzleien nach Nr. 3 ihrer sämtlichen Kompetenzen auf dem Gebiet der Polizeiverwaltung entkleidet und gemäß Nr. 8 ausschließlich auf ihre Gerichtsfunktionen beschränkt. Als Polizeibehörden mittlerer Ebene sollten hinfort nur noch die landesherrlichen Kreisdirektorien fungieren. Sogar im Bereich der Rechtsprechung standen die Justizkanzleien den Hofgerichten lediglich *zur Zeit noch* gleich. Offenbar ging man von Regierungsseite auch insoweit von ihrer baldigen Auflösung aus, was auch Nr. 5 des Edikts bestätigte, der den Standesherren aufgab, ihre durch die Rheinbundakte eingeräumte niedere und mittlere Gerichtsbarkeit zukünftig nur noch durch ihre Ämter auszuüben.

Lediglich vorübergehend war der Verlust der standesherrlichen Kanzleisässigkeit, den Nr. 4 des Edikts in Verbindung mit Nr. 10 der Beilage C I zum Staatsorganisationsedikt[90] normierte. Danach erstreckte sich die von den Ämtern ausgeübte erstinstanzliche Gerichtsbarkeit in bürgerlichen Sachen grundsätzlich auf alle Personen des Bezirks ohne Ansehen des Standes. Nach der Entlassung Reitzensteins im Jahre 1810 wurde dieser Einschnitt unter der erneuten Ägide Brauers aber wieder rückgängig gemacht.[91]

## 2. DER ABBAU DER STEUERPRIVILEGIEN

Nachdem der Großherzog mit der vollen Souveränität auch die unbeschränkte Finanzhoheit erhalten hatte, galt es, diese gegenüber den patrimonialen Justiz-, Verwaltungs- und Finanzorganen der ehemals Reichsunmittelbaren durchzusetzen – zum einen, um deren Herrschaftsansprüche auch und gerade im Bereich der Finanzgewalt zurückzudrängen, zum anderen aber auch aus nackten Haushaltszwängen infolge der immer größere Dimensionen annehmenden Kriegsla-

[89] Beilage A zum Staatsorganisationsedikt vom 26. November 1809, Regierungsblatt 1809, S. 414.
[90] Regierungsblatt 1809, S. 424 ff.
[91] Verordnung vom 31. März 1812, Regierungsblatt 1812, S. 53 ff.

sten. Daneben war die Entprivilegierung und Vereinheitlichung des Steuer- und Abgabensystems im Sinne einer rationellen Finanzverwaltung erforderlich geworden.[92] Allerdings stand diesem Vorhaben das patrimoniale Staatsverständnis nicht nur der betroffenen Standesherren entgegen, sondern paradoxerweise auch des Souveräns selbst. Erst die bereits erwähnte *Großherzoglich badische pragmatische Sanction über Staatsschulden und Staatsveräußerungen, über Privatschulden des Souverains und der Mitglieder seiner Familie* vom 18. November 1808[93] schied die öffentlichen Schulden schärfer von den privaten Verbindlichkeiten des Regenten und seines Hauses und sorgte so in finanzieller Hinsicht für eine Trennung von Staat und Dynastie. Damit vollzog man eine Entwicklung nach, die in Bayern mit der *Domanialfideikommißpragmatik* von 1804[94] bereits weitgehend abgeschlossen war.[95]

Ein Jahr nach Erlaß des Dritten KE, welches den Standesherren in §§ 43, 44 gleich den Fürsten des regierenden Hauses zu zwei Dritteln Steuerfreiheit *in ordinario* gewährt hatte, sah sich Großherzog Karl Friedrich angesichts des auf ein Drittel der Staatseinnahmen stark angewachsenen *current Deficit*[s] und der bereits überaus hohen *öffentliche*[n] *Staatsschuld* veranlaßt, *die Mittel zur Deckung dieser grossen Summe aufzusuchen*, wobei er seine *verschiedene besteuerte Landestheile in die möglichste Steuergleichheit gesezt wissen* wollte.[96] Für die Mediatisierten bedeutete dies die Aufhebung der Drittelsfreiheit für ihre Liegenschaften und Einkünfte und deren Heranziehung auch *in ordinario*.

Zugleich mit dem Einkommensteueredikt ergingen am 31. August 1808 Richtlinien für die Neuordnung des Steuerwesens, die eine Reform der direkten wie auch der indirekten Besteuerung vorsahen. Letztgenannte suchte man durch eine Vereinheitlichung aller indirekten Auflagen zu erreichen, die im wesentlichen auf drei Steuerarten zurückgeführt werden sollten: spezielle Verbrauchsteuern, Zölle und Stempel.[97] Infolgedessen erweiterte man mit der *Accise-Ordnung*[98] vom 2. Januar 1812 das System der Akzise als Verbrauchsteuer auf Güter des lebensnotwendigen Bedarfs und ersetzte damit die zum 23. April 1812 abgeschaffte Einkommensteuer. Den Standesherren wurde auf dieser Grundlage ein Wahlrecht eröffnet, wonach sie zwischen der ihnen in § 45 a) des Dritten KE gewährten Akzise-Freiheit bei Fortentrichtung der Einkommensteuer oder Verzicht auf die Akzise-Freiheit bei Befreiung von der Einkommensteuer wählen

[92] *Ullmann*, Staatsschulden, Band 1, S. 311 und 325; *Fehrenbach*, in: AfS 1983, S. 100 f.
[93] Regierungsblatt 1808, S. 176 ff.
[94] Vgl. oben § 2 D. II.
[95] *Ullmann*, Staatsschulden, Band 1, S. 313.
[96] Vgl. landesherrliche Verordnung vom 31. August 1808, Regierungsblatt 1808, S. 231 ff.
[97] *Ullmann*, Staatsschulden, Band 1, S. 327.
[98] Regierungsblatt 1812, S. 5 f.

konnten. Die Häusersteuerordnung vom 18. September 1810 unterwarf schließlich auch ihre ehemals gemäß § 43 des Dritten KE freien Residenzen der Besteuerung.[99]

Dem unter anderem zur Begründung der Steuerreformen angeführten Prinzip der Einheitlichkeit und Rechtsgleichheit widersprach freilich der Umstand, daß diese nicht von einer Beseitigung der alten Agrarverfassung begleitet wurden, obwohl damit unterschiedlichste Abgabenbelastungen verbunden waren bzw. aufrechterhalten blieben. Eine grundlegende Agrarreform wäre neben der ablehnenden Haltung des Adels aber vor allem an dem fehlenden finanziellen Spielraum des Staates gescheitert, für den die von den Bauern zu entrichtenden Abgaben eine unverzichtbare Einnahmequelle bildeten.[100]

### 3. DAS EDIKT VOM 14. MAI 1813

Mit dem Edikt vom 14. Mai 1813[101] holte man auf großherzoglicher Seite zum entscheidenden Schlag gegen die Mediatisierten aus. Dieses hob die den Standesherren noch gebliebenen hoheitlichen Befugnisse und sonstigen Vorrechte und Privilegien samt und sonders bis auf einen minimalen Restbestand auf. Begründet wurde diese Maßnahme angesichts der sonst gewöhnlich weitschweifigen und umständlichen Vorreden recht dürftig mit *gebietende*[n] *Umstände*[n] *in Bezug auf das Wohl Unseres Großherzogthums im Ganzen*. Die Rechtfertigungsnöte, in die man angesichts des offenbaren Widerspruchs zu den Bestimmungen der *von Uns ohnehin noch nicht anerkannten und nicht bestätigten ConstitutionsEdikte(n) über die standesherrlichen und grundherrlichen Rechte* geraten war, traten dabei deutlich zu Tage. Die betreffenden Vorschriften der Konstitutionsedikte wurden in Nr. 7 des Edikts als *außer Wirkung gesetzt, und für nicht ergangen erklärt.*

Nach Nr. 1 des Edikts gingen mit Wirkung vom 1. Juni 1812 sämtliche hoheitlichen Befugnisse in Straf- und Zivilgerichtsbarkeit, allgemeiner und besonderer Polizei sowie Regierungssachen mit allen Rechten und Pflichten auf den badischen Staat über. Nr. 2 bestimmte, daß von diesem Tag an die Hofgerichte als Mittelinstanz über denjenigen erstinstanzlichen Gerichten fungieren sollten, die bis dahin unter den standesherrlichen Justizkanzleien gestandenen hatten. Diese wurden gleichzeitig für aufgelöst erklärt, freilich ohne die Stellung des dort beschäftigten Personals zu seinem bisherigen Dienstherrn anzutasten. Die Unterge-

---

[99] *Fehrenbach*, in: AfS 1983, S. 101.
[100] *Schulz*, in: Baden und Württemberg im Zeitalter Napoleons, S. 168 f.
[101] Regierungsblatt 1813, S. 87 ff.

richtsbarkeit sollte schließlich gemäß Nr. 3 von den bisherigen Stellen mit den nämlichen Bediensteten als nunmehr großherzoglich badische Justizbeamte ausgeübt werden, von nun an allerdings ohne Beifügung standes- oder grundherrlicher Bezeichnungen. Die Dienstverhältnisse des dort beschäftigten Personals regelten Nr. 4 und 5, wonach ausschließlich mit Justiz- und Polizeiangelegenheiten betraute Beamte zeitgleich in großherzogliche Dienste übertreten, zugleich mit standesherrlichen Renteigeschäften befaßte Diener aber insoweit einstweilen bei ihrem bisherigen Dienstherrn verbleiben sollten.

Nachdem die Konskriptionsordnung vom 28. Juni 1812 bereits die Militärfreiheit des badischen mediatisierten Adels aufgehoben hatte, verlor dieser mit der Aufhebung der Patrimonialgerichtsbarkeit und -polizeiverwaltung das letzte sichtbare Zeichen seiner ehemaligen landesherrlichen Stellung gegenüber seinen Untertanen. Die Angehörigen der ehemals reichsständischen Familien fanden sich nunmehr als mit einigen unbedeutenden Ehrenrechten versehene, in den badischen Staat vollends eingegliederte private Gutsbesitzer und damit Bürgern und Bauern gleichgestellte Untertanen wieder. Freilich behielt man von seiner lediglich der Landeshoheit entkleideten vormaligen Rechtsstellung die Grundherrschaft, blieb doch das feudalrechtliche Abgabenverhältnis zu den Grundholden unverändert.

## C. Die rechtliche Integration der mediatisierten Territorien in den Staat des Fürstprimas

Die Organisation des Primatialstaates erfolgte in den ersten Jahren des Rheinbundes auf der gleichen Grundlage wie im Jahre 1803. Wie schon nach dem Reichsdeputationshauptschluß wurden auch in den ersten Jahren nach 1806 die einzelnen Gebiete, die ohne inneren und äußeren Zusammenhang waren, nicht zu einem größeren Ganzen verschmolzen. Vielmehr blieben die Selbständigkeit der alten Territorien, ihre besonderen Einrichtungen und Gesetze so weit als möglich erhalten.[102] Als notwenige Folge ergab sich hieraus, daß die Verwaltungsstrukturen des Dalbergstaates auch in den ersten Rheinbundjahren alles andere als straff zentralisiert waren. Stattdessen bestand *die bunte Vielfalt der überkommenen Verwaltungseinrichtungen*[103] auf mittlerer und unterer Ebene fort.

---

[102] *Darmstaedter*, Das Großherzogtum Frankfurt, S. 4.
[103] *Klueting*, in: AJ 1988, S. 368.

## I. Die Anwendung des badischen Dritten Konstitutionsedikts und die Verwaltung

Blieb im Staat des Fürstprimas nach 1806 also erst einmal alles beim Alten, so verwundert es nicht, daß man hier im Gegensatz zu Baden und den anderen Nachbarstaaten vergeblich nach einer Regelung der staatsrechtlichen Verhältnisse der mediatisierten Reichsstände sucht. Zwar hatte es nach der Okkupation der standes- und grundherrlichen Besitzungen zunächst Bestrebungen gegeben, eine Verordnung zur Interpretation der Rheinbundakte im Hinblick auf die Rechtsstellung der Mediatisierten auszuarbeiten. Dalberg wies diese jedoch mit der Begründung zurück, dabei handele es sich um eine Aufgabe des Bundestages, so daß in der Folgezeit im wesentlichen von der den ehemaligen Reichsständen günstigsten Auslegung ausgegangen wurde. In Zweifelsfällen sollten die entsprechenden badischen Verordnungen, insbesondere das Dritte KE, zugrundegelegt werden. Von der den Mediatisierten demzufolge eingeräumten Möglichkeit, als Gericht zweiter Instanz entsprechend dem Oberlandgericht eine Justizkanzlei einzurichten, machten die Löwensteiner umgehend Gebrauch. Für den auf primatischem Gebiet gelegenen rechtsmainischen Teil der Grafschaft[104] zeichnete fürderhin die Justizkanzlei Kreuzwertheim verantwortlich, wobei dieser über den Zuständigkeitsbereich ihres badischen Pendants hinaus auch die Polizeigewalt eingeräumt war – indes ohne besondere Rechtsgrundlage. Insoweit war sie zunächst unmittelbar der fürstprimatischen Regierung untergeordnet, geriet dann aber unter den Einfluß des mehr und mehr Kompetenzen beanspruchenden Aschaffenburger Landesdirektoriums. Freilich operierte auch dieses in mehr oder minder rechtsfreiem Raum, sieht man von einigen Einzelweisungen der Regierung ab, die sie im Hinblick auf konkrete Einzelfälle erteilte.[105]

Im Steuerwesen errichtete man in den 1806 angegliederten Territorien, darunter auch Kreuzwertheim, Souveränitätsrezepturen, in denen die Mediatisierten in eigener Regie die zu den Souveränitätsrechten gerechneten direkten Steuern und die Akzise erhoben.[106] Teilweise widerruflich überlassen blieben ihnen dagegen die Wasser- und Landzölle, die Abzugsteuer sowie Ohm- und Judengeld, während man ihnen den Genuß der Konzessionsgelder und der Zoll- und Mautfreiheit innerhalb des mediatisierten Gebietes versagte.[107]

---

[104] Daneben für das rosenbergische Rothenfels, das freudenbergische Triefenstein und – zusammen mit den Grafen von Erbach – für Eschau. Vgl. *Christ*, Aschaffenburg, S. 187.

[105] Vgl. *Kurze Vorstellung der Hauptbeschwerden der mediatisirten Fürsten und Grafen in dem Königreich Würtemberg, und in den Grosherzogthümern Baden, Hessen und Frankfurt*, StAWt-R Lit. D Nr. 490.

[106] *Christ*, Aschaffenburg, S. 177.

[107] *Ketterer*, Aschaffenburg, S. 80.

Im weitesten Umfang belassen blieben den ehemaligen Reichsständen auch die persönlichen Ehrenrechte wie Glockengeläut bei Todesfällen in der standesherrlichen Familie und das Führen ihres Wappens neben dem großherzoglichen. Weiterhin durften sie Ortseinnehmer und Förster ernennen, Untertanen und Juden annehmen und die Aufsicht über Kirchen, Schulen und Stiftungen führen. Als landesherrliche Rechte nahm Dalberg dagegen die Inspektion der Gemeinden, die Ernennung der Ortsvorstände und die Erteilung von Gewerbekonzessionen in Anspruch.[108]

## II. Die Deklaration über die Gerichtsbarkeit vom 21. April 1809

Der in den ersten Rheinbundjahren weitgehend schwebende Rechtszustand der ehemaligen Reichsstände und ihrer Mediatbehörden mußte früher oder später zu Kompetenzstreitigkeiten mit den staatlichen Behörden führen. Tatsächlich sah sich Dalberg bald veranlaßt, zunächst Regelungen im Hinblick auf die Gerichtsbarkeit der Mediatisierten zu erlassen, *da aber jüngsthin einige Vorfälle sich ereignet haben, die den Anschein geben, daß hierüber Mißverständnisse obwalten*, wie es einleitend in der hierzu ergangenen landesherrlichen Deklaration vom 21. April 1809[109] hieß. Deren Vorschriften fielen freilich zum Nachteil der Mediatisierten aus, wie diese zu ihrem Unbehagen feststellen mußten.

So beließ § 2 der Deklaration den Standesherren zwar die Zivilgerichtsbarkeit in erster und zweiter Instanz; § 9 nahm ihnen jedoch die Zuständigkeit für die hohe peinliche Gerichtsbarkeit. Erste Instanz in persönlichen und dinglichen Klagen aller amtssässigen Untertanen waren nach § 4 die standesherrlichen Ämter. Von hier aus ging die Appellation an die standesherrliche Justizkanzlei, die für die kanzleisässigen Untertanen die Eingangsinstanz bildete. Mit einer Besetzung von fünf Räten und einem Direktor[110] erfüllte die Kreuzwertheimer Justizkanzlei die in § 3 der Deklaration normierte Mindestanzahl von zwei Räten und einem Direktor. Für eine angemessene Besoldung seiner Gerichtsbediensteten hatte gemäß §§ 3, 6 der Standesherr aus eigener Tasche zu sorgen. Von der zweiten Instanz konnten die amtssässigen Untertanen gemäß § 4 in Zivilsachen an das letztinstanzliche Oberappellationsgericht in Aschaffenburg appellieren; erreichte man die Appellationssumme nicht, so stand zumindest die Revision zum Oberlandgericht in Aschaffenburg offen. Die kanzleisässigen Untertanen konnten nach § 5 Berufung beim Oberlandgericht in Aschaffenburg einlegen. Dritte und letzte Instanz war für sie gleichfalls das dortige Oberappellationsgericht. Die

[108] *Darmstaedter*, Das Großherzogtum Frankfurt, S. 242.
[109] Abgedruckt in: Der Rheinische Bund, Band XI (1809), S. 292 ff.
[110] *Bilz*, Würzburg und Frankfurt, S. 228 f.

Standesherren selbst sowie die Angehörigen der ehemaligen Reichsritterschaft und deren Diener hatten ihr Recht in erster Instanz nach § 8 der Deklaration vor dem Justizsenat des Aschaffenburger Oberlandgerichts zu suchen. In zweiter Instanz urteilte das Oberlandgericht selbst, und als oberstes Justiztribunal fungierte in dritter und letzter Instanz auch für diese Gruppe das Oberappellationsgericht in Aschaffenburg.

Auf dem Gebiet der Strafrechtspflege verloren die standesherrlichen Gerichte hingegen einen Großteil ihrer vormaligen Kompetenzen. Die hohe peinliche Gerichtsbarkeit – insbesondere Straftaten gegen das Leben sowie schwere Eigentums- und Vermögensdelikte – wurde gemäß § 11 der Deklaration ausnahmslos dem landesherrlichen Oberlandgericht vorbehalten. Die standesherrlichen Behörden durften in derartigen Fällen nach § 12 lediglich Hilfestellung leisten durch Verhaftung des Beschuldigten sowie Sicherung der Beweismittel. Daneben oblag ihnen gemäß § 10 der Deklaration die Aburteilung leichterer Delikte wie einfacher Körperverletzung sowie Diebstahl und Betrug, freilich unter der Oberaufsicht des landesherrlichen Oberlandgerichts (§ 15). Überstieg das Urteil der Justizkanzlei ein gewisses Mindeststrafmaß, eröffnete § 16 der Deklaration die Möglichkeit eines Rekurses zum Oberlandgericht. Das Begnadigungsrecht behielt sich der Souverän in § 17 generell vor.

Daraus ergibt sich für den Zeitraum zwischen 1809 und 1812 folgende Übersicht der Gerichtsstrukturen im Dalbergstaat:

<table>
<tr><td colspan="2">Landesherrliche Gerichte</td><td colspan="2">Standesherrliche Gerichte</td></tr>
<tr><td colspan="4">Zivilsachen</td></tr>
<tr><td colspan="4">Oberappellationsgericht</td></tr>
<tr><td colspan="2">Oberlandgericht</td><td colspan="2">Justizkanzlei</td></tr>
<tr><td colspan="2">Amt</td><td colspan="2">Amt</td></tr>
<tr><td colspan="4"></td></tr>
<tr><td colspan="4">Strafsachen</td></tr>
<tr><td colspan="4">Oberlandgericht</td></tr>
<tr><td></td><td>Amt</td><td>Justizkanzlei</td><td></td></tr>
</table>

## III. Das Steuerreglement vom 29. Juli 1809

Nur wenige Monate nach der Deklaration über die Gerichtsbarkeit mußten die Standesherren auch auf steuerlichem Gebiet schmerzhafte Einschnitte hinnehmen. Mit Verordnung vom 29. Juli 1809[111] wurde – einstweilen auf das Fürsten-

[111] Abgedruckt in: Der Rheinische Bund, Band XII (1809), S. 266 ff.

tum Aschaffenburg begrenzt – die Steuerfreiheit der Standesherren abgeschafft. Angesichts der namentlich aus dem Krieg gegen Österreich sowie dem Spanienfeldzug resultierenden enormen Kriegslasten des Fürstentums sah sich die fürstprimatische Landesdirektion gezwungen, diese Bürde nach gleichen Maßstäben zu verteilen, *da doch die Militairausgaben diejenigen sind, welche dem Reichsten wie dem Aermsten öffentliche Ruhe und Sicherheit von Außen und Innen gewähren*[112]. Mit gutem Beispiel vorangehend und die Steuerfreiheit der eigenen Domänen aufhebend, zog Dalberg auch für erhoffte künftige Friedenszeiten alle bis dahin *in ordinario* von der Steuerpflicht Befreiten zur Schatzung heran, da *auch in solchen Verhältnissen* [...] *die Erhaltung des Militairs für innere Ruhe und Sicherheit, und wegen immer möglicher Fälle neuer Kriegsveranlassungen unentbehrlich*[113] sei. Zur Begründung berief er sich dabei auf Artikel 27 RBA, wonach die standesherrlichen Güter und Domänen bezüglich der Auflagen denjenigen des Souveräns gleichzustellen seien. Das Schatzungs-Simplum bzw. der Steuersatz hatte gemäß Nr. 4 des Reglements bis dato *in ordinario* zwölf, *in extraordinario* vier und *wegen den Husaren* zwei Drittel, insgesamt also 16 2/3 betragen und wurde danach unter Aufhebung des Unterschieds zwischen Schatzung *in ordinario* und *in extraordinario* als künftig generell anzuwenden bestimmt.

Obwohl damit ein erhebliches Steuerprivileg gefallen und dem Dalbergschen Streben nach Gleichheit aller Untertanen gemäß dem französischen Vorbild Geltung verschafft worden war, gab sich der Fürstprimas gegenüber den ehemaligen Mitständen auf finanziellem Terrain immer noch vergleichsweise großzügig. So verfuhr er namentlich im Hinblick auf die Zölle nach seinem bereits zu Reichszeiten vertretenen – dem Gleichheitsgrundsatz nicht selten widersprechenden – Prinzip, wonach Beschränkungen eines wohlerworbenen Rechts nicht anders als durch einvernehmliche Verträge denkbar seien. Auf keinen Fall dürfe der mediatisierte Adel der Willkür der Gesetzgebung eines souveränen Fürsten ausgeliefert werden.[114] Bis zuletzt beließ Dalberg den Standesherren die Zölle[115], welche namentlich für die Löwensteiner von eminenter wirtschaftlicher Bedeutung waren.

## IV. Das Organisationspatent vom 16. August 1810

Nach dem Wiener Frieden schloß der Fürstprimas am 16. Februar 1810 einen Vertrag mit Frankreich, wonach er gegen Abtretung Regensburgs an Bayern die

[112] Präambel zur Verordnung vom 29. Juli 1809.
[113] Ebenda.
[114] *Freyh*, Dalberg, S. 409.
[115] *Ketterer*, Aschaffenburg, S. 80.

Fürstentümer Hanau und Fulda erhielt und Napoleon den entstandenen Gesamtstaat zum Großherzogtum Frankfurt erhob. Das neue Großherzogtum umfaßte eine Fläche von etwa 5.700 km² mit ca. 300.000 Einwohnern.[116] Dieser Gebietszuwachs sowie die Rezeption des Code Napoléon im Primatialstaat mit Wirkung vom 1. Januar 1811[117] machten eine Neuorganisation des Dalbergschen Staatswesens erforderlich. Umgesetzt wurde diese durch das Organisationspatent vom 16. August 1810[118], eine eng an die in Paris ausgearbeitete Konstitution des Königreichs Westfalen von 1807 angelehnte Verfassungsurkunde.[119] Grundprinzipien dieser Verfassung waren die Einheit des Staates sowie die Gleichheit der Untertanen. § 12 hob die besonderen Verfassungen der Provinzen, Städte und Korporationen auf und beseitigte alle mit den sonstigen Gesetzen in Widerspruch stehenden Privilegien einzelner, wovon freilich die Befugnisse ausgenommen waren, welche die Rheinbundakte den Mediatisierten zugesichert hatte. Ein einheitliches Steuersystem sollte nach § 15 für das gesamte Großherzogtum bestehen, wodurch sämtliche Steuerfreiheit entschädigungslos aufgehoben wurde. § 39 der Verfassung normierte die Unabhängigkeit der Richter und die Rechtsprechung als eigenständige Staatsgewalt, was in § 46 gar als *unwandelbarer Satz* bezeichnet wurde.

An die Stelle der beiden Landesdirektionen in Aschaffenburg und Regensburg traten nach § 17 drei für den Gesamtstaat zuständige Ministerien.[120] In verwaltungsmäßiger Hinsicht wurde das Großherzogtum nach französischem Vorbild in vier Departements eingeteilt, die im wesentlichen den alten Territorien der Reichsstadt Frankfurt sowie der Fürstentümer Fulda, Hanau und Aschaffenburg entsprachen. An der Spitze eines jeden Departements stand als Vertreter des Großherzogs ein Präfekt, das überkommene Kollegialsystem mußte der monokratischen Behördenorganisation weichen.[121] Ähnlich den heutigen Landkreisen waren die Departements zum einen staatliche Verwaltungsbezirke, zum anderen *selbständige, zur Lösung bestimmter Aufgaben mit Korporationsrechten versehene juristische Personen*[122] mit eigenem Haushaltsrecht. Die Position des Präfekten als Leiter der staatlichen Bezirksverwaltung einerseits und Vertreter der Gebietskörperschaft andererseits hatte demnach einen janusköpfigen Charakter.

---

[116] *Darmstaedter*, Das Großherzogtum Frankfurt, S. 5 f.

[117] Patent über die Einführung des französischen bürgerlichen Gesetzbuchs, Code Napoléon, vom 25. Juli 1810, Regierungsblatt 1810, S. 6 ff.

[118] *Höchstes Organisations-Patent der Verfassung des Großherzogthums Frankfurt*, Regierungsblatt 1810, S. 10 ff.

[119] *Klueting*, in: AJ 1988, S. 371 f.

[120] Ein Ministerium des Innern, der Justiz und Polizei, ein Ministerium der Finanzen, der Domänen und des Handels sowie ein Ministerium der auswärtigen Angelegenheiten, des Kultus und der Militäradministration.

[121] Verwaltungsordnung vom 27. Oktober 1810, Regierungsblatt 1810, S. 135 f.

[122] *Darmstaedter*, Das Großherzogtum Frankfurt, S. 107.

Seine Zuständigkeit erstreckte sich nach § 42 auf alle Gegenstände der Landespolizei, das Ein- und Auswanderungswesen, die Beaufsichtigung der sozialen Einrichtungen sowie des Gesundheitswesens, die Förderung von Landwirtschaft, Gewerbe und Industrie, die Zensur von Publikationen, die Baupolizei sowie die Leitung der Militärkonskription.

Die alte geographische Einteilung behielt man auch auf der unteren Ebene der Amtsvogteien im großen und ganzen bei, diese erhielten lediglich die neue Bezeichnung Distriktmairie.[123] Diesen stand ein Distriktmaire vor, der den Verkehr zwischen dem Präfekten und den zu seinem Bezirk gehörigen Gemeinden zu vermitteln und allgemein jenem über die Angelegenheiten der Gemeinden zu berichten, außerdem die Konskriptionslisten zu erstellen hatte. Eine eigene Entscheidungskompetenz in Verwaltungssachen stand ihm nicht zu.[124] Hiervon einstweilen unberührt blieben nach § 38 der Verfassung die Rechtsprechungskompetenzen auch des Distriktmaires, der als Amtsvogt provisorisch Zivilrichter in erster Instanz blieb. Auf unterster Ebene standen wie in Baden die Gemeinden, die als Mairien weitgehend unter staatliche Kuratel gestellt wurden und als staatlicher Verwaltungsbezirk hauptsächlich staatliche Aufgaben zu erfüllen hatten wie etwa die Aufrechterhaltung der öffentlichen Sicherheit, die Markt- und Baupolizei, die Besorgung der sozialen Einrichtungen sowie das öffentliche Bauwesen.[125]

Im Organisationspatent keinerlei Erwähnung fanden die Standesherren und ihre Behörden. Insbesondere den Justizkanzleien kam damit ihre Funktion als mittlere Verwaltungsbehörde stillschweigend abhanden, da ihre Aufgaben nun von den Präfekten und Distriktmaires wahrgenommen wurden. Auf unterer Ebene existierte ein seltsames Nebeneinander von landesherrlichen Distriktmaires einerseits sowie standesherrlichen Vogteiämtern andererseits, da die standesherrlichen Beamten zwar in zahlreichen Ämtern zugleich zu Distriktmaires ernannt wurden, in Kreuzwertheim aber beispielsweise ein eigener Distriktmaire eingesetzt wurde.[126]

Daraus ergibt sich für die Zeit nach Erlaß des Organisationspatents vom 16. August 1810 folgende Übersicht der Verwaltungsstrukturen im Großherzogtum Frankfurt:

---

[123] *Rob*, in: Quellen, Band 3, S. 119.
[124] *Christ*, Aschaffenburg, S. 180.
[125] *Darmstaedter*, Das Großherzogtum Frankfurt, S. 120.
[126] *Ketterer*, Aschaffenburg, S. 80.

| *Polizei* | *Finanzverwaltung* |
|---|---|
| Ministerium des Innern | Ministerium der Finanzen |
| Präfektur | Bezirkseinnehmerei |
| Landesherrliche Distriktmai-rie/<br>Standesherrliches Amt | |
| Mairie | |

## V. Die Verordnung über die Gerichtsverfassung vom 7. Oktober 1812

Waren die Standesherren mit der Deklaration über die Gerichtsbarkeit von 1809 noch vergleichsweise ungeschoren davongekommen, traten mit der Einführung des Code Napoléon gegen Ende der Rheinbundzeit gravierende Veränderungen ein. Die Verordnung über die Gerichtsverfassung vom 7. Oktober 1812[127] setzte mit Wirkung vom 1. Januar 1813 an die Stelle des althergebrachten Dreiinstanzenzuges eine nur noch zweistufige Justizverfassung nach französischem Vorbild. Die bereits im Organisationspatent von 1810 proklamierte Trennung von Justiz und Verwaltung wurde nunmehr auf allen Ebenen umgesetzt, was für die Standesherren den Verlust ihrer polizeilichen Befugnisse zur Folge hatte.

In erstinstanzlichen Zivilsachen urteilten nun nach Artikel 32 der Verordnung Departementgerichte[128], sofern nicht die Zuständigkeit des Friedensrichters gegeben war. Dieser durfte nach Artikel 55 f. nur bis zu einem gewissen Streitwert oder in enumerativ genannten Fällen von Alltagsstreitigkeiten Recht sprechen. Die zweite und letzte Instanz bildeten nach Artikel 11 Appellationshöfe[129], deren Urteile nur bei schwerwiegenden Formverstößen von dem bereits 1810 geschaffenen Kassationshof aufgehoben werden konnten. Gegen Erkenntnisse des Friedensrichters stand bei Erreichen eines bestimmten Streitwertes gemäß Artikel 58 in zweiter und letzter Instanz die Berufung zum Departementgericht offen. Dem friedensrichterlichen Zuständigkeitsbereich entsprach nach Artikel 97 Nr. 1 derjenige der standesherrlichen Justizbeamten, von denen der Rechtszug ebenfalls vor die Departementgerichte führte. Diesen waren die standesherrlichen Justizkanzleien gemäß Artikel 97 Nr. 2 a) gleichgestellt, allerdings lediglich im Hinblick auf ihre erstinstanzliche Zuständigkeit.

[127] Regierungsblatt 1812, S. 172 ff.
[128] Je eines in den vier Departments Aschaffenburg, Frankfurt, Fulda und Hanau sowie ein Stadtgericht für die Stadt Wetzlar.
[129] Je einer für die Departements Aschaffenburg und Fulda sowie Frankfurt und Hanau.

In Strafsachen blieb den standesherrlichen Gerichten neben unbedeutenden Bagatelldelikten nach Artikel 98 d) der Verordnung lediglich die Verhaftung des Beschuldigten sowie die Sicherung der Beweismittel. Im übrigen wies Artikel 80 die peinliche Gerichtsbarkeit allein den Appellationshöfen zu, deren Rechtssprüche ebenfalls der Kassation unterlagen.

Aus dieser Gerichtsordnung, der freilich keine lange Dauer beschieden war[130], ergibt sich folgende Übersicht:

<table>
<tr><td colspan="2">Landesherrliche Gerichte</td><td colspan="2">Standesherrliche Gerichte</td></tr>
<tr><td colspan="4">Zivilsachen</td></tr>
<tr><td></td><td>(Kassationshof)</td><td colspan="2" rowspan="2"></td></tr>
<tr><td></td><td>Appellationshof</td></tr>
<tr><td colspan="3">Departementgericht</td><td>Justizkanzlei</td></tr>
<tr><td>Friedensrichter</td><td></td><td>Justizbeamter</td><td></td></tr>
<tr><td colspan="4"></td></tr>
<tr><td colspan="4">Strafsachen</td></tr>
<tr><td colspan="2">(Kassationshof)</td><td colspan="2" rowspan="2"></td></tr>
<tr><td colspan="2">Appellationshof</td></tr>
</table>

## D. Die Versuche der Löwensteiner zur Verteidigung ihrer Rechtsstellung

Wie gezeigt, verlor der ehedem reichsunmittelbare Adel mit der Mediatisierung zunächst seine landesherrlichen Rechte und sodann schrittweise – bis auf einen unbedeutenden Restbestand – die von der badischen Regierung in den Edikten vom 20. März und 22. Juli 1807 zugestandenen Rechte und Privilegien. Wie reagierte man nun in Wertheim auf diesen dramatisch zu nennenden Verfall des ehemals herausragenden Status? Angesichts der militärischen Kräfteverhältnisse kam hierbei einzig der argumentative Kampf in Betracht. Im folgenden soll daher dargestellt werden, wie die Löwensteiner ihre Rechtsstellung mit juristischen Argumenten zu verteidigen suchten. Das Hauptaugenmerk gilt dabei denjenigen

[130] Der Code Napoléon wurde kurz nach Besetzung des Großherzogtums durch die verbündeten Mächte durch Verordnung vom 16. Januar 1814, Regierungsblatt 1814, S. 249 ff., mit Wirkung vom 1. Februar 1814 wieder aufgehoben. Das gleiche Schicksal war dem zweistufigen Instanzenzug beschieden, der in den Folgejahren der Rückanpassung an das bayerische System zum Opfer fiel.

Bereichen, welche die Landesherrschaft im wesentlichen konstituierten: Gerichtsbarkeit, Polizei, Gesetzgebung sowie Steuer- und Abgabenwesen. Sodann soll unter Berücksichtigung des damaligen rechtswissenschaftlichen Diskussionsstandes die inhaltliche Tragfähigkeit der Argumentation untersucht werden.

## I. Die Argumente gegenüber der badischen Regierung

Über die Beschwerden und Argumente der Löwensteiner gegen die Behandlung durch die badische Regierung ist eine umfangreiche Korrespondenz überliefert. Die Ursache hierfür ist neben der Argumentations- und Streitfreudigkeit der Wertheimer Fürsten und Grafen in der großen Zahl von Vorschriften zu sehen, die badischerseits im Hinblick auf den Status der Mediatisierten erlassen wurde, nicht zuletzt aber auch in dem langen Zeitraum bis zu dessen endgültiger Festlegung.

Nachdem man auch in Wertheim erkannt hatte, daß an dem Faktum der Mediatisierung unter den obwaltenden Umständen – jedenfalls einstweilen – nicht mehr zu rütteln war, verzichtete man auf die Infragestellung der Mediatisierung an sich. Stattdessen zogen sich die Löwensteiner *mit stiller Ergebung in die neue Ordnung der Dinge, welche die Foederations-Acte herbeigeführt hat*[131], auf diejenigen Rechte und Privilegien zurück, welche ihnen die Rheinbundakte und das auf ihr beruhende Dritte KE belassen hatten. Nach dem Beginn der Reitzensteinschen Reformpolitik und den damit einhergehenden Schritten gegen die Mediatisierten suchten die löwensteinischen Räte beide Normtexte in einem allgemeinen ersten Schritt als alleinige, die den Mediatisierten verbliebenen Rechte und Privilegien endgültig bestätigende Rechtstitel darzustellen, die der Souverän nicht mehr einseitig zu ändern berechtigt sei. Dabei kam es nach ihrer Ansicht im Hinblick auf das Dritte KE

> *nunmehr einzig und allein auf die ganz wichtige Frage an: Ist der höchste Souverain berechtigt, ein – nach ausführlicher Vernehmlaßung der Intereßenten cum causae cognitione entworfenes – ohne allen Vorbehalt definitive förmlich ausgesprochenes – feyerlich publizirtes – in das Staatsarchiv als solenne Urkunde deponirtes – in der Ausübung durchaus acceptirtes – und von den standesherrlichen Dienern feyerlich beschworenes Staatsgrundgesetz wiederum willkührlich aufzuheben?*[132]

---

[131] Schreiben der Grafen an den badischen Großherzog vom 12. Juni 1807, GLAK 48/5674.

[132] *Vorstellung des Grafen Johann Carl Ludwig zu Löwenstein Wertheim* an den badischen Großherzog vom 22. April 1810, GLAK 233/2389. Hervorhebungen im Original.

Nachdem man diese Frage verneint hatte, bewertete man in einem ins Detail gehenden zweiten Schritt sodann die im Hinblick auf die Mediatisierten erlassenen und ihnen nicht genehmen Regelungen anhand dieses für unveränderlich befundenen Maßstabs – freilich unter Zugrundelegung der den eigenen Vorstellungen jeweils am nächsten kommenden Auslegungsvariante.

### 1. Allgemeines

Bei der Qualifikation der aus Sicht der Mediatisierten nunmehr maßgeblichen Rechtstitel gingen die Löwensteiner von der Grundannahme aus, daß in der Monarchie zweierlei Arten von *FundamentalGesetzen* existierten, auf welchen die Rechte des Adels beruhten: zum einen Verträge und zum anderen vom Monarchen gegebene Gesetze.[133]

So bezeichnete der gräfliche Regierungsrat von Städel in den von ihm in der umfangreichen Druckschrift vom Juli 1810[134] entwickelten *Allgemeine*[n] *Grund-Sätze*[n] zunächst die Rheinbundakte als *Haupt-Fundamental-Gesetz* für die Bundesmitglieder, denen ausschließlich aufgrund dessen die Souveränität über die Standesherren und ihre Besitzungen zustehe. Wolle ein Souverän Rechte aus der Akte für sich herleiten, so habe er gleichzeitig alle ihre übrigen Bestimmungen und sämtliche daraus resultierenden Vorzüge anzuerkennen. Sollten die Souveräne diesen *HauptBerechtigungs-Titel* nur in den für sie günstigen Punkten anerkennen, die ungünstigen indessen unbeachtet lassen, so könne dies durchaus die Unverbindlichkeit der ganzen Akte zur Folge haben. In ihre neue Souveränität seien die Landesherren von der französischen Regierung freilich nur mit ausdrücklichem Bezug auf die Dispositionen der Rheinbundakte eingewiesen worden. Daraus folge, daß ihre Befugnisse keineswegs auf eigenständigen Rechten gründeten, sondern lediglich auf entsprechender Übertragung beruhten. Städel wies hier insbesondere auf das Übertragungsprotokoll vom 20. September 1806[135] hin, in dem der Großherzog den Löwensteinern ausdrücklich die in den Artikeln 27, 28 und 31 RBA enthaltenen Rechte garantiert habe. Der Souverän selbst habe in seinem Mediatisierungspatent vom 13. August 1806[136] versichert, die ihm unterworfenen Fürsten und Grafen gemäß dem Bundesver-

[133] Beschwerdeschrift vom 28. Februar 1810 an den badischen Großherzog, verfaßt von dem gräflichen Regierungsrat von Städel und seinem fürstlichen Kollegen von Jagemann, StAWt-F Rep. 167 Nr. 24.

[134] *Ehrerbietige Bemerkungen zu dem Organisations-Edict für das Grosherzogthum Baden vom 26ten November 1809 in so ferne solches die Standesherrliche Verhältniße und Berechtigungen betrift. Mit 23 Beylagen. Wertheim im July 1810*, Exemplar in StAWt-R Lit. B Nr. 1204.

[135] Vgl. oben § 3 D.

[136] Vgl. oben § 3 D.

trag nach Billigkeit zu behandeln.[137] Nach der Systematik der Rheinbundakte aber behielten die Standesherren alle Rechte, die nicht ausdrücklich dem Souverän zugewendet oder nicht wesentlicher Bestandteil der Souveränität seien. Wolle der Souverän aber ein in der Rheinbundakte nicht namentlich genanntes Recht als wesentlichen Bestandteil der Souveränität in Anspruch nehmen, so obliege ihm hierfür die Beweiserbringung. Aus eigener Machtvollkommenheit könne er jedenfalls nicht darüber verfügen, sondern nur das beanspruchen, was ihm die französische Regierung übertragen habe.[138]

Nach Auffassung der Löwensteiner handelte es sich bei der von der Rheinbundakte verliehenen Souveränität entgegen der Position der neuen Landesherren lediglich um eine limitierte. Zur Begründung verwiesen sie auf die Unterscheidung der Rheinbundakte zwischen *toute propriété et souveraineté* hinsichtlich der alten und neuen Eigentumslande des neuen Souveräns, *toute souveraineté* hinsichtlich der Besitzungen der ehemaligen Reichsritterschaft und *tous les droits de souveraineté* hinsichtlich derjenigen der Standesherren. Diese Differenzierung mache die unterschiedliche Qualität der Souveränität in den verschiedenen, dem neuen Souverän unterworfenen Landen deutlich. Für diese Auffassung spreche auch hier der Vorbehalt der Rechte zugunsten der Mediatisierten in dem Übertragungsprotokoll vom 20. September 1806. Zudem habe sich der Souverän in dem Edikt über die Organisation des Oberhofgerichts vom 6. Mai 1807 selbst für gebunden erklärt, indem er bei Streitigkeiten zwischen den Standesherren und dem Regenten über den Umfang der standesherrlichen Rechte und deren Abgrenzung von den Souveränitätsrechten den Rechtsweg zum Oberhofgericht eröffnet habe. Dem Schreiben Napoleons an den Fürstprimas vom 11. September 1806[139] glaubte man entnehmen zu können, auch Napoleon höchstpersönlich spreche sich für die Eröffnung des Rechtswegs bei derartigen Streitigkeiten aus und sehe daher die monarchische Gewalt der neuen Souveräne durchaus als eingeschränkt an.[140]

Was die Auslegung der Rheinbundakte betreffe, so könne der Souverän zweideutige oder bestrittene Punkte nicht aus eigener Machtvollkommenheit bereinigen, sei er doch nur eine von zwei Vertragsparteien. Vielmehr gebe es in derartigen Fragen nur drei mögliche Lösungswege: ein weiterer Vertrag mit dem

[137] Beschwerdeschrift vom 28. Februar 1810 an den badischen Großherzog, verfaßt von dem gräflichen Regierungsrat von Städel und seinem fürstlichen Kollegen von Jagemann, StAWt-F Rep. 167 Nr. 24.
[138] *Ehrerbietige Bemerkungen*, S. 3.
[139] Vgl. oben Fn. 31.
[140] Beschwerdeschrift vom 28. Februar 1810 an den badischen Großherzog, verfaßt von dem gräflichen Regierungsrat von Städel und seinem fürstlichen Kollegen von Jagemann, StAWt-F Rep. 167 Nr. 24.

Bundesprotektor, ein Vertrag mit den Ständen des eigenen Reichs oder ein Vertrag mit den betroffenen Standesherren. Allein letzteren habe der Souverän gewählt, indem er die Rheinbundakte mit dem Dritten KE vom 22. Juli 1807 konkretisiert habe. Zuvor habe er nämlich einen Vertragsentwurf – das Edikt vom 20. März 1807 – verfassen und den Standesherren zustellen lassen, sodann auch deren Wünsche diesbezüglich zur Kenntnis genommen. Das Dritte KE erfülle demnach alle Voraussetzungen für einen wirksamen Staatsvertrag. Was darin aber zweideutig geblieben sei, könne der *Souverän zu seinem einseitigen Vortheil nicht weiter auslegen als Geist und Rechtsähnlichkeit dessen was in der BundesActe und der StaatsKonstitution ausgedrückt* [sei], *gestatten.*[141]

Das Dritte KE sei also als *weiteres Staats- und Fundamental-Gesetz* erschienen, zu dem sich der Souverän *im Weg der wechselseitigen Übereinkunft zwischen ihm und den Standes-Herren* veranlaßt gesehen habe. Darin seien *die staatsrechtlichen Verhältniße der Standes-Herrn und ihrer Gebiete definitive und endlich bestimmt* worden. Ohne irgendeinen allgemeinen Änderungsvorbehalt sei es feierlich ausgefertigt, gesiegelt, unterschrieben und im Original im großherzoglich badischen Generalarchiv niedergelegt worden. Einzig § 48 des Dritten KE enthalte den speziellen und damit nicht verallgemeinerungsfähigen Vorbehalt, gesonderte Regelungen zu erlassen für die in den mediatisierten Landen vorkommenden, jedoch nicht von den bereits normierten Kategorien erfaßten Abgaben. Solcherart sei also der Unterwerfungsakt vollzogen worden. Eine einmal erfolgte Subjektion könne aber nicht willkürlich wiederholt und weiter ausgedehnt werden, da sie eine wechselseitige Übereinstimmung notwendig voraussetze, woran es aber in diesem Fall mangele.[142]

## 2. GERICHTSBARKEIT

Da sich die Veränderungen hinsichtlich der standesherrlichen Gerichtsbarkeit in dem Edikt vom 20. März 1807 und dem Dritten KE in Grenzen hielten, konzentrierte sich die juristische Auseinandersetzung in diesem Bereich zunächst auf wenige Nebengesichtspunkte. Dazu zählte die peinliche Gerichtsbarkeit der Standesherren, die in beiden Edikten auf die Instruktion der Prozesse unter Vorbehalt der Entscheidung durch die höhere Gerichtsbehörde beschränkt wurde. Die Löwenstein-Wertheimer wollten sie nicht mehr begrenzt sehen als zu Zeiten der alten Reichsverfassung. Dabei berief man sich auf den Wortlaut der Rheinbundakte, nach deren Artikel 27 die ehemaligen Reichsstände die darin näher

[141] Vortrag der fürstlichen Regierungsräte an die badische Regierung vom 15. Januar 1811, GLAK 233/2390.
[142] *Ehrerbietige Bemerkungen*, S. 4.

bezeichneten Rechte in dem nämlichen Umfang ohne jede Einschränkung *behalten* und nicht erst *verliehen* bekommen sollten. Überhaupt könne eine Gerichtsbarkeit ohne Urteilsgewalt schlechthin nicht mehr als solche angesehen werden.[143]

Auch die Forderung in § 11 des Edikts vom 20. März 1807, wonach die Standesherren alle ihnen in badischen Landen verbleibende Jurisdiktion ausnahmslos als Thronmannlehen anerkennen sollten, war man nicht gewillt anzuerkennen. Mit gleicher Argumentation wiesen die Löwensteiner darauf hin, daß die Rheinbundakte ihnen die niedere und mittlere Gerichtsbarkeit als Patrimonial- und Privateigentum *belassen* habe. Folglich sei nicht einzusehen, warum eine als Allodium besessene Gerichtsbarkeit nunmehr als Lehen anzuerkennen sei; ohnehin sei hiervon in der Rheinbundakte kein Wort zu finden.[144]

Das Staatsorganisationsedikt vom 26. November 1809 mit seiner für die Standesherren einschneidenden Neuordnung von Gerichtsbarkeit und Verwaltung bot dann hinreichenden Anlaß zu eingehenden rechtlichen Erörterungen. Im Hauptteil seiner *Ehrerbietigen Bemerkungen* nahm sich Städel die Vorschriften des Staatsorganisationsedikts einzeln vor und bewertete diese nach den eingangs formulierten allgemeinen Grundsätzen. Zunächst rügte er, daß die Ausübung sämtlicher Gerichtsbarkeit und Polizeigewalt künftig nur noch namens und im Auftrag des Souveräns geschehen solle. Durch diese Bestimmung höre im Grunde alle standesherrliche Gerichtsbarkeit und Polizeigewalt auf, da die Standesherren diese nunmehr nicht mehr selbst zu verwalten befugt seien, jedenfalls paradoxerweise ihr Patrimonialeigentum in fremdem Namen auszuüben hätten. Dieses hätten sie aber nicht der Gnade des Souveräns zu verdanken, vielmehr habe ihnen die Rheinbundakte, die den Souveränen erst ihre neue Würde verliehen habe, dieses garantiert. Die Patrimonialgerichtsbarkeit werde durch den Gerichtsherrn bestimmt, und nur derjenige, in dessen Namen dergleichen Gerechtsame ausgeübt würden, sei im Stande und berechtigt, die Oberaufsicht über ihre Ausübung zu führen. Was aber nicht im Namen der Mediatisierten verwaltet werde, höre also auf ihr Eigentum zu sein. Sowohl mit Artikel 27 RBA als auch mit § 24 des Dritten KE sei dies vollkommen unvereinbar.[145]

In krassem Widerspruch hierzu stehe auch die Vorschrift, wonach die Standesherren die niedere *und* mittlere Gerichtsbarkeit künftig durch ihre Ämter auszuüben hätten. Niedere und mittlere Gerichtsbarkeit seien zweierlei Gegenstände

[143] *Bemerkungen zu der Großherzoglich Badischen Deklaration vom 20. März 1807* von dem gräflichen Regierungsrat Birkenstock vom 4. Mai 1807, StAWt-R Lit. D Nr. 396d.
[144] Ebenda.
[145] *Ehrerbietige Bemerkungen*, S. 5 f.

und nach der Rheinbundakte und der überkommenen dreistufigen Rechtspflege in Deutschland als *basse et moyenne jurisdiction* scharf voneinander und von der dem Souverän vorbehaltenen *suprême jurisdiction* zu trennen. Beide Jurisdiktionen könnten aus diesem Grunde unmöglich in einer Person vereinigt sein. Auch aus der Abfassung der Rheinbundakte in französischer Sprache könne man nicht unter Hinweis auf französische Rechtsbegriffe auf einen lediglich zweistufigen Instanzenzug schließen.[146] Die Abfassung der Rheinbundakte in französischer Sprache sei rein zufälliger Natur und könne nicht als Begründung herhalten für deren Auslegung nach französischen Maßstäben. Ein konserviertes, also nicht *jure novo* konstituiertes altdeutsches Recht könne nicht nach den Grundbegriffen einer fremden Nation interpretiert werden.[147] Sei aber die mittlere Gerichtsbarkeit standesherrliches Eigentum, so müsse den Standesherren auch die Art ihrer Ausübung überlassen sein. Die Konzentration der niederen und mittleren Gerichtsbarkeit bei den Ämtern in Kombination mit ihrer Ausübung nur noch namens und im Auftrag des Landesherren führe dazu, daß den Standesherren von ihrem Eigentum nichts mehr bleibe als die Ernennung und Besoldung der Beamten ohne jeden sonstigen Einfluß.[148]

Hart traf die Löwenstein-Wertheimer auch die Bezeichnung ihrer Justizkanzleien als nur *noch zur Zeit bestehend* sowie die Trennung von Justiz und Verwaltung auf dieser Ebene. Beides widerspreche eminent der Rheinbundakte und § 25 des Dritten KE, überdies erfolge die Separierung von Justiz und Verwaltung keineswegs einheitlich, sondern einseitig zu Lasten der Standesherren. Denn die Ämter beschäftigten sich nach wie vor mit justiziellen und polizeilichen Angelegenheiten, und auch die landesherrlichen Kreisdirektorien hätten gerichtliche Aufgaben.[149]

Unannehmbar war für die Standesherren schließlich die Aufhebung sämtlicher Kanzleisässigkeit mit der unterschiedslosen Erstreckung der von den Ämtern ausgeübten bürgerlichen Gerichtsbarkeit in erster Instanz auf alle Untertanen. Städel argumentierte, die Standesherren hätten nun vor den von ihnen selbst ernannten und besoldeten sowie ihnen eidlich verpflichteten Beamten ihr Recht zu suchen, was die große Gefahr von Interessenkollisionen und Parteilichkeit in sich berge. Ohnehin hätten die Rheinbundakte und – in strittigen Rechtssachen – auch § 10 des Dritten KE die Mediatisierten zur privilegiertesten Klasse im Staat erklärt, wofür der 12. Juli 1806 zeitlicher Anknüpfungspunkt sei. Damals habe

---

[146] *Ehrerbietige Bemerkungen*, S. 6 f.
[147] Beschwerdeschrift vom 28. Februar 1810 an den badischen Großherzog, verfaßt von dem gräflichen Regierungsrat von Städel und seinem fürstlichen Kollegen von Jagemann, StAWt-F Rep. 167 Nr. 24.
[148] *Ehrerbietige Bemerkungen*, S. 6 f.
[149] *Ehrerbietige Bemerkungen*, S. 8 ff.

die privilegierteste Klasse aber ihren Gerichtsstand in erster Instanz zweifellos nicht vor den Ämtern gehabt.[150]

Kaum noch von kämpferischer Argumentationslust geprägt waren die auf das Edikt vom 14. Mai 1813 folgenden Vorstellungen der Löwensteiner. Zwar verzichtete man auch darin nicht auf den Hinweis, hierdurch werde in eklatanter Weise gegen die Vorschriften der Rheinbundakte, das Souveränitätsübertragungsprotokoll, das Dritte KE sowie das Staatsorganisationsedikt verstoßen. Gleichwohl hatte sich in Wertheim zu diesem Zeitpunkt erkennbar Resignation breitgemacht, wollte man sich doch für den Fall, daß der Forderung nach Restitution nicht entsprochen werde, damit bescheiden,

> *daß alles mein Eigenthum, u. alle diejenigen Rechte, Einkünfte und Nutzungen, welche das höchste Edict vom 14. Mai d. J. mir nicht namentlich entzieht, [...] förmlich garantirt, u. ich auf diese Weise wenigstens der schröklichen Aussicht entrükt werden möge, über kurz oder lang auch die dermalen noch unberührten Überreste verlieren zu müßen* [...].[151]

### 3. POLIZEI UND GESETZGEBUNG

Das Edikt vom 20. März 1807 und das Dritte KE sahen zwischen hoher und niederer Polizei ein hierarchisches Über-/Unterordnungsverhältnis und nahmen die Abgrenzung zwischen beiden qualitativ vor, indem sie die der landesherrlichen hohen Polizei vorbehaltenen Gegenstände enumerativ aufführten und die übrigen, nicht namentlich benannten Gegenstände der standesherrlichen niederen Polizei unter Leitung und Aufsicht der landesherrlichen Stellen überließen. Demgegenüber bestand nach Auffassung der Löwensteiner zwischen hoher und niederer Polizei ein Gleichordnungsverhältnis, in dem beiden selbständige und voneinander getrennte Wirkungsbereiche zukommen sollten:

> *Die Polizey überhaupt theilt sich in hohe und niedere, nicht aber in obere und untere. Der Unterschied in oberer und unterer setzt voraus, daß letztere der ersteren untergeordnet seye. Der Begriff von hoher und niederer hingegen weißt einer jeden gewisse von einander unabhängige Stücke, GeschäftsKreise und Befugnisse ohne Unterordnung zu. Den letzten Un-*

---

[150] *Ehrerbietige Bemerkungen*, S. 16 f.

[151] Schreiben Fürst Dominik Konstantins zu Löwenstein-Wertheim-Rosenberg an den badischen Großherzog vom 31. Mai 1813, StAWt-R Lit. D Nr. 1.

*terschied hat nur die Bundesakte festgesetzt, und der erstere war bisher auch in der Polizeywissenschaft ganz unbekannt.*[152]

Als Abgrenzungskriterium für die Wirkungsbereiche von hoher und niederer Polizei sollten nach ihrer Auffassung nicht qualitativ-inhaltliche Maßstäbe dienen, sondern der jeweilige räumliche Geltungsbereich der polizeilichen Maßnahmen:

*Nach richtigen Begriffen der Polizei-Wissenschaft hat die Hohe- und Niedere Polizei ihre GrenzLinie lediglich in dem Wirkungs-Kreis in welchem die Polizei ihre Wirksamkeit entweder im Ganzen oder im Einzlen äußert. Der Unterschied liegt also nicht sowohl in der Art der Gegenstände, sondern vielmehr in der Allgemeinheit oder Eingeschränktheit derselben.*[153]

Daraus folgerten die Löwensteiner, daß die Standesherren nach wie vor befugt seien, polizeiliche Anordnungen aller Art mit lokalem Geltungsbereich zu erlassen, soweit diese nicht mit den allgemeinen staatlichen Vorschriften in Widerspruch stünden. Ansonsten, so ihre Befürchtung, werde es unvermeidlich zu schädlichen Kollisionen zwischen Stellen des Souveräns und solchen der Standesherren kommen. Außerdem könnten nur so die unbestritten vorhandenen genauen Kenntnisse der standesherrlichen Behörden von den ehemals reichsständischen Gebieten und ihren Bedürfnissen am besten zum allgemeinen Wohl genutzt werden.[154]

Die durch das Staatsorganisationsedikt vom 26. November 1809 herbeigeführte Trennung von Justiz und Verwaltung auf Ebene der Justizkanzleien widersprach nach Auffassung der Löwensteiner klar den §§ 25 ff. des Dritten KE, die sämtliche Lokal- und Exekutivpolizei den Standesherren, die überörtliche und gesetzgebende Polizei dagegen dem Landesherrn zugewiesen hätten. Insoweit gelte gleiches wie für die Gerichtsbarkeit: Ohne Mittelbehörde sei es den Standesherren nicht mehr möglich, die Ämter – die auch die polizeilichen Angelegenheiten nunmehr namens und im Auftrag des Souveräns verwalteten – anzuleiten und zu überwachen.[155] Auch die direkte Unterordnung der Ämter unter die Kreisdirek-

---

[152] *Bemerkungen zu der Großherzoglich Badischen Deklaration vom 20. März 1807* von dem gräflichen Regierungsrat Birkenstock vom 4. Mai 1807, StAWt-R Lit. D Nr. 396d. Hervorhebungen im Original.

[153] *Bemerkungen über die Großherzoglich Badische Declaration vom 20. März 1807 zur näheren Bestimmung der künftigen Verhältniße zwischen dem Souverain und den Mediatisirten Fürsten und Grafen* von dem gräflichen Regierungsrat Stephani vom 7. Mai 1807, StAWt-R Lit. D Nr. 396d. Hervorhebungen im Original.

[154] Ebenda.

[155] *Ehrerbietige Bemerkungen*, S. 8 ff.

torien in sämtlichen administrativen Angelegenheiten sei nicht mit § 25 des Dritten KE zu vereinbaren, wonach die Polizeiverwaltung mit Ausnahme der hohen Polizei unter der Leitung und Aufsicht der standesherrlichen Justizkanzleien stehe. Immerhin stünden die Beamten ja in standesherrlichen Diensten und würden auch allein von den Standesherren besoldet – der Souverän habe damit rein gar nichts zu tun –, weshalb Leitung und Aufsicht über sie auch nur diesen zukämen. Unter diesen Umständen bleibe ihnen von ihrem Patrimonialeigentum nichts mehr als die Ernennung und Besoldung der Beamten.[156]

*In voller Anerkennung des dem Souverain zustehenden Rechts der Gesezgebung in allen Landes-Angelegenheiten* wagte man daran auf löwensteinischer Seite – wohl angesichts der eindeutigen Bestimmung des Artikels 26 RBA – nicht zu rütteln. Der noch in § 19 des Edikts vom 20. März 1807 enthaltene Gesetzgebungsvorbehalt zugunsten des Souveräns gestattete den Standesherren lediglich, bei der Ausübung ihrer Hoheitsrechte im Rahmen des Gesetzesvollzugs Anordnungen im Einzelfall zu erlassen. Um nicht *in die enge Gränzen der vollziehenden Gewalt eingeschränkt* [zu] *werden, welches aber, besonders in Polizey-Angelegenheiten, nicht in der Natur jener Gewalten liegt*, verlangte man die Befugnis, auch künftig im Rahmen der standesherrlichen Zuständigkeit allgemein gültige Regelungen und Verordnungen erlassen zu dürfen. Nicht selten kämen nämlich *PolizeyFälle vor, wofür noch kein Gesez existirt, und die doch eine schleunige Erledigung an Ort und Stelle dringend erfordern.*[157] Diesem Ansinnen kam man badischerseits nach, indem § 20 des Dritten KE den Standesherren die Befugnis zusprach, *Gebote und Verbote in Gegenständen, welche die in ihrem Wirkungskrais liegende vollziehende Gewalt betreffen, innerhalb ihrer Standesgebiete zu erlassen.*

## 4. Abgaben- und Schuldenwesen

Breiten Raum in der juristischen Auseinandersetzung über die den Standesherren verbliebenen Rechte nahm der Streit darüber ein, welche Steuern und Abgaben den Mediatisierten zu belassen und welche auf den Souverän übergegangen seien. Die Löwensteiner – namentlich die Grafen – legten hierbei eine Hartnäkkigkeit und Unbelehrbarkeit ohnegleichen an den Tag, zeigten sie sich doch erst im Jahre 1855 zu einer Einigung über die Zollfrage bereit. Ursache hierfür war sicherlich der Umstand, daß sich die Kammeraleinkünfte insbesondere der gräflichen Linie in der Hauptsache aus Land- und Wasserzöllen speisten[158] und diese

[156] *Ehrerbietige Bemerkungen*, S. 28 f.

[157] *Unterthänigstes ProMemoria* der gräflichen Regierungsräte von Städel, Stephani und Eichhorn vom 12. Juni 1807, StAWt-F Rep. 167 Nr. 3.

[158] Schreiben der Grafen an den badischen Großherzog vom 12. Juni 1807, GLAK 48/5674.

nur über einen relativ bescheidenen Allodialbestand verfügte, zugleich aber eine hohe Schuldenlast zu tragen hatte.[159]

Konsequent ihrer Ausgangsthese folgend, wonach die neuen Souveräne lediglich in die Rechtsstellung von Kaiser und Reich eingerückt seien, gestanden die Löwenstein-Wertheimer diesen auch nur diejenigen Steuern zu, welche die Standesherren bisher als Teilhaber an der Reichsgewalt und als unmittelbare Regenten bezogen hatten. Alle bereits bestehenden, von den ehemaligen Reichsständen als Grundherren bezogenen Abgaben seien aber zu den in Artikel 27 RBA erwähnten *droits seigneuriaux et féodaux nonessentiellement inhérens à la souveraineté* zu rechnen und daher unantastbar.[160] Diese besitze man nämlich kraft besonderer Erwerbstitel – im Falle des Zolls als vom Kaiser verliehenes Lehen – teils zu vollkommenem, teils zu unvollkommenem Eigentum. In ersterer Rechtsposition sei man zu schützen wie jeder andere Staatsbürger auch, während letztere als *dominium utile* nur nach den Lehengesetzen entzogen werden könne. Ein Entzug des Eigentums zum Wohle des Staates komme indes nur in Betracht, wenn der Staat angemessene und vollständige Entschädigung leiste. Im übrigen bleibe dem Souverän unbenommen, neue, bisher nicht bestehende Auflagen zu verfügen, zu denen die vormaligen Reichsstände ohne ausdrückliche Zustimmung des Reichs nicht befugt waren, und auch das standesherrliche Eigentum mit einer Steuer zu belegen, sofern nur die in der Rheinbundakte genannten Voraussetzungen hierfür vorlägen.[161]

Insoweit sei freilich die Disposition der Rheinbundakte in Artikel 27 zu berücksichtigen, wonach hinsichtlich der Auflagen die Domänen und Güter der Mediatisierten denjenigen der Prinzen des jeweiligen souveränen Hauses gleichzustellen seien. Die nach dem Edikt vom 20. März 1807 und dem Dritten KE intendierte ordentliche Schatzung der standesherrlichen Liegenschaften und Einkünfte sei hiermit nicht zu vereinbaren, da als maßgeblicher Zeitpunkt für die Frage der akzessorischen Steuerpflicht die Errichtung der Föderationsakte anzusehen sei. Vor dem 12. Juli 1806 seien die Prinzen des regierenden Hauses nie der ordentlichen Schatzung unterworfen worden. Jede andere Interpretation widerspreche der Intention der Rheinbundakte, die den Mediatisierten durch diese Regelung einen Vorteil gegenüber anderen, gewöhnlichen Steuerpflichtigen habe zuwenden wollen, und mache sie geradezu überflüssig.[162] In der Heranziehung zur ordentlichen Schatzung bei gleichzeitigem Entzug standesherrlicher

[159] *Furtwängler*, Standesherren, S. 63.
[160] Schreiben der Grafen an den badischen Großherzog vom 12. Juni 1807, GLAK 48/5674.
[161] *Unterthänigstes ProMemoria* der gräflichen Regierungsräte von Städel, Stephani und Eichhorn vom 12. Juni 1807, StAWt-F Rep. 167 Nr. 3.
[162] Löwensteinisches Promemoria an die badische Regierung, undatiert und ohne Autorenangabe, StAWt-F Rep. 167 Nr. 3.

Revenüen sah man eine doppelte Belastung und damit Ungleichbehandlung gegenüber allen anderen Untertanen, zumal der Souverän beides mit der im allgemeinen Interesse liegenden Notwendigkeit zur Erfüllung des Staatszwecks begründet habe.[163]

Im einzelnen bezog sich die löwensteinische Argumentation, wie bereits erwähnt, namentlich auf die wirtschaftlich bedeutenden Land- und Wasserzölle, aber auch auf Floßgeld, Wasserfallzins und ähnliche Gebühren für die Benutzung von Verkehrswegen, welche das Edikt vom 20. März 1807 sowie das Dritte KE dem Souverän zugewiesen hatten. Zu Unrecht, jedenfalls nach Meinung der Löwensteiner, die darauf hinwiesen, daß es sich bei ihren Durchgangszöllen ursprünglich um eine rein gutsherrliche Abgabe und nicht um ein Hoheitsgefälle gehandelt habe, welche der deutsche Kaiser als sein Eigentum den damaligen Grafen von Wertheim wiederum als lehnbares Eigentum übertragen habe. Eine Zweckbestimmung habe es dabei nicht gegeben, insbesondere sollten mit den Zöllen keine Landesbedürfnisse bestritten werden; vielmehr habe es sich um freies Einkommen als Ausfluß aus dem Eigentum gehandelt, mit dem die Grafen nach Belieben hätten verfahren dürfen. Gegen den rechtlichen Charakter der Zölle als Hoheitsgefälle spreche außerdem die Tatsache, daß das Zollrecht nicht als aus der Landeshoheit fließend angesehen worden sei. Denn im Alten Reich hätten auch Mittelbare das Zollrecht besessen, also Personen ohne Landeshoheit, ebenso wie Reichsunmittelbare in unter der Landeshoheit eines Dritten stehendem, fremdem Territorium Zölle erhoben hätten. Auch aus Sicht der zweifellos vollkommen souveränen Krone Frankreichs, die es mit Souveränitätsrechten genau genommen habe, seien die Durchgangszölle kein wesentlicher Bestandteil derselben gewesen, habe diese doch in den *lettres patentes* den im Elsaß mediatisierten deutschen Fürsten derartige Zölle belassen. Desweiteren zeige auch die Bestimmung des Artikels 2 RBA, wonach Artikel 39 des Reichsdeputationshauptschlusses und der Rheinschiffahrts-Oktroi weiterhin in Geltung seien, daß auch ehemalige Reichsstände ungeachtet ihrer Mediatisierung nach wie vor zum Bezug von Zöllen berechtigt sein sollten. Schließlich seien Seen, Flüsse und Bäche Bestandteil des standesherrlichen Eigentums. Wer sich dessen bedienen und daraus einen Nutzen ziehen wolle, müsse an den Eigentümer dann auch eine Abgabe entrichten. Diese Gebühren seien daher ebenfalls als Patrimonialgefälle anzusehen.[164]

---

[163] *Bemerkungen zu der Großherzoglich Badischen Deklaration vom 20. März 1807* von dem gräflichen Regierungsrat Birkenstock vom 4. Mai 1807, StAWt-R Lit. D Nr. 396d.

[164] *Bemerkungen über die Großherzoglich Badische Declaration vom 20. März 1807 zur näheren Bestimmung der künftigen Verhältniße zwischen dem Souverain und den Mediatisirten Fürsten und Grafen* von dem gräflichen Regierungsrat Stephani vom 7. Mai 1807, StAWt-R Lit. D Nr. 396d.

Soweit die Abgaben aus der Besorgung öffentlicher Angelegenheiten flössen wie etwa das Stempelpapier aus der standesherrlichen niederen und mittleren Gerichtsbarkeit, stünden diese auch den Mediatisierten zu als denjenigen, die auch die entsprechenden Lasten zu tragen hätten. Die Gerichtsbarkeit sei ein Zweig der Staatsverwaltung, weshalb es nicht einzusehen sei, wenn den Standesherren die Kosten hierfür aufgebürdet würden, zumal wenn man ihnen dazu nur noch ihre privaten grundherrlichen Revenüen übriglasse. Letztlich werde das ihnen verbliebene Jurisdiktionsrecht hierdurch ausgehöhlt und entwertet.[165]

Inakzeptabel war schließlich aus löwensteinischer Sicht die in dem Edikt vom 20. März 1807 sowie im Dritten KE festgelegte Aufteilung des Ohmgeldes und der Judenschutzgelder:

> *In § 39 der höchsten Deklaration werden Ohmgeld und Judenschutzgeld für theilbar erklärt. Was theilbar ist kann wohl eben seiner Theilbarkeit wegen kein ausschließliches Recht der Souveraineté seyn, und scheint daher nach dem Bundesvertrage dem bisherigen Besitzer verbleiben zu müssen.*[166]

Habe der Souverän aber einen begründeten und keinen Zweifeln unterliegenden Anspruch hierauf, so stünden ihm diese Einkünfte vollständig zu. Sei dies hingegen nicht der Fall, namentlich die Zuordnung dieser Gefälle zweifelhaft, so müßten sie den Standesherren als bisherigen, unstreitig rechtmäßigen Berechtigten verbleiben.[167]

Die Kehrseite der Steuer- und Abgabenverteilung stellte die Schuldenaufteilung dar. Nicht abfinden mochte man sich auf löwensteinischer Seite mit der in dem Edikt vom 20. März 1807 und dem Dritten KE vollzogenen Unterscheidung zwischen Kammerschulden und Privatschulden. Für eine derartige Differenzierung biete die Rheinbundakte keine Grundlage, da deren Artikel 30 nur ganz allgemein bestimme,

> *daß den Fürsten und Grafen von ihrer Schulden-Last verhältnismäßig eben so viel abgenommen werden sollen, als von ihren Einkünften dem Souverain zufallen würden.*[168]

---

[165] *Bemerkungen zu der Großherzoglich Badischen Deklaration vom 20. März 1807* von dem gräflichen Regierungsrat Birkenstock vom 4. Mai 1807, StAWt-R Lit. D Nr. 396d.

[166] Löwensteinisches Promemoria an die badische Regierung, undatiert und ohne Autor, StAWt-F Rep. 167 Nr. 3.

[167] Ebenda.

[168] Schreiben der Grafen an den badischen Großherzog vom 12. Juni 1807, GLAK 48/5674.

Entziehe demnach der Souverän den Standesherren einen Teil der Kameralrevenüen, die als Sicherheit auch für die Privatschulden der ehemaligen Landesherren verpfändet worden seien, so müsse er auch einen verhältnismäßig gleichen Anteil an den darauf lastenden Verbindlichkeiten übernehmen. Die Vorschrift der Rheinbundakte diene nicht zuletzt dem Schutz der Gläubiger, die im Vertrauen auf den Bestand der als Sicherheit dienenden und nun vom Souverän beanspruchten Revenüen ihr Geld verliehen hätten.[169]

## II. Die Argumente gegenüber der fürstprimatischen Regierung

Deutlich weniger umfangreich als die Reklamationsschriften gegenüber der badischen Regierung waren diejenigen gegenüber der fürstprimatischen. Zu erklären ist dies zum einen mit dem anfangs vergleichsweise großzügigen Entgegenkommen Dalbergs gegenüber den Mediatisierten, wobei die Verhältnisse im großen und ganzen zunächst die alten blieben. Zum anderen bot die im Dalbergstaat im Hinblick auf die Standesherren geringe Regelungsdichte kaum Angriffsflächen für eine eingehende juristische Argumentation. Da der Rechtszustand der Mediatisierten im wesentlichen zunächst ungeregelt blieb und der Fürstprimas die konkrete Ausgestaltung der Mediatisierung seinen untergeordneten Behörden überließ, mußten sich die Löwensteiner auf Einzelbeschwerden gegen jede ihrer Maßnahmen beschränken. Symptomatisch für den unsicheren und demütigenden Schwebezustand, in dem sich die ehemaligen Reichsstände befanden, mag folgende Klage der Grafen gegenüber dem Fürstprimas sein:

> *Daher ist das traurige Verhältniß entstanden, daß wir Euer Hoheit mit steten Reclamationen behelligen müßen, während dem unsere Verhältniße bei den übrigen höchsten Souverains, denen wir unterworfen sind, nun gröstentheils, so hart sie uns auch drüken, doch ihren ruhigen Gang fortgehen.* [...] *Wir haben ehedem regirt und müßen nunmehro gehorchen, und sollten wir nicht von der Grosmuth des Stärkern und Glücklichern billig erwarten können, daß uns dieses Gehorchen durch baldige definitive Bestimmung der Verhältniße und durch Gerechtigkeit in dieser Bestimmung soviel als möglich werde versüßet werden?*[170]

Umfangreiche juristische Streitschriften erübrigten sich unter diesen Umständen. Erst als beginnend mit der Deklaration über die Gerichtsbarkeit vom 21. April 1809 Regelungen über die Rechte und Befugnisse der Mediatisierten ergingen

---

[169] Ebenda.

[170] Schreiben an den Fürstprimas vom 19. September 1809, StAWü MRA Löwenstein K422/332/III.

und diese wie bereits zuvor in den anderen Rheinbundstaaten nun ebenfalls erheblich einschränkten, bestanden Anlaß und Ziel für umfassende rechtliche Argumentationen.

## 1. GERICHTSBARKEIT

Nachdem mit dem Edikt vom 21. April 1809 im Dalbergstaat erstmals die standesherrliche Gerichtsbarkeit gesetzlich normiert worden war, trafen diesbezüglich bei der fürstprimatischen Regierung prompt die ersten Reklamationen aus Wertheim ein: Man habe, so die Kritik der Löwensteiner, Disparitäten zwischen § 2 des Edikts, wonach den Standesherren die Ausübung der bürgerlichen Gerichtsbarkeit in erster und zweiter Instanz in dem nämlichen Umfang wie bisher verbleiben sollte, und den nachstehenden Vorschriften festgestellt. Sowohl mit der Föderationsakte als auch mit § 2 des Edikts sei namentlich die Beschränkung der Appellation in zweiter Instanz gemäß § 4 des Edikts nicht vereinbar. Danach war eine Appellation an die standesherrliche Justizkanzlei als zweite Instanz ausgeschlossen, wenn die Sache die Revisionssumme von 100 Gulden nicht erreichte. Begründet hatte man dies mit den bestehenden Verordnungen, der Ämterinstruktion und der Observanz bzw. dem Gewohnheitsrecht. In Wertheim argumentierte man, daß diese Rechtsgrundlagen älter seien als die Rheinbundakte und daher die aktuellen Souveränitäts- und Mediatisierungsverhältnisse gar nicht hätten berücksichtigen können. Allein die Bestimmungen der Rheinbundakte könnten den Instanzenzug verbindlich regeln. Danach gebührten den Standesherren aber zweifellos die ersten beiden Instanzen, weshalb auch allein ihnen die Entscheidung zustehe über sämtliche Berufungen, die gegen erstinstanzliche Urteile überhaupt statthaft seien. Daher müsse in allen Fällen, in denen die Berufung gegen Erkenntnisse standesherrlicher Ämter stattfinde, diese jedenfalls wiederum vor eine standesherrliche Stelle gelangen.[171]

Nicht einverstanden war man in Wertheim auch mit der gegen die erstinstanzlichen Erkenntnisse der standesherrlichen Justizkanzleien offenstehenden Möglichkeit der Berufung an das landesherrliche Oberlandgericht. Dieses habe den gleichen Wirkungskreis und die gleiche Entscheidungsgewalt wie die standesherrlichen Justizkanzleien, stehe daher mit diesen gleichrangig auf einer Stufe und könne folglich nicht über deren Rechtssprüche als übergeordnete Instanz befinden. Stattdessen sei in allen Fällen das landesherrliche Oberappellationsge-

---

[171] Schreiben des gräflichen Regierungsrats von Städel an den Fürstprimas vom 24. August 1809, StAWt-R Lit. A Nr. 486a.

richt als Berufungsinstanz für Urteile der standesherrlichen Justizkanzleien vorzusehen.[172]

Wie gegenüber der badischen Seite reklamierten die Löwensteiner auch gegenüber dem Fürstprimas, daß eine Beschränkung der standesherrlichen peinlichen Gerichtsbarkeit auf bestimmte Delikte den Bestimmungen der Rheinbundakte widerspreche. Diese belasse den Standesherren sowohl die bürgerliche als auch die peinliche Gerichtsbarkeit als Eigentum ohne Rücksicht auf die Art der abzuurteilenden Straftat und

> *macht durchaus keinen Unterschied zwischen verschiedenen Gattungen der Vergehungen und Verbrechen, rücksichtlich ihrer Objecte, und sagt nirgends, daß die Untersuchung und Bestrafung dieser oder jener Verbrechen den Standesherren und ihren Stellen gänzlich entzogen werden sollen.*[173]

Ohne Unterschied spreche die Föderationsakte in bürgerlichen wie in peinlichen Sachen dem Souverän die höchste, aber auch nur die höchste Gerichtsbarkeit zu, woraus *e contrario* zu schließen sei, daß sie die bürgerliche wie auch die peinliche Gerichtsbarkeit in den ersten Instanzen ausnahmslos den Standesherren erhalten wolle.[174]

## 2. POLIZEI UND GESETZGEBUNG

Erst nach Erlaß des Organisationspatents von 1810 sah man sich in Wertheim zu Beschwerden gegenüber der fürstprimatischen Regierung im Hinblick auf die standesherrliche Polizei und Gesetzgebung genötigt. In den Jahren zuvor waren ja insoweit keinerlei allgemeine Regelungen ergangen, vielmehr hatte man in Aschaffenburg die alten Strukturen weitestgehend beibehalten und lediglich Weisungen im Einzelfall erteilt. Zwar wandten sich die Löwensteiner auch gegen zahlreiche derartige Maßnahmen des Landesdirektoriums. Da es sich hierbei jedoch nicht um juristische Argumentationsschriften, sondern um bloße Protestnoten ohne weitergehenden rechtlichen Gehalt handelte, bleiben diese hier unberücksichtigt. Die schleichende Verdrängung der standesherrlichen Justizkanzleien aus ihren polizeilichen Kompetenzen, die in der Trennung von Justiz und Verwaltung durch die Verordnung über die Gerichtsverfassung von 1812 gipfel-

[172] Schreiben Fürst Dominik Konstantins an den Fürstprimas vom 27. Dezember 1809, StAWt-R Lit. A Nr. 486b.
[173] Schreiben des gräflichen Regierungsrats von Städel an den Fürstprimas vom 24. August 1809, StAWt-R Lit. A Nr. 486a.
[174] Ebenda.

te, gab dann freilich hinreichenden Anlaß zu entsprechenden Aktivitäten der Löwensteiner. Ähnlich den Einwänden gegenüber der badischen Regierung, sahen sie in dem Entzug der Polizeigewalt ihrer Justizkanzleien einen evidenten Verstoß gegen Artikel 27 RBA, welcher den Standesherren die niedere Polizei ohne jede Einschränkung belassen habe. Hierzu gehörte nach ihrer Ansicht aber auch eine Mittelbehörde als Aufsichts- und Instruktionsinstanz für die Ämter, welche immerhin von den Standesherren eingerichtet und unterhalten würden.[175]

### 3. ABGABEN- UND SCHULDENWESEN

Angesichts der tiefen Einschnitte, die das Steuerreglement vom 29. Juli 1809 für die standesherrlichen Finanzen mit sich brachte, ist die energische Reaktion der Löwensteiner hierauf verständlich. Mit ähnlichen Argumenten wie denjenigen gegenüber Baden trachtete man zum einen danach, die völlige Abschaffung der standesherrlichen Schatzungsfreiheit *in ordinario* als mit der Rheinbundakte nicht vereinbar darzustellen. Zum anderen argumentierte man aber auch gegen die in dem Edikt festgesetzte Höhe des Steuersatzes.

Dabei beriefen sich die Löwenstein-Wertheimer insbesondere auf den bereits dargestellten Satz XXXIV der Brauerschen *Beyträge zu einem allgemeinen Staatsrecht der Rheinischen Bundes-Staaten in Funfzig Sätzen*. Wolle man dessen Differenzierung zwischen Kriegs- und Friedenszeiten folgen und in Kriegszeiten die Besteuerung der Standesherren zur Bestreitung der Sonderbedürfnisse und außerordentlichen Staatslasten billigen, so komme doch allenfalls eine bloß verhältnismäßige Heranziehung in Betracht. Da im Krieg nicht alle Lasten auch Kriegslasten seien, sondern im Frieden genauso anfielen, seien diese bei der Schatzung der Mediatisierten entsprechend mindernd zu berücksichtigen.[176] Nicht einmal der allgemeine staatsrechtliche Grundsatz, wonach jedes Mitglied des Staates für den Schutz, den es von ihm erhalte, zu den öffentlichen Lasten beitragen müsse, legitimiere es, den Artikel 27 RBA zu ignorieren. Denn dieser habe bereits vor dem neuen Staat existiert und sei eine der Bedingungen gewesen, unter denen die Mediatisierten erst zu Mitgliedern und Bürgern des neuen Staates gemacht worden seien.[177]

---

[175] *Kurze Vorstellung der Hauptbeschwerden der mediatisirten Fürsten und Grafen in dem Königreich Würtemberg, und in den Grosherzogthümern Baden, Hessen und Frankfurt*, StAWt-R Lit. D Nr. 490.

[176] Schreiben des gräflichen Regierungsrats von Städel an den Fürstprimas vom 19. September 1809, StAWt-R Lit. A Nr. 486a.

[177] Schreiben Fürst Dominik Konstantins an den Fürstprimas vom 27. Dezember 1809, StAWt-R Lit. A Nr. 486b.

Die Schatzung der ehemaligen Reichsstände sei folglich dem Grunde nach unberechtigt, jedenfalls aber in ihrer Höhe. Mit bestechender Folgerichtigkeit wies man darauf hin, daß offenbar auch die Rheinbundakte in ihrem Artikel 27 von der Existenz privilegierter Untertanen, die weniger Abgaben zu entrichten hätten als andere, und überdies von einer Klasse von Meistprivilegierten ausgehe, die noch weniger Steuern zahlten als die ersteren. Wenn diesem Teil der Akte überhaupt eine Wirkung zukommen solle, dann diejenige einer von Rechts wegen fortdauernden, dem Zugriff des Souveräns schlechthin entzogenen Existenz von privilegierten und meistprivilegierten Untertanen. Anderenfalls besagte er nichts anderes als daß das Besteuerungsrecht vollkommen der Willkür des Souveräns unterworfen sei. Allerdings sei hier der Unterschied zwischen unumschränkter höchster Gewalt und der von der Rheinbundakte tatsächlich gewährten limitierten Souveränität deutlich erkennbar.[178] Anstatt nach den Vorgaben der Rheinbundakte wie die privilegierteste Klasse im Land behandelt zu werden, würden die Mediatisierten aber nun härter herangezogen als die gewöhnlichen Untertanen. Die Besteuerung *in ordinario* mit dem gleichen Schatzungssimplum wie *in extraordinario* benachteilige die Standesherren, da man den Maßstab für die Besteuerung *in extraordinario* zu Zeiten der Steuerfreiheit des Adels *in ordinario* bestimmt und in Anbetracht dieses Umstandes gleichsam als Ausgleich entsprechend hart angesetzt habe. Nun aber – nach Wegfall der Steuerfreiheit *in ordinario* – sei hierfür kein Grund mehr vorhanden.[179]

Eine nur verhältnismäßige Beteiligung der Mediatisierten zu den öffentlichen Lasten suchte man auch zu begründen mit der Größe der standesherrlichen Güter und ihrer infolgedessen beschränkten Nutzbarkeit, ihrer regelmäßigen Unveräußerlichkeit als Bestandteil eines Familienfideikommisses sowie den darauf ruhenden Lasten, insbesondere der Patrimonialgerichtsbarkeit. Da ein Großgrundbesitzer seine Güter nicht selbst zu bebauen in der Lage sei, könne er im Verhältnis bloß einen weit geringeren Nutzen aus diesen ziehen als ein gemeiner Bauersmann, der sein Feld selbst bestelle und dessen reiner Ertrag sich erst nach Abzug seines und seiner Familie Lebensunterhalts ergebe. Die grundherrlichen Zehnten, Zinsen und Gülten würden aber in Ansatz gebracht, ohne den Lebensunterhalt des Grundherrn und seiner Familie sowie seiner Hintersassen und deren Familien zu berücksichtigen. Einzig ausschlaggebender Maßstab für die Höhe der Abgaben müsse daher auch bei den Standesherren der reine Ertrag der Güter sein.[180]

---

[178] Schreiben Fürst Dominik Konstantins an den Fürstprimas vom 9. Oktober 1809, StAWt-R Lit. A Nr. 486b.
[179] Ebenda.
[180] Ebenda.

Auch die Besteuerung der eigenen Dalbergschen landesherrlichen Domänengüter könne nicht zu einer entsprechenden Verpflichtung der Standesherren führen. Der Rheinbundakte sei nirgends zu entnehmen, daß die Domänengüter des Souveräns als Maßstab für die Besteuerung der standesherrlichen Güter dienen sollten. Vielmehr erkläre sie diese als zu den im Lande privilegiertesten gehörig. Auf eigene Güter des Souveräns lasse sich dieser Begriff aber nicht übertragen, da sich niemand selbst ein Privilegium erteilen könne. Außerdem könne niemand die dauerhafte Gleichbehandlung von landesherrlichen Gütern einerseits und standesherrlichen andererseits garantieren, sei der Souverän doch in seinen ihn betreffenden Entscheidungen jederzeit frei und eine einmal gesetzlich normierte Steuerverhaftung kaum reversibel.[181]

Schließlich wandten sich die Löwenstein-Wertheimer gegen ihre Beteiligung an der Tilgung der bereits vor der Übernahme ihrer Territorien durch den Fürstprimas entstandenen Landesschulden des Fürstentums Aschaffenburg. Die Heranziehung der Mediatisierten zu sämtlichen Staatsbedürfnissen im Rahmen der Besteuerung und damit auch zur Bedienung aller Staatsschulden sei ungerecht und berücksichtige nicht, daß durch die Rheinbundakte eine vollkommen neue Länderverbindung geschaffen worden sei, die nach ihrem Sinn und Zweck Wirkung erst *pro futuro* entfalten könne. Gleiches gelte für die alten Wertheimer Landesschulden, zu deren Tilgung man zu keinem Zeitpunkt verpflichtet, vielmehr hiervon nach den alten Reichsgesetzen gerade befreit gewesen sei. Im Grunde sei die mittelbare Heranziehung zur Rückzahlung derartiger Altverbindlichkeiten nichts anderes als die rückwirkende Auferlegung von Steuern trotz einer ausdrücklichen Befreiung von solchen Auflagen in der Vergangenheit. Just der *Code Napoléon* verbiete aber jegliches Gesetz mit Rückwirkung.[182]

## III. Die Auffassungen in der damaligen staatsrechtlichen Diskussion

Angesichts der umfangreichen und inhaltlich durchaus aufschlußreichen rechtlichen Argumentation der Löwensteiner stellt sich die Frage, inwieweit diese sich auf Ansichten in der damaligen allgemeinen staatsrechtlichen Diskussion zu stützen vermochte oder gar die herrschende Auffassung widerspiegelte. Zu diesem Zweck sollen nachfolgend die Hauptströmungen im Schrifttum jener Zeit dargestellt und sodann ihre Ausprägungen im Hinblick auf die Bereiche von Gerichtsbarkeit, Polizei und Gesetzgebung sowie Abgaben- und Schuldenwesen beleuchtet werden.

---

[181] Schreiben des gräflichen Regierungsrats von Städel an den Fürstprimas vom 19. September 1809, StAWt-R Lit. A Nr. 486a.
[182] Ebenda.

## 1. Allgemeines

Übereinstimmend mit der löwensteinischen Beurteilung, bestand hinsichtlich der Qualifikation der Rheinbundakte als Staatsfundamentalgesetz im juristischen Schrifttum jener Zeit weitgehend Einigkeit. Lediglich vereinzelt wollten Autoren die Akte ausschließlich nach vertragsrechtlichen Kriterien messen und benötigten folglich eigenartige Zweckkonstruktionen wie den Vertrag zugunsten Dritter, um ihre Verbindlichkeit auch zu Gunsten der – an den Verhandlungen gar nicht beteiligten – Standesherren zu begründen[183] oder bestritten diese gar völlig[184]. Da selbst die Löwensteiner solchen nur schwer nachzuvollziehenden Ansichten nicht folgten, sollen sie hier im wesentlichen außer Betracht bleiben.

Erhebliche Unterschiede wies dagegen das Verständnis der von der Rheinischen Bundesakte verwendeten Terminologie auf. Den Dreh- und Angelpunkt der Auseinandersetzung bildete insoweit der Begriff der Souveränität, den ein großer Teil des Schrifttums *in einer, nach Aussen unbeschränkten, nach Innen ungetheilten, nur durch allgemeine oder positive Staatsgrundgesetze für ihre Ausübung beschränkten bürgerlichen Oberherrschaft, Staats- oder Regierungsgewalt*[185] erkennen wollte. Im Hinblick auf Verständnis und Auslegung der Rheinbundakte wies der Würzburger Hochschullehrer Wilhelm Joseph Behr darauf hin, daß diese die Reichsverfassung gerade aufgehoben und eine andere an ihre Stelle gesetzt habe, ihre Begriffe folglich nicht mit dem überkommenen Rechtsverständnis erklärt werden könnten, sondern nur *aus der Natur der Sache und den Prinzipien des allgemeinen Staatsrechts* zu deuten seien.[186] Die nach der Rheinbundakte mit der Souveränität und folglich mit der Staatsgewalt wesentlich verknüpften Rechte setzten danach das Bestehen eines staatsbegründenden Unterwerfungsvertrags voraus und ergäben sich aus Begriff und Zweck der Staatsgewalt selbst, die ohne diese Rechte ihren Zweck schlechterdings nicht zu erfüllen vermöge. Rücksichtlich ihres hoheitlichen Charakters seien diese Rechte nach den Regeln des Staatsrechts zu beurteilen im Gegensatz zu den mit der Souveränität nicht wesentlich verknüpften Rechten, die angesichts ihrer privatrechtlichen Natur mit den Maßstäben des Privatrechts zu bewerten seien. Private Rechte seien solche, die den Nutzen und Gewinn für ein einzelnes Individuum zum unmittelbaren Zweck hätten. Hierzu zählten namentlich die im Alten Reich *regalia minora sive accidentalia* oder nutzbare Hoheitsrechte genannten Rechte, die um ihres bloßen Nutzens willen verliehen worden seien.[187]

---

[183] Vgl. *Kohler*, Die staatsrechtlichen Verhältnisse, S. 73 f.
[184] Vgl. *Fischer*, Der Teutsche Adel, Band 1, S. 153 ff.
[185] *Behr*, Systematische Darstellung, S. 401.
[186] *Behr*, Systematische Darstellung, S. 328.
[187] *Behr*, Systematische Darstellung, S. 459 f., 463 f.; *Brauer*, Beyträge, S. 22 f.

Sämtliche den Standesherren durch die Rheinische Bundesakte zugesicherten Rechte wollte der Heidelberger Staatsrechtslehrer Karl Salomo Zachariä demnach

> *auf zwey Classen oder Gattungen von Rechten zurückführen. Es sind theils Rechte, auf die ein jeder Unterthan, dem allgemeinen und positiven Privatrechte nach, Anspruch machen kann, z.B. das Eigenthumsrecht an Grundstücken, theils Vorrechte, die sich auf die Verfassung und Verwaltung des Staates beziehen, z.B. die Gerichtsbarkeit der Standesherren* [...].[188]

Die der Staatsgewalt entspringenden Vorrechte der zweiten Gattung seien aber als Hoheitsrechte nach staatsrechtlichen Grundsätzen unteilbar und unzertrennlich mit der bürgerlichen Oberherrschaft verbunden. Die Rheinbundakte habe diese – insbesondere Gerichtsbarkeit und Polizei – daher ausschließlich und vollständig den neuen Souveränen übertragen. Den Standesherren komme danach lediglich die von der Staatshoheit allein zu trennende vererbliche Befugnis zur Ausübung dieser Gerechtsame zu, nicht dagegen das jeweilige Hoheitsrecht selbst.[189] Diese Befugnis könne der Souverän aber aufgrund seiner vollkommenen Souveränität jederzeit willkürlich aufheben oder beschränken, grundsätzlich auch ohne Entschädigung, sofern der jeweilige Inhaber diesbezüglich keine Aufwendungen getätigt habe.[190] So schrieb Medikus in Winkopps Rheinischem Bund: *Der Souverain, obwohl vertragsmäßig an die Gesetze des Staats gebunden, doch unabhängig von fremdem Einflusse, kennt weder eine absolute noch bedingte Abhängig- oder Unterwürfigkeit* [...].[191] Die übrigen, in der Akte enthaltenen Rechte der zweiten Gattung zugunsten der Mediatisierten hätten dagegen einen ausschließlich privatrechtlichen Charakter und seien den Standesherren demnach nicht als Hoheitsrechte, sondern nur als – grundsätzlich unantastbare – Patrimonialprivatrechte vorbehalten worden.[192]

Im Gegensatz dazu verfocht eine in der Minderheit gebliebene Auffassung den Standpunkt, die Souveränität im Sinne der Rheinbundakte bilde lediglich den Inbegriff der Gerechtsame, welche diese den Bundesfürsten verliehen habe, und sei damit in ihrem Umfang gerade nicht unbeschränkt.[193] Selbst Behr mußte im Hinblick auf die von ihm vertretene Ansicht einräumen, daß,

---

[188] *K. S. Zachariä*, Staatsrecht, S. 24.
[189] *Behr*, Systematische Darstellung, S. 404 f.
[190] *K. S. Zachariä*, Staatsrecht, S. 21, 26, 35 f.
[191] *Medikus*, in: Der Rheinische Bund, Band II (1807), S. 68.
[192] *Behr*, Systematische Darstellung, S. 405, 463 f.
[193] *Stephan*, in: Der Rheinische Bund, Band II (1807), S. 263.

> *so lange es ausser dem Regenten geborne, oder durch den Erwerb von Gütern, nicht durch freye Wahl der Staatsgewalt gesezte, Inhaber jener Zweige eigentlicher Hoheitsrechte giebt, dennoch keine ganz volle Regentengewalt, keine Souveränität in ihrer ganzen Fülle, mit einem Worte, keine wahre Machtvollkommenheit existirt.*[194]

Ausgehend von der Grundherrlichkeit der alten deutschen Staatsverfassung differenzierten die Verfechter einer limitierten Souveränität nicht zwischen staatsrechtlich zu beurteilenden Hoheitsrechten und privatrechtlich zu qualifizierenden Patrimonialrechten. Als Staatsgrundgesetz bestätige die Akte die althergebrachte Grundherrlichkeit der Standesherren nebst ihren mit der Souveränität nicht wesentlich zusammenhängenden Ausflüssen als Privat- und Familieneigentum. Hierzu zählten aber auch und gerade die niedere und mittlere Gerichtsbarkeit sowie die damit verbundene niedere Polizei.[195] Insoweit habe aber die Rheinbundakte an der Rechtsposition der Standesherren nichts geändert. Denn der Staatsnotstand habe nur die Beseitigung der Reichs- sowie der Landeshoheit erforderlich gemacht, nicht aber auch der mit der neuen Staatsverfassung durchaus vereinbaren Patrimonialrechte. Bei der Übergabe der mediatisierten Lande durch die französischen Kommissare hätten die Vertreter der neuen Souveräne den ehemaligen Reichsständen in feierlichen Übergabeprotokollen die Ausübung der in der Rheinbundakte zugesprochenen Rechte zugesagt und sich damit auch gegenüber diesen verpflichtet.[196] Angesichts ihres affirmativen, nicht erst konstitutiven Charakters stelle die Akte nunmehr die alleinige Grundlage für Rechte und Stellung sowohl der Souveräne als auch der Mediatisierten dar. Daraus folge, daß einerseits die Souveräne ohne Anerkennung der in den Artikeln 27 bis 31 RBA ausgesprochenen Rechte der Mediatisierten nicht souverän, andererseits die Mediatisierten ohne Anerkennung der Souveränität nicht Grundherren seien.[197] Rücksichtlich dieser Bindung der Souveräne sei aber ein entschädigungsloser Entzug der standesherrlichen Gerechtsame ausgeschlossen.

Die Löwensteiner befanden sich demzufolge mit ihrer grundsätzlichen Haltung hinsichtlich der Qualifikation der Rheinbundakte und der daraus zu ziehenden Schlüsse in guter Gesellschaft – freilich in einer Minderheitenposition. Ihre Argumentation spiegelte im wesentlichen das Meinungsbild der Vertreter des auf Seiten der Mediatisierten stehenden zeitgenössischen staatsrechtlichen Schrifttums wider. Folgerichtig entwickelte man sie in Wertheim im Hinblick auf das

---

[194] *Behr*, Systematische Darstellung, S. 324.

[195] *Von Almendingen*, in: Der Rheinische Bund, Band XVIII (1811), S. 188.

[196] *Steiger*, in: Der Rheinische Bund, Band XII, (1809), S. 343; *anonymer Autor*, in: Der Rheinische Bund, Bd. XVII (1810), S. 153.

[197] *Von Almendingen*, in: Der Rheinische Bund, Bd. XVIII (1811), S. 177, 182.

Dritte KE fort und bewertete dieses ebenfalls als Staatsgrundgesetz mit für den Souverän bindender Wirkung.

## 2. Gerichtsbarkeit

Die zwei oben dargestellten Hauptargumentationslinien setzten sich naturgemäß bei der Auseinandersetzung um Inhalt und Ausmaß der den Standesherren zustehenden Gerechtsame fort. Von besonderer Bedeutung war hierbei die Gerichtsbarkeit als sich nach außen manifestierendes Zeichen der Herrschaft über die Untertanen – aus Sicht der um Erhaltung ihres bisherigen Status bemühten Standesherren, aber auch der nach Konsolidierung und Entfaltung ihrer neu gewonnenen Souveränität im Staatsinnern strebenden Landesherren.

Demgemäß wollte Brauer als großherzoglich badischer Beamter die *jurisdiction suprême* nicht als höchste Stufe des Instanzenzugs verstanden wissen, sondern als *allgemeine Quelle aller richterlichen Gewalt im Staat.*[198] Ein aus der Rheinbundakte resultierendes Recht der Standesherren auf die peinliche Gerichtsbarkeit sowie allgemein auf eine zweite Instanz bestritt er; die Verleihung beider Rechte sei vielmehr dem Belieben des Souveräns überlassen. Denn die Begriffe *basse et moyenne jurisdiction* seien nach altem französischem Muster auszulegen.[199] Danach umfaßte die niedere Gerichtsbarkeit lediglich Privatstreitigkeiten bis zu einem Streitwert von 60 Schilling, die mittlere aber alle bürgerlichen Rechtssachen in erster Instanz. Beide bildeten jedoch keinen Instanzenzug, sondern bestanden unabhängig voneinander. Hiervon zu unterscheiden war die Hochgerichtsbarkeit, die sich aus der bürgerlichen Jurisdiktion entweder in erster oder zweiter Instanz – niemals aber beidem – sowie der peinlichen Gerichtsbarkeit zusammensetzte.[200] Nur diese, so Brauer, könnten die Verfasser der Rheinbundakte gemeint haben, da die darin verwendeten Begriffe der alten deutschen Staatsverfassung unbekannt gewesen seien. In Patrimonialherrschaften habe man nämlich unter der hohen Gerichtsbarkeit die peinliche Gerichtsbarkeit verstanden, unter der niederen aber die bürgerliche in erster Instanz. Der peinlichen Jurisdiktion seien die Begriffe niedere, mittlere und hohe Gerichtsbarkeit ohnehin fremd gewesen.[201] Überhaupt sei die Rheinbundakte namentlich in Hinsicht auf die Gerichtsbarkeit nicht nach römischem oder altdeutschem Recht und Verständnis, sondern allein danach auszulegen, was die hohen Ver-

[198] *Brauer*, Beyträge, S. 88.
[199] *Brauer*, Beyträge, S. 121 ff.
[200] Vgl. *K. S. Zachariä*, Handbuch, Band 1, S. XIII ff.
[201] *Brauer*, Beyträge, S. 124 f.

tragsparteien gewollt und sich die – französischsprachigen – Redakteure des Textes gedacht hätten.[202]

Auch die Ausübung von Gerichtsbarkeit und Polizei nur noch im Namen des Souveräns war konsequente Folge der restriktiven Haltung gegenüber den Mediatisierten. Begriff man nämlich die Patrimonialgerichtsbarkeit nicht als dingliches, an Grund und Boden hängendes Nutzungsrecht, sondern als von der Staatsgewalt abgeleitetes und vom Souverän als deren Inhaber verliehenes Staatsamt, so erschien als gleichsam zwingend, daß es auch in dessen Namen auszuüben war.[203] Nicht durchgreifen konnte danach der Einwand, die Rheinbundakte habe den Mediatisierten Gerichtsbarkeit und Polizei nicht gegeben, sondern belassen, und folglich könne man die Standesherren nicht geradewegs zu jene Rechte ausübenden Staatsbeamten machen. Denn nach dieser Ansicht waren die Landesherren vor Errichtung des Bundes Inhaber sowohl der rechtsprechenden und polizeilichen Gewalt an sich als auch des Rechts zu deren Ausübung. Da die Rheinbundakte aber den Souveränen die Staatsgewalt in ihrem vollen Umfang – mithin auch rechtsprechende und polizeiliche Gewalt – übertragen habe, könne ihr Artikel 27 den Standesherren eben nichts weiter belassen haben als das bloße Recht zu deren Ausübung.[204]

Dem widersprach die andere Seite, indem sie eine Parallele zur Alten Reichsverfassung zog: Ehedem seien die Mediatisierten Landesherren und Reichsstände gewesen, in deren Territorien sich Patrimonialgerichte befunden hätten, über welche ihnen die Oberaufsicht zugestanden habe. Mit Errichtung des Rheinbundes seien sie in den Territorien der neuen Souveräne zu Inhabern der Patrimonialgerichtsbarkeit geworden, über welche nunmehr diesen die Oberaufsicht zustehe. Folglich sei nicht einzusehen, warum beides ungleich behandelt werden solle.[205] Weiter wies man auf den unauflösbaren Gegensatz zwischen den von der Gegenseite angeführten *Theoremen des allgemeinen Staatsrechts, welches die Gerichtsbarkeit in allen ihren Abstufungen zu wesentlichen Attributen der bürgerlichen Oberherrschaft im Staate* erkläre und den Dispositionen der Rheinbundakte hin. Denn könnten niedere und mittlere Gerichtsbarkeit als *droits essentiellement inhérens à la souveraineté* und damit als Ausfluß der Souveränität angesehen werden, so hätte Napoleon sie auch nicht den ehemaligen Reichsständen, sondern den neuen Souveränen zugestehen müssen. Tatsächlich erkläre Artikel 27 RBA sie aber zu *droits seigneuriaux et féodaux nonessentiellement inhérens à la souveraineté*, was zeige, daß es sich dabei gerade nicht um vom

---

[202] *Medikus*, in: Der Rheinische Bund, Band II (1807), S. 75.
[203] *Behr*, Systematische Darstellung, S. 408 f.
[204] *Behr*, Systematische Darstellung, S. 439 f.
[205] *Steiger*, in: Der Rheinische Bund, Band XIII (1809), S. 288 ff.

Souverän abgeleitete Rechte handele.[206] Außerdem lasse sich die Gegenansicht nicht mit der Tatsache vereinbaren, daß den Standesherren niedere und mittlere Gerichtsbarkeit sowie Polizei *comme propriété patrimoniale et privée* belassen worden seien, also gerade nicht lediglich das Recht zu deren Ausübung, sondern das uneingeschränkte Vollrecht. Dieses könne der Souverän den Standesherren nicht willkürlich entziehen oder beschränken – jedenfalls nicht entschädigungslos.[207] Unzweifelhaft sei die Terminologie der Rheinbundakte mit deutschen Rechtsbegriffen zu erklären, so daß unter niederer und mittlerer Gerichtsbarkeit zwei Stufen eines Instanzenzuges zu verstehen seien.[208]

Auf weitgehend einhellige Ablehnung im Schrifttum stieß die Aufhebung der standesherrlichen Kanzleisässigkeit. Zum einen sei auch noch anderen, im Range unter den Mediatisierten stehenden Staatsbürgerklassen wie dem Militär und der Geistlichkeit ein privilegierter Gerichtsstand gewährt. Zum anderen räume ihnen die Rheinbundakte in Artikel 28 selbst in Kriminalsachen ausdrücklich einen solchen ein, weshalb für Zivilsachen nichts anderes gelten könne.[209]

### 3. Polizei und Gesetzgebung

Als weiteres Herrschaftsrecht war die Polizei von vergleichbarer Bedeutung wie die Gerichtsbarkeit, erlaubte sie doch ihrem Inhaber, gegenüber den Untertanen in deren alltäglichem Leben unmittelbar als Obrigkeit in Erscheinung zu treten. Wie bei der Gerichtsbarkeit, so war notwendig auch hinsichtlich der Polizei ausschlaggebend, ob man die standesherrlichen Befugnisse angesichts uneingeschränkter Souveränität der Bundesfürsten als lediglich von deren Staatsgewalt abgeleitet ansah, oder ob man sie für originäre, in ihrem Bestand dem Einfluß des lediglich beschränkt souveränen Monarchen entzogene Rechte hielt. Streitig war demnach zum einen, wie hohe und niedere Polizei im Sinne der Rheinbundakte jeweils rechtlich zu charakterisieren und nach welchen Kriterien beide voneinander abzugrenzen seien. Zum anderen versprach das Recht zum Erlaß von Polizeiverordnungen als Bestandteil der Polizei den Mediatisierten, ein Fragment ihres vormaligen Normgebungsrechts erhalten zu können. Dieses hatte ihnen die Rheinbundakte in Artikel 26 eigentlich genommen und ausdrücklich und ohne Einschränkung den neuen Souveränen zugesprochen, so daß man zumindest darauf von mediatisierter Seite erst gar keinen Anspruch erhob.[210]

---

[206] *Steiger*, in: Der Rheinische Bund, Band XII (1809), S. 340 f.
[207] *Von Almendingen*, in: Der Rheinische Bund, Bd. XVIII (1811), S. 181.
[208] *Klüber*, Staatsrecht, S. 132 Fn. b.
[209] *Behr*, Systematische Darstellung, S. 422 f., 468.
[210] Vgl. Fn. 157.

In diesem Zusammenhang meinte Behr, aus den bisherigen Erkenntnissen der Polizeiwissenschaft lasse sich der Inhalt der hohen Polizei im Sinne der Rheinbundakte nicht entwickeln. Freilich folge aus Artikel 26 RBA, der dem Souverän alle Ausflüsse der Staatsgewalt zuspreche, daß darunter alle Befugnisse zu verstehen seien, ohne die der Regent den – nach der allgemeinen Ratio der Staatsgewalt – der Polizei zukommenden Zweck nicht erfüllen könne. Diese bestünden demnach in der vollständigen Polizeigesetzgebung und deren unmittelbarer Vollziehung, soweit sie sich auf den gesamten Staat erstrecke, bzw. in der ständigen Aufsicht über die Vollziehung der Polizeigesetze durch die Inhaber der niederen Polizei, soweit sie nur deren mediatisierte Lande betreffe. Anderenfalls wären deren Bewohner *der Privatwillkühr der untergeordneten Polizeyinhaber, die wohl in Polizeydespotismus ausarten, oder den Polizeyzwek vernachlässigen könnte, Preiss gegeben.*[211] Soweit Modifikationen angesichts unterschiedlicher lokaler Verhältnisse notwendig seien, sollte der niederen Polizei neben der Vollziehung der landesherrlichen Polizeigesetze auch das Recht zustehen, die zu ihrer Durchführung nötigen Vorschriften zu erlassen sowie die Fälle zu regeln, die von der landesherrlichen Gesetzgebung nicht erfaßt seien.[212]

Auf Seiten der Souveräne argumentierte Brauer, die niedere Polizei umfasse nur die *untere Bezirks-Polizey*, die lediglich auf lokaler Ebene für die Erledigung konkreter, polizeilich relevanter Fälle zuständig sein sollte. Obere Bezirks- sowie Landespolizei wollte er dagegen dem Souverän überlassen, der damit sowohl landesweit als auch regional in abstrakt-genereller Hinsicht polizeilich tätig werden konnte. Seiner Ansicht nach bestand zwischen hoher und niederer Polizei ein Über-/Unterordnungsverhältnis, wonach jene gegenüber dieser im Einzelfall weisungsbefugt sein sollte, da ansonsten die Staatsgewalt geteilt sei und nicht mehr vollständig in Händen des eigentlich unbeschränkt souveränen Regenten liege. Außerdem entstünden sonst leicht Interessenkollisionen, wenn die standesherrliche niedere Polizei unabhängig von der hohen des Souveräns agieren könne.[213] Nach Meinung der Befürworter uneingeschränkter Souveränität waren die ehemaligen Reichsstände grundsätzlich nicht befugt, allgemeine polizeiliche Vorschriften zu erlassen.[214]

Die Gegenansicht vertrat indes die Auffassung, die Befugnisse der landesherrlichen hohen gegenüber der standesherrlichen niederen Polizei umfaßten lediglich die Oberaufsicht, welche sich auf die bloße Rechtmäßigkeitskontrolle über die standesherrlichen Maßnahmen beschränke. Den Souveränen sei hingegen ver-

[211] *Behr*, Systematische Darstellung, S. 345 f.
[212] *Behr*, Systematische Darstellung, S. 449, 454.
[213] *Brauer*, Beyträge, S. 166 ff.
[214] *Medikus*, in: Der Rheinische Bund, Band II (1807), S. 70 f.

sagt, insoweit eigenes Ermessen auszuüben und damit in den Bereich der niederen Polizei eingreifende eigene Entscheidungen zu treffen. Auf das in polizeilichen Angelegenheiten häufige Erfordernis schneller Reaktion und die größere Sachnähe der niederen Polizei hinweisend, befürwortete man ihre generelle Kompetenz zum Erlaß von Polizeigesetzen und Verordnungen mit lokaler Geltung.[215]

Die Qualifikation der niederen Polizei als privates Recht lehnte die Mehrheit der Autoren ab. Nicht nur sei die Polizei ein Ausfluß der ausschließlich dem Souverän gebührenden Staatsgewalt und stehe den Mediatisierten lediglich ein von diesem abgeleitetes Recht zur Ausübung zu; den Standesherren fehlte es sonst auch an der notwendigen obrigkeitlichen Autorität, übten sie die niedere Polizei als bloßes Privatrecht aus.[216]

### 4. ABGABEN- UND SCHULDENWESEN

Weniger Macht- und Prestigefragen als vielmehr handfeste finanzielle Interessen waren mit der Auseinandersetzung um die Verteilung der diversen, bis dato von den ehemaligen Landesherren vereinnahmten direkten und indirekten Abgaben verbunden. Aber auch insoweit spielte die Grundfrage eine Rolle, wie weit die Souveränität der neuen Landesherren reichte und ob man bestimmten Abgaben hoheitlichen oder patrimonialen Charakter beimaß.

So schlugen die mit den neuen Souveränen sympathisierenden Autoren die meisten Auflagen als Staatsabgaben mit Hinweis auf deren hoheitlichen Charakter den Regenten zu. Dabei war man sich der Schwierigkeiten durchaus bewußt, die aus der Vielzahl der in den mediatisierten Landen unter den mannigfaltigsten Bezeichnungen existierenden direkten und indirekten Abgaben resultierten. Zu lösen gedachte man das Problem mit Hilfe einer rechtlichen Vermutung: Diese sollte bei denjenigen Auflagen, die mit einer eine indirekte Staatsabgabe bezeichnenden Benennung versehen waren, bis zum Beweis ihres patrimonialen Charakters durch den betroffenen ehemaligen Reichsstand zugunsten des Souveräns sprechen. Im umgekehrten Fall sollte die Vermutung zugunsten des Standesherrn ausfallen. Alle im Alten Reich zu den *regalia minora sive accidentalia* gehörenden, sogenannten nutzbaren Hoheitsrechte sollten als Privatrechte ausnahmslos den Standesherren verbleiben. Sie seien nicht als Ausfluß der Staatsgewalt anzusehen und zur Erreichung ihres Zwecks nicht unentbehrlich, vielmehr in der Vergangenheit den Privaten entwendet und zu Regalien gestempelt

---

[215] *Steiger*, in: Der Rheinische Bund, Band VI (1808), S. 74 f.
[216] *Berg*, in: Der Rheinische Bund, Band VII (1808), S. 63.

worden. Der bloße Hinweis auf eine Verleihung des betreffenden Auflagenrechts durch den Kaiser stelle allerdings keine hinreichende Begründung dar, habe dieser doch ebenso oft als Grundherr wie als Oberherr gehandelt.[217] Im einzelnen sollten den Mediatisierten die Judenschutzgelder sowie die Weg- und Brückengelder zustehen, soweit sie die betreffenden Wege und Brücken auf eigene Kosten herstellten und unterhielten, nicht dagegen Zoll und Akzise. Die beiden letzteren zählten unabhängig von ihrer aktuellen Bezeichnung zum *droit d'impôts*, auch wenn ihnen ein besonderer Erwerbstatbestand zugrundeliege und sie teilweise von den damaligen Reichsständen an Mittelbare überlassen worden seien.[218] Denn auch im Hinblick auf das Abgabenwesen gelte der Grundsatz, daß nach allgemeinem Staatsrecht zur Rechtssphäre der Oberherrschaft gehörende Befugnisse, ohne die man den Staatszweck nicht erreichen könne, den Souveränen zuzuweisen seien; den Standesherren hingegen blieben nur diejenigen Rechte, welche ihrer Natur nach Ausflüsse des Eigentums seien, auch wenn sie nach der alten Reichsverfassung irrig als Hoheitsrechte angesehen und behandelt worden seien.[219] Bei der Akzise handele es sich um eine erst in jüngerer Zeit von den Landesherren auferlegte – sofern nicht um ein kaiserliches Privileg nachgesucht worden sei, den Reichsgesetzen widersprechende – Abgabenart, die grundsätzlich alle einheimischen wie fremden Personen ohne Unterscheidung von Geburt und Stand treffe und demnach ohne jeden privatrechtlichen Charakter als aus der Staatsgewalt fließend anzusehen sei. Gleiches gelte für das Stempelpapier als Akzise auf den Papierverbrauch in Rechtsangelegenheiten.[220] Das Zollrecht gebühre aber schon deshalb dem Souverän als Inhaber der Oberherrschaft, da die Zölle nicht die Funktion einer bloßen Einnahmequelle haben dürften, sondern zur Lenkung und Leitung des Handels als natürlichem Recht der Staatsgewalt zu dienen hätten. Gerade weil es aus reichsoberhauptlicher Gewähr stamme, müsse das Zollrecht wieder an die bürgerliche Oberherrschaft zurückfallen, ganz gleich ob es einem Landesherrn oder einem Privatmann überlassen war.[221]

Was die Gleichstellung der standesherrlichen Domänen im Hinblick auf die Steuerfreiheit angehe, so beziehe sich diese nicht auf die Prinzen des regierenden Hauses, sondern auf den Regenten selbst. Mit dem französischen Wort *princes* sei dieser im Sinne des *princeps* gemeint, nicht jene. In den fürstlich primatischen Landen etwa gebe es keine Prinzen des regierenden Hauses und seien auch gar keine denkbar. Die Gleichstellung sei aber ohne Beschränkung auf einen bestimmten Zeitraum oder einen fixen Zeitpunkt erfolgt, so daß die

[217] *Behr*, Systematische Darstellung, S. 355 f., 463 f.
[218] *Behr*, Systematische Darstellung, S. 475 f.
[219] *Behr*, Systematische Darstellung, S. 316 f.
[220] *Brauer*, Beyträge, S. 160 f.
[221] *Brauer*, Beyträge, S. 161 f.

standesherrlichen Domänen jederzeit akzessorisch zu den Domänen des Souveräns zu besteuern seien. Insbesondere der 12. Juli 1806 stelle damit keinen Stichtag dar, da in der Rheinbundakte hiervon kein Wort zu finden und insoweit auch kein Interpretationsspielraum vorhanden sei. Im übrigen widerspräche eine derartige Zementierung der Verhältnisse des Alten Reiches Buchstaben und Geist der Akte, die in jeder Hinsicht auf Veränderung ausgelegt sei und dies auch durch die mit der Souveränität einhergehende Handlungsfreiheit der Regenten demonstriere.[222] Kurz und bündig stellte daher der Staatsrechtslehrer und badische Kabinetts- und Staatsrat Johann Ludwig Klüber fest:

> *Ob und wiefern Steuerfreiheit der Domänen, der standesherrlichen Kammergüter* [...] *statt finde? ist aus der Verfassung eines jeden Landes* [...] *zu beurteilen.*[223]

Auf mediatisierter Seite war man hingegen der Auffassung, daß die Souveräne das Recht der Auflagen nur insoweit auszuüben berechtigt seien, *als es der Staatszweck der Rheinischen Konföderation zur unerläßlichen Nothwendigkeit macht.*[224] Daraus folgerte Stephan:

> *Da, wo der Souverain als Repräsentant des Bundeslandes – also auch der, seiner Souverainität unterworfenen, Provinzen und mithin als Depositaire des Bundeszwecks – erscheint, müssen die hierzu erforderlichen Ausgaben durch den Weg der Besteurung bestritten werden.*[225]

In der Frage der Gleichstellung der standesherrlichen Domänen hinsichtlich der Steuerfreiheit *in ordinario* schlug sich Brauer – in seinem Denken teilweise noch der Tradition des Alten Reiches verhaftet – auf die Seite der Mediatisierten: Maßgeblich sei der vor der Mediatisierung liegende Zustand, da die Regelung ansonsten jeglichen Sinn verlieren würde und die Standesherren schutzlos der freien Willkür ihrer Souveräne ausgeliefert wären. Wolle man hiervon abweichen, so bedürfe es einer diesbezüglichen Übereinkunft zwischen beiden Seiten.[226] Ähnlich argumentierte auch Behr, wenngleich er zu Bedenken gab, daß dem Souverän eine völlige Abschaffung der Steuerprivilegien im Interesse der Rechtsgleichheit wohl nicht zu verwehren sei.[227] Beide gingen jedoch von einer Steuerpflicht der sonst privilegierten Klassen *in extraordinario* aus, da diese auch schon vor Errichtung des Rheinbundes zu den außerordentlichen Bedürf-

---

222 *Von Strauß*, in: Der Rheinische Bund, Band XII (1809), S. 103 ff.
223 *Klüber*, Staatsrecht des Rheinbundes, S. 381.
224 *Stephan*, in: Der Rheinische Bund, Band II (1807), S. 278.
225 Ebenda.
226 *Brauer*, Beyträge, S. 197 f.
227 *Behr*, Systematische Darstellung, S. 429 ff.

nissen herangezogen worden seien und die Akte insoweit keine Änderung des Rechtszustandes vorsehe.[228]

Im Hinblick auf einzelne Abgabenarten, so die den Mediatisierten gesonnenen Autoren, sei sehr wohl zwischen solchen mit staats- und solchen mit privatrechtlichem Charakter zu unterscheiden. Die von den Grundherren bezogenen hätten allerdings ausschließlich letzteren Bezug gehabt.[229] Wasserfallzins und dergleichen Gebühren für die Nutzung natürlicher Verkehrswege stünden auch weiterhin den Mediatisierten als deren rechtmäßigen Eigentümern zu, da diese bereits als Grundherren Eigentümer des Grund und Bodens, der Flüsse und Seen gewesen seien und die Rheinbundakte daran nichts geändert habe.[230] Was Akzise und Ohmgeld betreffe, so könne man diese nicht als wahre Konsumtionssteuern ansehen, vielmehr seien sie zur Bestreitung der Kosten der niederen Polizei zu entrichten gewesen, weswegen auch zahlreiche Mediate Anteil daran gehabt hätten. Das Ohmgeld insbesondere habe seinen rechtlichen Grund in der Wirtschafts- und Zapfgerechtigkeit als Bestandteil der Grundherrlichkeit. Nicht von ungefähr befänden sich nach wie vor viele Wirtshäuser in grundherrlichem Eigentum.[231] Das Recht Zollstätten anzulegen schließlich sei in der Landeshoheit der deutschen Reichsstände nicht inbegriffen gewesen, sondern habe sich auf kaiserliche Bewilligung gegründet, welche in vielen Fällen bereits lange vor dem Westfälischen Frieden erteilt und durch diesen verbindlich bestätigt worden sei. Hieraus ergebe sich, daß es sich dabei gerade um kein wesentliches Souveränitätsrecht handele, ebensowenig aber um *Vectigales* bzw. öffentliche, d.h. fiskalische Zölle und Nutzungsabgaben. Stattdessen handele es sich meist um Weggelder, die teils von Patrimonialobrigkeiten und sogar von Dorfgemeinden bezogen worden seien.[232]

Von großer Bedeutung für die Mediatisierten war neben der Rettung möglichst vieler ihrer Revenüen die Übernahme eines möglichst großen Anteils ihrer Schulden durch die Souveräne. Hatten diese bei der Verteilung der ehemals reichsständischen Einkünfte den Wirkungsbereich der Staatsgewalt noch durchaus großzügig umrissen, so hielt sich ihre Neigung hierzu im Hinblick auf den Schuldenberg des mediatisierten Adels – nicht zuletzt angesichts des eigenen – freilich in Grenzen.[233]

---

[228] *Behr*, Systematische Darstellung, S. 432 f.; *Brauer*, Beyträge, S. 193 f., 198.
[229] *Von Almendingen*, in: Der Rheinische Bund, Band XVIII (1811), S. 167.
[230] *Von Almendingen*, in: Der Rheinische Bund, Band XVIII (1811), S. 165.
[231] *Stephan*, in: Der Rheinische Bund, Band II (1807), S. 281.
[232] Ebenda.
[233] So nahm die öffentliche Verschuldung in Baden wie auch in Bayern zu Beginn des 19. Jahrhunderts krisenhafte Ausmaße an und bedrohte die Funktionsfähigkeit des Staates. Vgl. *Ullmann*, Staatsschulden, Band 2, S. 401, 618.

Das damalige Schrifttum war sich allerdings weitgehend einig, die Rheinbundakte wortgetreu anzuwenden und die Schulden der unterworfenen Fürstentümer und Grafschaften in dem gleichen Verhältnis zwischen Mediatisierten und Souveränen aufzuteilen, in welchem die dem einen Teil verbliebenen zu den auf den anderen übergegangenen Einkünfte standen. Maßgeblich sein sollten dabei sämtliche direkten und indirekten Staatsabgaben.[234] Selbst der in großherzoglich badischen Diensten stehende Brauer meinte, daß

> *nach dem neu aus den Stipulationen des Bundesvertrags entstehenden Verhältnissen der Einkünfte, die der Oberherr bekommt und der Standesherr behält, die Schuldentheilung geschehen solle.*[235]

Von einer Unterscheidung zwischen Landes- und Kammerschulden war also nirgends die Rede, ebensowenig sollten die auf den Souverän übergegangenen direkten Steuern bei der Berechnung der zu übernehmenden Schulden unberücksichtigt bleiben. Die von den Löwensteinern beanstandete Unterscheidung zwischen Kammer- und Privatschulden hingegen fand keine Unterstützung in der damaligen Literatur. Diskutiert wurde allerdings im Sinne der löwensteinischen Klage, im Rahmen der Besteuerung zu Unrecht zur Bedienung alter Staatsschulden herangezogen zu werden, die Einrichtung separater Landesschuldentilgungskassen für die Altschulden der einzelnen Landesteile. Diese sollten dann nach ihren Bedürfnissen aus Abgaben gespeist werden, die man in den jeweiligen Landesteilen in entsprechender Höhe zu erheben vorschlug.[236]

## IV. Bewertung

Wie sind nun die löwensteinischen Einwendungen gegen die Maßnahmen der neuen Souveräne zu bewerten? Inwieweit waren diese begründet bzw. vermochten sich auf überzeugende Argumente zu stützen? Mit Hilfe allgemeiner Rechtsgrundsätze sowie vor und nach der Rheinbundzeit und damit unabhängig von der ab 1806 von großer Leidenschaft geprägten Auseinandersetzung erschienener Literatur sollen sie auf ihre Stichhaltigkeit hin untersucht werden.

### 1. ALLGEMEINES

Bei der Frage nach Umfang und Reichweite der den Rheinbundfürsten verliehenen Souveränität waren im Rahmen der Auslegung der Rheinbundakte zunächst

[234] *Behr*, Systematische Darstellung, S. 386 f.
[235] *Brauer*, Beyträge, S. 221 f.
[236] *Anonymer Autor*, in: Der Rheinische Bund, Band VIII (1808), S. 411 f.

folgender Gesichtspunkt von Bedeutung: Im Hinblick auf die den Fürsten zugeschiedenen Territorien unterschied die Akte wie oben angedeutet[237] zwischen drei Herrschafts- und Besitzformen:

- Nach Artikel 24 durften die neuen Souveräne in den ihnen zugewiesenen Territorien der mediatisierten Reichsstände *tous les droits de souveraineté* ausüben. Artikel 26 definierte diese als Gesetzgebung, oberste Gerichtsbarkeit, Oberpolizei, Militärgewalt und Steuerhoheit. Einschränkend bestimmte Artikel 27 dann im einzelnen die den Mediatisierten verbleibenden Rechte. Dazu zählten ihre Domänen als Patrimonial- und Privateigentum sowie die Herrschafts- und Feudalrechte, die nicht wesentlich zur Souveränität gehörten.[238]
- Im Hinblick auf die Reichsritterschaft bestimmte Artikel 25, daß die Rheinbundfürsten deren Gebiete *en toute souveraineté* besitzen sollten. Die neuen Landesherren mußten demnach keine Einschränkung ihrer Souveränität hinnehmen, die ehemaligen Reichsritter sollten im Gegensatz zu den Standesherren nicht berechtigt sein, die nicht-wesentlichen Souveränitätsrechte auszuüben. Die reichsritterlichen Eigentumsrechte blieben aber unangetastet.[239]
- Die in den Artikeln 17 bis 23 genannten Gebiete schließlich sollten die neuen Souveräne *en toute souveraineté et propriété*, also über die uneingeschränkte Souveränität hinaus mit sämtlichen Eigentumsrechten besitzen.

Aus dieser unterschiedlichen Terminologie der Akte ergab sich eine klare Abstufung der von den Rheinbundfürsten in ihren verschiedenen neu erworbenen Territorien auszuübenden Souveränität. Hätten die Verfasser der Akte den neuen Landesherren in allen übertragenen Gebieten eine lediglich durch das Naturrecht und die Prinzipien des allgemeinen Staatsrechts beschränkte Oberherrschaft zugestehen wollen, hätte es einer derart ausdifferenzierten Beschreibung der Souveränitätsrechte nicht bedurft. Ein Vergleich der Regelungen in Artikel 25 RBA einerseits und Artikeln 24 und 26 andererseits ergibt, daß mit *toute souveraineté* etwas anderes gemeint sein muß als mit *tous les droits de souveraineté*. Die enumerative Aufzählung dieser Souveränitätsrechte in Artikel 26 gibt hierüber Aufschluß, ergänzt durch Artikel 27, der die den Mediatisierten vorbehaltenen und damit gerade dem Machtbereich des Souveräns entzogenen Rechte nennt. Von einem den ehemaligen Reichsständen angeblich belassenen bloßen Ausübungsrecht hinsichtlich der darin genannten Hoheitsrechte ist in der Akte hin-

[237] Vgl. oben § 4 A. I.
[238] *Winkopp*, Die Rheinische Konföderationsacte, Artikel 26, S. 64 ff.
[239] *Vollgraff*, Standesherrn, S. 222.

gegen kein Wort zu finden. Weiter hätte es eben dieser Nennung der Souveränitätsrechte expressis verbis in Artikel 26 RBA nicht bedurft, wenn *tous les droits de souveraineté* ohnehin umfassend und ohne jede Einschränkung gemeint gewesen wäre. Mit einem derartigen Verständnis nicht zu vereinbaren wäre auch die Passage in Artikel 27 *conserveront chacun comme propriété patrimoniale et privée.* Denn welchen anderen Sinn hätte diese Regelung haben sollen als die Rechte des Souveräns von denjenigen zu scheiden, die den Mediatisierten verbleiben sollten? Schließlich ist in der Rheinbundakte lediglich von der Souveränität nach innen ausdrücklich die Rede. Die Souveränität nach außen wird dagegen nicht eigens angesprochen, erfährt aber durch die Bündnisverpflichtungen und das französische Protektorat jedenfalls faktisch zahlreiche Einschränkungen. Dieser Umstand spricht stark für die Annahme, daß die Akte nicht nur die äußere Souveränität, sondern – in dem skizzierten Umfang – auch die innere beschränken wollte.[240] Entgegen der These des im Sinne der Rheinbundfürsten argumentierenden Schrifttums, wonach die *ehemaligen Territorialherren, so wie alle vormalige Reichsfreyherren ohne Ausnahme, zum Stande und zur Klasse der Unterthanen gehören*[241], räumte Napoleon den Mediatisierten in der Rheinbundakte eine untergeordnete Herrschaftsstellung ein und stufte sie nicht zu bloßen privilegierten Staatsbürgern herab. Den Rheinbundfürsten dagegen gewährte er lediglich eine beschränkte Souveränität.[242]

Die Klassifikation der den ehemaligen Reichsständen durch die Rheinbundakte verbliebenen Rechte in staatsrechtlich zu beurteilende als Ausfluß der Hoheitsgewalt einerseits und privatrechtlich zu charakterisierende als Bestandteil des Privatvermögens andererseits war nicht zu vereinbaren mit Artikel 27 RBA, wonach die Mediatisierten diese *comme propiété patrimoniale et privée* behalten sollten. Denn im Gegensatz zum Kammergut wurde unter Patrimonialeigentum gerade Eigentum ohne jeden Bezug zu einem öffentlichen oder sonstigen Staatszweck verstanden.[243] Daß sich unter den vorbehaltenen Rechten auch solche befanden, die als Ausfluß der Souveränität anzusehen waren, änderte hieran nichts und lag in der Natur der Sache, da es ansonsten eines entsprechenden Vorbehalts gar nicht bedurft hätte. Denn die privatrechtlichen Eigentumsverhältnisse ließ die Rheinbundakte in den Gebieten der ehemaligen Reichsstände ja gerade unangetastet, so daß eine weitere Regelung diesbezüglich überflüssig gewesen wäre. Obgleich die den Mediatisierten vorbehaltenen Rechte somit sämtlich einen privatrechtlichen Charakter erhielten, mußte den Rheinbundfürsten eine – zu jener Zeit bereits grundsätzlich anerkannte – Enteignung gegen Entschädigung

---

[240] Vgl. *Quartisch*, in: Handwörterbuch, Band 4, Sp. 1720 f., sowie in der damaligen Literatur *von Berg*, Abhandlungen, 2. Abschnitt, 5. Abhandlung, S. 89 ff.
[241] *Behr*, Systematische Darstellung, S. 309 f.
[242] *Schier*, Standesherren, S. 12.
[243] Vgl. *Kohler*, Die staatsrechtlichen Verhältnisse, S. 87.

verwehrt bleiben. Ihre Souveränität war ja gerade um diese Rechte beschnitten, so daß die Möglichkeit zur Enteignung den Standesherren mit der einen Hand genommen hätte, was ihnen zuvor mit der anderen gegeben worden war.

Bindungswirkung im Hinblick auf die Rechte der Mediatisierten entfaltete die Rheinbundakte für die Souveräne zum einen durch die Unterzeichnung der Akte selbst und zum anderen durch ihr förmliches Versprechen bei der Übergabe der mediatisierten Gebiete durch die französischen Kommissare, wonach sie den Mediatisierten alle in der Rheinbundakte enthaltenen Rechte zusicherten. Historische Parallelen bestanden insoweit in den bereits im 17. und 18. Jahrhundert stattgefundenen Mediatisierungen, bei denen mehrere gräfliche Häuser unter preußische, kursächsische und Hessen-Kasseler Oberhoheit traten. Aufgrund von Verträgen blieb diesen Mediatisierten eine eigene Gerichtsbarkeit und Verwaltung über ihr Gebiet erhalten, in einigen Fällen überdies das Recht der Steuererhebung, während die neuen Oberherren die Vertretung nach außen, Militärhoheit, Gesetzgebung sowie oberste Gerichtsbarkeit übernahmen.[244] Daneben hatte die französische Krone im gleichen Zeitraum mehrere deutsche Fürsten, deren Besitzungen in Frankreich lagen oder daran angrenzten, der eigenen Hoheit untergeordnet. In besonderen Verträgen – den *lettres patentes* – entsagten die betroffenen Fürsten ihrer Landeshoheit und Unmittelbarkeit und unterwarfen sich französischer Souveränität. Im Gegenzug blieben ihnen bestimmte Rechte wie Gerichtsbarkeit, Verwaltung und Steuererhebung vorbehalten.[245]

Zweifelhaft erscheint hingegen die von den Löwensteinern postulierte Bindungswirkung des Dritten KE. Denn insoweit fehlte es an allen Merkmalen, die etwa bei der Rheinbundakte eine solche Wirkung begründeten. Die Mediatisierten wirkten an der Entstehung des Dritten KE in keiner Weise mit – vor seiner Verabschiedung waren sie lediglich gebeten worden, unverbindlich ihre Bitten und Wünsche vorzutragen, so daß eine Qualifizierung desselben als Staatsvertrag ausscheidet. Der Souverän sicherte ihnen den Bestand auch nicht unmittelbar in einer Vereinbarung zu wie er es zuvor in den Übertragungsprotokollen im Hinblick auf die Rheinbundakte getan hatte. An einer Bindungswirkung mußte es aber bereits aufgrund der Tatsache fehlen, daß im absolutistischen Staat allein dem Monarchen das Recht der Gesetzgebung zustand – ohne Mitwirkung Dritter, insbesondere ständischer Vertretungen, die ja in Baden ohnehin nicht mehr existierten. Nichts anderes konnte aber für die Aufhebung und Änderung von Gesetzen gelten. War der Souverän durch höherrangiges Recht wie etwa die Rheinbundakte als Staatsgrundgesetz gebunden, so konnte sich bei Gesetzen, die aufgrunddessen erlassen, geändert oder aufgehoben wurden, allenfalls die Frage

---

[244] *Schier*, Standesherren, S. 10.
[245] *Vahlteich*, Die deutschen Standesherren, S. 24 f.

stellen, ob diese mit selbigem vereinbar waren oder nicht. Ein einmal erlassenes Gesetz an sich konnte gegenüber dem Souverän jedenfalls keine bindende Wirkung entfalten. Daran änderte auch der Umstand nichts, daß das Dritte KE zur Konkretisierung der in der Akte offengelassenen oder streitigen Punkte dienen sollte. Dies betraf vielmehr die Frage, wem die Interpretationshoheit über die Akte zustehe oder ob diesbezüglich unter den Betroffenen ein Konsens herbeizuführen sei. Die Grundlage für die Rechte der Mediatisierten stellte demnach allein die Rheinbundakte dar.

Angesichts der Bindungswirkung der Rheinbundakte für die Bundesfürsten blieb für unmittelbare Eingriffe der Souveräne in die Rechte der ehemaligen Reichsstände ohne deren Einverständnis oder eine entsprechende Entschädigungsregelung kein Raum. Aber auch die Interpretationshoheit über die Rheinbundakte konnte nicht als allein in Händen der neuen Souveräne liegend angesehen werden. Ansonsten hätten diese bei Streitigkeiten über den Umfang der neu erworbenen Oberhoheit hierüber in eigener Sache entscheiden und damit die Bestimmungen der Akte nach Gutdünken und Willkür anwenden können. Daß man sich dieses Problems auch auf Seiten der neuen Souveräne durchaus bewußt war, belegt das von den Löwensteinern als Beleg angeführte Schreiben Napoleons an den Fürstprimas vom 11. September 1806.[246] Hieraus allerdings abzuleiten, Napoleon hege Sympathien für die Errichtung von Gerichtshöfen, die zur Entscheidung solcher Streitfragen berufen sein sollten, und sehe infolgedessen die Souveränität der Rheinbundfürsten als eingeschränkt an, mutet durchaus kühn an. Keinesfalls zwingend erscheint nämlich der Schluß, Napoleon habe mit der bloßen Existenz von Streitigkeiten zwischen Souverän und Untertanen auch deren grundsätzliche Statthaftigkeit anerkannt und lehne lediglich die Befassung der Bundesversammlung sowie von auswärtigen, nicht aber von inländischen Gerichten hiermit ab. Vielmehr bezeichnete er diese lediglich als interne Angelegenheiten der souveränen Rheinbundstaaten, die Frankreich nichts angingen und daher auch nicht vor ein auswärtiges Tribunal gebracht werden könnten. Wie mit ihnen umzugehen sei, überließ er also ausschließlich den Rechtsordnungen der betreffenden Staaten, woraus wiederum nicht geschlossen werden kann, deren Souveräne hätten nun nach Gutdünken verfahren können. Denn wer unabhängig von auswärtigen Rechtsprechungsinstanzen ist, ist allenfalls nach außen unbeschränkt souverän, jedoch nicht zwingend auch nach innen.

In der Rheinbundakte nicht geregelte oder umstrittene Fragen hätten nach allem einvernehmlich zwischen Souverän und Standesherren geklärt werden müssen; jedenfalls aber durch ein einzelstaatliches Gericht, berufen zur Auslegung der Akte und zur Vereinbarkeitsprüfung von durch den Souverän auf dieser Grund-

---

[246] Vgl. oben Fn. 31.

lage erlassenen Normen. Die Thesen der Löwensteiner im Hinblick auf die limitierte Souveränität der Rheinbundfürsten und ihren infolgedessen beschränkten Spielraum gegenüber den Standesherren waren demnach im wesentlichen zutreffend. Ihre Argumente erweisen sich insoweit aber nur teilweise als tragfähig.

## 2. Gerichtsbarkeit

Die eingeschränkte Souveränität der neuen Landesherren setzte sich naturgemäß in bezug auf die standesherrlichen Rechte der niederen und mittleren Gerichtsbarkeit fort. Artikel 27 Absatz 1 RBA hatte diese den Mediatisierten ausdrücklich und ohne jede Einschränkung belassen. Zwar konnte auch im Alten Reich der Gerichtsherr sein Recht nicht schrankenlos ausüben, war er doch im Rahmen des Lehnsnexus als Vasall an seinen Lehnsherrn gebunden:

Was die Mediatisierten als ehemalige Landesherren anging, so umfaßte der Begriff der Landeshoheit nach althergebrachtem Rechtsverständnis immer die – scharf von der regelmäßig von den Reichsgerichten ausgeübten höchsten Gerichtsbarkeit zu trennende – höhere bzw. mittlere Gerichtsbarkeit. Diese beruhte in der Regel auf einer kaiserlichen Beleihung und beinhaltete als eigentlicher Kern und Wesen der Landesherrlichkeit im Gegensatz zur Gutsherrlichkeit das Recht, ein Gericht zweiter Instanz für Zivilsachen zu halten. Die Strafgerichtsbarkeit dagegen konnte unbeschadet der Landeshoheit durchaus auch einem anderen Gerichtsherrn zustehen.[247] Auch soweit er sie nicht selbst innehatte, war der Landesherr Quelle aller Zivilgerichtsbarkeit in seinem Territorium.[248] Diese mittlere Gerichtsbarkeit beließ die Rheinbundakte nun den ehemaligen Reichsständen, allerdings der Souveränität eines Rheinbundfürsten untergeordnet und mit demselben patrimonialen bzw. eigentumsähnlichen Charakter versehen wie er bereits zuvor der niederen oder gutsherrlichen Patrimonialgerichtsbarkeit zugekommen war.[249] Nach dieser Umwandlung ihres rechtlichen Charakters konnte die mittlere Gerichtsbarkeit demzufolge nur denjenigen Beschränkungen unterworfen sein, die bereits zuvor die Patrimonialgerichtsbarkeit aufgewiesen hatte. Die hohe peinliche Gerichtsbarkeit – auch als Blutbann bezeichnet – war bereits im Alten Reich als besonderes kaiserliches Regal in wesentlich stärkerem Maße als die Zivilgerichtsbarkeit der landesherrlichen Gesetzgebung und Oberaufsicht unterworfen.[250]

---

[247] *Zoepfl*, Grundsätze, Band 1, S. 224 f.
[248] *Zoepfl*, Deutsche Rechtsgeschichte, Band 2, S. 414 und Fn. 5.
[249] Vgl. *Zoepfl*, Die neuesten Angriffe, S. 7.
[250] *Gönner*, Teutsches Staatsrecht, S. 583 f.; *Zoepfl*, Grundsätze, Band 1, S. 224 f.

Obwohl sie als unmittelbarer Ausfluß des Eigentums und damit zum Privatvermögen gehöriges Recht angesehen wurde, hatte die Patrimonialgerichtsbarkeit auch im Alten Reich ihren Rechtsgrund nur in der Übertragung durch den Landesherrn. Als mittelbares Staatsamt war sie allezeit der landesherrlichen Gesetzgebung und Oberaufsicht unterworfen, weshalb die Patrimonialgerichtsherren die Gerichtsordnungen des Landesherrn sowie Vorschriften über die zu erhebenden Sporteln auch schon im Alten Reich zu beachten hatten. Der Landesherr konnte die Anforderungen an die Gerichtshalter bestimmen und hierzu ernannte Personen prüfen sowie untaugliche ablehnen. Schließlich durfte er, wenn sich die Patrimonialgerichtsbarkeit auch auf den Gerichtsherrn selbst betreffende Fälle bezog, diese besonderen, in seinen Diensten stehenden Stellen unterwerfen.[251]

Nicht zu überzeugen vermochte aber der Einwand der neuen Souveräne, die Begriffe der *basse et moyenne jurisdiction* seien nach französischem Vorbild auszulegen, weshalb die niedere Gerichtsbarkeit nur Bagatellfälle erfasse, die mittlere aber lediglich Zivilsachen in erster Instanz. Unstreitig existierten im Alten Reich drei Rechtszüge, wovon den Landesherren grundsätzlich die ersten beiden Instanzen zustanden. Hatten sie in seltenen Fällen vom Kaiser das *privilegium de non appellando* erhalten, so übten sie ausnahmsweise auch die Gerichtsbarkeit in dritter Instanz aus. Die Rheinbundakte ließ sich aber mit keiner Silbe über die Abschaffung dieses dreistufigen Gerichtsaufbaus und dessen Ersetzung durch das altfranzösische System aus. Selbst wenn man gleichwohl annehmen wollte, daß dieses durch die Zuscheidung der Untergerichtsbarkeit nach französischem Verständnis an die Standesherren gleichsam konkludent eingeführt werden sollte, hätte es angesichts der durchaus vorhandenen Strukturen sehr nahe gelegen zu bestimmen, wie sich die Zuständigkeiten nunmehr verteilten. Ebensowenig verfing schließlich der Einwand, die Abfassung des Normtextes in französischer Sprache zwinge zu einer Auslegung im französischen Rechtssinne. Dem französischen Rechtssystem war die Aufteilung in niedere, mittlere und hohe Jurisdiktion gerade fremd, da unabhängig von der jeweiligen Eingangsinstanz – Friedensrichter oder *Tribunal* – insgesamt nur zwei Rechtszüge offenstanden. Als hohe Gerichtsbarkeit angesehen wurde dabei nur das *Tribunal d'appel*, nicht dagegen die jeweiligen erstinstanzlichen Gerichte.[252]

Die löwensteinische Kritik an den Maßnahmen der neuen Souveräne und ihre Forderung nach unbeschränkter Ausübung der ihnen belassenen niederen und mittleren Gerichtsbarkeit waren demnach im wesentlichen begründet. Sie dürfte nicht zuletzt dem Umstand geschuldet gewesen sein, daß die Patrimonialgerichtsbarkeit es ihnen erlaubte, die Richter zu bestimmen, die über die Prozesse

---

[251] Statt vieler *Gönner*, Teutsches Staatsrecht, S. 540 ff.
[252] Vgl. *K. S. Zachariä*, Handbuch, Band 1, S. XIII ff.

der Domänenpächter zu urteilen hatten. Daher rührt wohl auch das auffällige Interesse an der zweiten Instanz, welche als allzu unparteiisches staatliches Rekursgericht insoweit kontraproduktiv gewirkt hätte. Einzig die von ihnen in Zweifel gezogene Regelung des Instanzenzuges sowie die Festlegung von Qualifikationskriterien für das Justizpersonal durch den Souverän konnten angesichts des landesherrlichen Rechts zur formellen Ausgestaltung des Gerichtswesens keinen Einwänden begegnen. Rücksichtlich der Tatsache, daß Ursprung aller Gerichtsbarkeit von jeher der Landesherr war, ist wohl auch Nr. 2 des badischen Staatsorganisationsedikts vom 26. November 1809 nicht zu beanstanden, wonach die Ausübung sämtlicher Gerichtsbarkeit künftig nur noch im Namen des Souveräns zu erfolgen hatte – soweit Inhalt und Ausmaß der standesherrlichen Rechte hierdurch nicht beeinträchtigt wurden.

Vollkommen berechtigt war auch die Weigerung der Löwensteiner, die ihnen im Großherzogtum Baden verbleibende Jurisdiktion als Thronmannlehen anzuerkennen. Denn durch die Aufhebung der deutschen Reichsverfassung und die Niederlegung der deutschen Kaiserkrone wurde der Reichslehnsnexus aufgelöst. Weder verlor aber die Rheinbundakte ein Wort darüber, daß die aufgelöste Reichslehnshoheit auf die neuen Souveräne übergehe, noch stand diesen ein Vorrecht vor allen anderen Reichsständen als diesbezügliche Rechtsnachfolger zu. Wollte man von einem Fortbestand der Reichslehnshoheit ausgehen, so hätten allenfalls sämtliche ehemaligen Reichsmitstände hierüber gemeinsam verfügen können.[253] Wollten die Souveräne dies freilich bestreiten und die Lehnshoheit des Reiches für sich in Anspruch nehmen, so hätten sie zugleich einräumen müssen, in die Rechte der deutschen Reichssouveränität – und nur in diese – eingetreten zu sein. Dies hätte allerdings unweigerlich die von den Löwensteinern in ihrer Flugschrift *Was ist Souverainetät? und Was ist Landeshoheit?* skizzierten Folgen herbeigeführt, daß nämlich die Rheinbundfürsten lediglich in die Rechtsstellung von Kaiser und Reich eingetreten wären – eine Konsequenz, die man auf großherzoglich badischer Seite kaum für wünschenswert gehalten haben dürfte. Somit ist davon auszugehen, daß das *dominium directum* über die Reichslehen erlosch und mit dem *dominium utile* konsolidiert wurde, somit also ein Lehnsnexus zwischen dem badischen Großherzog und seinen Standesherren bezüglich der Gerichtsbarkeit ausgeschlossen war.

### 3. POLIZEI UND GESETZGEBUNG

Da die Gerichtsbarkeit nach dem überkommenen Verständnis nicht auf die bloße Rechtsprechung beschränkt war, sondern auch das Recht der Vollziehung um-

[253] Vgl. *Vollgraff*, Standesherrn, S. 248 f.

faßte, hatte die Rheinbundakte auch diesbezüglich eine Regelung vorzusehen. Das demgemäß den Mediatisierten zu belassende Recht der niederen Polizei war in seinem Umfang wie die Gerichtsbarkeit durch das Maß an Souveränität bestimmt. Hierzu spiegelbildlich mußte sich die Reichweite der den neuen Landesherren als wesentliches Souveränitätsrecht vorbehaltenen hohen Polizei verhalten. Dabei verstand man unter dem Begriff Polizei sowohl die Befugnis der Obrigkeit, Gebote und Verbote als verbindliche Rechtssätze zu erlassen – ggf. unter Anordnung von Bußen für den Fall der Übertretung – als auch über deren Einhaltung zu wachen und Übertretungen ohne förmliche Prozesse zu ahnden.[254]

Im Gegensatz zur Gerichtsbarkeit vermochten die löwensteinischen Forderungen hier nicht zu überzeugen. Das von ihnen bestrittene Über-/Unterordnungsverhältnis zwischen hoher und niederer Polizei war in vielen Verwaltungsbereichen wie Bauaufsicht, Gesundheitswesen und Feuerschutz gar nicht wegzudenken, wollte man nicht eine heillose Zersplitterung der Verwaltungspraxis in den neuen souveränen Staaten in Kauf nehmen. Bereits im Alten Reich war die Polizeigewalt vollumfänglich ein Ausfluß der Landeshoheit, auch wenn sie sich in der Hand von Patrimonialherren befand. Diese waren bei ihrer Ausübung den Landesgesetzen sowie der Oberaufsicht des Landesherrn unterworfen. Selbiger war sogar befugt, der Polizeiverwaltung – sofern er es für nötig hielt – eine neue Organisationsstruktur zu geben.[255] Die Mediatisierten, die nach dem Willen der Rheinbundakte die niedere Polizei just als Patrimonialrecht behalten sollten, konnte die Akte unter solchen Umständen nicht besser stellen wollen als die Patrimonialherren des Alten Reiches. Demnach waren die Souveränitätsbehörden berechtigt, die standesherrlichen Stellen bei der Ausübung ihrer Polizeigerechtsame zu überwachen und ihnen Weisungen zu erteilen. Verwehrt bleiben mußten dem Souverän allerdings direkte Eingriffe in die vollziehende Verwaltung in Form von eigenen Maßnahmen seiner Behörden gegenüber den Untertanen – eine Art Selbsteintrittsrecht –, da diese als niedere Polizei gerade den Mediatisierten überlassen war.

Auch das von den Löwensteinern beanspruchte Recht, allgemein Verordnungen mit lokalem Geltungsbereich zu erlassen, ließ sich nicht aus der Rheinbundakte herleiten. Vielmehr mußte dieses Recht auf diejenigen Bereiche beschränkt bleiben, die in die Kompetenz der standesherrlichen Behörden fielen. Da mit Aufhebung der Landeshoheit der ehemaligen Reichsstände das Recht der Gesetzgebung aber ohnehin vollumfänglich an den Souverän gefallen war, konnte den Standesherren allenfalls ein davon abgeleitetes Recht zur Normgebung verbleiben. Die gesetzgebende Gewalt des Souveräns mußte sich also in sämtlichen

---

[254] *Von Unruh*, in: Deutsche Verwaltungsgeschichte, Band 1, S. 394.

[255] *Gönner*, Teutsches Staatsrecht, S. 553.

Verwaltungsbereichen auch auf die mediatisierten Lande erstrecken, soweit dies der jeweilige Regelungsgegenstand erforderlich machte. Im Interesse einer straffen und effektiven Staatsverwaltung mußte ihm dabei eine Einschätzungsprärogative zukommen. Dem Souverän stand demnach offen, die Zuständigkeiten zwischen seinen eigenen und den standesherrlichen Stellen zu verteilen, soweit er dadurch die Ausübung der niederen Polizei durch die Standesherren, insbesondere die unmittelbare Vollziehung der landesherrlichen Gesetze, nicht völlig aushöhlte oder schlechthin beseitigte.

### 4. ABGABEN- UND SCHULDENWESEN

Die Wertheimer Argumente im Hinblick auf die Revenüenteilung schließlich ließen sich – zumindest teilweise – durchaus hören. Ihre These freilich, wonach die Souveräne lediglich in die Rechtsstellung von Kaiser und Reich eingerückt seien und sie folglich nur die von den bisherigen Reichsständen als Teilhaber an der Reichssouveränität und als unmittelbare Regenten bezogenen Steuern zu beanspruchen hätten, war nach den obigen Ausführungen nicht haltbar. Vielmehr konnte der Souverän darüber hinaus alle aus dem Untertanenverhältnis resultierenden Abgaben, alle Gefälle für die Nutzung öffentlicher Anstalten, soweit diese von ihm unterhalten wurden, sowie alle Umlagen für den Unterhalt des Militärs und der Schuldenzahlung für die Staatskasse in Anspruch nehmen. Voneinander abzugrenzen waren demnach von allen Untertanen – nicht zur Kompensation eines besonderen Vorteils – zu entrichtende Steuern von Patrimonialleistungen, die dic Grundholde um des grundherrlichen Schutzes und Schirms willen leisteten.[256]

Im einzelnen waren die Forderungen der Löwensteiner hinsichtlich der für sie so bedeutsamen Zölle durchaus berechtigt. Dabei waren die Zölle allerdings als Abgaben für die Ein- und Durchfuhr von Waren auf dem Handelsweg abzugrenzen von Abgaben für die Nutzung von jedermann zugänglichen Einrichtungen zur Erleichterung des Handels wie Chausseen, Kanälen und Brücken. Das Recht zur Erhebung von Zöllen leitete sich nämlich zu keinem Zeitpunkt aus der Landeshoheit ab, sondern beruhte immer auf einem Akt der Reichsgewalt in Form eines vom Kaiser verliehenen Regals.[257] In die Position der kaiserlichen Gewalt waren die neuen Landesherren angesichts ihrer nach innen umfassenden Souveränität aber gerade nicht nachgefolgt, worauf sie selbst auch größten Wert legten.[258] Was also nicht der Landeshoheit entsprang, konnte der Inhaber der

[256] *Gönner*, Teutsches Staatsrecht, S. 764 f.
[257] *Gönner*, Teutsches Staatsrecht, S. 643 f.
[258] Vgl. oben § 4 A. III. 1.

Staatsgewalt auch nicht als Abgabe mit hoheitlichem Charakter vereinnahmen. Zwar kam dem Zollrecht nach den allgemeinen Grundsätzen der damals sich entwickelnden Staatsrechtslehre eine hoheitliche Natur zu. Da aber die Rheinbundakte wie oben ausgeführt nicht zwischen Rechten privatrechtlicher und solchen staatsrechtlicher Natur differenzierte, sondern gerade auch Gerechtsame letztgenannter Gattung den ehemaligen Reichsständen *comme propriété patrimoniale et privée* zuschied, konnte der bloße Hinweis auf einen nach moderner Auffassung hoheitlichen Charakter nicht als Rechtfertigung dafür genügen, das jeweilige Recht für die Staatskasse zu reklamieren. An dem privatrechtlichen Charakter dieser einst vom Kaiser gewährten Rechte hatte die Rheinbundakte nämlich ganz und gar nichts geändert.[259]

Abgaben zur Nutzung von der Öffentlichkeit zugänglichen nützlichen Einrichtungen wie Floßgeld, Brückenzoll und Wasserfallzins hingegen konnten die Löwensteiner nur beanspruchen, wenn sie verwaltungsmäßig hierfür zuständig und auch die damit zusammenhängenden Lasten wie Errichtungs- und Instandhaltungskosten zu übernehmen bereit waren. Die Befugnis für die Zuteilung der Verwaltungskompetenzen stand aber nach dem zu Polizei und Gesetzgebung Gesagten dem Souverän zu, so daß die Mediatisierten keinen Anspruch auf bestimmte Zuständigkeiten erheben konnten. Waren die zu nutzenden Objekte Naturgegebenheiten wie Seen, Flüsse und Bäche, durften die Mediatisierten nur insoweit Nutzungsgebühren erheben, als es sich dabei um Bestandteile ihres Patrimonialeigentums handelte. Dabei hatte man freilich zu unterscheiden zwischen Staatseigentum, Privateigentum und Kammergut. Ersteres sollte nach Gönner alles dasjenige erfassen, was die Idee eines Staates als Bedingung voraussetzte, also fiskalische Gefälle und Geldstrafen, aber auch Einrichtungen für die Allgemeinheit wie Landstraßen und Flüsse.[260] Da das Staatseigentum der mediatisierten Lande aber ohne Ausnahme auf die Rheinbundstaaten überging, konnten die Standesherren nur für sich reklamieren, was schon vor der Mediatisierung nicht Bestandteil desselben gewesen war.

Nach diesen Grundsätzen mußten die Mediatisierten das aus der Ausübung der ihnen belassenen niederen und mittleren Gerichtsbarkeit stammende Stempelpapier für sich in Anspruch nehmen dürfen, trugen sie doch die hiermit zusammenhängenden Lasten wie Personal- und Sachkosten. Keinen Sinn ergab danach auch die badische Aufteilung von Ohmgeld und Judenschutzgeldern zwischen Souverän und Standesherren. Entweder handelte es sich dabei um Abgaben mit patrimonialer Rechtsnatur, die die Rheinbundakte den Mediatisierten ausdrücklich beließ, oder um aus dem Untertanenverhältnis resultierende Steuern, die

259 Vgl. *anonymer Autor*, in: Der Rheinische Bund, Band III (1807), S. 151.
260 *Gönner*, Teutsches Staatsrecht, S. 755.

dem Souverän zustanden. Durch die hälftige Teilung suchte man auf großherzoglich badischer Seite wohl eine eindeutige rechtliche Qualifikation, die möglicherweise zu Gunsten der Standesherren ausgegangen wäre, zu vermeiden. Mit den Regelungen der Rheinbundakte begründen ließ sich diese Vorgehensweise indes nicht. Der Umstand, daß es sich bei dem Ohmgeld um eine der – unstreitig dem Souverän zustehenden – Akzise entsprechende Abgabe auf den Verbrauch von Wein handelte, sprach allerdings dafür, sie ebenfalls dem Souverän zuzuschlagen. Anders verhielt es sich bei den Judenschutzgeldern, da es sich hierbei um ein vom Kaiser eigens verliehenes und damit nicht der Landeshoheit immanentes Regal handelte.[261]

Ausnehmend kompliziert war die Frage, ob und inwieweit dem mediatisierten Adel Steuerfreiheit zustehe, da die Regelungen der Rheinbundakte insoweit einen besonders großen Interpretationsspielraum boten. Zu untersuchen sind daher Ursprung und Umfang der reichsständischen Steuerfreiheit sowie deren Rechtfertigung unter den durch die Rheinbundakte neu geschaffen Umständen. Von Interesse ist hier zunächst die Territorialfinanzgewalt im Alten Reich, die keine öffentliche Alimentation der Landesherren vorsah und daher Staatseigentum an Grund und Boden sowie allgemeine Steuern zur Bestreitung des landesherrlichen Unterhalts sowie der Hofhaltungs- und Verwaltungskosten nicht kannte. Zu diesem Zweck stand dem Regenten vielmehr das in seiner rechtlichen Zuordnung zwischen Staatseigentum einerseits und Privateigentum andererseits stehende Domänen- oder Kammergut zur Verfügung, das sonach Lasten öffentlicher Natur trug. Eigentümer desselben waren der Landesherr *und* seine Familie in Gestalt ihrer männlichen Mitglieder, so daß jener darüber nicht ohne deren Zustimmung zu verfügen berechtigt war.[262] Daneben flossen der landesherrlichen Kammer die Einnahmen aus den nutzbaren Regalien zu, außerdem die von den Grundbesitzern und den freien Bauern zu entrichtenden Zehnten, welche später als ordentliche (*in ordinario*) Abgaben terminologisch den Steuern zugeschlagen wurden.[263] Als die Einnahmen aus dem Kammergut angesichts des rasanten Anstiegs insbesondere der Militärausgaben den Finanzbedarf nicht mehr zu befriedigen vermochten, erhielten die Landesherren das Recht, zur Deckung dieses Fehlbetrags sowie der sonstigen außerordentlichen Landesbedürfnisse mit Bewilligung der Stände in ihren Territorien Steuern zu erheben.[264] Der ständestaatliche Finanzdualismus war geboren und sollte in seinen Grundzügen bis in das 19. Jahrhundert Bestand haben.

---

[261] *Kohler*, Die staatsrechtlichen Verhältnisse, S. 48.
[262] Vgl. *Kohler*, Die staatsrechtlichen Verhältnisse, S. 45 f.
[263] *Mußgnug*, Der Haushaltsplan, S. 40 f.
[264] *Mußgnug*, Die Finanzierung der Verwaltung, S. 80 f.

Von der Steuerpflicht *in ordinario* waren im Interesse möglichst weitgehender Belastungsgleichheit der Landesherr und seine Familie, Rittergüter und Städte sowie geistliche Güter ausgenommen. Die ersteren trugen zu den Staatsbedürfnissen ja bereits mit ihrem Kammergut bei, die zweiten mußten durch Lehndienste und den Unterhalt ihrer Mauern sowie anderer öffentlicher Einrichtungen ihren Anteil an den Landeslasten tragen und letztere hatten sich ohnehin und mit ganzer Kraft dem Staatsbesten zu widmen.[265] Die Steuerfreiheit des Adels *in ordinario* gründete folglich nicht auf der Gewährung eines Vorteils, sondern war der Vermeidung einer über Gebühr hohen Belastung geschuldet. Sie erstreckte sich ausschließlich auf ordentliche Steuern und Staatsbedürfnisse, keineswegs aber auf außerordentliche. Zu letzteren zählte aber auch die Bedienung der Landesschulden angesichts der unter gewöhnlichen Umständen nicht erforderlichen und damit einen außerordentlichen Staatsbedarf notwendig bedingenden Schuldenaufnahme.[266]

Aus diesem Grund rechtfertigte sich die Steuerfreiheit des Adels nur solange, wie dieser auch mit seinem Kammergut zu den ordentlichen Staatsbedürfnissen beitrug. Wurde das Kammergut jedoch veräußert oder änderte es seinen rechtlichen Charakter mit der Folge, daß der Eigentümer darüber ohne Einschränkung zu verfügen berechtigt war, mußte auch der Rechtsgrund für die Steuerfreiheit *in ordinario* entfallen. Da die Rheinbundakte den Mediatisierten aber *tous les domaines sans exception qu'ils possédent maintenant*, also auch das Kammergut, *comme propriété patrimoniale et privée* beließ und damit den die Verfügungsgewalt beschränkenden Rechtscharakter als Kammergut aufhob, bestand für die Standesherren keine Pflicht mehr zu den Staatsbedürfnissen beizutragen. Denn im Gegensatz zum Kammergut war das Patrimonialeigentum gerade Eigentum ohne Bezug zu einem öffentlichen oder sonstigen Staatszweck.[267] Mit dem Wegfall dieser Beitragspflicht erübrigte sich aber auch die Gewährung eines Ausgleichs in Form von Steuerfreiheit der adeligen Domänen. Ein Anspruch des Adels – auch des mediatisierten Adels – auf Steuerfreiheit konnte unter diesen Umständen nicht mehr bestehen. Angesichts dieses Junktims zwischen Steuerfreiheit und Beitragspflicht konnte auch kein hiervon unabhängiger Anspruch auf erstere entstehen, insbesondere auch keine unfürdenkliche Verjährung aufgrund dauernder Rechtsübung eintreten.[268]

Artikel 27 Absatz 2 RBA, wonach die Güter und Domänen der Mediatisierten hinsichtlich der Auflagen mit denen der Prinzen desjenigen Hauses, unter dessen

[265] Vgl. *Gönner*, Teutsches Staatsrecht, S. 772 f.
[266] Vgl. *Gönner*, Teutsches Staatsrecht, S. 773 f.
[267] *Kohler*, Die staatsrechtlichen Verhältnisse, S. 87.
[268] *Gönner*, Teutsches Staatsrecht, S. 773 f.

Souveränität sie kämen, gleichgestellt werden sollten, war demnach entsprechend restriktiv auszulegen. Die Vorschrift regelte das ‚Wie' einer Gewährung von Steuerfreiheit, nicht aber das ‚Ob'. Der Souverän sollte unter den Adeligen Steuerfreiheit nicht nach Willkür gewähren dürfen, sondern nach gleichen Prinzipien. Die Grundentscheidung, überhaupt Steuerfreiheit zu gewähren, blieb hingegen ihm überlassen. Die Forderung der Löwensteiner nach Belassung ihrer Steuerfreiheit unabhängig von der steuerlichen Behandlung der Prinzen des souveränen Hauses oder gar des Souveräns selbst ließ sich folglich nicht halten.

Bei der Argumentation hinsichtlich der Schuldenaufteilung wählte man in Wertheim einen anderen Ansatzpunkt als zu erwarten gewesen wäre: Statt der – wie oben ausgeführt[269] – durchaus angreifbaren Regelung des § 54 des Dritten KE, wonach lediglich die Kammerschulden zwischen Souverän und Standesherren zu teilen waren, während ersterem die Landes- und letzteren die Privatschulden je allein zur Last fallen sollten, monierten die Löwensteiner die Unterscheidung zwischen Kammer- und Privatschulden. Aus dem Wortlaut von Artikel 30 RBA, der von den Schulden des jeweiligen Territoriums, nicht aber seiner bisherigen Landesherren spricht, wird hingegen deutlich, daß nur Verbindlichkeiten mit einem öffentlichen Bezug aufzuteilen waren. Dies ergibt sich auch aus einem Umkehrschluß aus Artikel 27 Absatz 1 RBA, der den Standesherren alle von ihnen bisher besessenen Domänen, also das mit einer öffentlichen Zweckbestimmung versehene Kammergut, als allodiales Eigentum zusprach, nicht hingegen die ohnehin schon in ihrem Privateigentum stehenden Güter.[270] Da die Rheinbundakte demnach als den ehemaligen Reichsständen erhaltene Revenüen im Sinne ihres Artikels 30 nur die Kammergefälle ansah, nicht aber die aus ihrem Allodialeigentum fließenden Gefälle, der Maßstab für die Schuldenverteilung nach Artikel 30 aber das Verhältnis zwischen den Mediatisierten erhaltenen und auf den Souverän übergegangenen Revenüen sein sollte, konnten die Privatschulden ebenfalls nicht Bestandteil der aufzuteilenden Verbindlichkeiten sein. Die mißbilligte Unterscheidung zwischen Kammer- und Privatschulden war demzufolge gerade von der Rheinbundakte gewollt und daher gleichfalls nicht zu beanstanden.

[269] Vgl. oben § 4 B. III. 4.

[270] Für diese Differenzierung spricht auch Artikel 27 Absatz 2 RBA, der neben den *domaines* der Mediatisierten auch ihre *biens* und damit ihr bereits zuvor allodial besessenes Eigentum in die Besteuerung einbezieht.

## § 5 Der Wiener Kongress und seine Folgen

### A. Das Ende des Rheinbundes und die Entwicklung bis zum Wiener Kongress

Das sich nach der militärischen Katastrophe in Rußland abzeichnende Ende der napoleonischen Hegemonie in Europa hatte zunächst keinerlei Auswirkungen auf das Verhältnis Badens und des Dalbergstaats zu Frankreich. Beide Rheinbundstaaten hatten enorme Verluste ihrer Truppenkontigente verzeichnen müssen, gleichwohl hielten die beiden Souveräne unverbrüchlich zu Napoleon und versprachen, seine neuerlichen militärischen Forderungen getreulich zu erfüllen. Erst als sich die französische Armee nach der verlorenen Schlacht von Leipzig im Oktober 1813 hinter den Rhein zurückzog und Bayern und Württemberg sich vom Rheinbund losgesagt hatten, begann man auch in Baden an der Zukunft der Allianz mit Frankreich zu zweifeln und schloß sich nach einigem Zögern am 20. November 1813 ebenfalls den Alliierten an – freilich zu wesentlich ungünstigeren Bedingungen als zuvor Bayern und Württemberg.[1] Fürstprimas Dalberg hingegen hielt unbeirrt an dem Bündnis mit Frankreich fest. Als auch er die unvermeidliche Niederlage Napoleons eingestehen mußte, begab er sich am 30. September 1813 *in bischöflich Konstanzischen Kirchen-Angelegenheiten und im Drang der gegenwärtigen Zeitumstände für einige Zeit*[2] nach Konstanz, nachdem er die Regierung zuvor an die Ministerialkonferenz übergeben hatte. Nach dem Abzug der letzten französischen Soldaten Anfang November besetzten alliierte Truppen das Großherzogtum Frankfurt. Für dieses wurde ein Generalgouverneur ernannt. Dessen erster Erlaß vom 6. November 1813 bestätigte einstweilen alle im Land bestehenden Behörden.[3]

Mit der Auflösung des Rheinbundes keimten auch auf mediatisierter Seite wieder Hoffnungen auf Restitution auf, ja man sah sich bereits wieder in seiner alten Rechtsstellung befindlich an. Durch das Ende des Rheinbundes sei nämlich die rechtliche Grundlage für die Mediatisierungen entfallen, so daß die ehemaligen Rheinbundfürsten nichts mehr aufzuweisen hätten, aus dem sie ihre staatliche Souveränität über die mediatisierten Reichsstände herzuleiten in der Lage seien.[4] Die Akzessionsverträge der alliierten Mächte Rußland, Österreich und

---

[1] *Sauer*, Napoleons Adler, S. 285.
[2] Erlaß vom 30. September 1813, zitiert nach *Beaulieu-Marconnay*, Dalberg, Band 2, S. 254.
[3] *Darmstaedter*, Das Großherzogtum Frankfurt, S. 394 f., 401.
[4] Brief des Fürsten Johann Karl Ludwig zu Löwenstein-Wertheim-Freudenberg an Fürst Friedrich Karl zu Löwenstein-Wertheim-Freudenberg vom 29. Oktober 1813, StAWt-F Rep. 7 Nr. 26/1.

Preußen mit den von Napoleon abgefallenen Rheinbundstaaten sprachen freilich eine andere Sprache. In den Verträgen von Ried und Fulda garantierte der Kaiser von Österreich in seinem wie im Namen seiner Verbündeten den Königen von Bayern und Württemberg *la souveraineté et la jouissance libre et paisible de Ses Etats.*[5] Diese Zusicherung von Souveränität und territorialer Integrität war verbunden mit der Bedingung, eventuell notwendige Gebietsabtretungen gegen gleichwertige Entschädigung hinzunehmen. Gegenüber Baden indes gab man diesbezüglich nur eine lose Absichtserklärung ab, wohingegen Karlsruhe sich mit allen Regelungen einverstanden erklären mußte, die zur Sicherung der Unabhängigkeit Deutschlands in Zukunft nötig werden sollten.[6] Alles in allem war damit eine Wiederherstellung der einstigen territorialen Verhältnisse faktisch ausgeschlossen. Zu allem Überfluß hatten die Souveräne – der Rheinbundakte als Regulativ nunmehr ledig – einstweilen auch noch freie Hand gegenüber den Mediatisierten.

Einen weiteren schweren Rückschlag erfuhren die Erwartungen der ehemaligen Reichsstände mit dem Ersten Pariser Frieden vom 30. Mai 1814. Zwar wurde darin hinsichtlich einer endgültigen Regelung des Schicksals der mediatisierten Reichsstände auf den ab November 1814 in Wien stattfindenden Kongreß verwiesen; faktisch schrieb dieser Vertrag jedoch den territorialen Status quo in Deutschland fest. So bestimmte er in Artikel 6: *Les Etats de l'Allemagne seront indépendants et unis par un lien féderatif.*[7] Eine *renovatio imperii* bzw. Wiederherstellung des Heiligen Römischen Reiches und der Kaiserwürde war demnach für alle sichtbar von keinem Beteiligten beabsichtigt. Hieran änderte auch der Zweite Pariser Frieden nichts mehr. Diese Umstände dürften im Lager der Standesherren zu einer realistischeren Einschätzung der Lage und damit einem inneren Abschied von vollkommener Restitution geführt haben, auch wenn nach wie vor aus ihren Reihen bisweilen abstrus anmutende Vorschläge kamen wie die Wiedereinsetzung der ehemaligen Reichsstände in ihre alte Stellung gegen Entschädigung der früheren Rheinbundsouveräne mit linksrheinischen Territorien.[8]

Für die Mediatisierten begann der Kongreß demnach in denkbar schlechter Ausgangsposition. Zusätzlich erschwerte ihre Lage der Umstand, daß sie im Gegensatz zu ihren Landesherren keine Souveränität besaßen und somit aus völkerrechtlicher Sicht keine Rechtssubjekte waren. Obwohl sie aus diesem Grund zu den Verhandlungen des Kongresses gar nicht zugelassen waren, reisten gleich-

[5] Zitiert nach: *Hofmann*, Quellen, S. 401 ff.
[6] *Meyer*, Corpus Iuris Confoederationis Germanicae, Teil 1, S. 224 f.
[7] Zitiert nach: *Hoff*, Die Mediatisiertenfrage, S. 28.
[8] *Gollwitzer*, Standesherren, S. 24 f.

wohl Vertreter von über 80 ehemaligen Reichsständen nach Wien, darunter auch Erbprinz Karl Friedrich zu Löwenstein-Wertheim-Freudenberg.[9]

## B. Die Verhandlungen über die Mediatisierten

### I. Die Haltung der Mediatisierten und die Restitutionsbestrebungen der Löwensteiner

Die sich langsam auf Seiten der Mediatisierten durchsetzende Einsicht, eine Wiederherstellung des Status quo ante nicht mehr erreichen zu können, hinderte sie freilich nicht daran, weiterhin entsprechende Maximalforderungen zu erheben. So verlangten die Löwensteiner zusammen mit anderen badischen Leidensgenossen vom Großherzog,

> *die freie Übung aller auf* [...ihren] *Reichslanden* [...ihnen] *zustehenden und garantirten Rechte ohne alle Einschränkung so zu überlassen, wie dieselben vor dem 12. Juli 1806 vor ganz Europa als* [...ihr] *rechtliches Eigentum anerkannt waren.*[10]

Nachdem ab Ende 1814 mehr und mehr offenbar geworden war, daß diese Maximalforderungen keinesfalls erfüllt würden, verlegte man sich in Wertheim darauf, hinsichtlich einzelner Punkte Forderungen zu erheben. Die Rosenberger Linie bemühte sich dabei intensiv um die Wiedererlangung der ihr im Reichsdeputationshauptschluß schon einmal zugesprochenen Virilstimme in der künftigen Bundesversammlung. Für beide Linien galt es, ihren strukturellen geopolitischen Nachteil zu beseitigen, den die Verteilung ihrer Besitzungen auf drei (Freudenberger Linie) bzw. vier (Rosenberger Linie) verschiedene Staaten mit sich brachte. Durch einen Gebietstausch hoffte man, nach Möglichkeit einem einzigen Souverän untergeordnet zu werden und solcherart Verwaltungskosten zu sparen.[11]

---

[9] *Furtwängler*, Standesherren, S. 96; *Vollgraff*, Standesherrn, S. 418.
[10] Schreiben der Fürsten Konstantin zu Löwenstein-Wertheim-Rosenberg, Emich Karl zu Leiningen, Johann Carl Ludwig und Friedrich Carl zu Löwenstein-Wertheim-Freudenberg sowie Franz Wilhelm zu Salm-Reifferscheid-Krautheim an den Großherzog von Baden, undatiert, wohl April 1814, GLAK 48/6673.
[11] *Stockert*, Adel im Übergang, S. 185 f.

## 1. Der Verein der Mediatisierten

Das geteilte Schicksal sowie die Aussicht auf effektivere Durchsetzung ihrer Interessen durch einen Zusammenschluß bewirkte unter dem mediatisierten Adel eine ähnliche Solidarisierung wie 1803 bei der Gründung der Frankfurter Union. Die Fürsten zu Löwenstein-Wertheim-Freudenberg spielten hierbei eine Vorreiterrolle und gründeten zusammen mit dem Fürsten zu Leiningen sowie drei Grafen Erbach den *Verein der Mediatisierten*. Hierzu unterzeichnete man am 10. Dezember 1813 in Wertheim und Kreuzwertheim ein Promemoria, in dem die Standesgenossen aufgerufen wurden, sich einem gemeinschaftlichen Vorgehen mit Hilfe eines gemeinsam unterhaltenen Geschäftsträgers und Unterhändlers anzuschließen und dem zu diesem Zweck gegründeten Verein beizutreten. Dabei war man sich seiner bescheidenen Möglichkeiten durchaus bewußt, könne es doch vorliegend lediglich darum gehen, *darauf hinzuwirken, wo nicht eine völlige Wiederherstellung in den vorigen Zustand doch wenigstens eine Verbesserung des dermaligen durch bloße Willkühr herbeigeführten Schicksals zu erreichen.*[12] Dem Promemoria beigefügt war eine Übereinkunft, wonach der fürstlich Wied-Neuwiedsche Geheime Rat von Gärtner zum gemeinschaftlichen Geschäftsträger ernannt und zu seiner Vergütung sowie zum Ersatz seiner Auslagen ein Fonds errichtet werden sollte, in den sodann jedes Mitglied abhängig von der Bevölkerungszahl seiner Besitzungen Beiträge zu entrichten hatte. Als Spitze des Vereins, dem in der Folge insgesamt 57 ehemalige Reichsstände beitraten, und obersten Leiter seiner Geschäfte bestimmte man Graf Friedrich von Solms-Laubach.

Zielsetzung und Strategie des Vereins wurden im Februar 1814 auf einer Konferenz in Amorbach festgelegt. Allgemein hielt man – wohl in erster Linie aus verhandlungstaktischen Gründen – an der Wiederherstellung des früheren Rechtszustandes als Primärziel fest. Für den Fall der Verabschiedung einer neuen Verfassung wünschte man den gleichen Status zu erhalten wie die nunmehrigen Souveräne, jedenfalls aber Rechtssicherheit und Entschädigung für die entzogenen Gerechtsame unter Beibehaltung der Mediatbesitzungen. Um einstweilen weiteres Ungemach seitens der Souveräne abzuwenden, begehrte man den Erlaß provisorischer Bestimmungen, ja sogar die Einsetzung von Kommissaren zur Beaufsichtigung der Regenten. Im einzelnen einigte man sich insbesondere auf die gegen das badische Edikt vom 14. Mai 1813 und den darin vorgesehenen Entzug der Patrimonialgerichtsbarkeit sowie die Auflösung der standesherrli-

---

[12] Promemoria der Fürsten Johann Carl Ludwig und Friedrich Carl zu Löwenstein-Wertheim-Freudenberg, Karl zu Leiningen sowie der Grafen Albrecht von Erbach-Fürstenau, Franz zu Erbach und Carl zu Erbach-Wartenberg-Roth vom 13. Dezember 1813, zitiert nach: *Geyger*, Beiträge, S. 1 ff.

chen Ämter und Justizkanzleien zu treffenden Maßnahmen. Man beschloß, durch Gärtner den Vertretern Österreichs und Preußens eine diesbezügliche Beschwerde überreichen zu lassen nebst Aufforderung, den badischen Großherzog mit einem Dehortatorium nachdrücklich abzumahnen. Daneben wollte man mit einer als Beilage in der *Frankfurter Zeitung* erscheinenden Protestschrift an die Öffentlichkeit gehen. Schließlich sollten die badischen Standesherren ihre Justizkanzleien anweisen, vor der Entscheidung der verbündeten Mächte keine Akten an die großherzoglichen Behörden herauszugeben, diese vielmehr versiegelt unter Verschluß zu halten.[13] Man wollte also die badische Regierung zur Anwendung von Gewalt zwingen und sie dadurch vor den Verbündeten kompromittieren. Nachdem die Löwensteiner entsprechend verfahren waren, beorderte der Direktor des Main- und Tauber-Kreises von Türckheim in der Tat Militär nach Wertheim und befahl, mehrere standesherrliche Beamte zu verhaften.[14] Die erhoffte Reaktion der Großmächte auf dieses rigorose Durchgreifen blieb freilich aus.

Überhaupt ist das Ergebnis der Vereinstätigkeit durchaus zwiespältig zu beurteilen: Einerseits war das Ergebnis der Verhandlungen in Wien für die ehemaligen Reichsstände zweifellos enttäuschend, wie noch zu zeigen sein wird. Andererseits hatte von Gärtner gegen eine Vielzahl von widrigen Umständen zu kämpfen, die nicht zuletzt auch auf das eigene Verhalten der Mediatisierten zurückzuführen waren. Denn wie bereits 1806 zahlreiche Mediatisierte an der Frankfurter Union vorbei eigene diplomatische Aktivitäten entfaltet hatten, so führten auch vor und während des Wiener Kongresses viele von ihnen auf eigene Faust Verhandlungen mit den auf dem Kongreß vertretenen Mächten und schadeten damit dem Gesamtinteresse.[15] Außerdem hatte sich an der Zahlungsmoral der Vereinsmitglieder seit 1806 wenig geändert, gingen doch ihre Beitragszahlungen nur schleppend ein oder unterblieben ganz.[16] Schließlich dürften auch die realitätsferne Einstellung der Mediatisierten und ihre anfängliche mangelnde Bereitschaft zum Kompromiß für das Scheitern ihrer Bemühungen verantwortlich gewesen sein. Hauptgrund für den Mißerfolg des Vereins war jedoch ohne Zweifel die kategorische Ablehnung jeglicher Zugeständnisse an die mediatisierten Reichsstände durch die ehemaligen Rheinbundsouveräne sowie die mangelnde Bereitschaft der Großmächte, in dieser Frage einen Konflikt mit diesen in Kauf zu nehmen. Ohnehin war man im alliierten Lager an einer Wiedererrichtung der römisch-deutschen Kaiserwürde nicht interessiert. Insbesondere Metternich sah eine Restitution der ehemaligen Reichsstände als Gefahr für die gewünschte

[13] Protokoll vom 15. Februar 1814, abgedruckt bei: *Geyger*, Beiträge, S. 12 ff.
[14] Bericht von Türckheims an den Großherzog vom 1. März 1814, GLAK 60/1506.
[15] *Furtwängler*, Standesherren, S. 98 f.
[16] Bericht Gärtners vom 1. April 1815, abgedruckt bei: *Geyger*, Beiträge, S. 148 f.

Machtbalance zwischen den Großmächten und damit als nicht im Staatsinteresse Österreichs liegend an.[17]

Unter den Löwensteinern legte die Freudenberger Linie ein untadeliges Verhalten an den Tag, indem sie die fälligen Vereinsbeiträge pünktlich entrichtete. Auf Freudenberger Seite mißbilligte man auch das Eintreten der größeren Mediatisiertenfamilien für die jeweiligen besonderen Interessen des eigenen Hauses und die Führung von Separatverhandlungen durch eigens hierzu entsandte Emissäre.[18] Zwar reiste mit Erbprinz Karl Friedrich zu Löwenstein-Wertheim-Freudenberg auch ein wichtiges Familienmitglied nach Wien. Dem von den großen badischen Mediatisiertenhäusern – darunter auch die Rosenberger Linie – insgeheim gebildeten Zirkel trat man aber nicht bei.[19] Auf Rosenberger Seite vertrat Fürst Karl hingegen die Auffassung, nur größere Mediatisierte hätten im Wege von Separatverhandlungen die Chance auf Restitution, und erschien daher höchstpersönlich auf dem Verhandlungsschauplatz.[20] Nachdem sich diese Hoffnung spätestens im Frühjahr 1815 als Utopie erwiesen hatte, ließ sich die katholische Linie durch den Regierungsrat von Jagemann vertreten.

## 2. Die Note Gärtners vom 16. Mai 1814 und seine Bemühungen in Wien

Kurz nach Aufnahme seiner Tätigkeit für den Verein der Mediatisierten im Frühjahr 1814 faßte Gärtner, der erkannt hatte, daß angesichts dieser ungünstigen Lage eine vollständige Restitution der Mediatisierten nicht zu erreichen sein würde, das aus seiner Sicht bestenfalls zu Erwartende in einer Note zusammen.[21] Im Hinblick auf die oben beschriebenen Forderungen waren hierbei von besonderer Bedeutung:

- Unter den persönlichen und Standesrechten das Recht der Autonomie in Sachen des Familien- und Erbrechts, das Recht, das Prädikat *regierender Herr* zu führen sowie den Kurialstil zu pflegen, die Aufhebung des Lehnverbands, schließlich Austrägalinstanz[22] und höchster Gerichtsstand vor dem obersten deutschen Tribunal;

[17] Vgl. *Gollwitzer*, Standesherren, S. 27 f., sowie *Hofmann*, Adelige Herrschaft, S. 329.
[18] Brief der Fürsten Johann Karl Ludwig und Friedrich Karl zu Löwenstein-Wertheim-Freudenberg an den Erbprinzen Karl Friedrich vom 14. Mai 1815, StAWt-F Rep. 7 Nr. 26/1.
[19] *Furtwängler*, Standesherren, S. 96 und 99.
[20] *Stockert*, Adel im Übergang, S. 185.
[21] Note vom 16. Mai 1814, in gekürzter Fassung abgedruckt bei: *Hoff*, Die Mediatisiertenfrage, S. 24 ff.
[22] Schiedsgericht. Vgl. Deutsches Rechtswörterbuch, Band 1, Sp. 1122.

- bei Verwaltung und Gerichtsbarkeit freie innere Landesverwaltung nach verfassungsmäßigen Grundprinzipien, eigene Regierungen und sonstige Verwaltungsbehörden, Gerichtsbarkeit in erster und zweiter Instanz ohne eine fremde Oberherrschaft bezeichnenden Beisatz sowie innere Landespolizei in vollem Umfang;
- im Hinblick auf Revenüen und Gefälle Normaljahr 1805, also Verfügungsrecht des Souveräns gemäß Verfassung über alle zu diesem Zeitpunkt zur Bestreitung der Reichs- und Kreisbedürfnisse sowie Militärkosten in die Landeskassen geflossenen Abgaben; Verfügungsrecht der Mediatisierten über alle übrigen, seinerzeit in ihre Kammer- und Domänenkassen geflossenen Revenüen;
- hinsichtlich Steuern ebenfalls Normaljahr 1805, also Steuerfreiheit der Domänen unter Vorbehalt außerordentlicher Beiträge zum Wohl des Vaterlandes, angeordnet von der höchsten Staatsbehörde der Nation.

Gärtner rechnete demnach nicht mehr mit der Einräumung einer der alten Landeshoheit vergleichbaren Rechtsstellung, verzichtete er doch auf Militär-, Justiz- und Gesetzgebungshoheit als deren konstituierende Elemente. Stattdessen nahm er eine begrenzte Selbständigkeit der Mediatisierten unter der Oberherrschaft ihrer Souveräne in Aussicht. Namentlich der Hinweis auf eine *höchste Staatsbehörde der Nation* gibt zu erkennen, daß man auf mediatisierter Seite eine starke Zentralgewalt bei möglichst weitgehender politisch-militärischer Einheit Deutschlands anstrebte – zweifelsohne um so den ehemaligen Rheinbundsouveränen die Machtbasis zu entziehen und mit diesen auf gleicher Stufe zu stehen. Um den Preis der staatsrechtlichen Gleichheit aller im Angesicht einer preußisch-österreichischen Hegemonialstellung war man bereit, die eigene Unmittelbarkeit zu opfern.

Nachdem Gärtner im Dezember 1814 die Zulassung der ehemaligen Reichsstände zu den Verfassungsberatungen verlangt hatte, veröffentlichte er im März 1815 einen eigenen Verfassungsplan der Mediatisierten[23]. Zu diesem Zeitpunkt glaubten aber die großen Standesherren, die sich bereits im Oktober 1814 in einem geheimen Club[24] in Wien zusammengeschlossen hatten, wohl nicht mehr ernsthaft an eine Restauration ihrer Unmittelbarkeit oder gar die Erlangung der Souveränität, hofften aber angesichts der schieren Größe ihrer Häuser auf einen Sonderstatus. Als Gegenleistung für den Verzicht auf gesetzgebende Gewalt, Militär- und Steuerhoheit verlangte man das Recht, sich einer Großmacht frei-

[23] *Klüber*, Acten, Band 1, S. 16 ff.

[24] Diesem gehörten die Vertreter der Häuser Fürstenberg, Hohenlohe, Leiningen und Löwenstein-Wertheim-Rosenberg an.

willig anschließen zu dürfen, sowie eine Virilstimme auf dem künftigen deutschen Bundestag.[25]

## II. Die Positionen der Großmächte und die Verfassungsentwürfe Preußens und Österreichs

Unter dem Schlagwort *Hilfe und Schutz für die Mediatisierten*[26] zeigten sich die Großmächte den Argumenten der Mediatisierten zunächst aufgeschlossen. Preußen, welches nur wenige kleinere Mediatisierte in seinem Territorium hatte und in Anbetracht seiner Größe und Bedeutung nicht fürchten mußte, daß diese sich zu Staaten im Staate entwickeln würden, tat sich hier besonders hervor. Außerdem hatten beide Großmächte ein Interesse daran, die ehemaligen Rheinbundfürsten nicht zu mächtig werden zu lassen und ihnen daher im Innern einen starken Adelsstand als Gegengewicht gegenüberzustellen.[27] Unter maßgeblichem Einfluß des Reichsfreiherrn vom Stein skizzierte der preußische Staatskanzler Hardenberg im September 1814 in einem ersten großen, 41 Artikel umfassenden Entwurf die künftige Verfassung des zu gründenden Staatenbundes.[28] Danach sollten die ehemaligen Reichsstände zwar der Landeshoheit unterworfen bleiben, jedoch auf Bundesebene im Rat der Fürsten und Stände – neben dem Direktorium sowie dem Rat der Kreisobristen Teil der als gesetzgebende Gewalt fungierenden Bundesversammlung – mit Virilstimmen und bei einer Bevölkerungszahl von weniger als 50.000 Einwohnern mit Kuriatstimmen vertreten sein. Recht vage formuliert waren die den Mediatisierten einzuräumenden Rechte. Ohne auf deren Umfang und insbesondere die begehrte zweite Instanz einzugehen, sollten ihnen lediglich *JurisdictionsRechte gesichert* sowie *Präsentations-Rechte in den landesherrlichen höchsten Gerichten zugestanden* werden. In Strafsachen war ein Anspruch auf ein *judicium parium* vorgesehen, während der Rechtsweg an das in Aussicht genommene Bundesgericht nur bei Verletzung des Bundesvertrags, nicht dagegen bei Verstößen gegen einzelstaatliches Recht eröffnet sein sollte. Überhaupt keine Rede war indes von der Polizei. Hinsichtlich der verlorenen Revenüen wollte man den Standesherren *die Renten und Einkünfte wieder* [...] *geben, die am 12. Jul. 1806 in die ContributionsCassen flossen.* Im Rahmen der in den Bundesstaaten zu errichtenden ständischen Verfassungen schließlich war den Familienhäuptern der Mediatisierten die Stellung erblicher Angehöriger der Landstände zugedacht.

---

[25] *Furtwängler*, Standesherren, S. 101.
[26] *Hofmann*, Adelige Herrschaft, S. 333.
[27] *Hofmann*, Adelige Herrschaft, S. 331.
[28] *41 Artikel* vom 13. September 1814, abgedruckt bei: *Klüber*, Acten, Band 1, S. 45 ff.

Die Einteilung Deutschlands in sieben Kreise, deren Oberste[29] neben der inneren und äußeren Sicherheit für die Einhaltung des Bundesvertrags sowie der Entscheidungen der Bundesorgane zu sorgen hatten, bedeutete eine Zurückdrängung der kleineren Souveräne und eine Bindung der größeren an die tonangebenden Mächte Preußen und Österreich. Außerdem hatte Hardenbergs Entwurf zur Folge, daß die von den ehemaligen Rheinbundfürsten eben erst erworbene Souveränität wieder auf eine bloße Landeshoheit reduziert wurde. Denn er beabsichtigte, die Gesetzgebungshoheit, die auswärtige und die Militärgewalt dem Bund und den Kreisobersten zuzuscheiden und eine Bundes- und Kreisgerichtsbarkeit zu errichten. Einzig die Verwaltungshoheit im Innern sollte den Bundesstaaten verbleiben. Die Bundeskompetenz zur Verpflichtung der Einzelstaaten, landständische Verfassungen einzuführen, sowie zur Festlegung der darin zu gewährenden landständischen Rechte ergab schließlich eine ausgeprägte Unitarisierung zu Lasten der einzelstaatlichen Unabhängigkeit. Da Preußen und Österreich mit ihrer Stimmenmehrheit im Rat der Kreisobersten aber entscheidender Einfluß auf die Zentralgewalt zukommen sollte, der Bund also von beiden Mächten dominiert werden konnte, bedeuteten die 41 Artikel nichts anderes als eine De-facto-Mediatisierung der übrigen Mitgliedstaaten. Obwohl hier nicht im entferntesten von Restitution und Rückkehr zum Status quo ante gesprochen werden konnte, stieß dieser Vorschlag bei den Mediatisierten, die mit ihren verhaßten Souveränen gleichgestellt zu werden wünschten – und sei es auch auf dürftigem Niveau –, durchaus auf Sympathie.

Keinerlei Erwähnung fanden die Mediatisierten in den zwischen Preußen und Österreich als Kompromißentwurf ausgehandelten *Zwölf Artikeln* vom Oktober 1814.[30] Diese behielten im wesentlichen die Hardenbergsche Ordnung bei, waren als bloßer Rahmenplan allerdings bedeutend allgemeiner und unbestimmter gehalten und boten daher einen erheblichen Interpretationsspielraum. Die nähere Ausgestaltung der in den Bundesstaaten zu erlassenden landständischen Verfassungen etwa blieb den einzelnen Staaten überlassen. Der Bundesvertrag sah lediglich einen Mindestumfang der ständischen Rechte vor. Beraten wurde dieser Verfassungsentwurf dann zwischen Oktober und November 1814 im Fünferausschuß, der sich aus Österreich, Preußen, Hannover, Bayern und Württemberg zusammensetzte, wobei der Konflikt zwischen den beiden Großmächten über die sächsisch-polnische Frage die Verhandlungen erheblich beeinträchtigte.

---

[29] Als Kreisoberste waren vorgesehen die Monarchen von Österreich, Preußen, Hannover, Bayern, Württemberg, Baden und Kurhessen.

[30] Zwölf Artikel vom 16. Oktober 1814, abgedruckt bei: *Klüber*, Acten, Band 1, S. 57 ff.

Dementsprechend nahmen sich die den Mediatisierten zugestandenen Rechte im ersten österreichischen Entwurf vom Dezember 1814[31] recht bescheiden und wenig greifbar aus. Danach sollten die ehemaligen Reichsstände in denjenigen Staaten, deren Souveränen sie unterworfen worden waren, die ersten Standesherren sein. Ihnen seien alle ihre Personen, Familien und Besitzungen betreffenden Rechte und Vorzüge einzuräumen, welche vereinbar seien mit den Regierungsrechten ihrer Souveräne, darunter Freizügigkeit, Familienautonomie, bürgerliche und peinliche Gerichtsbarkeit in erster Instanz sowie Ortspolizei, jeweils nach Vorschrift der Landesgesetze, und schließlich Steuerfreiheit für ihre Personen und Schlösser. Auch die Gestaltung des Bundes kam den Wünschen der Mittelstaaten weit entgegen, indem auf die Kreise sowie das Bundesgericht verzichtet und jedem Bundesmitglied Gleichberechtigung gewährt wurde. Unter dem Vorsitz Österreichs als *Primus inter pares* sollte die Bundesleitung einem von allen Mitgliedern gebildeten Bundesrat übertragen werden.

Dieser Vorschlag kam der Gestalt der späteren Bundesakte bereits sehr nahe, auch wenn Humboldt im Februar 1815 zwei weitere, sehr viel ausführlichere und für die Mediatisierten günstigere Entwürfe vorlegte.[32] Denn die Verhandlungen nahmen eine bedeutende Wendung, als Napoleon im März 1815 nach Frankreich zurückkehrte und die Großmächte die militärische Unterstützung der kleineren Staaten gerne in Anspruch nahmen. Das erneute Bündnis gegen den französischen Usurpator wirkte auch einend auf die Kongreßteilnehmer. Auf preußischer und österreichischer Seite war man nunmehr erst recht nicht daran interessiert, um der Mediatisierten Willen einen Konflikt mit den Mittelstaaten herbeizuführen. Aus diesem Grunde ging man dazu über, zahlreiche ursprünglich im Verfassungstext vorgesehene Regelungen aus diesem herauszunehmen und die weitere Beschlußfassung hierüber der geplanten Bundesversammlung zu überlassen. Im Mai 1815 präsentierte Österreich daher einen mit Preußen abgestimmten Entwurf[33], der nun zwar auch die Beteiligung der vormaligen Reichsstände an der Bundesversammlung durch Kuriatstimmen vorsah, im übrigen aber aus standesherrlicher Sicht keine Verbesserungen enthielt. Dieses Konzept diente fortan in den Sitzungen über Errichtung und Verfassung des deutschen Bundes von Mai bis Juni 1815 als Verhandlungsgrundlage.[34]

---

[31] *Klüber*, Acten, Band 2, S. 1 ff.
[32] *Klüber*, Acten, Band 2, S. 18 ff. und 55 ff.
[33] *Klüber*, Acten, Band 2, S. 318 f.
[34] *Klüber*, Uebersicht, S. 301.

## III. Die Positionen der ehemaligen Rheinbundstaaten

Sowohl die 41 Artikel Hardenbergs als auch der Rahmenplan der Zwölf Artikel stießen bei den ehemaligen Rheinbundfürsten auf hartnäckigen Widerstand, ja selbst die sehr zurückhaltenden österreichischen Vorstellungen stießen teilweise auf Ablehnung. So wünschten Bayern und Württemberg eine Pentarchie mit vollkommen gleichmäßig verteilten Rechten, unbeschränkter Souveränität im Innern und voller Herrschaft über die Kreisstände. Nicht zuletzt die Teilhaberechte der Mediatisierten insbesondere an der Landesgesetzgebung sowie an der Bewilligung der Landesausgaben waren den Souveränen naturgemäß ein Dorn im Auge. Überhaupt war das Verhalten der Süddeutschen in den Verhandlungen in starkem Maße durch das Bemühen bestimmt, gegenüber den Mediatisierten die eigene Souveränität ohne Einschränkung zu behaupten. So lehnten sie die Schaffung eines Bundesgerichts kategorisch ab und wollten stattdessen allenfalls einer Austrägalinstanz zustimmen. In der bundesrechtlichen Garantie von landständischen und Untertanenrechten sah man eine Ehrverletzung der Monarchen, habe man doch eine Verfassung zu geben längst beschlossen.[35] In der Tat arbeitete man in Stuttgart bereits seit Oktober 1814 an einem entsprechenden Entwurf. Ließ der Kongreß aber eine Verfassungsgebung zu, ehe er selbst gesprochen hatte, so bedeutete dies eine Preisgabe seiner Autorität. Und griff ein Souverän solcherart eigenmächtig in die Mediatisiertenfrage ein, hätte dies einen Präzedenzfall ersten Ranges geschaffen, nachdem offenbar geworden war, daß die Souveränität der Mittelstaaten nicht angetastet werden würde.[36]

Auf Widerstand stieß auch die geplante Verleihung von Kuriatstimmen in der Bundesversammlung an die Mediatisierten. Namentlich Bayern, welchem Österreich im Vertrag von Ried weitreichende Zugeständnisse in Form von unvermindertem Besitzstand und vollständiger Entschädigung für alle etwa notwendig werdenden Abtretungen gemacht hatte, lehnte eine derartige Beteiligung der ehemaligen Reichsstände an der Bundesgewalt ab. In den Organen eines von souveränen Fürsten geschlossenen Bundes könne ausschließlich diesen ein Stimmrecht als Attribut der Souveränität zustehen, nicht dagegen ehemals selbständigen Fürsten, die den Staaten der Souveräne unterworfen worden seien.[37]

Peinlich bedacht auf Erhaltung ihrer eben erst erlangten Souveränität, unterbreiteten die süddeutschen Königreiche den Großmächten am 20. Oktober 1814 zahlreiche Forderungen.[38] Darin lehnte man jegliche Schmälerung oder Be-

[35] *Hoff*, Die Mediatisiertenfrage, S. 74 f.
[36] *Hoff*, Die Mediatisiertenfrage, S. 99.
[37] *Klüber*, Uebersicht, S. 304.
[38] *Klüber*, Acten, Band 2, S. 90 ff. und 95 ff.

schränkung der bestehenden Souveränitätsrechte rundheraus ab, insbesondere das Recht einzelner Untertanen, sich mit Beschwerden über angebliche Rechtsverletzungen an den Bundesrat zu wenden. Zur Begründung führte man an, das alleinige Regierungsrecht des Souveräns sei auch nach 1803 in einer Reihe von Verträgen anerkannt und gesichert worden. Die Gerichte der Souveränitätsstaaten seien auch in denjenigen Fällen zur Entscheidung berufen, in denen die Staatsregierung selbst Partei sei; insoweit habe sich diese dem Urteilsspruch zu unterwerfen. Mit diesen Forderungen drang die süddeutsche Seite weitgehend durch und überwand damit den für die Legitimation der eigenen Position hochgefährlichen Standpunkt, allein der Reichsdeputationshauptschluß bilde die rechtmäßige Grundlage für den gegenwärtigen Zustand. Von nun an ließ sich mit Fug und Recht auf die Rheinbundakte und ihre Folgeverträge als Rechtsgrundlage für den Status quo verweisen.[39]

Nachdem man seinen Willen durchgesetzt und solcherart die eigene Unabhängigkeit weitestgehend gesichert hatte, blieben aus Sicht der Mittelstaaten lediglich die Fragen des Bundesgerichts, der Landstände, der Untertanenrechte und der Mediatisierten. Während Württemberg den Schlußverhandlungen gänzlich fern blieb, nahm für Baden zwar Freiherr von Berstett an den ersten Sitzungen teil, mußte sich aber mangels Vollmacht rein passiv verhalten und erklärte kurz darauf auch seinen Austritt.[40] Aus süddeutscher Sicht blieb es damit Bayern überlassen, die Interessen der ehemaligen Rheinbundsouveräne hinsichtlich der noch offen gebliebenen Fragen durchzusetzen, was ihm im wesentlichen auch gelang. So brachte man das in Aussicht genommene Bundesgericht zu Fall und ersetzte es durch eine Austrägalinstanz[41], bestand erfolgreich auf einer kurzen, nichtssagenden Formulierung des Landständeartikels[42] und setzte die Maßgeblichkeit der bayerischen Mediatisierten-Verordnung vom 19. März 1807 für den Rechtszustand der ehemaligen Reichsstände durch[43].

## C. Die Deutsche Bundesakte vom 8. Juni 1815

Ohne Beteiligung Badens und Württembergs, die erst am 26. Juli bzw. am 15. Oktober 1815 dem Bund beitraten[44], wurde die Deutsche Bundesakte dann am 8. Juni 1815 in Wien von 38 souveränen deutschen Fürsten und vier freien Städten

[39] *Hofmann*, Adelige Herrschaft, S. 334.
[40] *Glaser*, in: ZGO 1928 (41 N.F.) S. 301 f.
[41] *Klüber*, Acten, Band 2, S. 424, 499 f. und 532 f.
[42] *Klüber*, Acten, Band 2, S. 358 f., 380 ff., 424 ff., 479 ff., 516, 529 f. und 533 f.
[43] *Hoff*, Die Mediatisiertenfrage, S. 114 ff.
[44] Vgl. *Ullmann*, in: Handbuch der baden-württembergischen Geschichte, Band 3, S. 37, sowie *Hofmann*, Adelige Herrschaft, S. 337.

unterzeichnet. Vom Legitimitätsprinzip, welches als Gegenpol zu Nepotismus und Herrschaft von Emporkömmlingen während der napoleonischen Ära zu Beginn des Kongresses als tragende Losung für die Wiederherstellung der alten europäischen Ordnung ausgegeben worden war, blieb dabei aus Sicht der Mediatisierten wenig übrig. Die sie betreffenden Bestimmungen der Bundesakte nahmen freilich in dem insgesamt lediglich 20 Artikel umfassenden Vertrag vergleichsweise breiten Raum ein.

## I. Die Regelungen der Bundesakte die Mediatisierten betreffend

Die Deutsche Bundesakte erwähnte die Mediatisierten in den Artikeln 6 und 14. Ersterer bezog sich als allgemeine Bestimmung auf die Stimmverteilung innerhalb der Bundesversammlung als Plenum, während letzterer unter den besonderen Bestimmungen die Rechtsstellung der seit 1806 mittelbar gewordenen ehemaligen Reichsstände in den Bundesstaaten betraf.

### 1. Artikel 6 der Bundesakte

Artikel 6 Absatz 1 DBA regelte die Stimmverteilung im Plenum der Bundesversammlung, welches zur Entscheidung über Erlaß und Änderung von Bundesgrundgesetzen, die Bundesakte selbst betreffende Beschlüsse, Bundesorgane sowie gemeinnützige Anordnungen sonstiger Art berufen war. Da man sich wie oben beschrieben nicht darauf hatte einigen können, den Mediatisierten in diesem Bundesorgan Kuriatstimmen zuzugestehen, stellte Artikel 6 Absatz 2 DBA lediglich vage in Aussicht, die Bundesversammlung werde solches *bey der Berathung der organischen Bundes-Gesetze in Erwägung nehmen*[45]. Angesichts des hinlänglich bekannten Umstandes, daß sich die süddeutschen Souveräne kategorisch weigerten, den vormaligen Reichsständen und nunmehrigen Untertanen Kuriatstimmen zuzugestehen, kam dies faktisch einer Ablehnung gleich, da sich auf Bundesorgane beziehende Beschlüsse nach Artikel 7 Absatz 4 DBA nur einstimmig gefaßt werden konnten[46].

Von dem aus standesherrlicher Sicht mit der Führung einer Kuriatstimme verbundenen Prestige und der zumindest insoweit erreichten Gleichstellung mit den Souveränen abgesehen, hätte eine solche Beteiligung durchaus ansehnliche politische Einflußmöglichkeiten geboten. Zwar wären diese auf das Plenum der Bundesversammlung beschränkt gewesen, da Artikel 6 Absatz 2 DBA mediati-

---

[45] Deutsche Bundesakte jeweils zitiert nach: *Huber*, Dokumente, Band 1, Nr. 30, S. 84 ff.

[46] *Klüber*, Öffentliches Recht, § 121a, S. 172.

sierte Kuriatstimmen auch in der einfachen Bundesversammlung nicht vorsah. Angesichts des Einstimmigkeitsprinzips insbesondere bei Annahme und Änderung von Bundesgrundgesetzen und auf Bundesorgane bezogenen Beschlüssen gemäß Artikel 7 Absatz 4 DBA wäre den standesherrlichen Kuriatstimmen aber in Einzelfällen erhebliche Bedeutung zugekommen. Zudem hatten Hardenbergs 41 Artikel insgesamt immerhin sechs Kuriatstimmen für die Mediatisierten mit weniger als 50.000 Untertanen[47] in Aussicht gestellt – bei der späteren Gesamtstimmenzahl von 70[48] eine Größe von nicht unerheblicher Relevanz, selbst als später nur noch von vier Kuriatstimmen die Rede war[49].

Zur förmlichen Beschlußfassung über die den Mediatisierten zugedachten Kuriatstimmen kam es bis zum Ende des Deutschen Bundes nie, obwohl es hierzu immer wieder Anläufe gab. So beschlossen Österreich, Preußen, Großbritannien und Rußland auf dem Aachener Kongreß im Jahre 1818, den Wunsch der Standesherren nach Kuriatstimmen in der Bundesversammlung durch ihre Gesandten bei den deutschen Regierungen zu unterstützen.[50] Ob diese Unterstützung tatsächlich erfolgt ist, kann offen bleiben – ein meßbarer Erfolg war ihr jedenfalls nicht beschieden. Auch die Löwensteiner engagierten sich auf diesem Gebiet – Erbprinz Konstantin von Löwenstein-Wertheim-Rosenberg etwa stellte bei der Wiener Ministerkonferenz sowie bei der Bundesversammlung Anträge auf Bewilligung von Kuriatstimmen[51] – allein auch hier ohne für die Mediatisierten positives Ergebnis.

### 2. ARTIKEL 14 DER BUNDESAKTE

> *Um den im Jahr 1806 und seitdem mittelbar gewordenen ehemaligen Reichsständen und Reichs-Angehörigen in Gemäßheit der gegenwärtigen Verhältnisse in allen Bundesstaaten einen gleichförmigen bleibenden Rechts-Zustand zu verschaffen,* [...]

traf die Bundesakte in ihrem Artikel 14 in bezug auf die standesherrliche Stellung drei grundlegende Bestimmungen. Die mediatisierten fürstlichen und gräflichen Häuser sollten weiterhin zum hohen Adel in Deutschland zählen und das Recht der Ebenbürtigkeit besitzen. Weiter sollten ihre Häupter *die ersten Stan-*

[47] Neben den Virilstimmen für solche mit mehr als 50.000 Einwohnern.
[48] Einschließlich Hessen-Homburg, das erst im Jahre 1817 in den Bund aufgenommen wurde.
[49] Nämlich für die fränkischen, schwäbischen, westfälischen und rheinischen Fürsten und Grafen. Vgl. *Vollgraff*, Standesherrn, S. 468.
[50] *Klüber*, Öffentliches Recht, § 303, S. 466.
[51] Eingaben vom 1. Februar und vom 22. November 1834. Vgl. *Klüber*, Öffentliches Recht, § 303, S. 466.

*desherren in dem Staate sein, zu dem sie gehören*, und die standesherrlichen Familien *die privilegirteste Klasse in demselben, insbesondere in Ansehung der Besteurung* bilden. Schließlich wurden *ihnen überhaupt in Rücksicht ihrer Personen, Familien und Besitzungen alle diejenigen Rechte und Vorzüge zugesichert* [...], *welche aus ihrem Eigenthum und dessen ungestörten Genusse herrühren, und nicht zu der Staatsgewalt und den höheren Regierungsrechten gehören*. Unter Besitzungen waren dabei die von den mediatisierten Fürsten und Grafen bisher als Landesherren regierten Territorien zu verstehen. Diese blieben damit ungeachtet der Mediatisierung in sich geschlossene politische Bezirke, die fürderhin Standesherrschaften genannt wurden.[52] Den Souveränen, die hinsichtlich der Staatsverwaltung auf möglichst weitgehende Homogenität der ihrer Oberherrschaft unterworfenen Lande erpicht waren, mußte dies naturgemäß ein Dorn im Auge sein – eine Schlußfolgerung, die sich in dem durchaus zögerlichen Verhalten der badischen Regierung bei der Umsetzung des Artikels 14 DBA widerspiegeln sollte.[53]

Zu den erwähnten Rechten zählten Freizügigkeit innerhalb der Mitgliedstaaten des Bundes und der mit ihm im Frieden befindlichen Drittstaaten, Familienautonomie unter der Rechtsaufsicht des Souveräns sowie privilegierter Gerichtsstand und Befreiung vom Wehrdienst für die Mitglieder standesherrlicher Familien. Von besonderer Bedeutung waren das in Artikel 14 b) DBA gewährte Privileg im Hinblick auf die Besteuerung sowie das in Artikel 14 c) Nr. 4 DBA genannte Recht zur Ausübung der bürgerlichen und peinlichen Gerichtsbarkeit in erster und bei hinreichender Größe der Besitzung auch in zweiter Instanz sowie der Ortspolizei. Für die Mediatisierten waren diese Vorrechte als Nachweis ihres hervorgehobenen Status und *theuere Reliquie der frühern Regentenzeit, als das einzige Bindemittel der standesherrlichen Gebietsbewohner an ihre ehemaligen Herrscher*[54], von ungeheurer Wichtigkeit, für die auf dem Weg zu modernen Verfassungsstaaten befindlichen Bundesglieder lästige Relikte des aus ihrer Sicht nunmehr endgültig untergegangenen Reiches. Es nimmt daher nicht wunder, daß beide Seiten jeweils unterschiedliche Auffassungen von Umfang und Reichweite dieser Rechte vertraten. Noch weniger überrascht angesichts der Erfahrungen aus der Rheinbundzeit, daß sich die Löwensteiner an dieser Auseinandersetzung mit großem Eifer und beharrlicher Ausdauer beteiligten – sowohl gegenüber den jeweiligen Souveränen als auch vor der Frankfurter Bundesversammlung, wie noch zu zeigen sein wird.

---

[52] *Zoepfl*, Grundsätze, Band 2, § 319, S. 314 f.
[53] *Schulz*, Mediatisierung, S. 170.
[54] *Fischer*, Der Teutsche Adel, Band 2, S. 68.

a. Gerichtsbarkeit

Der im Vergleich zu Artikel 27 Absatz 1 RBA sehr ähnliche Wortlaut des Artikels 14 c) Nr. 4 DBA legte nahe, bei dessen Auslegung auf die zu jenem entwickelten Grundsätze zurückzugreifen.[55] Immerhin sicherte die Bundesakte den Standesherren die Ausübung der bürgerlichen und peinlichen Gerichtsbarkeit in erster und ggf. zweiter Instanz ausdrücklich als aus dem Eigentum fließendes, nicht zu der Staatsgewalt gehörendes Recht zu. Allerdings war sich das damalige staatsrechtliche Schrifttum keineswegs einig über die Konsequenzen, die aus dieser Formulierung zu ziehen waren. Zwar ging man übereinstimmend davon aus, daß die Errichtung des Instanzenzugs sowie die Aufsicht über die Gerichte durch Überwachung der Gesetzmäßigkeit der Rechtspflege und Beaufsichtigung der mit der Rechtsprechung betrauten Personen in den Machtbereich des Staates fielen.[56] Artikel 14 c) Nr. 4 DBA hatte die Ausübung dieser standesherrlichen Rechte ja ausdrücklich unter den Vorbehalt der Vorschrift der Landesgesetze gestellt. Ob es sich bei der Gerichtsbarkeit aber um ein lediglich von der Staatsgewalt übertragenes dingliches Recht handele, welches die Standesherren im eigenen Namen unter Oberaufsicht des Staates auszuüben berechtigt seien[57]; oder ob die standesherrliche Gerichtsbarkeit in erster und zweiter Instanz als originäres Recht anzusehen sei und der Souverän auf selbige nur durch seine gesetzgebende Gewalt sowie seine höhere landesherrliche Jurisdiktionsbefugnis einwirken könne[58], waren höchst umstrittene Fragen.

Damit hatte sich die bereits zu Zeiten des Rheinbundes ausgetragene Diskussion über den Rechtscharakter der den mediatisierten Reichsständen gewährten Jurisdiktion in den Vormärz hinübergerettet, wobei sich an der Frontstellung beider Parteien nichts geändert hatte. Allerdings war der maßgebliche Normtext nun in deutscher Sprache abgefaßt, so daß bei der Auslegung seiner Schlüsselbegriffe ohne weiteres deutsche Rechtsgrundsätze anzuwenden waren. Freilich hinderte dies die standesherrlichen Parteigänger nicht daran, bei der Untermauerung ihrer Argumente auf die Rheinbundakte als Grundnorm zurückzugreifen, soweit es ihnen tunlich erschien, während umgekehrt die Vertreter der Landesherren auf deren nunmehr in Artikel 1 DBA ausdrücklich festgeschriebene, nach ihrer Auffassung uneingeschränkte Souveränität verwiesen.

---

[55] *Zoepfl*, Grundsätze, Band 2, § 318, S. 314.
[56] *Klüber*, Öffentliches Recht, § 286 f., S. 595 und 597.
[57] So etwa *Fischer*, Der Teutsche Adel, Band 2, S. 72, sowie *Klüber*, Öffentliches Recht, § 289, S. 599.
[58] So etwa *Zoepfl*, Grundsätze, Band 2, § 318, S. 314.

### b. Polizei

Im Hinblick auf die Polizei unterschied sich der Wortlaut der Deutschen Bundesakte deutlicher von demjenigen der Rheinbundakte als bei der Gerichtsbarkeit. Während letztere von niederer Polizei sprach, gestand erstere den Standesherren nur die Ortspolizei zu. Gleichwohl stellte sich insoweit die Frage, ob darunter wiederum – wie zur Rheinbundzeit bereits von den Souveränen vertreten – die niedere Polizei innerhalb des gesamten standesherrlichen Bezirks zu verstehen sei, nunmehr eindeutig nicht nur hinsichtlich des Geltungsbereichs, sondern auch gegenständlich auf Angelegenheiten mit lediglich lokaler Bedeutung beschränkt.[59] Dabei gestand man den standesherrlichen Behörden allerdings zu, innerhalb ihres Geschäftskreises Polizeiverordnungen mit generell-abstrakter Wirkung zu erlassen.[60] Dagegen wollte man sich auf mediatisierter Seite die mittlere Polizeibehörde – soweit sie überhaupt noch vorhanden war – nicht nehmen lassen und bestand auf der standesherrlichen Distriktspolizei.[61]

### c. Steuern

Auch in bezug auf die Besteuerung der vormaligen Reichsstände unterschied sich der jeweilige Wortlaut von Rheinbundakte und Deutscher Bundesakte. Erstere stellte die Standesherren in steuerlicher Hinsicht der privilegiertesten Klasse im Staate gleich, letztere bezeichnete sie demgegenüber als pivilegierteste Klasse in Ansehung der Besteuerung. Angesichts dieses verhältnismäßig eindeutigen Wortlauts der Bundesakte ging man weitgehend übereinstimmend davon aus, daß diese den Standesherren jedenfalls einen steuerlichen Vorteil habe zuwenden wollen und lediglich dessen Umfang offengelassen habe.[62] Umstritten war nun mangels näherer Vorschriften aber der Umfang der den Mediatisierten zu gewährenden Steuerprivilegien. Während die Standesherren die völlige Befreiung ihrer Domänen von ordentlicher Schatzung forderten, wollte man auf souveräner Seite – nicht zuletzt unter Verweis auf die verfassungsrechtlich garantierte Gleichheit aller Untertanen – lediglich eine geringfügige Besserstellung gegenüber den übrigen Untertanen gewähren.[63]

---

[59] *Klüber*, Öffentliches Recht, § 233, S. 511, Fn. a).
[60] *Klüber*, Öffentliches Recht, § 304, S. 618.
[61] Vgl. *Vahlteich*, Standesherren, S. 85 f.
[62] *Fischer*, Der Teutsche Adel, Band 2, S. 51.
[63] Vgl. *Berchtold*, in: Deutsches Staats-Wörterbuch, Band 10, S. 192.

### d. Sonstige Rechte

Daneben sah die Bundesakte weitere Privilegien und Rechte vor, die für die Mediatisierten von großer Wichtigkeit waren. Im Gegensatz zur Rheinbundakte, die sich hierzu nicht verhalten hatte, enthielt Artikel 14 a) DBA insbesondere Ausführungen zur Ebenbürtigkeit und erklärte die mediatisierten fürstlichen und gräflichen Häuser als weiterhin zum Hohen Adel in Deutschland gehörig. Zwar war der Begriff des Hohen Adels auch schon vor 1815 geläufig gewesen, zur staatsrechtlichen Größe wurde er jedoch erst mit dem Wiener Kongreß. Zum Hohen Adel gehörten danach regelmäßig alle, die im Alten Reich als reichsunmittelbare Landesherren Reichsstände gewesen waren.[64] Damit teilte sich die Hocharistokratie in Deutschland fürderhin in eine regierende und eine nichtregierende Klasse auf, ebenso der Untertanenverband, der sich nunmehr aus privilegierten und nichtprivilegierten Angehörigen zusammensetzte. Auf diese Weise erlangten die Mediatisierten eine Zwitterposition, die Herrschaftsanspruch und Untertanenposition gleichermaßen in sich vereinigte.[65] Inhaltlich bedeutete das Recht der Ebenbürtigkeit vor allem, daß Eheschließungen zwischen Angehörigen der regierenden sowie der standesherrlichen Häuser als standesgemäß galten und Nachkommen aus einer solchen Verbindung in den Genuß des Sukzessionsrechts kamen.[66]

Von nicht zu unterschätzender Bedeutung für die Mediatisierten war auch das politische Vorrecht der erblichen Landstandschaft in den jeweiligen Ersten Kammern der Ständeversammlungen. Dieses resultierte aus Artikel 14 b) iVm Artikel 13 DBA, welcher landständische Verfassungen für alle Bundesstaaten vorschrieb. Dieses sicherte ihnen einen erheblichen Einfluß in den gesetzgebenden Organen der Bundesglieder. So waren die Löwensteiner mit ihren in vier Staaten gelegenen Besitzungen in den Ersten Kammern Badens, Bayerns, Hessen-Darmstadts und Württembergs vertreten und sahen sich solcherart in der Lage, ihre politischen Interessen über die Staatsgrenzen hinweg geltend zu machen.

Das in Artikel 14 c) Nr. 2 DBA zugesprochene Recht der Familienautonomie schließlich bedeutete im Vergleich zu den Zeiten des Rheinbundes eine erhebliche Verbesserung der Lage für die Mediatisierten. So wie den Standesherren mit der Zugehörigkeit zum Hohen Adel und der Ebenbürtigkeit das gleiche Standesrecht eingeräumt wurde, sollte ihnen auch hinsichtlich ihrer Familien- und Gü-

---

[64] *Gollwitzer*, Standesherren, S. 32 f.
[65] *Furtwängler*, Standesherren, S. 105.
[66] *Fischer*, Der Teutsche Adel, Band 2, S. 30; *Zoepfl*, Grundsätze, Band 2, § 308, S. 284.

terverhältnisse gleiche Autonomie zukommen.[67] Im Gegensatz zu den Verhältnissen in den meisten Rheinbundstaaten mußten bereits existente Familienverträge zu ihrer Fortgeltung nicht mehr dem Souverän vorgelegt und von diesem bestätigt werden. Zwar waren neue Verfügungen nach wie vor den Landesbehörden *zur allgemeinen Kenntniß und Nachachtung* zu bringen; soweit es sich um Familienverträge handelte, die unter Zustimmung aller Mitglieder geschlossen wurden, hatte sich die Überprüfung allerdings nur mehr auf deren Übereinstimmung mit der Landesverfassung zu erstrecken. Gegenüber staatlichen Stellen sowie Dritten entfalteten solche Familiengesetze erst nach Genehmigung und öffentlicher Bekanntmachung Geltung, während sie innerhalb der Familie sofort bindend waren.[68] Alle diesen Regelungen entgegenstehenden Vorschriften wurden für nicht mehr anwendbar erklärt, freilich nur für künftige Fälle.

### 3. Zusammenfassung und Bewertung

Auf den ersten Blick lassen die Mediatisiertenbestimmungen von Deutscher Bundesakte und Rheinbundakte in ihrem Wortlaut deutliche Parallelen erkennen. Beide Vertragstexte behielten den vormaligen Reichsständen einzelne Befugnisse wie Gerichtsbarkeit in erster und zweiter Instanz sowie niedere Polizei vor, die sie von den dem Landesherrn zustehenden Rechten ausnahmen. Bei näherem Hinsehen offenbart sich allerdings ein wesentlicher Unterschied. Hatte die Rheinbundakte die Frage nach der Untertanenstellung des mediatisierten Adels noch offengelassen, ließ die Deutsche Bundesakte hieran keinen Zweifel mehr.[69] So qualifizierte Artikel 14 b) DBA die Häupter der mediatisierten Häuser als *erste[n] Standesherren in dem Staate, zu dem sie gehören* und sprach von ihnen als *privilegirteste*[r] *Classe in demselben.* Zudem unterwarf Artikel 14 c 4) DBA sie der *Vorschrift der Landesgesetze* sowie der *Oberaufsicht der Regierungen.* Damit war klargestellt, daß die Mediatisierten nunmehr als zwar mit diversen Vorrechten ausgestattete, jedoch in den souveränen Staat inkorporierte und der Staatsgewalt grundsätzlich ohne Einschränkung unterworfene Subjekte angesehen wurden. Korrespondierend hierzu sah die Deutsche Bundesakte im Gegensatz zur Rheinbundakte keinerlei Beschränkungen der landesherrlichen Souveränität mehr vor, sondern sprach sowohl in ihrer Präambel als auch in Artikel 1 von den *souverainen Fürsten und freien Städte*[n] *Teutschlands.* Während die Rheinbundakte noch drei verschiedene Souveränitätsstufen unterschieden und damit die Souveränität der Bundesfürsten in den mediatisierten Landen eingeschränkt hatte, findet sich in der Deutschen Bundes-

[67] *Zoepfl*, Grundsätze, Band 2, § 315, S. 304 ff.
[68] *Zoepfl*, Grundsätze, Band 2, § 315, S. 308.
[69] So auch *Hofmann*, Adelige Herrschaft, S. 336.

akte nichts mehr dergleichen. Damit ist für die Zeit nach 1815 grundsätzlich von unbeschränkter Souveränität auch in den mediatisierten Landen auszugehen.

Vergleicht man nun Artikel 14 DBA im einzelnen mit den einschlägigen Bestimmungen der Rheinbundakte, so enthielt jener keineswegs eine qualitative oder quantitative Erweiterung der standesherrlichen Rechte. Von einer absoluten Verbesserung der mediatisierten Rechtsposition konnte keine Rede sein, allenfalls von einer relativen, die es den Bundesgliedern hinfort zumindest theoretisch verwehrte, beliebig in die standesherrlichen Rechte einzugreifen.[70] Da die Umsetzung des Bundesrechts und damit die konkrete Ausgestaltung der standesherrlichen Rechte aber den Einzelstaaten überlassen blieb, hatte sich auch an der strukturellen Unterlegenheit der Standesherren gegenüber ihren Souveränen nichts geändert. Zudem waren Umfang und Reichweite zahlreicher Vorrechte nach wie vor zweifelhaft und umstritten, so daß auch das erklärte Ziel der Bundesakte, den ehemaligen Reichsständen Rechtssicherheit zu gewähren, jedenfalls aus standesherrlicher Sicht nicht erreicht wurde. Folgte man der souveränen Auslegungsweise, erreichten die standesherrlichen Rechte teilweise nicht einmal das Niveau, wie es sich in der Rheinbundakte dargestellt hatte. Schließlich nützte auch die Bestandsgarantie des Bundes im Konfliktfall wenig, da nicht unabhängige Bundesgerichte Rechtsschutz gewährten. Waren die Betroffenen mit der einschlägigen Gesetzgebung nicht einverstanden, blieben ihnen nur der formlose Protest gegenüber ihrem Landesherrn oder der Gang nach Frankfurt. Mit dem Recht zur Beschwerde bei der Bundesversammlung hatte man die in der Rheinbundzeit fortgesetzt erhobene Forderung nach Errichtung eines bei Streitigkeiten zwischen Souverän und Mediatisierten anrufbaren Gerichts zwar in Ansätzen erfüllt. Dieses von mannigfaltigen Interessen beherrschte Gremium ermöglichte letzteren freilich keinen Disput auf Augenhöhe, hatte doch (nur) die gegnerische Partei darin Sitz und Stimme. Gleichwohl machten die ehemaligen Reichsstände – insonderheit die Löwenstein-Wertheimer – in der Folgezeit von dieser Beschwerdemöglichkeit ausnehmend Gebrauch, wie noch zu zeigen sein wird.

Die Mediatisierten hatten ihr Ziel einer möglichst weitgehenden Revidierung der Rheinbundakte damit nicht erreicht, vielmehr blieb die darin vorgesehene empfindliche Beschneidung ihrer vormaligen Rechtsposition als Landesherren erhalten – immerhin unter Garantie der noch verbliebenen Privilegien und Gerechtsame durch den Bund. Nochmals festgeschrieben wurde diese Bundesgarantie in Artikel 63 der Wiener Schlußakte vom 15. Mai 1820. Auf mediatisierter Seite war man von diesem Resultat tief enttäuscht. Auch die Löwensteiner machten ihrem Unmut über die aus ihrer Sicht bescheidenen Ergebnisse ihrer Bemühun-

---

[70] *Vollgraff*, Standesherrn, S. 530 f.

gen Luft und unterzeichneten[71] die am 13. Juni 1815 von den Mediatisierten in Wien eingelegte Rechtsverwahrung[72]. Danach fühlten sich

> *Die unterzeichneten unterdrückten Reichsstände* [...] *in ihrer gerechten Erwartung, durch die teutsche BundesActe ihren Rechtszustand von 1805, mit Hinsicht auf die von ihnen zu Beförderung des teutschen Gemeinwohls freiwillig dargebotenen Opfer, nach getroffener Uebereinkunft mit ihnen, wieder hergestellt zu sehen, schmerzlich getäuscht.*

Man sehe sich zwar in Anbetracht der obwaltenden Verhältnisse genötigt, sich in bezug auf die einschlägigen Bestimmungen der Bundesakte *der Gewalt der Umstände zu fügen.* Man fühle sich jedoch verpflichtet, für sich, seine Nachkommen und seine angestammten Untertanen vor dem Kongreß und der ganzen Welt den Umfang seiner Rechte und Befugnisse, wie er sich im Jahre 1805 dargestellt habe, *für ewige Zeiten* vorzubehalten. Nur diejenigen Opfer wollten die einstigen Reichsstände anerkennen, die *als Resultat freiwilliger Uebereinkunft mit ihnen, einzig und allein eine rechtliche Aenderung ihres altehrwürdigen, garantirten Rechtszustandes zu begründen* vermöchten.

Zufriedener mit dem Ausgang des Kongresses (und nicht zuletzt seiner eigenen Tätigkeit) zeigte sich der Mediatisiertenbevollmächtigte von Gärtner. Zwar sei das Ergebnis hinter den Erwartungen zurückgeblieben, doch sei die Lage derjenigen Reichsstände, welche der Rheinbund unter württembergische und badische Souveränität gestellt habe, *noch um mehr als 50 pCt verbessert* worden.[73] Diese bescheiden anmutende Auffassung von Gärtners dürfte auf seine recht frühzeitig zutage getretene, vergleichsweise realistische Einschätzung der Lage zurückzuführen sein, wonach eine vollständige Restitution der ehemaligen Reichsstände kaum zu erreichen sei.

## II. Die Bayerische Deklaration vom 19. März 1807

Zur näheren Bestimmung der dem ehemals reichsständischen Adel zugesprochenen Befugnisse sowie im Interesse einer möglichst in allen Bundesstaaten

---

[71] Für die Freudenberger Linie unterzeichnete Erbprinz Karl und für die Rosenberger Justizrat von Jagemann.

[72] *Rechtsverwahrung vormaliger reichsständischer Landesherren, welche jetzigen teutschen Souverainen untergeordnet sind, wider den sie betreffenden Inhalt der teutschen BundesActe, mit Beziehung auf ihren Rechts- und Besitzstand von 1805*, zitiert nach *Klüber*, Acten, Band 2, S. 584 ff.

[73] Schlußbericht von Gärtners über seine Tätigkeit in Wien vom 14. Juni 1815, abgedruckt bei: *Geyger*, Beiträge, S. 193 ff.

einheitlichen Rechtsstellung der Mediatisierten erklärte Artikel 14 DBA die Bayerische Verordnung vom 19. März 1807 für anwendbar. Da diese zu Zeiten des Rheinbundes in dem Ruf einer besonders milden und gerechten Regelung gestanden hatte, glaubte man auf Seiten der Bundesstaaten im Interesse der Standesherren zu handeln. Dort hatte man seine Meinung aber unterdessen geändert und lehnte die Anwendung der Verordnung nun vehement ab. Am 3. Juni 1815 erklärte das Komitee der Standesherren im Hinblick auf die Verordnung rechtsverwahrend, diese könne *nicht von ihnen als für sie verbindlich und ihnen nachtheilig angesehen werden*, vielmehr wiederholte man den *Anspruch, daß ihnen vor Allem die dem Alter, Bedeutenheit und Ansehen ihrer Häuser entsprechende Repräsentation bei der teutschen Bundes-Versammlung zurückgegeben, und überhaupt reine Gerechtigkeit für sie ausgesprochen werde.*[74]

Im einzelnen verblieb den Mediatisierten nach Abschnitt D über die *Staats-Justiz-Gewalt*[75] die niedere und mittlere Gerichtsbarkeit in bürgerlichen und peinlichen Fällen. Ihre Justizkanzlei mittlerer Instanz durften die Löwensteiner danach unter der Bezeichnung *Königlich-Baierische fürstlich Löwensteinische Justiz-Canzley* fortführen. Vor Einstellung der hierfür erforderlichen Räte war aber deren Qualifikation beim zuständigen Hofgericht nachzuweisen und sodann die Genehmigung des Justizministeriums einzuholen. Die Ernennung des übrigen Personals hingegen bedurfte keiner Bestätigung, jedoch waren die Nachweise über dessen Qualifikation aktenkundig zu machen und jährlich beim zuständigen Hofgericht einzureichen. Dieses hatte auch die Oberaufsicht über die standesherrliche Justizpflege auszuüben und zu diesem Zweck Akteneinsicht zu nehmen sowie Inspektionen durchzuführen. Die Erkenntnisse der standesherrlichen Gerichte in Strafsachen mußten vor Verkündung den landesherrlichen Hofgerichten zur Bestätigung vorgelegt werden.

Die den Mediatisierten von der Bundesakte belassene Ortspolizei definierte Abschnitt E der Deklaration über die *Staats-Polizei-Gewalt* näher. Danach sollten die Standesherren die *gewöhnliche untere Polizei* streng nach den Landesgesetzen durch nachgeordnete Beamte ausüben. Diese hatten die Gesetze und Verordnungen durch Anordnungen und Verfügungen zu vollziehen. Hinsichtlich der Normgebung blieb ihnen nach Abschnitt C 2 lediglich *die Befugnis, Reglements und Verfügungen über Gegenstände zu erlassen, welche die Verwaltung ihrer Patrimonial- und Eigenthums-Rechte betreffen*. Diese durften freilich keinesfalls den allgemeinen Gesetzen widersprechen. Unmittelbare Weisungen der landes-

---

[74] Rechtsverwahrende Erklärung vom 3. Juni 1815, zitiert nach: *Vollgraff*, Standesherrn, S. 480 f.

[75] Königlich Bairische Declaration vom 19. März 1807, zitiert nach: *Meyer*, Corpus Iuris Confoederationis Germanicae, Teil 2, S. 8 ff.

herrlichen Behörden an standesherrliche Unterbehörden waren gemäß Abschnitt L 5 ausgeschlossen; vielmehr hatten jene ihre Anordnungen zur weiteren Veranlassung an die Mittelinstanzen in Gestalt der Kanzleien zu richten. Gegenüber diesen kam nach Abschnitt L 6 der Deklaration indessen nur den landesweit zuständigen Stellen – namentlich also den Ministerien – eine Weisungsbefugnis zu, nicht dagegen den staatlichen Landgerichten, die insoweit lediglich zu berichten hatten. Die Unterbehörden der Mediatisierten wiederum erstatteten ihre Berichte regelmäßig nur an die standesherrlichen Kanzleien.

Den in Artikel 14 c) Nr. 3 DBA vorgesehenen privilegierten Gerichtsstand konkretisierte Abschnitt A 9 der Deklaration näher, indem er den Standesherren in allen sie betreffenden Real- und Personalsachen ein privilegiertes Forum in erster Instanz bei dem zuständigen Hofgericht und in zweiter und letzter Instanz bei dem zuständigen *obersten Justiz-Tribunal* zugestand. In peinlichen Fällen genossen die Mediatisierten nach Abschnitt A 11 *das Recht einer Austrägal-Instanz, nämlich durch Richter ihres Standes gerichtet zu werden.*

Abschnitt H der Deklaration schließlich enthielt Vorschriften über die *Staats-Finanz-Gewalt und Ausscheidung der an den Souverain übergehenden, oder den mediatisirten Herren verbleibenden Gefälle.* In die Staatskasse fließen sollten danach alle aus dem Untertanenverband resultierenden Abgaben und Landessteuern, soweit sie bisher schon in die Landessteuerkasse geflossen oder nach *Simplis* zur Befriedigung von Landesbedürfnissen erhoben worden waren. Gleiches galt für alle Abgaben, für welche die Bewilligung des ehemaligen Reichssouveräns erforderlich gewesen war oder die nach der alten Reichsverfassung nur zur Bestreitung von Landes- und Regierungsbedürfnissen erhoben werden durften. Hierzu zählten alle direkten und indirekten Steuern, insbesondere Stempeltaxen, Judenschatzungen, Akzise[76] und Umgeld, so daß den Patrimonialherren künftig die Erhebung jeglicher Konsumtionsabgaben verwehrt war. Schließlich gingen alle zur Unterhaltung von öffentlichen Einrichtungen bewilligten Territorialgefälle wie Münzen, Zölle, Chausseen- und Brückengelder mit den darauf haftenden Lasten sowie alle Umlagen zur Unterhaltung des Militärs und zur Tilgung der Kriegskosten auf den Souverän über. Dagegen verblieben alle in einer bestimmten Menge zu entrichtenden Abgaben wie die grundherrlichen Zinsen, auch wenn sie wie die Beede oder die Ordinari-Steuer zu Unrecht als Steuern bezeichnet würden, den mediatisierten Fürsten und Grafen, freilich künftig als grundherrliche Abgaben. Zwar versprach Abschnitt H 2, *auf den Verlust, den sie* [die Standesherren] *dadurch an ihren Einkünften erleiden, eine billige Rücksicht* [zu] *nehmen, und ihnen im Verhältniß ihres bisherigen Bezugs*

[76] Hierbei handelte es sich um eine Verbrauchsteuer insbesondere auf Lebens- und Genußmittel. Vgl. Deutsches Rechtswörterbuch, Band 1, Sp. 474 f.

*einen Theil davon* [zu] *überlassen*, jedoch bezog sich dies lediglich auf die direkten und indirekten Steuern, nicht dagegen auf die Territorialgefälle. Hierzu zählten insbesondere die für viele Mediatisierte – darunter die Löwensteiner – so wichtigen Zölle.

Im Hinblick auf die Steuerpflicht der Mediatisierten bestimmte Abschnitt H 10 der Deklaration kurz und knapp: *Es hat in den mediatisirten Landen keine Steuer-Freiheit statt.* Die Abschnitte H 12 und 13 befreiten die ehemaligen Reichsstände lediglich hinsichtlich ihres Hausbedarfs von der Zollpflicht sowie von den Chausseengeldern.

Die Schuldenaufteilung schließlich regelte Abschnitt I exakt nach den Vorschriften der Rheinbundakte, wonach die auf den mediatisierten Territorien lastenden Schulden in dem gleichen Verhältnis aufzuteilen waren wie die Einkünfte. Persönliche Schulden der Mediatisierten fielen ausschließlich diesen zur Last.

## III. Der Übergang des Fürstentums Aschaffenburg auf die Krone Bayern

Neben den die Mediatisierten betreffenden Regelungen enthielt die Bundesakte noch weitere Vorschriften, die für die Löwensteiner und die Grafschaft Wertheim von Bedeutung waren. So sprach Artikel 34 DBA das ehedem zum Großherzogtum Frankfurt gehörende Fürstentum Aschaffenburg und damit auch den rechtsmainischen Teil der Grafschaft Wertheim endgültig dem König von Bayern zu. Zuvor hatten Österreich und Bayern bereits in dem Pariser Vertrag vom 3. Juni 1814 vereinbart, daß Österreich Tirol und Vorarlberg zurückerhalten, Bayern hierfür aber im Austausch das Großherzogtum Würzburg sowie das Fürstentum Aschaffenburg zufallen sollten.[77] Kurze Zeit darauf ergriff das Königreich dann auch Besitz von seinen neuen rechtsmainischen Gebieten, was in Wertheim angesichts der gegenüber den Mediatisierten bis dahin vergleichsweise entgegenkommenden Politik der bayerischen Regierung durchaus begrüßt wurde.[78] Die im nunmehr bayerischen Teil der Grafschaft bereits existierenden standesherrlichen Gerichte und Verwaltungsbehörden blieben einstweilen provisorisch bestehen und wurden in der Folgezeit von der neuen Oberherrschaft im wesentlichen bestätigt.[79]

---

[77] *Doeberl*, Entwicklungsgeschichte, Band 2, S. 556.
[78] *Stockert*, Adel im Übergang, S. 225.
[79] Vgl. *Franz/Hofmann/Schaab*, Gerichtsorganisation, S. 101 ff.

## D. Die Regelungen im Gefolge der Deutschen Bundesakte

### I. Das Preußische Edikt vom 21. Juni 1815

Die Unterstützung Preußens für die Mediatisierten auf dem Wiener Kongreß setzte sich innerstaatlich durch eine ihren Vorstellungen am weitesten von allen Bundesstaaten entgegenkommende Gesetzgebung fort. Kurz nach Verabschiedung der Bundesakte erließ König Friedrich Wilhelm III. am 21. Juni 1815 eine *Verordnung betreffend die Verhältnisse der vormals unmittelbaren teutschen Reichsstände in den Preußischen Staaten*[80]. Mit Patenten gleichen Datums verleibte Preußen seinem Staatsgebiet die Standesherrschaften der Fürsten und Grafen Wied, Solms und Wittgenstein ein. Diese hatten zuvor unter der Souveränität Darmstadts und Nassaus gestanden, sich aber angesichts der harten Behandlung durch ihre Souveräne bemüht, nun unter preußische Oberhoheit zu gelangen und zu diesem Zweck sogar eine Erklärung über die freiwillige Unterwerfung unter Schutz und Hoheit des Königs von Preußen abgegeben.[81]

Die Verordnung bestätigte in Nr. 1 zunächst die den Mediatisierten in Artikel 14 DBA zugesprochenen Rechte. Darüber hinausgehend versprach der König in Nr. 2, sich *fortwährend bei der teutschen Bundes-Versammlung dafür* [zu] *verwenden, daß den ehemaligen unmittelbaren Reichsständen* [...] *einige Curiat-Stimmen in Pleno der teutschen Bundes-Versammlung beigelegt werden.* Nr. 3 der Verordnung beließ den Standesherren nicht nur ihre sämtlichen Domänen und davon herrührenden Einkünfte, sondern auch die direkten Steuern. Diese sollten freilich in ihrer Höhe den in Preußen bereits bestehenden angeglichen und nur zu des Landes Besten verwendet, endlich ohne königliche Genehmigung auch nicht erhöht werden. Damit nicht genug, gewährte ihnen Nr. 4 *Steuerfreiheit von gewöhnlichen Personal- und Grundsteuern* unbeschadet ihrer Pflicht zu außerordentlichen und Kriegssteuern sowie indirekten Steuern, deren Erhebung auch allein dem Staat vorbehalten blieb. Im Gerichtswesen blieb ihnen gemäß Nr. 7 der Verordnung eine zweite Instanz erhalten, sofern sie diese den Landesgesetzen gemäß zu unterhalten imstande waren. In Strafsachen wurden die Erkenntnisse der standesherrlichen Gerichte der Revision durch die staatlichen Oberlandesgerichte unterworfen. Bei selbigen kam den ehemaligen Reichsständen und ihren Familien auch ein privilegierter Gerichtsstand zu. Der Vollzug der allgemeinen Gesetze des Staates und damit die Ausübung der Polizei schließlich sollte nach Nr. 8 Absatz 1 unter staatlicher Aufsicht durch die standesherrlichen Behörden erfolgen. Mit diesen Bestimmungen kam der preu-

---

[80] Gesetz-Sammlung für die Königlichen Preußischen Staaten 1815, S. 105 ff.
[81] *Schier*, Standesherren, S. 14 und 20.

ßische Monarch den Wünschen und Vorstellungen der Standesherren deutlich entgegen und erwies sich einmal mehr als deren Fürsprech und Protektor. Des Königs guter Wille gegenüber seinen ehemaligen Mitständen kam auch in Nr. 8 Absatz 2 der Verordnung zum Ausdruck, welcher selbige zu einem unveränderlichen Gesetz seines Königreichs erklärte.

Da die bereits kurz nach Ende des Wiener Kongresses erlassene Verordnung unvermeidlich Fragen offenließ und Lücken offenbarte, ergingen am 30. Mai 1820 mit der *Königlich-Preußische*[n] *Instruktion wegen Ausführung des Edicts vom 21. Juni 1815* noch Ausführungsbestimmungen, die aber nur in wenigen Fällen inhaltlich von der Grundnorm abwichen. So bestimmte § 43 der Instruktion, daß in peinlichen Sachen nur das Erkenntnis des standesherrlichen Untergerichts beim staatlichen Oberlandesgericht zur Bestätigung einzusenden sei, nicht dagegen die Erkenntnisse der standesherrlichen Obergerichte. Bei der Schuldenaufteilung differenzierte § 64 a) wie bereits das badische Dritte KE zwischen Landes-, Kammer- und Privatschulden[82]: Lediglich erstere sollte der Souverän übernehmen, während die letzteren beiden weiterhin die Standesherren zu tragen hatten. Zwar entsprach dies nicht den Bestimmungen der Rheinbundakte sowie der bayerischen Mediatisiertendeklaration, war aber angesichts der den Standesherren sämtlich verbleibenden direkten Steuern auf den ersten Blick auch konsequent. Indes flossen diese nicht in deren Privatschatulle, sondern waren nach § 27 b) der Instruktion zunächst zur Zahlung der Entschädigung zugunsten der Standesherren für ihre entgangenen Einkünfte zu verwenden, sodann zur Tilgung der Staatsschuld und schließlich zur Kostentragung der standesherrlichen Justiz- und Polizeiverwaltung. In Zweifelsfällen, ob eine Abgabe grundherrlicher Natur oder als Steuer anzusehen sei, war nach § 28 zugunsten der Standesherren zu entscheiden.

In der Gesamtschau verschafften Verordnung nebst Instruktion den Mediatisierten eine im Staatswesen hervorgehobene Stellung: Während erstere zwischen standesherrlichen und sonstigen Untertanen differenzierte, sprach letztere mehrfach ausdrücklich von *Regierungsrechten* der Standesherren. Preußen ging damit weit über dasjenige hinaus, was selbst das zu Rheinbundzeiten als liberal angesehene Bayern seinen Standesherren eingeräumt hatte. Freilich hatte Friedrich Wilhelm III. angesichts des geringen Anteils standesherrlicher Gebiete an der Gesamtfläche seines Staatsgebiets im Gegensatz zu den süddeutschen Souveränen kaum die Bildung von Staaten im Staate und eine daraus folgende Unterhöhlung seiner Machtposition zu befürchten. Nachvollziehbar wird dabei jedenfalls der Wunsch der süddeutschen Standesherren und insonderheit der Lö-

---

[82] Vgl. oben § 4 B. III. 4.

wenstein-Wertheimer, es ihren norddeutschen Standesgenossen gleichzutun und eine vergleichbare Rechtsposition zu erlangen.

## II. Der Frankfurter Territorialrezeß vom 20. Juli 1819

Nachdem den Löwensteinern mit der Deutschen Bundesakte eine Restitution endgültig versagt geblieben war, bemühten sie sich um Verbesserung wenigstens ihrer territorialen Situation. Die Aufteilung ihrer Gebiete auf vier Souveräne verhinderte die Verwaltung des standesherrlichen Territoriums als Ganzes und erschwerte erheblich die Ausübung der durch die Bundesakte zugesprochenen Rechte, insbesondere von Gerichtsbarkeit und Polizei. Nicht zuletzt war man mit vier verschiedenen staatlichen Verwaltungsstrukturen konfrontiert und hatte sich mit ebenso vielen Rechtsordnungen auseinanderzusetzen.

Große Hoffnungen setzte man in Wertheim auf eine Wiedervereinigung der seit 1806 durch die Mainlinie getrennten Grafschaft.[83] Angesichts der bayerischen Wünsche nach einer Landverbindung zu den neuen linksrheinischen Besitzungen schien die Erwartung, die alte Grafschaft unter bayerischer Hoheit wieder erstehen zu lassen, auch nicht unbegründet. Eine herbe Enttäuschung für die Löwenstein-Wertheimer bedeutete daher der Frankfurter Territorialrezeß vom 20. Juli 1819[84], der die von der Wiener Kongreßakte offen gelassenen Gebietsfragen bereinigen sollte. Nach dessen Artikel VIII hatte Baden allerdings lediglich das rechtsmainisch gelegene, von bayerischem Gebiet enklavierte löwensteinische Mediatamt Steinfeld im Austausch für die Grafschaft Geroldseck an Österreich abzutreten, während der territoriale Status quo im übrigen erhalten blieb. Österreich trat dieses Amt dann seinerseits gemäß Artikel II c) des Rezesses an Bayern ab.

Aber noch ein weiterer Umstand ließ eine Wiedervereinigung der alten Grafschaft unter dem König von Bayern aus Wertheimer Sicht in weite Ferne rükken. Zwar hatte zunächst ein Geheimzusatz zum Münchner Vertrag zwischen dem bayerischen König und dem österreichischen Kaiser vom 14. April 1816 den Anfall der badischen Rheinpfalz nach dem Tode des Großherzogs an Bayern – die Erbfolge der Grafen von Hochberg war nach wie vor keineswegs gesichert – und somit eine Landbrücke zu den neuen linksrheinischen Besitzungen Bayerns vorgesehen. An diese Vereinbarung hielt sich Habsburg aber nicht, sondern erkannte in Artikel X Absatz 1 des Territorialrezesses zusammen mit

[83] *Stockert*, Adel im Übergang, S. 277 f.
[84] *Recès-général de la commission territoriale rassemblée à Francfort* vom 20. Juli 1819, abgedruckt bei: *Klüber*, Quellensammlung, S. 104 ff.

den anderen Signatarmächten das badische Erbfolgerecht der Grafen von Hochberg und ihrer Erben an.[85] Ohne diese Landbrücke aber mußte sich das bayerische Interesse am Erwerb des linksmainisch gelegenen Teils der Grafschaft in Grenzen halten.

## III. Die Wiener Schlußakte vom 15. Mai 1820

Da die Deutsche Bundesakte äußerst knapp gehalten und daher in wesentlichen Teilen unvollständig war, zeigte sich schnell die Notwendigkeit einer Konkretisierung sowie eines Ausbaus der Bundesverfassung. Es hatte sich nämlich gezeigt, daß den Standesherren in den meisten Fällen, in denen sie zur Durchsetzung der ihnen in der Bundesakte gewährten Rechte vor den landesherrlichen Gerichten den Rechtsweg beschritten, der Erfolg versagt blieb. Ursache hierfür war deren fehlende Befugnis, bei Einhaltung des für die Landesgesetze vorgeschriebenen Gesetzgebungsverfahrens einen Widerspruch der jeweiligen Norm zu den Bundesgrundgesetzen festzustellen und diese zumindest unangewendet zu lassen.[86] Unter anderem hierüber debattierten die Regierungen der Bundesstaaten in den Wiener Ministerialkonferenzen von 1819/1820, als deren Ergebnis die Wiener Schlußakte vom 15. Mai 1820[87] zustandekam. Für die Standesherren bedeutete dies eine erhebliche Verbesserung hinsichtlich der Durchsetzbarkeit ihrer durch die Bundesakte gewährleisteten Rechte. So sah Artikel 63 WSA für sie ausdrücklich *im Fall der verweigerten gesetzlichen und verfassungsmäßigen Rechtshülfe, oder einer einseitigen zu ihrem Nachtheil erfolgten legislativen Erklärung der durch die Bundes-Acte ihnen zugesicherten Rechte* die Möglichkeit des Rekurses an die Bundesversammlung vor. Zuvor aber waren *die über die Anwendung der in Gemäßheit des 14. Artikels der Bundes-Acte erlaßnen Verordnungen und abgeschloßnen Veträge entstehenden Streitigkeiten in einzelnen Fällen an die competenten Behörden des Bundes-Staats, in welchem die Besitzungen der mittelbar gewordenen Fürsten, Grafen und Herren gelegen sind, zur Entscheidung* zu bringen.

Aber nicht nur die Überprüfbarkeit bestehenden Landesrechts auf seine Vereinbarkeit mit den Bundesgrundgesetzen war aus standesherrlicher Perspektive erforderlich, sondern auch die Möglichkeit zur Verpflichtung der einzelnen Bundesstaaten, ihren aus den Bundesgrundgesetzen im Hinblick auf die ehemaligen Reichsstände resultierenden Pflichten nachzukommen. Viele Regierungen ließen sich nämlich mit der Umsetzung dieser Übereinkommen mit lediglich völker-

[85] *Hofmann*, Franken, Band II/2, S. 10 f.
[86] *Zoepfl*, Grundsätze, Band 2, § 321, S. 324.
[87] Wiener Schlußakte zitiert nach: *Huber*, Dokumente, Band 1, Nr. 31, S. 91 ff.

rechtlichem Charakter ohne unmittelbare innerstaatliche Geltung durchaus Zeit. So war in Baden mit der Verordnung vom 28. Dezember 1815[88] den Standesherren lediglich das Patronatsrecht zurückgegeben worden, während die Restitution etwa der standesherrlichen Gerichtsbarkeit auf sich warten ließ. Überhaupt zögerte die badische Regierung nach dem Ende des Kongresses mit der Erfüllung ihrer weiteren Bundespflichten, die ja eine zumindest teilweise Revision der Reitzensteinschen Maßnahmen erforderten. Die Konkretisierung der Bundespflichten und insbesondere die Überwachung ihrer Erfüllung waren daher aus standesherrlicher Sicht unabdingbar. Von ihrem auch insoweit anwendbaren Rekursrecht machten die Löwensteiner in der Folgezeit dann auch in einer wahren Flut von Eingaben an die Bundesversammlung regen Gebrauch, wie noch zu zeigen sein wird.

Einen Rückschlag mußte man auf standesherrlicher Seite indessen im Hinblick auf die eigene Vertretung in der Bundesversammlung hinnehmen. Nachdem die Großmächte noch in einem gemeinsamen Beschluß vom 7. November 1818[89] ihren Willen bekundet hatten, auf die Einräumung von Kuriatstimmen zugunsten der Mediatisierten hinzuwirken, enthielt die Wiener Schlußakte hiervon kein Wort mehr. Auf die immerhin in Artikel 6 Absatz 2 der Bundesakte enthaltene Ankündigung, die Bundesversammlung werde die Frage der Kuriatstimmen prüfen, kamen die Mediatisierten in der Folgezeit dann auch nicht mehr zurück. Erst im Jahre 1830 griff Erbprinz Konstantin zu Löwenstein-Wertheim-Rosenberg das Problem im Rahmen einer publizistischen Offensive für die Interessen der Standesherren ein letztes Mal auf und erneuerte auf den Wiener Ministerialkonferenzen im Jahre 1834 entsprechende Forderungen. Aber auch dieser Anlauf scheiterte letztlich am Widerstand der süddeutschen Staaten.[90]

[88] Regierungsblatt 1816, S. 7 f.
[89] *Vahlteich*, Standesherren, S. 85 f.
[90] *Hilger*, Verhandlungen, S. 184 f.

# § 6 Der Vormärz

## A. Das Ringen um die standesherrlichen Verhältnisse nach 1815

Obwohl die Regelungen der Deutschen Bundesakte wie auch die in der Folge erlassenen Vorschriften für die Mediatisierten deprimierend ausgefallen waren, dachte man in Wertheim nicht daran aufzugeben. Den in der Rheinbundzeit vehement geführten Kampf um Status und Befugnisse setzten die Löwensteiner auch nach 1815 ungerührt fort. Zwar wollten Deutsche Bundesakte wie auch Wiener Schlußakte beide einen bleibenden, gleichförmigen und übereinstimmenden Rechtszustand in allen Bundesstaaten für die Mediatisierten schaffen; indes wurde eine solche Vereinheitlichung nie erreicht. Nach einer kurzen Periode des Übergangs spielte sich die Mediatisiertenfrage wie zu Rheinbundzeiten wieder in erster Linie auf Länderebene ab. Mit Ausnahme der Bestimmungen über das Standesverhältnis der Mediatisierten – insoweit hatte man weitgehende Übereinstimmung erreicht – stellte sich der standesherrliche Rechtszustand in den Einzelstaaten durchaus unterschiedlich dar.[1]

### I. Die Auseinandersetzungen mit Baden

Wie bereits festgestellt, hielt sich die Neigung der badischen Regierung in Grenzen, dem standesherrlichen Adel die während der Rheinbundzeit mühsam entrungenen Rechte zu restituieren. Andererseits pochte man auf standesherrlicher Seite auf die Einhaltung der Bestimmungen von Bundesakte und Wiener Schlußakte und reichte zahllose Beschwerden diesbezüglich bei der Bundesversammlung ein, wobei sich die Löwensteiner wiederum besonders hervortaten. Da es sich hier meist um individuelle Forderungen des jeweiligen Mediatisiertenhauses handelte, verzichtete die staatliche Seite nach einiger Zeit auf eine einheitliche Regelung zugunsten von Einzelverhandlungen mit den Beschwerdeführern. Gleichwohl kam zwischen Baden und den Löwensteinern bis 1848 keine definitive Regelung über ihre staatsrechtlichen Verhältnisse zustande.[2]

#### 1. Das Edikt vom 23. April 1818

Nach einer Phase der Verzögerungspolitik in den Jahren nach dem Wiener Kongreß, in welcher im wesentlichen Stillstand herrschte und keinerlei Veränderun-

---

[1] *Wild*, Das Fürstentum Leiningen, S. 108 f.
[2] *Stockert*, Adel im Übergang, S. 224 f.

gen des standesherrlichen Rechtszustands eintraten, versuchte die badische Regierung im Jahre 1818, die Mediatisiertenfrage zu einem Abschluß zu bringen. Zum einen gab man dabei dem Druck der Großmächte sowie der Bundesversammlung nach, zum anderen folgte man Bayern und Württemberg, die im Begriff waren, entsprechende Schritte zu unternehmen oder dies bereits getan hatten.[3] Das zu diesem Zweck erlassene Edikt[4] offenbarte in seiner Gesamtheit eine nach wie vor restriktive Haltung gegenüber den Mediatisierten, indem es den Anforderungen des Artikels 14 DBA zwar genügte, diesen aber weitestgehend zu Gunsten des Staates auslegte.

Deutlich wurde dies insbesondere bei der Gerichtsbarkeit, die § 13 des Edikts den Standesherren nur in erster Instanz ohne Einschränkung zusprach. Die Jurisdiktion in zweiter Instanz hingegen erhielt nach § 14 nur derjenige Standesherr, der in seinem Gebiet mindestens 20.000 Seelen aufzuweisen hatte. Faktisch bedeutete dies einen Entzug der zweiten Instanz, da in Baden mit Fürstenberg und Leiningen lediglich zwei Standesherrschaften eine solche Einwohnerzahl umfaßten und ein Zusammenschluß mehrerer Standesherren zur gemeinsamen Unterhaltung einer Justizkanzlei nicht gestattet war. Unter diesen Umständen konnten auch die Löwensteiner mit nur etwa 18.000 badischen Einwohnern nicht mithalten, erhielten aber im Jahre 1819 von der badischen Regierung eine Ausnahmegenehmigung zur Errichtung einer zweiten Instanz für ihre im Großherzogtum gelegenen Gebiete.[5] § 15 d) des Edikts ließ die Ausübung der zweitinstanzlichen Gerichtsbarkeit für die Standesherren, die nach § 27 des Edikts die Kosten der bürgerlichen und peinlichen Gerichtsbarkeit aus eigener Schatulle zu tragen hatten, noch kostspieliger werden, indem er die Mindestzahl der hierfür erforderlichen Räte von den im Dritten KE ursprünglich vorgesehen zwei auf vier verdoppelte. Den kostensparenden Einsatz standesherrlicher Beamter sowohl in Rent- als auch Justizamt verbot § 34 des Edikts. Für die erstinstanzlich zuständigen standesherrlichen Ämter sah § 15 a) vor, daß diese *in allen Hinsichten formirt seyn müssen, wie die landesherrlichen Aemter, wogegen sie alsdann auch in dieser Hinsicht den nemlichen Gewalts-Umfang haben.*

Im Hinblick auf die Polizeigewalt sollte den Standesherren gemäß § 16 des Edikts nach wie vor die Ortspolizei zustehen, wovon nach § 17 jedoch die Gegenstände ausgenommen sein sollten, *die wegen ihrer untrennbaren Verbindung*

[3] Vgl. den württembergischen Verfassungsentwurf nebst Adelsstatut vom 3. März 1817, Regierungsblatt 1817, S. 257 ff., sowie das königlich-bayerische Edikt vom 26. Mai 1818 über die staatsrechtlichen Verhältnisse der vormals reichsständischen Fürsten, Grafen und Herren, Gesetzblatt 1818, Sp. 189 ff.

[4] Regierungsblatt 1818, S. 45 ff.

[5] Schreiben Staatsminister von Berstetts an den rosenbergischen Justizrat von Jagemann vom 16. Februar 1819, StAWt-R Lit. D Nr. 3961.

*mit größern Distrikten, oder wegen der besondern Sachkenntniß, die sie erfordern, die Aufstellung eines sachkundigen Personal nöthig machen.* Hierzu zählten namentlich der Wasser- und Straßenbau sowie die allgemeine Sicherheits- und Gesundheitspolizei, die den insoweit unmittelbar handlungsbefugten landesherrlichen Beamten vorbehalten blieben.

Hinsichtlich der Steuerpflicht der Mediatisierten bestätigte § 23 des Edikts den schon früher ausgesprochenen Grundsatz gleicher Besteuerung und schloß damit jegliche steuerliche Bevorzugung der standesherrlichen Familien aus. Umgekehrt sollten ihnen nach § 24 nur diejenigen Gefälle verbleiben, welche aus dem Eigentum herrührten und nicht als aus der Staatsgewalt und den höheren Regierungsrechten fließende Staatsabgaben anzusehen seien. Diese Gefällforderungen durften die Standesherren nach § 15 m α) des Edikts durch ihre hierzu sonst nicht befugten Renteibeamten vollstrecken lassen. Bestritt der Schuldner freilich den Schuldgrund, so bleib auch ihnen der Gang vor Gericht nicht erspart. Über diese Gefälle hinaus bewilligte § 24 für die jeweils entzogenen Ohmgelder und Gebühren für die Erteilung von Gewerbekonzessionen *Entschädigungen nach Durchschnitts-Berechnungen.* Außerdem sollten den Mediatisierten gemäß § 25 des Edikts die nach den landesherrlichen Gesetzen festgesetzten und von ihnen erhobenen Strafgelder, Sporteln und Taxen verbleiben.

Im Vergleich zum Dritten KE enthielt das Edikt vom 23. April 1818 also kaum Änderungen, die für die Standesherren zumeist auch noch eine Verschlechterung mit sich brachten. Zwar fand es mit § 23 derselben Eingang in die badische Verfassung vom 22. August 1818, war aber aus standesherrlicher Sicht gleichwohl unannehmbar. Immerhin hatte die badische Regierung das Edikt nebst einer Erklärung des Großherzogs am 4. Mai 1818 der Bundesversammlung vorgelegt. Der Souverän forderte darin die Beteiligten auf, ihre Beschwerden beim Bundestag anzubringen, falls sie die Bundesakte durch das Edikt als nicht erfüllt ansähen.[6] In Wertheim reagierte man prompt auf diesen Appell und formulierte in zahlreichen Protestschreiben an die badische Regierung sowie in Eingaben bei der Bundesversammlung seine Forderungen.

## 2. Die Forderungen der Löwensteiner

Nachdem mit dem Edikt vom 23. April 1818 die politischen Absichten der badischen Regierung gegenüber den Mediatisierten erstmals seit dem Wiener Kongreß offenbar geworden waren, ergaben sich für die Löwensteiner nunmehr Anhaltspunkte, um konkrete Forderungen zu stellen. Bei deren Geltendmachung

---

6 *Wild*, Das Fürstentum Leiningen, S. 109.

verfolgte man allerdings keine einheitliche Strategie. Neben den – teilweise gemeinsamen – Bemühungen beider Linien unmittelbar gegenüber dem Großherzog und seiner Regierung engagierte sich etwa die Freudenberger Linie in der am 18. Juli 1818 in Frankfurt gegründeten badischen Sektion des Stuttgarter Mediatisiertenvereins[7], die die vorbehaltlose Anwendung des Artikels 14 DBA unter strenger Beachtung der bayerischen Deklaration von 1807 zum Ziel hatte[8]. Außerdem trat man auch auf internationaler Ebene in Erscheinung und suchte zusammen mit anderen ehemaligen Reichsständen unter Hinweis auf Artikel 118 DBA, der die Deutsche Bundesakte unter völkerrechtliche Garantie gestellt hatte, auch bei den souveränen Unterzeichnern der Akte außerhalb Deutschlands Unterstützung für die Anliegen der Mediatisierten. Die weitaus intensivsten Aktivitäten galten aber der badischen Regierung, die Adressat ungezählter Bitt- und Beschwerdeschriften wurde.

Die Stoßrichtung des Edikts vom 23. April 1818 hatte man in Wertheim klar erkannt. In Anbetracht der hohen Mindesteinwohnerzahl für die zweite Instanz mußte dieses letztlich zum Ziel haben, ihre Inhaber zur Aufgabe der gesamten standesherrlichen Jurisdiktions- und Polizeirechte und damit der standesherrlichen Hoheitsverwaltung überhaupt zu bewegen:

> *Kein standesherrliches Hauß, wenn es nicht auch die zweite Instanz in der Gerichtsbarkeit sowohl als Polizei, unter seine Rechte zälen darf, wird sich künftig dazu verstehen wollen, die Beamten erster Instanz blos für den Dienst und den Willen der SouverainitätsStellen zu unterhalten und zu bezahlen.*[9]

Dementsprechend forderte man, daß die *wegen der zweiten Instanz aufgestellte Bedingung eines Besizes von 20 m Seelen um ein Bedeutendes herabgesezt werde.* Dabei beriefen sich die Löwensteiner namentlich auf die Rheinbundakte, die den vormaligen Reichsständen ihre Gerichtsbarkeit in erster und zweiter Instanz als ihr Privateigentum vorbehalten habe. Der badische Souverän habe sich und seine Erben in der Übergabeurkunde vom 13. August 1806 auch unmittelbar gegenüber ihnen verpflichtet, *daß Hochsie und Ihre Nachkommen die Ihnen völkerrechtlich pactirten Grenzen der Ihnen über das fürstl. Hauß überlassenen Souverainetät niemals überschreiten wollten.* Nach wie vor nicht hinnehmen wollte man auf löwensteinischer Seite auch die äußerliche Vereinnahmung seiner privaten Rechte durch den Staat, wofür aus fürstlicher Sicht exemplarisch

---

[7] Gegründet am 12. Dezember 1815.

[8] Vgl. Gründungsbeschluß der badischen Sektion vom 18. Juli 1818, GLAK 121/4.

[9] *Desiderien und Wünsche zum Behuf einer zu hoffenden Erläuterung der Großherzogl. Badischen Deklaration vom 23. Apr. 1818 die Verhältnisse der vormaligen Reichsstände betr.*, von Justizrat von Jagemann vom 9. Juli 1818, GLAK 48/6674.

die nunmehr vorgeschriebenen Bezeichnungen *Großherzoglich Badische(s) Fürstlich Löwenstein-Wertheim-Freudenbergische(s)* bzw. *Rosenbergische(s) Justizkanzley* bzw. *Justiz-Amt* standen. Auch wenn es sich bei der standesherrlichen Gerichtsbarkeit um ein privates Eigentumsrecht handele, seien die Kosten für die Gerichtsbarkeit zudem als allgemeine Staatslast anzusehen und daher auch von der Allgemeinheit zu tragen.[10]

Im Bereich der Polizeigewalt beanstandeten die Löwensteiner, daß das Edikt den Standesherren lediglich die Ortspolizei zugestehe, nicht dagegen die in der bayerischen Deklaration von 1807 und auch im Dritten KE ungeteilt eingeräumte Distriktspolizei. Der Souveränitätsstaat hingegen könne nach den Vorschriften von Rheinbundakte und Deutscher Bundesakte ausschließlich die hohe Staatspolizeigewalt, welcher lediglich leitende und aufsehende Funktion zukomme, somit also nicht die mit Vollzugsaufgaben betraute mittlere Landesverwaltung beanspruchen. Die bis dahin von den Kreisdirektorien ausgeübten vollziehenden polizeilichen Aufgaben seien daher durch standesherrliche Behörden unter der Bezeichnung *Regierungskanzlei* wahrzunehmen. Ohne Einwirkungsmöglichkeit anderer oberhoheitlicher Stellen müsse die standesherrliche Verwaltung ausschließlich den staatlichen Ministerien unmittelbar untergeordnet werden.[11]

Nach wie vor – so die löwensteinischen Forderungen weiter – habe man ein Anrecht auf Steuerbefreiung. Sei diese aber mit den Maximen des Souveränitätsstaates nicht vereinbar, beanspruche man sie nicht länger, wohl aber eine angemessene Entschädigung für den Entzug derselben. Die Rheinbundakte habe den Mediatisierten nämlich für das ihnen auferlegte Opfer der Unterwerfung zugesichert, steuerlich behandelt zu werden wie die Prinzen des jeweiligen Souveränitätshauses. Diese hätten allerdings seinerzeit in Baden Steuerfreiheit genossen, welche man ihnen erst in Folge des Dritten KE genommen habe. Bei der Steuerbefreiung für die vormaligen Reichsstände handele es sich um ein für die Aufgabe ihrer politischen Existenz hingegebenes Äquivalent. Könne oder wolle der Staat dieses aber nicht gewähren, müsse er es, da es sich gerade nicht um ein Privileg handele, auf eine andere Weise zuteil werden lassen. Bereit zu einer gütlichen Vereinbarung, wolle man dem Souverän entgegenkommen und begehre als Entschädigung Befreiung von der Steuer auf Liegenschaften und Gefälle lediglich zu einem Drittel wie sie bereits das Dritte KE für Einkünfte der erste-

[10] *Beleuchtung der Großherzoglich-Badischen Verordnung vom 23. April d. J., die Rechtsverhältnisse der vormaligen Reichsstände betreffend, in Vergleich mit den Bestimmungen des 14. Artikels der teutschen Bundesacte*, GLAK 48/6674.

[11] *Desiderien und Wünsche zum Behuf einer zu hoffenden Erläuterung der Großherzogl. Badischen Deklaration vom 23. Apr. 1818 die Verhältnisse der vormaligen Reichsstände betr.*, von Justizrat von Jagemann vom 9. Juli 1818, GLAK 48/6674.

ren Art vorgesehen, solche der letzteren aber als Kapitalzinsen sogar vollkommen verschont habe.[12]

Ebenso verlange man Entschädigung für die entzogenen Kammerrevenüen, die nicht erfaßt seien von der in der Rheinbundakte ausgesprochenen landesherrlichen Befugnis, künftig in den mediatisierten Gebieten Steuern zu erheben. Insbesondere handele es sich dabei um bedeutende Zollgefälle, die das deutsche Recht noch nie zu den in die Landschaftskassen fließenden hoheitlichen Steuern, sondern immer zu den Kammereinkünften gezählt habe und die daher jeder Private habe erwerben können. Deutlich gemacht habe dies nicht zuletzt die Tatsache, daß zahlreiche Reichsstände die ihnen durch den Reichsdeputationshauptschluß als Entschädigung für linksrheinische Verluste zugewiesenen Anteile an den Rheinschiffahrtszöllen auch nach der Mediatisierung hätten behalten dürfen. Gleiches gelte aber auch für alle anderen entzogenen Gefälle, *welche nicht den Charakter wahrer, das ist nach Simplis umgelegter und zur LandesCasse verrechneter Steuern* gehabt hätten. Der allgemein maßgeblichen Deklaration von 1807 gemäß habe auch die Krone Bayern den ihr unterworfenen vormaligen Reichsständen für sämtliche ihnen entzogenen Gefälle mit Ausnahme der in die Landeskasse geflossenen direkten und indirekten Steuern vollständige Entschädigung geleistet, namentlich für alle Zölle.[13]

Schließlich beanspruchten die Fürsten unter Berufung auf die bayerische Deklaration von 1807 die bereits durch das Dritte KE gewährte Chaussee- und Wegegeldfreiheit innerhalb des standesherrlichen Gebiets sowie Freiheit von Zoll und Akzise für alle Verbrauchsaufwendungen ihrer Häuser. Außerdem sei – wie bereits Artikel 31 RBA vorschreibe – die Verbringung von standesherrlichen Gefällen von einem Staat in den anderen zollfrei zu lassen, wenn die Besitzungen des Standesherrn auf mehrere Souveränitätsstaaten verteilt seien.[14]

Die badische Regierung zeigte freilich zunächst wenig Bereitschaft, sich auf die erhobenen Forderungen einzulassen. Auf eine deshalb vom Bevollmächtigten der meisten vormaligen deutschen Reichsstände, Georg Graf zu Waldeck und

---

[12] *Ehrerbietige Bemerkungen zu der Großherzogl. Badischen Declaration vom 23. April 1818 die Verhältnisse der vormahligen Reichsstände betr.* vom 27. Januar 1819, StAWt-R Lit. D Nr. 396l.

[13] *Unterthänigste Vorstellung der Herren Fürsten Friedrich Carl und Georg Wilhelm zu Löwenstein-Wertheim-Freudenberg Durchlauchten an des Grosherzogs von Baden Königliche Hoheit* vom 23. April 1818, GLAK 48/6674; *Unterthänigste Vorstellung des Herrn Fürsten von Löwenstein-Wertheim-Rosenberg Durchlaucht an des Großherzogs von Baden Königliche Hoheit* vom 20. Mai 1818, GLAK 48/6674.

[14] *Ehrerbietige Bemerkungen zu der Großherzogl. Badischen Declaration vom 23. April 1818 die Verhältnisse der vormahligen Reichsstände betr.* vom 27. Januar 1819, StAWt-R Lit. D Nr. 396l.

Pyrmont, überreichte Beschwerdeschrift gegen das Edikt vom 23. April 1818[15] sah sich die Bundesversammlung in der Folge zur Bildung einer Kommission veranlaßt, die über die vorliegenden Beanstandungen Bericht erstatten und die bei der Interpretation des Artikels 14 DBA anzuwendenden Grundsätze entwickeln sollte.[16] Besetzt wurde die Kommission namentlich mit Bundestagsgesandten derjenigen Mitgliedstaaten, die kein eigenes Interesse an der Lösung des Mediatisiertenproblems hatten, weil ihnen keine ehemaligen Reichsstände unterworfen waren.[17] Dieser Umstand sollte sich allerdings auch zum Schwachpunkt der Kommission entwickeln, waren ihre aus standesherrlicher Sicht überaus vorteilhaften Ergebnisse[18] doch in der Bundesversammlung gegen den Widerstand besonders der süddeutschen Staaten nicht durchsetzbar. Gleichwohl blieb diese Initiative in Karlsruhe nicht ohne Eindruck. Ein übriges tat alsdann eine an die in Aachen versammelten Souveräne gerichtete Denkschrift Fürst Georgs zu Löwenstein-Wertheim-Freudenberg und Prinz Wilhelms zu Bentheim-Steinfurt, die internationale Aufmerksamkeit erregte. Der Kongreß erörterte die Angelegenheit am 7. November 1818, worauf ein Beschluß der Großmächte gar ein Einschreiten zugunsten der Mediatisierten in Aussicht nahm.[19] An eine unveränderte Umsetzung des Edikts war danach nicht mehr zu denken, insbesondere schieden einseitige Schritte seitens des Souveräns gegen den Willen der Betroffenen wie sie zu Rheinbundzeiten praktiziert worden waren von vornherein aus.[20]

### 3. DAS EDIKT VOM 16. APRIL 1819

Mit dem Tode Großherzog Karls am 8. Dezember 1818 und der Thronbesteigung seines Onkels Ludwig setzte ein Wechsel in der Mediatisiertenpolitik Badens ein. Der neue Großherzog, der den Adel als wichtige Stütze der Monarchie ansah, zeigte sich den ehemaligen Mitständen weitaus gewogener als sein Vorgänger und suchte mit diesen zu einem Ausgleich zu kommen. Noch vor seiner Umsetzung nahm daher die badische Regierung eine Revision des Edikts vom 23. April 1818 in Angriff. Nachdem sich Fürst Friedrich Karl zu Löwenstein-Wertheim-Freudenberg unter Verweis auf den nach wie vor ungeklärten rechtlichen Status der Mediatisierten geweigert hatte, die von Ludwig geforderte Sub-

[15] Denkschrift an die Bundesversammlung vom 18. August 1818, GLAK 48/6674. S. auch unten § 6 A. I. 4.
[16] Beschluß vom 11. Oktober 1818, Protokolle der deutschen Bundesversammlung 1818, S. 484 ff.
[17] *Hilger*, Verhandlungen, S. 35.
[18] Hierzu näher unten, § 6 A. III.
[19] *Gollwitzer*, Standesherren, S. 121.
[20] *Furtwängler*, Standesherren, S. 138 f.

jektionsurkunde zu unterzeichnen[21], setzte der Großherzog zu Beginn des Jahres 1819 eine Spezialkommission zur Prüfung der standesherrlichen Beschwerden gegen die sie betreffenden Bestimmungen ein. Daraufhin begannen am 20. Januar in Karlsruhe Verhandlungen mit den Vertretern der Standesherren über ein neu zu schaffendes Edikt.[22]

Als Ergebnis dieser Verhandlungen erging das Edikt vom 16. April 1819[23]. Obwohl sein Vorläufer nie in Kraft getreten war, hieß es darin einleitend, man wolle nunmehr *das Edict vom 23. April 1818., unbeschadet jener Berechtigungen, welche nach dem §. 23. der Verfassungs-Urkunde die Bestandtheile derselben bilden, zum Theil bestätigen, zum Theil erläutern und zum Theil näher bestimmen.* Mit einem Seitenhieb auf die Bundesversammlung erklärte der Großherzog außerdem, er halte es für seine Pflicht, *jedem sein ihm gebührendes Recht ohne Abbruch wiederfahren zu lassen und jeder gegründeten Beschwerde von selbst abzuhelfen, ohne daß es der Einmischung dritter hierzu bedürfe.*

Inhaltlich wich das neue Edikt indes nicht wesentlich von dem aus dem Vorjahr ab. Insbesondere die für die meisten Standesherren so schmerzliche Mindestzahl von 20.000 Einwohnern für die Ausübung der zweitinstanzlichen Jurisdiktion blieb erhalten. Immerhin kam § 17 des Edikts denjenigen entgegen, die in zweiter Instanz Recht sprechen durften, indem er die Minimalbesetzung einer Justizkanzlei auf einen Direktor und drei Räte reduzierte. Ein weiterer finanzieller Vorteil für die Standesherren bestand darin, daß diese nun für die Lasten der von ihnen ausgeübten Amtsgerichtsbarkeit nicht mehr aus eigener Schatulle aufzukommen hatten. Stattdessen sollten nun nach § 37 alle Taxen, Sporteln und Strafgelder nicht mehr ihnen, sondern den Amtskassen zugute kommen, ebenso alle anderen, in den Eigentumslanden des Souveräns in die Amtskassen fließenden Gefälle, und daraus dann alle erforderlichen Ausgaben bestritten werden. Etwaige Defizite oder Überschüsse waren mit der landesherrlichen Steuerkasse auszugleichen. Zwar war man aus standesherrlicher Sicht solcherart der Bürde entledigt, die Amtsgerichtsbarkeit auf eigenes finanzielles Risiko ausüben zu müssen. Jedoch hatte man auf diese Weise auch seinen Einfluß auf die eigenständige Finanzierung der Ämter verloren und war insoweit endgültig zum bloßen Jurisdiktionsverwalter ohne jede inhaltliche Gestaltungsmöglichkeit herabgesunken. Daran änderte auch § 16 des Edikts nichts, der den Hinweis auf den Landesherrn in den Bezeichnungen der standesherrlichen Justizbehörden entfallen ließ und nunmehr die Bezeichnungen *Standesherrliche(s) Fürstlich Löwen-*

---

21 Schreiben vom 19. Dezember 1818, GLAK 121/3.

22 *Furtwängler*, Standesherren, S. 139. Als Abgesandter für Löwenstein-Wertheim-Freudenberg erschien Justizrat Stephani, für Löwenstein-Wertheim-Rosenberg Justizrat von Jagemann.

23 Regierungsblatt 1819, Anlage hierzu.

*stein-Wertheim-Freudenbergische(s)* bzw. *Rosenbergische(s) JustizCanzley* bzw. *Justizamt* vorschrieb. Eine gewisse Erleichterung für die Mediatisierten bedeutete die nun in § 46 vorgesehene Möglichkeit, *in dringenden Fällen* ausnahmsweise die Führung von Justiz- und Rentämtern in Personalunion zu gestatten – freilich bei dann nur verhältnismäßigem Beitrag der Amtskassen.

Im Hinblick auf die Polizei kam das Edikt vom 16. April 1819 den standesherrlichen Forderungen weiter entgegen. Zwar blieb es aus mediatisierter Sicht bei der Ausübung lediglich der Ortspolizei. Jedoch legte § 26 des Edikts diesen Begriff großzügiger aus als es zuvor der Fall gewesen war und sprach den standesherrlichen Behörden auch die Zuständigkeit für die vollziehende Gewalt im Bereich des Verkehrswege-, Handels- und Zunftwesens sowie im Gewerberecht zu. Überhaupt wurde ihnen – allerdings unter Vorbehalt – der Vollzug aller vermöge der landesherrlichen obersten Staats- und Gesetzgebungsgewalt ergangenen Verfügungen überlassen, soweit diese das standesherrliche Gebiet betrafen.

Kaum Änderungen wies das Edikt auf hinsichtlich der Besteuerung der Standesherren sowie der Gefällausscheidung, sieht man einmal von der bereits erwähnten Zuweisung der gerichtlichen Taxen, Sporteln und Geldstrafen an die Amtskassen ab. So hatte es nach § 31 des Edikts *in Ansehung der Besteuerung* [...] *bey dem in der VerfassungsUrkunde ausgesprochenen Grundsatz einer gleichen Besteuerung sein unabänderliches Bewenden*. Einzig von den Gemeinde- und Landschaftsverbandslasten blieben die Mediatisierten nunmehr gemäß § 32 ausgenommen. Hinsichtlich der Gefälle beließ es § 35 des Edikts *bei derjenigen Abtheilung, wie sie in dem StandesherrlichkeitsEdict vom 22. July 1807. geschehen ist.*

Ein beachtliches Zugeständnis enthielt indes § 10, der den Häuptern der standesherrlichen Familien gestattete, sich in allen nicht an die großherzoglichen Stellen gerichteten Schreiben des Prädikats *regierender Fürst und Standesherr* sowie des Pluralis maiestatis zu bedienen. Obgleich dies selbstredend keine Auswirkung auf die Mediatstellung der Standesherren hatte, war dieses persönliche Ehrenrecht für sie, die im Umgang mit ihren vormaligen Untertanen auf die Erhaltung ihres einstigen Status peinlich bedacht waren, von nicht zu unterschätzender Bedeutung.

Unter Bezugnahme auf § 23 der Verfassung vom 22. August 1818 erklärte § 65 des Edikts selbiges kurzerhand wiederum zu einem Bestandteil der Konstitution. Freilich war dem Edikt vom 16. April 1819 das gleiche Schicksal beschieden wie bereits seinem Vorgänger; es trat nie in Kraft. Die Ursachen hierfür waren dieses Mal allerdings nicht nur in dem sich wiederum regenden Widerstand auf standesherrlicher Seite[24] zu suchen. Ohnehin gab man sich hier teilweise mit dem nunmehr Erreichten zufrieden.[25] Vielmehr erhob sich jetzt Protest in der Zweiten Kammer der badischen Ständeversammlung, die das Edikt sowohl in formeller als auch materieller Hinsicht als verfassungswidrig einstufte. Zum einen wies man zu Recht darauf hin, daß dieses Edikt das durch § 23 der Verfassung in selbige inkorporierte Edikt aus dem Jahre 1818 eben nicht interpretiere und erläutere, sondern vielmehr ersetze, somit also die Verfassung ändere. Eine Verfassungsänderung bedürfe aber der Zustimmung der Ständeversammlung, welche vorliegend nicht eingeholt worden sei.[26] Zum anderen widersprachen die in dem Edikt vorgesehenen standesherrlichen Vorrechte dem Verständnis einer Repräsentativverfassung im konstitutionellen Sinn, welches die rechtliche Gleichheit aller Staatsbürger als Grundlage voraussetzte.[27] Überdies hatten auch nicht alle Standesherren die Annahme des Edikts erklärt, was dessen § 65 ausdrücklich als Voraussetzung für das Inkrafttreten normierte.[28] Bis auf eine Gegenstimme forderte die Zweite Kammer denn auch die förmliche Zurücknahme des Edikts. Als der Großherzog dieses verweigerte, geriet die Mediatisiertenfrage zum *Anlaß für die erste Verfassungskrise in der Geschichte des badischen Frühkonstitutionalismus*.[29] Beeindruckt von einem derart massiven Widerstand, verzichtete die badische Regierung auf die Umsetzung des Edikts und hoffte stattdessen auf Hilfe durch die Bundesversammlung im Wege einer authentischen Interpretation des Artikels 14 der Bundesakte, welche einen befriedigenden, für alle Parteien verbindlichen Rechtszustand schaffen sollte.[30]

## 4. DIE EINGABEN BEI DER BUNDESVERSAMMLUNG

Auch die Löwensteiner setzten auf Unterstützung durch den Bund und versuchten in einer Vielzahl von Eingaben, die Bundesversammlung von ihrer gerechten Sache zu überzeugen. Bestärkt wurden sie hierin von dem Bundesorgan selbst, welches nicht zuletzt unter dem Eindruck der gescheiterten badischen Adelsedikte beschlossen hatte,

[24] Allen voran wieder einmal die Löwensteiner: Vgl. an den Großherzog gerichtete Briefe der Fürsten Karl zu Löwenstein-Wertheim-Rosenberg vom 4. Juni 1819, GLAK 48/6698, sowie Friedrich Karl und Georg zu Löwenstein-Wertheim-Freudenberg vom 10. Juni 1819, GLAK 233/40189.

[25] So etwa die Häuser Fürstenberg und Leiningen-Billigheim.

[26] *Furtwängler*, Standesherren, S. 143.

[27] *Zeile*, Baden im Vormärz, S. 20 ff.

[28] *Dunkhase*, Das Fürstentum Krautheim, S. 281.

[29] *Fehrenbach*, in: AfS 1983, S. 104.

[30] *Fehrenbach*, in: AfS 1983, S. 106 f.

> *daß die betreffenden Bundesstaaten den standesherrlichen Häusern den Besitz und Genuß derjenigen Rechte, welche vermög der vorliegenden Entscheidungs-Normen unzweifelhaft seyen, sogleich einräumen, über die zweifelhaften Rechte und Befugnisse aber mit denselben in Unterhandlung treten, und wenn diese ohne Wirkung seyn werde, die Entscheidung der hohen Bundes-Versammlung überlassen sollten.*[31]

Dabei sahen die Löwensteiner durchaus die Schwierigkeit eines Ausgleichs zwischen den Interessen des durch den Souverän verkörperten Staates, des Adels sowie des in der zweiten Kammer vertretenen liberalen Bürgertums. Man räumte ein, daß der schleppende und aus Sicht der Standesherren unbefriedigende Verlauf der Restitution ihrer vormaligen Rechte dem ablehnenden Verhalten der Landstände – namentlich der zweiten Kammer – geschuldet war. Kein Verständnis brachte man aber auf für die Rücksicht der großherzoglichen Regierung auf die Blockadepolitik des Landtags, die den Mediatisierten *die Wirkung der gerechten Verfügungen Einer hohen deutschen Bundes-Versammlung* vorenthalte. Der Landtag habe schlechthin kein Recht zum Widerspruch, sei nach der Verfassung für das Großherzogtum Baden vielmehr verpflichtet, die Beschlüsse des deutschen Bundestages als verbindliche Vorschriften anzuerkennen. Im übrigen habe er sich irgendeiner gesetzgeberischen Mitwirkung bei der Bestimmung der Rechtsverhältnisse der badischen Standesherren umso mehr zu enthalten, als es sich hier nicht um den Erlaß eines Gesetzes, sondern um die Befolgung bereits existierender gesetzlicher Vorschriften, ja sogar um die Erfüllung der von dem Großherzogtum Baden schon durch die Rheinbundakte übernommenen völkerrechtlichen Verpflichtungen handele.[32]

In inhaltlicher Hinsicht beanstandete man zunächst diejenigen Bestimmungen des Edikts von 1819, welche die Ausübung der Jurisdiktionsrechte verteuerten, erschwerten oder gar unmöglich machten. Dazu zählte insbesondere die Vorschrift, wonach auch Standesherren, deren Besitzungen auf mehrere Bundesstaaten verteilt waren, in Baden eine eigene Justizkanzlei nebst Direktor und drei Räten sowie Kanzleipersonal zu unterhalten hatten. Keine der für die standesherrlichen Verhältnisse maßgeblichen Rechtsquellen enthalte aber eine solches vorschreibende Bestimmung. Vielmehr handele es sich bei den standesherrlichen Rechten nach der Rheinbundakte um Privateigentum der vormals reichsständischen Häuser, die in ihrem Herrschaftsgebiet unabhängig von der Verteilung der Souveränität einen Komplex privater Eigentumsrechte ausübten. Man

---

[31] Beschluß vom 24. Mai 1819, Protokolle der deutschen Bundesversammlung 1819, S. 290 ff.

[32] Denkschrift des Hauses Löwenstein-Wertheim-Rosenberg an die Bundesversammlung vom 6. Oktober 1820, GLAK 48/6698.

habe daher das Recht, für das gesamte, unter der Herrschaft eines Standesherrn stehende, aber in mehreren Souveränitätsstaaten gelegene Gebiet ein einziges Gericht zweiter Instanz zu errichten.[33]

Daneben erhoben die Löwensteiner wiederum ihre altbekannte Forderung nach Ausübung auch der mittleren Polizei durch die standesherrliche *Regierungs- und Justiz-Canzlei.* Zur Begründung rekurrierte man auch insoweit auf die Rheinbundakte, die dem Souverän in dem Gebiet des Standesherrn lediglich die hohe Polizei zugeschieden habe. Ferner hätten das Dritte KE von 1807 wie auch die Bayerische Deklaration von 1807 den standesherrlichen Justizkanzleien die unmittelbare Leitung der amtsmäßigen Polizeiverwaltung überlassen. Nicht zuletzt übertrage Beilage IV zur bayerischen Verfassung von 1818 den standesherrlichen Justizkanzleien mit nur wenigen Ausnahmen den Wirkungskreis der Königlichen Provinzialregierungen.[34]

Im Hinblick auf die Besteuerung wünsche man Steuerfreiheit, wie sie die Rheinbundakte verheißen habe. Dabei beanspruche man nicht etwa ein Standesprivileg, sondern stütze sich auf einen schuldrechtlichen Anspruch, den *der Großherzoglich Badische Staat durch einen Vertrag vor den Augen der ganzen Welt gegen sie* [die Standesherren] *contrahirt hat, indem das Versprechen jener Steuerbefreiung eine von jenen Bedingungen war, mit welchen er ihre Unterwerfung erkauft* [...] *hat.* Immerhin habe das Dritte KE diese berechtigte Forderung insoweit anerkannt, als es die standesherrlichen Liegenschaften zu einem Drittel, die Gefälle aber vollständig von der Steuer befreit habe.[35]

Breiten Raum in den Eingaben aus Wertheim nahmen die Beschwerden über die Revenüenaufteilung, namentlich den Entzug der löwensteinischen Mainzölle durch den badischen Staat ein. Insoweit forderte man die vorbehaltlose Anwendung der Bayerischen Deklaration von 1807 unter Berücksichtigung der Tatsache, daß die Rheinbundakte hinsichtlich der Gefälle nur das *droit d'impôts*, nicht aber die Zölle und deren Genuß zu den Souveränitätsrechten gezählt habe. Im übrigen hätten sich die löwensteinischen Zölle im privatrechtlichen Eigentum der Fürsten befunden, welches nicht zuletzt § 14 der badischen Verfassung vom 22. August 1818[36] vor entschädigungslosem Entzug schütze. Demgemäß reklamiere man eine ausreichende und angemessene Entschädigung für die von der

---

[33] Anlage Nr. 7 zur Denkschrift des Hauses Löwenstein-Wertheim-Rosenberg an die Bundesversammlung vom 6. Oktober 1820, GLAK 48/6698.

[34] Anlage Nr. 1 zur Denkschrift der badischen Mediatisierten an die Bundesversammlung vom 18. August 1818, GLAK 48/6674.

[35] Anlage Nr. 7 zur Denkschrift des Hauses Löwenstein-Wertheim-Rosenberg an die Bundesversammlung vom 6. Oktober 1820, GLAK 48/6698.

[36] Regierungsblatt 1818, S. 101 ff.

großherzoglichen Regierung entzogenen Zollgefälle, wie sie auch die Krone Bayern für den Entzug der rechtsmainischen Zölle im März 1818 gewährt habe. Ebenso seien sämtliche Abgaben, die vor der Mediatisierung nicht in die Landessteuerkasse geflossen, nicht zu den Landesbedürfnissen verwendet und nicht in *Simplis* und *Maaßen* umgelegt worden seien, als standesherrliches Eigentum zu restituieren. Zumindest aber sei eine hinreichende Entschädigung hierfür zu leisten.[37]

Um eine befriedigende Ordnung des standesherrlichen Rechtszustands in den einzelnen Bundesstaaten zu erreichen, solle die Bundesversammlung als allgemein zu beachtenden Grundsatz beschließen,

> *daß der Souverainetäts-Staat solche Rechte, welche das Wesen der Standesherrlichkeit begründen, als Gerichtsbarkeit u. dgl., unter keiner Bedingung, grundherrliche Gefälle und nutzbare Rechte, aber nur nach den rechtlichen Normen, und gegen eine durch freie Uebereinkunft zu bestimmende Entschädigung abzulösen die Befugniß habe.*[38]

Der Beschluß, den die Bundesversammlung dann am 17. Oktober 1820 faßte, entsprach nicht im entferntesten dem Gewünschten und beruhte erkennbar auf einem Minimalkonsens ihrer Mitglieder. Er forderte die großherzogliche Regierung auf, *die reclamirenden vormaligen Reichsstände zuvörderst in die Ausübung und in den Genuß aller der in dem letzten betreffenden Edict vom 16. April 1819 ihnen unbestritten zugestandenen Gerechtsame und Vorzüge, ohne längern Anstand, setzen zu wollen.*[39] Kaum deutlicher wurde man in dem Beschluß vom 25. Januar 1821. Dieser enthielt zwar die Drohung, die Bundesversammlung werde gegen die großherzogliche Regierung ggf. *diejenigen weiteren Einleitungen und Verfügungen treffe*[n], *zu welchen der 14. Artikel der Bundesakte, der 63. Artikel der Wiener Schlußakte, und die auf den Grund dieser bundesgesetzlichen Bestimmungen gefaßten Beschlüsse, sie eben so unzweifelhaft berechtigen als verpflichten.*[40] An einer authentischen Interpretation des Artikels 14 DBA, die alle Seiten über ihre Rechte und Pflichten unterrichtet hätte, waren aber namentlich diejenigen Bundesglieder, deren Staatsgebiet zu einem bedeutenden Teil aus mediatisierten Territorien bestand, aus Furcht vor gravie-

---

[37] Denkschrift des Hauses Löwenstein-Wertheim-Freudenberg an die Bundesversammlung vom 28. September 1818, GLAK 48/6674; Denkschrift des Hauses Löwenstein-Wertheim-Freudenberg an die Bundesversammlung vom 5. Oktober 1820, StAWt-R Lit. D Nr. 3961.

[38] Anlage Nr. 7 zur Denkschrift des Hauses Löwenstein-Wertheim-Rosenberg an die Bundesversammlung vom 6. Oktober 1820, GLAK 48/6698.

[39] Protokolle der deutschen Bundesversammlung 1820, S. 589 ff.

[40] Protokolle der deutschen Bundesversammlung 1821, S. 38.

renden Eingriffen in ihre Souveränität nicht interessiert.[41] Mit dem Beschluß wandte man sich von Seiten des Bundes nicht so sehr gegen die badische Regierung als vielmehr gegen die adelsfeindliche Opposition der Zweiten Kammer, welche für das Scheitern des Edikts von 1819 verantwortlich war. Gleichwohl sah sich Baden daraufhin zu dem Hinweis veranlaßt, zu dessen auch nur teilweiser Umsetzung angesichts der bei der Bundesversammlung angebrachten Beschwerden der Mediatisierten außerstande zu sein.[42] In dem Zwiespalt zwischen den Artikeln 13 und 14 der Bundesakte – Bindung an die Verfassung einerseits und Verpflichtung gegenüber dem Adel als Stütze des monarchischen Prinzips andererseits – war man jedenfalls nicht gewillt, den konstitutionellen Weg zu verlassen und eine erneute Verfassungskrise heraufzubeschwören. Die Gefahr, die badische Regierung mit ihrem Verhalten der ultraliberalen Opposition auszuliefern, sah denn auch die Bundesversammlung, die daraufhin ihren Beschluß suspendierte und sich mit der badischen Erklärung zufrieden gab.[43]

## 5. Die Immediatkommission

Nachdem man badischerseits mit dem Versuch, die standesherrlichen Rechtsverhältnisse nach Artikel 14 DBA durch den Erlaß von landesherrlichen Edikten zu regeln, abermals gescheitert war, verlegte man sich nunmehr auf den zweiten, in Artikel 63 WSA diesbezüglich vorgesehenen Weg. In gesonderten Verhandlungen mit den einzelnen standesherrlichen Häusern – so die Intention der Regierung – sollte ein Ausgleich gefunden und deren jeweiliger Status sodann vertraglich festgelegt werden. Zu diesem Zweck setzte sie am 21. Februar 1821 eine *Immediatkommission* ein mit dem Ziel, die Standesherren gegen Entschädigung zum Verzicht auf ihre hoheitlichen Rechte zu bewegen.[44] War kein Verzicht zu erreichen, sollten die standesherrlichen Rechte nur nach Vorschrift der geltenden Landesgesetze ausgeübt werden können, da man sich der Möglichkeit künftiger Veränderungen dieser Rechte nicht begeben wollte. Um der Entwicklungsperspektiven staatlicher Gesetzgebung Willen war man nicht bereit, den Standesherren einen dauerhaften, unwandelbaren Rechtszustand zuzugestehen.[45]

Als erste Standesherrschaft ließ sich im Jahre 1823 Fürstenberg zu einem Abschluß[46] bewegen, freilich unter weitem Entgegenkommen seitens der badischen

---

[41] Vgl. *Gollwitzer*, Standesherren, S. 124.
[42] Antwort des großherzoglichen Gesandten bei der Bundesversammlung vom 15. Februar 1821, Protokolle der deutschen Bundesversammlung 1821, S. 77.
[43] *Fehrenbach*, in: AfS 1983, S.111 f.
[44] *Stockert*, Adel im Übergang, S. 242.
[45] *Furtwängler*, Standesherren, S. 145.
[46] Regierungsblatt 1824, S. 1 ff.

Regierung, für die das Übereinkommen mit dem bedeutendsten badischen Standesherrn von großer Wichtigkeit war. Zum einen konnten sich die kleineren Standesgenossen dem Verhalten des großen nun ohne Gesichtsverlust anschließen, zum anderen ließ sich die eigene Haltung in der Bundesversammlung – insbesondere gegenüber den Beschwerden der übrigen Standesherren – nunmehr überzeugender vertreten. Diesen bot man folglich ebenfalls Verträge auf der Grundlage des Abkommens mit Fürstenberg an[47], wovon die Häuser Salm-Reifferscheid-Krautheim[48], Leiningen-Billigheim und Leiningen-Neudenau[49] sowie von der Leyen[50] in der Folgezeit auch Gebrauch machten. Dabei setzte die Regierung sämtliche mit den Standesherren abgeschlossenen Verträge als landesherrliche Deklarationen in Kraft und veröffentlichte sie im Regierungsblatt.

Inhaltlich orientierten sich die Übereinkünfte an einem von dem Freiburger Rechtslehrer Johann Georg Duttlinger und dem badischen Regierungsbeamten Karl Friedrich Nebenius – beide Mitglieder der Kommission – ausgearbeiteten Richtlinienkatalog, der erkennbare Parallelen zu dem Edikt vom 16. April 1819 aufwies.[51] Nicht mehr vorgesehen war darin allerdings die Möglichkeit, Justiz- und Rentämter ausnahmsweise in Personalunion zu führen. Stattdessen war nunmehr eine strenge Trennung nicht nur zwischen Justiz- und Rentamt, sondern auch zwischen Justiz- und Domänenkanzlei vorgeschrieben. Außerdem beschränkte sich der Zuständigkeitsbereich der standesherrlichen Polizeigewalt nur noch auf die reine Ortspolizei ohne die im Edikt von 1819 noch vorgesehenen zusätzlichen Kompetenzen. Unter Beibehaltung des Grundsatzes gleicher Besteuerung wurden die Standesherren, soweit ihre Hofhaltung betroffen war, von den Zöllen sowie im gesamten Großherzogtum von den Chausseegeldern befreit. Auch ihre Beitragspflicht zu den Gemeindelasten wurde auf die Bereiche des Kirchen-, Brücken- und Wegebaus sowie anderer gemeinnütziger Einrichtungen beschränkt, die auch den Standesherren zum Vorteil gereichten. Hinsichtlich der Gefälle blieb es bei der in den Jahren nach der Mediatisierung vorgenommenen Aufteilung der Revenüen, wobei künftig für aufgehobene standesherrliche Gefälle Entschädigung zu leisten sein sollte. Von großer Bedeutung für die Standesherren war in diesem Zusammenhang die Befugnis, ihre ausstehenden Gefälle durch ihre Rentbeamten unmittelbar zwangsweise eintreiben zu lassen.

---

[47] Vgl. etwa das Schreiben der Immediatkommission an die löwensteinischen Bevollmächtigten von Jagemann und Stephani vom 28. Januar 1824, GLAK 48/6675.
[48] Regierungsblatt 1825, S. 173 ff.
[49] Regierungsblatt 1826, S. 39 ff.
[50] Regierungsblatt 1830, S. 136 ff.
[51] *Entwurf der definitiven Bestimmungen, nach welchen die künftigen Rechtsverhältnisse der Standesherren im Grosherzogthum Baden regulirt werden sollen* vom 18. Februar 1823, GLAK 48/6699.

Mit den Löwensteinern gelangte die Immediatkommission – wenig überraschend – zu keinem Abschluß, ebenso versagte sich das Haus Leiningen einer Einigung. Stockert gibt als Hauptstreitpunkt die erwähnten Land- und Wasserzölle an, welche man in Wertheim als entschädigungspflichtige Kammergefälle ansah. Insbesondere die Haltung der Freudenberger Linie, deren Haupteinnahmequelle im Alten Reich wie erwähnt die Zölle gewesen waren, war von derartigen finanziellen Motiven bestimmt.[52] Daneben zeigte den Löwensteinern ein Vergleich mit dem Status, den man auf der anderen Seite des Mains im Bayerischen genoß, daß sich dem Wortlaut von Deutscher Bundesakte und Bayerischer Deklaration durchaus mehr entnehmen ließ als Baden bereit war zu geben – nämlich unbeschränkte Beibehaltung der Hoheitsrechte in zweiter Instanz sowie Entschädigungen für die entzogenen Gefälle.[53] Außerdem dürfte die Tatsache, daß Baden entgegen Artikel 14 DBA den Standesherren gerade keinen *gleichförmig bleibenden Rechtszustand* zu gewähren bereit war, nicht gerade motivierend gewirkt haben. Zusätzlich verhärtet wurden die Fronten einerseits durch bürokratische Winkelzüge seitens der badischen Stellen im Umgang mit den Löwenstein-Wertheimern, welche diesen die Machtverhältnisse demonstrieren und sie zum Nachgeben veranlassen sollten[54], andererseits durch fortgesetzte Beschwerden aus Wertheim über die badische Regierung bei der Bundesversammlung[55].

## 6. DIE VOLLZUGSVERORDNUNG VOM 14. MÄRZ 1833

Nach Jahren ergebnislosen Verhandelns entschloß sich die badische Regierung angesichts erneuten Drucks seitens der Bundesversammlung schließlich im Jahre 1833, die Verhältnisse der Fürsten zu Löwenstein-Wertheim einseitig zu regeln. Die knapp gehaltene, lediglich 27 Paragraphen umfassende Vollzugsverordnung[56] orientierte sich inhaltlich stark an den Bestimmungen des Edikts vom 23. April 1818, blieb aber in wesentlichen Teilen zu vage und lückenhaft, um als Grundlage für die Klärung der zahlreichen Streitpunkte zu dienen. So sprach § 16 c) der Verordnung den Löwensteinern die *gewöhnliche untere Polizei* zu, ohne diese näher zu definieren. Im Vergleich zu der im Edikt vom 16. April 1819 noch zugestandenen *Ortspolizei*, die durch Gegenstände der oberen Polizei

[52] *Stockert*, Adel im Übergang, S. 242.

[53] Vgl. etwa die Schreiben von Jagemanns und Stephanis an die Immediatkommission vom 29. März 1823 sowie vom 28. März 1824, StAWt-F Rep. 167 Nr. 31.

[54] So verweigerte das zuständige Kreisdirektorium den Fürsten über Jahre die Rechtshilfe gegenüber säumigen Fronpflichtigen. Vgl. *Kohler*, Bauernbefreiung, S. 87 f.

[55] So richteten die Fürsten bis 1848 insgesamt 24 Eingaben und Denkschriften an die Bundesversammlung. Vgl. *Hilger*, Verhandlungen, S. 133 f.

[56] Regierungsblatt 1833, S. 47 ff.

wie Verkehrswege-, Handels- und Zunftwesen wesentlich ausgeweitet worden war, mußte angesichts einer solchen Formulierung aber von dem denkbar geringsten Umfang dieses Rechts ausgegangen werden. Hinsichtlich der Besteuerung stellte § 22 lediglich fest: *Die Mitglieder der fürstlichen Familie gehören auch in Ansehung der Besteuerung zur privilegirtesten Classe im Staat.* Zwar war nun nicht mehr die Rede vom unabänderlichen Grundsatz gleicher Besteuerung, jedoch handelte es sich dabei um ein wenig aussagekräftiges und angesichts der Besteuerung sogar der Angehörigen des großherzoglichen Hauses im konkreten Fall wertloses Privileg. Die im Vergleich zu den vorigen Edikten folgenschwerste Neuerung bedeutete aber sicher § 16 a) der Verordnung, der den Fürsten nur noch die bürgerliche und peinliche Gerichtsbarkeit in erster Instanz bewilligte. Wie bereits das Edikt vom 23. April 1818, so bürdete § 18 die materiellen Lasten von Gerichtsbarkeit und Polizei wieder den Standesherren auf, die diese aus den eingenommenen Sporteln, Taxen und Geldstrafen zu bestreiten hatten. Die Beamten der standesherrlichen Justiz- und Polizeibehörden durften nach dieser Vorschrift ausdrücklich nicht in Personalunion mit Aufgaben in den fürstlichen Domänenkanzleien betraut werden. Die noch im Edikt vom 16. April 1819 vorhandene Ausnahmemöglichkeit fand keine Erwähnung mehr. Einzig die Aufteilung von Schulden und Gefällen erfuhr mit der in § 23 enthaltenen Bezugnahme auf die entsprechenden Vorschriften der Bayerischen Deklaration von 1807 nun eine vergleichsweise präzise, den Vorschriften der Bundesakte gemäße Regelung. § 24 bestimmte eine entsprechende Revision der bereits erfolgten Ausscheidung, enthielt hinsichtlich einer Entschädigung für die entzogenen Gefälle aber einen wenig greifbaren Verweis auf eine gesetzliche Regelung. Die für die Löwensteiner so bedeutsame Zollfrage schließlich blieb nach wie vor ungeregelt.

Obwohl sich die Verordnung durchaus günstiger darstellte als zu erwarten gewesen war, verwundert es nicht, daß auch dieser Versuch zur Erledigung des Problems zum Scheitern verurteilt sein mußte. Ein umgehender Einspruch aus Wertheim, wo man mit den neuen Bestimmungen alles andere als zufrieden war, blieb nicht aus. Mit einer erneuten, überaus umfangreichen Eingabe bei der Bundesversammlung suchten die Löwensteiner wiederum Bundesunterstützung gegen den badischen Souverän.[57] Erneut schilderten sie darin das ihnen seit dem Jahre 1806 widerfahrene Schicksal und zählten haarklein die Verstöße auf, welche die badische Regierung aus ihrer Sicht gegen Rheinbundakte, Deutsche Bundesakte sowie bayerische Deklaration von 1807 begangen hatte. Unbeirrt beanspruchte man mit der bekannten Argumentation unbeschränkte Gerichts-

---

[57] Eingabe der Fürsten Karl zu Löwenstein-Wertheim-Rosenberg und Friedrich Karl zu Löwenstein-Wertheim-Freudenberg an die Bundesversammlung vom 30. September 1833, GLAK 48/6700.

barkeit und Polizei in erster und zweiter Instanz. Besonderes Augenmerk galt aber wiederum den finanziellen Fragen. So gab man sich mit der Regelung zum standesherrlichen Steuerprivileg keineswegs zufrieden und wies auf den unterschiedlichen Wortlaut von Deutscher Bundesakte und Vollzugsverordnung hin. Nach ersterer *bildeten* die Standesherren in Ansehung der Besteuerung die privilegierteste Klasse im Staat, nach letzterer *gehörten* die Fürsten lediglich zu dieser. Da tatsächlich aber gar keine Privilegierten vorhanden seien, sei dies unvereinbar mit dem in der Bundesakte zwingend vorgeschriebenen Steuerprivileg. Ausführlich zur Sprache kam auch die für die Löwensteiner so bedeutende Zollfrage. Zu entkräften suchte man dabei den Einwand von landesherrlicher Seite, mit dem Erlöschen des Alten Reiches sei das kaiserliche Zollregal und damit das Recht der Handelslenkung durch indirekte Auflagen auf die neuen Souveräne übergegangen. Dieser Umstand ändere nichts an der den bereits bestehenden Zollrechten zukommenden privatrechtlichen Eigentumsqualität, welche die Rheinbundakte ausdrücklich schütze. Ein Entzug der Zölle sei demnach nur gegen angemessene Entschädigung zulässig. Freilich bewegten sich die löwensteinischen Forderungen in für die badische Seite unannehmbaren Dimensionen.[58] Schließlich griffen die Fürsten auch noch die bis dato weitgehend unbeanstandet gebliebene Schuldenaufteilung an und forderten die Anwendung des in Rheinbundakte und bayerischer Deklaration normierten Grundsatzes, wonach die auf den Territorien lastenden Schulden im gleichen Verhältnis wie sämtliche Einkünfte – einschließlich der auf den Souverän übergehenden direkten Steuern – aufzuteilen seien. Den Spieß der landesherrlichen Argumentation drehte man kurzerhand um. Bei der Berechnung der standesherrlichen Revenüen seien nicht die Bruttoeinkünfte in Ansatz zu bringen, sondern lediglich der Nettoertrag ihrer Grundbesitzungen und Gefälle nach Abzug der auf diesen ruhenden landesherrlichen Steuern.

Die Bundesversammlung ließ sich freilich zunächst fast drei Jahre Zeit, bevor sie sich überhaupt mit der Angelegenheit befaßte. Nach fast zwanzig Jahren war man in Frankfurt allerdings der Debatten um den standesherrlichen Rechtszustand überdrüssig und suchte das Problem auszusitzen, wie die äußerst schleppende Behandlung der Sache zeigte. Unter den obwaltenden Umständen schien eine alle Seiten zufriedenstellende Lösung ohnehin nicht erreichbar, so daß eine erneute eingehende Erörterung der Angelegenheit als wenig fruchtbringend erscheinen mußte. Einer förmlichen Entscheidung kamen die Löwensteiner dann im Jahre 1844 mit einer abermaligen Beschwerde zuvor, die aber im wesentlichen die bereits in der Denkschrift vom 30. September 1833 beanstandeten

[58] *Stockert* beziffert diese auf zunächst über 2 Millionen Gulden, denen ein badisches Angebot von 108.000 Gulden gegenüberstand; auch auf die spätere Forderung von 1,1 Millionen Gulden bot die großherzogliche Regierung lediglich 130.000 Gulden. Adel im Übergang, S. 247.

Punkte enthielt. Aber auch insoweit sollte es nicht mehr zu einer förmlichen Entschließung der Bundesversammlung kommen.[59]

## 7. DER AUSGLEICHSVERTRAG VOM 11. MÄRZ 1848

Nach jahrelangen Auseinandersetzungen zwischen den badischen Stellen und den Wertheimer Unterhändlern kam es im März 1848 endlich zu einem Abschluß.[60] Freilich sollte auch ihm wie schon den diversen Anläufen zuvor kein Erfolg beschieden sein, hatte er doch infolge der revolutionären Ereignisse des Jahres 1848 keinen Bestand. Dabei nahm er eine wichtige Forderung der Bewegung vorweg, indem er den Mediatisierten keinerlei Hoheitsrechte mehr zugestand. Von standesherrlicher Gerichtsbarkeit und Polizei war nun nicht einmal mehr in erster Instanz die Rede. Einzig ein Anhörungsrecht im Rahmen von Bürgermeisterwahlen in Orten des standesherrlichen Gebiets (§ 25 der Vereinbarung) sowie das unbedeutende Patronatsrecht (§ 26) standen den Fürsten noch als Einwirkungsmöglichkeiten zur Verfügung. § 30 der Vereinbarung stellte einmal mehr klar, daß im Großherzogtum allgemeine Steuerpflicht herrsche und daher jegliche Art von Steuerfreiheit auch für die Standesherren nicht in Frage komme. Nurmehr theoretischer Natur war die Zusicherung in § 31, wonach dereinst bewilligte Befreiungen jedenfalls auch den Standesherren als im Hinblick auf die Besteuerung privilegiertester Klasse zu gewähren seien.

Hinsichtlich der standesherrlichen Revenüen bestimmte § 38 der Vereinbarung, daß den Löwensteinern alle Gefälle und nutzbaren Rechte verbleiben sollten, welche ihnen weder die Revenüenaufteilung im Rahmen der Mediatisierung noch das Edikt vom 13. Mai 1813 noch seitdem erlassene Ablösungs- oder Aufhebungsgesetze entzogen hatten. § 39 sicherte für den Fall des künftigen Entzugs bis dato in ihrem Besitz befindlicher Abgaben, Gefälle oder nutzbarer Rechte eine Entschädigung zu. Zusätzlich war dem Abkommen eine Vereinbarung über die Ansprüche der Löwensteiner gegen die großherzogliche Staatskasse beigefügt. Darin verzichteten die fürstlichen Häuser für alle Ewigkeit auf sämtliche im Gefolge der Revenüen- und Lastenaufteilung von 1807 entstandenen finanziellen Ansprüche sowie auf alle Entschädigungsforderungen im Rahmen der Ablösegesetze. Neben diesen wirtschaftlichen Bestimmungen erklärten die Löwensteiner auch ausdrücklich ihren Verzicht *auf die Ausübung der Ihnen bundesgesetzlich zustehenden bürgerlichen und peinlichen Gerechtigkeitspflege in erster und zweiter Instanz* [...] *sowie überhaupt auf die Ihnen zustehende Polizeigewalt* zu Gunsten des Staates. Im Gegenzug sicherte der badische Staat zu,

[59] *Hilger*, Verhandlungen, S. 143.
[60] Vereinbarung vom 11. März 1848, GLAK 233/5429.

seinerseits keinerlei Forderungen aus der Schulden- und Lastenaufteilung zu stellen und überdies den beiden Fürstenhäusern jeweils eine einmalige Abfindungssumme in Höhe von 175.000 Gulden zu zahlen.

Obwohl die Vereinbarung nie in Kraft trat – an die darin vorbehaltene ständische Zustimmung war angesichts des im April 1848 ausgebrochenen Aufstands in Baden nicht mehr zu denken –, nahm sie die Entwicklung der kommenden Jahre vorweg: den endgültigen – auch rechtlichen – Verlust der Hoheitsrechte sowie den Verzicht auf sämtliche Entschädigungs- und Ersatzansprüche auf standesherrlicher Seite gegen bescheidene finanzielle Zugeständnisse des badischen Staates.

## 8. DIE ÜBEREINKUNFT VOM 27. MÄRZ 1855

Nach neuerlichen, mehrjährigen Verhandlungen, fast vierzig Jahre nach Ende des Wiener Kongresses, rang man sich schließlich am 27. März 1855 auch in Wertheim zu einem Übereinkommen mit dem badischen Staat durch. Von Hoheitsrechten war in der vom Landesherrn – ebenso wie bei den Abkommen mit den anderen standesherrlichen Häusern – erlassenen Verordnung vom 25. Januar 1855[61] nun endgültig kein Wort mehr zu finden. Geblieben waren den Löwensteinern lediglich noch persönliche Vorzüge wie Zugehörigkeit zum hohen Adel und Ebenbürtigkeit, Freizügigkeit, Familienautonomie, Militärdienstfreiheit, Mitgliedschaft in der ersten Kammer der Landstände, Nutzung des *Pluralis maiestatis* sowie Kirchengebet und Trauergeläut. Gegenüber den vormaligen Untertanen hatte man mit Ausnahme des Patronatsrechts und eines Anhörungsrechts bei Bürgermeisterwahlen keinerlei Befugnisse mehr. Außerdem genoß man noch im Berg- und Salinenrecht unbedeutende Vorteile und war nur in reduziertem Maße zu den Gemeindelasten beizutragen verpflichtet. Im übrigen hatte sich aber an dem im Grundsatz bereits seit 1808 geltenden Prinzip gleicher Besteuerung selbstverständlich nichts geändert. In finanzieller Hinsicht hatte man sich mit der im Vergleich zu den astronomischen Forderungen früherer Tage geradezu lächerlichen Entschädigungssumme für die entzogenen bzw. aufgehobenen Zölle und Revenüen in Höhe von jeweils nur 90.000 Gulden zu begnügen.[62]

Nunmehr waren die Löwensteiner endgültig zu privilegierten Privatpersonen ohne nennenswerte Herrschaftsbefugnisse herabgesunken. Allerdings hatten die von der Nationalversammlung am 27. Dezember 1848 als Gesetz erlassenen und

---

[61] Regierungsblatt 1855, S. 13 ff.

[62] *Stockert*, Adel im Übergang, S. 247 f.

als Abschnitt IV, §§ 129 bis 188 in die Reichsverfassung vom 28. März 1849 aufgenommenen Grundrechte ohnehin alle Vorrechte beseitigt – insbesondere Patrimonialgerichtsbarkeit und -polizei sowie alle steuerlichen Privilegien. Damit hatten aber auch die bereits früher zu einer Einigung mit Baden gekommen Standesgenossen das ihnen Zugestandene weitestgehend eingebüßt. Beide Gesetze waren zwar durch den Bundesbeschluß vom 23. Juli 1851 im gesamten Bundesgebiet wieder außer Wirksamkeit gesetzt worden. Die einschlägige Gesetzgebung derjenigen Bundesstaaten, die die revisionistischen Maßnahmen des Bundes insoweit nicht mittrugen, darunter namentlich Baden und Bayern, blieb jedoch in Geltung und wurde trotz zahlreicher standesherrlicher Reklamationen vom Bundestag als Ausfluß ihrer Souveränität anerkannt.[63]

## II. Die Auseinandersetzungen mit Bayern

Im Gegensatz zu den turbulenten Auseinandersetzungen mit Baden war das Verhältnis der Löwensteiner zu Bayern wesentlich weniger konfliktreich. Dies lag zum einen an der gegenüber Bayerns Standesherren vergleichsweise entgegenkommenden Politik der königlichen Regierung, zum anderen aber auch an der schlichten Tatsache, daß mit dem Verweis der Bundesakte auf die Bayerische Deklaration von 1807 ein Gutteil der Zweifelsfragen, die es in anderen Bundesstaaten zu lösen galt, im Königreich bereits beantwortet war und seit Jahren eine entsprechende Verwaltungspraxis existierte. Aus diesen Gründen verwundert es nicht, daß bis 1848 keine standesherrlichen Beschwerden aus Bayern bei der Bundesversammlung eingingen. Den Ansprüchen der Mediatisierten auf Vertretung im Bund stellte sich die bayerische Regierung aber ebenso energisch entgegen wie sie jegliche Beeinträchtigung bayerischer Souveränität unterband.[64] Trotz dieser im Vergleich zu badischen Verhältnissen günstigen Lage sah man in Wertheim die Deklaration von 1807 durchaus als verbesserungsbedürftig an und scheute sich nicht, diese Meinung in an den König und seine Regierung gerichteten Denkschriften kundzutun.

### 1. DIE FORDERUNGEN DER LÖWENSTEINER

Während vielen an die badische Regierung gerichteten Forderungen der Löwensteiner durchaus existenzieller Charakter zukam, muten ihre Begehre gegenüber der bayerischen Regierung vergleichsweise unbedeutend an. Gleichwohl wurden sie mit nicht weniger Leidenschaft und Hartnäckigkeit vorgetragen. So hielten

---

[63] *Gollwitzer*, Standesherren, S. 130 f.
[64] *Gollwitzer*, Standesherren, S. 53 f.

sie auch gegenüber der bayerischen Krone unverbrüchlich an der These fest, sie seien in bezug auf ihr standesherrliches Gebiet ebenso *MediatRegenten und Landesherren* wie einst unter Kaiser und Reich. Daraus leiteten sie das Recht ab, sich auch nach der Mediatisierung als *regierende Fürsten* bezeichnen zu dürfen, wie Preußen es seinen Standesherren zugestanden habe. Denn von der bloßen Patrimonialherrlichkeit unterscheide man sich schon deshalb, weil diese lediglich eine Gutsherrschaft mit gutsherrlichen, nicht aber unterlandesherrlichen Rechten umfasse. In allgemeiner Hinsicht wies man darauf hin, daß die Wiener Schlußakte ausschließlich die Deklaration von 1807 als Grundlage für den rechtlichen Status der Mediatisierten herangezogen habe, nicht aber die späteren Nachträge und Erläuterungen, welche einige Vorschriften derselben zum Nachteil der Mediatisierten aufgehoben oder eingeschränkt hätten. Um derartiges künftig zu verhindern, dürfe die oberlandesherrliche Gesetzgebung nie dazu dienen, die standesherrlichen Rechte zu beschränken oder aufzuheben, vielmehr müsse *ein zur Zufriedenheit der Mediatisierten abgeschlossen werdender Rechtszustand eine unverbrüchliche Sanktion für alle Zeiten* sein.[65]

Die Gerichtsbarkeit reklamierten die Löwensteiner auch gegenüber den bayerischen Stellen als den Mediatisierten von der Rheinbundakte belassenes und damit originäres Recht, weshalb ein Bezug zur Oberlandesherrschaft in ihrer offiziellen Bezeichnung nicht in Frage komme. Außerdem beanstandete man die im Edikt von 1807 vorgesehene Unterstellung der Justizkanzleien unter die Aufsicht der Appellationsgerichte, obwohl jene diesen doch gleichgestellt seien. Vielmehr seien die standesherrlichen Gerichte zweiter Instanz gleich den landesherrlichen dem Oberappellationsgericht unterzuordnen.[66]

Ähnlich argumentierte man in Wertheim im Hinblick auf die Polizeigewalt, welche die Deklaration zwar auch den standesherrlichen Justizkanzleien als Mittelinstanzen zuwies, diesen aber die Generallandeskommissariate bzw. die Kreisregierungen und nicht das Innenministerium überordnete. Wolle der Staat den Mediatisierten aufgrund der Deutschen Bundesakte die obere exekutive Landesverwaltung einräumen, so dürfe man eine Behördenhierarchie beanspruchen, die die Ausübung dieses Rechts auch erlaube. Ohnedies billige man einem solchen vierstufigen Behördenaufbau mit faktisch zwei Mittelinstanzen, von denen eine überflüssig sei, keinerlei Zukunftsaussichten zu. Dabei wies man auf

---

[65] *Bemerkungen und Wünsche zu der Königlichen Allerhöchsten Deklaration vom 19. März 1807 die standesherrlichen Verhältnisse betreffend*, StAWt-R Lit. D Nr. 98.

[66] *Kurze Bemerkungen zu der Königl. Bayerischen Declaration über die Verhältnisse der Standesherren vom 19. März 1807* vom 15. April 1817, StAWt-R Lit. D Nr. 98; Schreiben Fürst Karls zu Löwenstein-Wertheim-Rosenberg an König Max I. Joseph vom 8. Januar 1818, BHStA MA 74376.

das Edikt vom 16. August 1812[67] hin, durch welches die standesherrlichen Justizkanzleien schon einmal aus der inneren Landesverwaltung gedrängt worden seien und den Mediatisierten nurmehr die Gerichtsbarkeit geblieben sei. Um also die Mediatisierten auch insoweit in einen angemessenen und beständigen Rechtszustand zu versetzen, sei die gesamte landespolizeiliche Verwaltung, soweit es sich um die Anwendung und Vollziehung bereits bestehender oberlandesherrlicher Vorschriften handele, in die Hände der höheren Mediatbehörden zu legen. Sobald aber neue Institutionen zu schaffen oder alte zu verändern seien, überhaupt der jeweilige Gegenstand über die gewöhnliche Verwaltung hinausgehe – etwa das höhere Staatsinteresse betreffe –, falle dies unter die oberste Leitung des Ministeriums.[68]

Nicht anfreunden mochte man sich in Wertheim auch mit der in der Deklaration von 1807 vorgesehenen Gefälleausscheidung. Das von der Rheinbundakte den Souveränen zugebilligte *droit d'impôts* könne billigerweise nur so verstanden werden, daß diese berechtigt sein sollten, alle in ihren Staaten bestehenden oder einzuführenden direkten und indirekten Auflagen auch in den Gebieten der Mediatisierten zu erheben. Hiervon unberührt bleiben sollten dagegen die aus dem *ius territorii* herrührenden und daher im Alten Reich in die Kammerkassen geflossenen Gefälle der Standesherren wie Zölle und dergleichen. Diese hätten in Deutschland zu keiner Zeit zu den *impôts* gehört und könnten auch nicht deshalb von den Souveränen beansprucht werden, weil sie ehedem von kaiserlicher Bewilligung abhingen. Denn die neuen Landesherren seien nicht in die Rechte der kaiserlichen Gewalt nachgefolgt, sondern *iure novo* mit den in Artikel 26 RBA genannten fünf oberherrlichen Rechten versehen worden.[69] Da die standesherrliche Justiz und Polizei zu Staatszwecken dienten, sei ihnen nicht zuzumuten, die Kosten hierfür allein zu tragen, weshalb man als Beitrag hierzu die Befreiung von der ordentlichen Steuer wünsche.[70] Überhaupt sei in der Rheinbundakte von der Besteuerung lediglich der Domänen, nicht aber der sonstigen Einkünfte und Gefälle die Rede. Da die Deutsche Bundesakte aber den Status der vormaligen Reichsstände nicht noch weiter habe schmälern wollen, sei auch fürderhin von einer Befreiung von der direkten Steuer für alle Gefälle, Gebäude, Güter und

[67] Regierungsblatt 1812, S. 1505 ff.

[68] *Kurze Bemerkungen zu der Königl. Bayerischen Declaration über die Verhältnisse der Standesherren vom 19. März 1807* vom 15. April 1817, StAWt-R Lit. D Nr. 98; Schreiben Fürst Karls zu Löwenstein-Wertheim-Rosenberg an König Max I. Joseph vom 8. Januar 1818, BHStA MA 74376.

[69] *Bemerkungen und Wünsche zu der Königlichen Allerhöchsten Deklaration vom 19. März 1807 die standesherrlichen Verhältnisse betreffend*, StAWt-R Lit. D Nr. 98.

[70] *Besondere Wünsche des fürstlichen Löwensteinischen Hauses in Bezug auf die Regulierung seiner Verhältnisse gegen die Krone Bayern*, StAWt-R Lit. D Nr. 98.

Domänen auszugehen.[71] Schließlich seien den Standesherren die Zollauflagen für die Verbringung ihrer Gefälle von einem Souveränitätsstaat in den anderen zu erlassen.[72]

## 2. DAS EDIKT VOM 26. MAI 1818

Diesen Ansinnen kam das als Beilage zur bayerischen Verfassung vom 26. Mai 1818 erlassene Edikt *die staatsrechtlichen Verhältnisse der vormals reichsständischen Fürsten, Grafen und Herren betreffend*[73] nur teilweise nach. § 65 des Edikts verwies hinsichtlich aller hierdurch nicht abgeänderten Bestimmungen auf die Deklaration von 1807; ohnehin übernahm das Edikt weite Teile derselben. Eine bedeutende Veränderung ergab sich allerdings aus § 33, der den in einem geschlossenen Gebiet liegenden Standesherrschaften mit mindestens 14.000 bis 20.000 Einwohnern gestattete, im Bereich der Polizeiverwaltung ebenso wie für die Justiz eine zweite Instanz zu errichten, die unter der Bezeichnung *Regierungs- und Justiz-Canzlei* sowohl die Jurisdiktions- als auch die Polizeiaufgaben wahrnehmen sollte. Nach § 34 des Edikts war diese Kanzlei der *Königlichen Regierung* als Mittelbehörde mit Ausnahme der in § 29 enumerativ genannten Bereiche wie etwa der *Bewahrung und Handhabung der Landesverfassung und der Souverainetätsrechte* gleichgestellt. In der Eigenschaft einer unmittelbar vorgesetzten Stelle war sie nach § 35 des Edikts befugt, den standesherrlichen Unterbehörden Weisungen zu erteilen und führte die Aufsicht über sie. Die aus Gerichtsbarkeit und Polizeiverwaltung fließenden Einkünfte und Nutzungen sprach § 50 den Standesherren zu.

Auch bezüglich der entzogenen oder aufgehobenen Gefälle blieb es gemäß § 52 des Edikts bei den Entschädigungsvorschriften der Deklaration von 1807, ebenso bei dem darin ausgesprochenen Grundsatz gleicher Besteuerung. § 53 räumte den standesherrlichen Familien jedoch Freiheit von allen Personalsteuern ein und bewilligte ihnen in Ansehung ihres in Artikel 14 DBA garantierten Status als privilegierteste Klasse insbesondere hinsichtlich der Besteuerung zur Entschädigung *eine beständige Rente, welche dem dritten Theil des Betrages der ordentlichen Grundsteuer, Haussteuer und Dominicalsteuer von ihren vormals reichsständischen Besitzungen gleich kömmt.* Alternativ sollte *von den Schulden,*

---

[71] *Vortrag. Ueber die Schritte der mediatisirten vormaligen teutschen Reichsstände bey der teutschen BundesVersammlung zur Bestimmung ihrer VorzugsRechte mit Rücksicht auf die Anträge einiger in Baiern domizilirter Standesherren*, StAWt-R Lit. D Nr. 98.

[72] *Zusammenstellung der Desiderien der untergeordneten vormals reichsständischen Häuser, und insbesondere des fürstlichen Hauses Löwenstein Werthheim jüngerer Linie an die Souverainetäts Staats-Finanz Gewalt*, StAWt-R Lit. D Nr. 98.

[73] Beilage IV zur bayerischen Verfassung vom 26. Mai 1818, Regierungsblatt 1818, S. 190 ff.

*welche ihnen bei der Abtheilung zugewiesen sind, ein dem mit 20 erhöhten Capitalstock einer solchen Rente gleichkommender Antheil auf die Staatscasse übernommen werden.* Schließlich genossen die Standesherren gemäß § 55 des Edikts Befreiung von den Gemeindeumlagen, soweit sie keine Vorteile aus dem Gemeindeverband zogen. Die Schuldenaufteilung regelte § 60 annähernd wortgleich zur Deklaration von 1807.

Auch bei der im Rahmen der Gefälleausscheidung vorgenommenen Berechung der zu leistenden Entschädigungszahlung fuhren die Fürsten mit Bayern bedeutend besser als mit Baden. So legte man von Regierungsseite bei der Berechnung die durchschnittlichen Erträge der vergangenen zehn Jahre zugrunde und bewilligte den Löwensteinern für die aufgehobenen Wasser- und Landzölle auf der rechten Mainseite am 13. März 1818 eine jährliche Rente in Höhe von insgesamt 8.400 Gulden.[74]

### 3. Das Verhältnis zu den bayerischen Behörden

Hatte das Edikt vom 26. Mai 1818 zwar die inhaltlichen Konflikte zwischen bayerischer Regierung und Mediatisierten über deren Rechtsstatus beigelegt und beiden Parteien langwierige Auseinandersetzungen darüber erspart, so war das Verhältnis zwischen den Löwensteinern und den bayerischen Behörden doch keineswegs ungetrübt. Auf landesherrlicher Seite empfand man die standesherrlichen Stellen als Fremdkörper und trat ihnen mit Mißtrauen und häufig auch Engstirnigkeit gegenüber. Hierzu gab die fürstliche Verwaltung aber auch durchaus Anlaß, nahm sie es doch mit den staatlichen Vorschriften allzu häufig nicht sonderlich genau und legte bei der Wahrnehmung der Hoheitsrechte alles andere als Sorgfalt an den Tag. Insbesondere mißfiel den königlichen Beamten die lediglich sporadische Besetzung der Kreuzwertheimer Justizkanzlei – nahezu das gesamte Personal wohnte in Wertheim – sowie die dortige chaotische Aktenführung[75] – auch die komplette Registratur befand sich auf der anderen Mainseite.[76] Als besonderes gravierend stellte sich allerdings in den Jahren 1822/1823 die Eidesformel dar, welche die Löwensteiner ihren neu eingestellten Hoheitsbeamten abverlangten. Darin erschienen die Fürsten auf gleicher Ebene wie König und Verfassung und maßten sich damit eine eigene hoheitliche Stellung an, obwohl ihnen als bloßen privilegierten Untertanen eine solche nicht zukam.

---

[74] StAWt-R Lit. D Nr. 142a, b.

[75] *Stockert* berichtet von einem kuriosen Fall im Jahre 1818, als einem fürstlichen Beamten beim Übersetzen von Kreuzwertheim nach Wertheim die mitgenommenen Kanzleiakten in den Main fielen. Adel im Übergang, S. 229.

[76] Vgl. Berichte der Würzburger Kreisregierung, BHStA MInn Nr. 29379, 29390/I und II, 29393.

Während man den Konflikt über Besetzung und Betrieb der Regierungs- und Justizkanzlei weitgehend auszusitzen vermochte, ließen die Würzburger Kreisregierung und das Justizministerium in München in der Eidesfrage nicht mit sich reden und sprachen der fraglichen Formel jede rechtliche Wirksamkeit ab.[77]

Im Vergleich zu dem mit den badischen Stellen leidenschaftlich geführten Kampf über fundamentale Existenzfragen handelte es sich bei den Kontroversen mit der bayerischen Administration aber eher um Alltagsstreitigkeiten. Im Gegensatz zur Situation in Baden stellte sich die Lage der Löwensteiner im Königreich als verlässlich und stabil dar, woran sich auch drei Jahrzehnte lang nichts ändern sollte.

## III. Die Auffassungen in der damaligen staatsrechtlichen Diskussion

Auch an dieser Stelle erhebt sich wieder die Frage, in welchem Maße die Argumentation der Löwensteiner den damaligen staatsrechtlichen Meinungsstreit widerspiegelte. Dabei ist zunächst zu fragen, ob und inwieweit aus damaliger Sicht über den einzelstaatlichen Bestimmungen stehendes höherrangiges Recht als taugliche Grundlage für die standesherrlichen Forderungen und Ansprüche in Betracht kam. Zu welchen unterschiedlichen Ergebnissen das Schrifttum jener Zeit bei auslegungsbedürftigen und ggf. strittigen Punkten gelangte, ist sodann darzustellen.

### 1. ALLGEMEINES

Grundlegende Rechtsquelle für die standesherrlichen Verhältnisse war unstreitig Artikel 14 DBA. Durch dessen Verweis auf die Bayerische Deklaration vom 19. März 1807 war diese daneben zur näheren Bestimmung der in der Bundesakte enthaltenen Befugnisse sowie als Grundlage für einen in allen Bundesstaaten übereinstimmenden Rechtszustand heranzuziehen. Schließlich wurde aber – jedenfalls für die ehemaligen Rheinbundstaaten[78] – mehrheitlich auch noch die Rheinbundakte als zur Erläuterung und Ergänzung der Bestimmungen der Bundesakte maßgebliche Rechtsquelle angesehen.[79] Zum einen nehme die Bayerische Deklaration an manchen Stellen auf die Rheinbundakte ausdrücklich Be-

[77] *Stockert*, Adel im Übergang, S. 230 f.

[78] In den Staaten, die nicht Mitglied des Rheinbundes gewesen waren, kam eine unmittelbare Anwendung der Rheinbundakte nicht in Betracht. Vgl. *Vollgraff*, Standesherrn, S. 747.

[79] *Vahlteich* sah den rechtlichen Zustand der Mediatisierten dagegen als ausschließlich auf der Bundesakte beruhend an, während aus der Rheinbundakte keinerlei Rechtsfolgen mehr herzuleiten sein sollten. Standesherren, S. 76.

zug. Zum anderen seien durch die Auflösung des Rheinbundes lediglich die in der Akte enthaltenen Bestimmungen über das Bündnis der deutschen Fürsten mit Frankreich unwirksam geworden, nicht aber die ihre Unterwerfung sowie ihre persönlichen und territorialen Rechte betreffenden. Dies beweise bereits die Tatsache, daß man nach der Niederringung Napoleons den *Status quo* beibehalten habe und nicht zum *Status quo ante* bzw. den im Alten Reich herrschenden Verhältnissen zurückgekehrt sei.[80] Ähnlich argumentierte auch die von der Bundesversammlung eingesetzte Kommission:

> *Der erste Titel zur Unterordnung der vormaligen Reichsstände und Reichsritterschaft war die bekannte Rheinbundesacte. Was sie in Ansehung der Mediatisirungen vorschreibt, ist den Souverainen geblieben; sie bleibt eben sowohl das Fundament der Subjection für den andern Theil. Es ist solches in keiner der nachherigen Verhandlungen zu Wien oder sonst verändert. Die Absicht des deutschen Bundes wollte und konnte es nicht seyn, in selbigen die Lage der Mediatisirten ungewisser oder schlechter, wie im Rheinischen Bund, zu stellen.*[81]

Im Falle von Widersprüchen zwischen Deutscher Bundesakte einerseits sowie Bayerischer Deklaration und Rheinbundakte andererseits müsse aber der ersteren der Vorrang zukommen, da letzteren nur subsidiäre Geltung beizumessen sei.[82] Bei der Auslegung dieser Rechtsquellen habe der Grundsatz zu gelten, daß im Zweifel immer zu Gunsten der Standesherren zu entscheiden sei. Denn die Geschichte der Verhandlungen auf dem Wiener Kongreß wie auch der Wortlaut der Bundesakte hätten keinen Zweifel daran gelassen, daß es nicht Absicht der Vertragsschließenden gewesen sei, den Standesherren neue Rechte zu verleihen, sondern ihnen bestimmte Teile ihres zur Zeit des Alten Reiches herrschenden Rechtszustands zu erhalten.[83]

Durchaus uneinig war man sich aber in der Frage, ob die auf Grundlage dieser Normen im Hinblick auf die Mediatisierten erlassenen einzelstaatlichen Rechtsvorschriften zu Lasten der Standesherren abänderbar seien. So wollte eine Ansicht die Fortbildung der politischen Institutionen durch zu Gunsten einer einzelnen Klasse von Staatsbürgern aufgestellte Rechtssätze nicht für alle Zeit gehemmt sehen. Privilegien, die mit dem Geist des geltenden Staatsrechts nicht mehr vereinbar seien, müßten diesem weichen. Aufgabe der Landesgesetzgeber sei es, eine solche Entwicklung zu erkennen und die nötigen rechtlichen Konse-

[80] *Von Dresch*, Abhandlungen, S. 126 f.; *K. S. Zachariä*, Die Souverainetätsrechte, S. 106 f.
[81] Protokolle der deutschen Bundesversammlung 1819, S. 289.
[82] *Zoepfl*, Die neuesten Angriffe, S. 50 f.
[83] *Berchtold*, in: Deutsches Staats-Wörterbuch, Band 10, S. 174.

quenzen daraus zu ziehen.[84] Im übrigen habe bereits die Rheinbundakte die standesherrlichen Befugnisse für Privateigentum erklärt und damit dem Gesetzgebungsrecht unterworfen, was die Bundesakte in Artikel 14 c 4) durch die Unterordnung der standesherrlichen Herrschaftsrechte unter die Vorschriften der Landesgesetze ausdrücklich bestätigt habe.[85] Die Gegenauffassung machte geltend, eine derartige Sicht der Dinge nehme den Standesherren mit der einen Hand wieder, was sie ihnen mit der anderen gegeben habe. Denn von einer Sicherung der standesherrlichen Rechte durch die Bundesakte, wie sie von den vertragsschließenden Mächten unbestritten beabsichtigt gewesen sei, könne unter diesen Umständen nicht mehr die Rede sein. Vielmehr seien die Mediatisierten solcherart ebenso der *launenhaften Willkühr* der souveränen Regierungen in den einzelnen Bundesstaaten ausgeliefert wie zu Zeiten des Rheinbundes. Dabei mache es keinen Unterschied, ob es sich um die durch die Landstände beschränkte Gesetzgebungsmacht des Souveräns handele oder um das bloße Gutdünken eines Bundesfürsten.[86]

Ähnlich gelagert wie die Einschränkung war das Problem der Modifizierung eines Rechts zuungunsten der Standesherren. Einerseits hieß es in Artikel 14 DBA gleich eingangs, man wolle den ehemaligen Reichsständen in allen Bundesstaaten *einen gleichförmig bleibenden Rechtszustand* verschaffen, andererseits gestattete derselbe Artikel in Nr. c 4) die Ausübung der Gerichtsbarkeit, der Polizei und anderer Befugnisse nur *nach Vorschrift der Landesgesetze*. Unter Hinweis auf das grundlegende Gebot eines endgültigen rechtlichen Status verfocht denn auch ein Teil der rechtswissenschaftlichen Literatur die These, die Standesherren seien nicht verpflichtet, ihre Verwaltungsstrukturen denjenigen ihres Souveränitätsstaates anzupassen.[87] Die Kommission der Bundesversammlung sah dies ebenso, könnten doch *Gesetzgebungen und Einrichtungen der einzelnen Staaten seit Abschluß der Bundesacte oder in der Folge den mittelst derselben als gleichförmig und bleibend festgestellten Rechtszustand der Mediatisirten nicht anders bestimmen oder verschieden in Anwendung bringen.*[88] Schwierigkeiten bereiten mußte nach dieser Auffassung aber die Abgrenzung zwischen einer (unzulässigen) echten Änderung des Rechtszustands und einer (zulässigen) bloßen Ausübungsmodalität. Die Kommission bezeichnete es daher auch lediglich als Wunsch an die Bundesstaaten, den Standesherren die Mittel zur Ausübung ihrer Befugnisse eher zu erleichtern als zu erschweren.

---

[84] Deutsches Staats-Wörterbuch, Band 10, S. 174 Fn. *, Anmerkung der Redaktion; *Kuhn*, Trennung, S. 39.

[85] Vgl. *Vahlteich*, Standesherren, S. 82.

[86] *Vahlteich*, Standesherren, S. 75; *Vollgraff*, Unverletzbarkeit, S. 10 f.; *K. S. Zachariä*, Die Souverainetätsrechte, S. 120; *Zoepfl*, Die neuesten Angriffe, S. 52 f.

[87] *Vollgraff*, Standesherrn, S. 731 f.

[88] Protokolle der deutschen Bundesversammlung 1819, S. 288.

## 2. GERICHTSBARKEIT

Gegenstand der Auseinandersetzung waren neben diesen Fragen von eher allgemeiner Natur auch die einzelnen, in der Bundesakte erwähnten Rechte der Standesherren. Im Vordergrund standen dabei wiederum die für die Mediatisierten gegenüber ihren ehemaligen Untertanen als Statussymbol so wichtigen Herrschaftsrechte wie Gerichtsbarkeit und Polizei. Während eine Ansicht diese Rechte als Patrimonial- und Privateigentum der ehemaligen Reichsstände verstanden wissen wollte, beschränkte eine andere die diesbezüglichen Rechte der Standesherren auf die bloße Befugnis zur Ausübung derselben[89], wie dies bereits zu Artikel 27 RBA vertreten worden war[90]. Zwar habe die Rheinbundakte den Mediatisierten die nicht wesentlich zur Souveränität gehörenden Herrschaftsrechte als Patrimonial- und Privateigentum belassen. In der Deutschen Bundesakte sei hiervon aber keine Rede mehr, vielmehr gestehe diese ihnen nurmehr die *Ausübung* von Gerichtsbarkeit und Polizei als Ausfluß des Eigentums zu. Die Rechte selbst sehe die Akte damit als zur Staatsgewalt gehörig an, was auch daran deutlich werde, daß ihre Ausübung nach Vorschrift der Landesgesetze zu erfolgen habe.[91] Die Gegenmeinung verwies ebenfalls auf den Wortlaut des Artikels 14 DBA, der erkennbar dem Artikel 27 RBA nachgebildet sei und daher keinen anderen Zweck verfolge als die dort schon aufgestellten Grundsätze zu bestätigen und zum allgemeinen Bundesrecht zu erheben. Bei seiner Auslegung sei aus diesem Grunde auf die entsprechende Bestimmung der Rheinbundakte zurückzugreifen.[92] Diese habe aber den Standesherren in ihren Gebieten nur diejenigen Rechte entzogen, die zur Souveränität gehörten. Dies sei es auch, was die Bundesakte in Artikel 14 c) mit der Bezeichnung *Staatsgewalt und höhere Regierungsrechte* meine und damit offenbar auf die in Artikel 26 RBA aufgezählten Souveränitätsrechte anspiele. Alle übrigen Rechte, ob landes-, grund- oder feudalherrlicher Natur, sollten den Standesherren als nunmehr patrimoniale und damit in ihrem Wesen hinsichtlich Verfügungs- und Vererbungsbefugnis, Ausübung sowie Unentziehbarkeit wahren Eigentumsrechten gleichgestellte Rechte verbleiben, darunter ausdrücklich das Recht der bürgerlichen und peinlichen Gerichtsbarkeit in erster und zweiter Instanz.[93] Von einer bloßen Befugnis zur Ausübung dieser Rechte mit der Folge freier inhaltlicher Gestaltbarkeit nach Belieben des (souveränen) Rechtsinhabers und den Bedürfnissen moderner Staatsverwaltung könne folglich keine Rede sein.

---

[89] *Berchtold*, in: Deutsches Staats-Wörterbuch, Band 10, S. 197 f.; *Fischer*, Der Teutsche Adel, Band 2, S. 72 f.; *Maurenbrecher*, Grundsätze, S. 338 Fn. d.
[90] Vgl. oben § 4 D. III. 1.
[91] *Berchtold*, in: Deutsches Staats-Wörterbuch, Band 10, S. 197.
[92] *Golther*, in: ZgStW 1861, 243 f.; *Zoepfl*, Grundsätze, Band 2, § 318, S. 314.
[93] *Von Dresch*, Abhandlungen, S. 178 f.; *Zoepfl*, Grundsätze, Band 2, § 319, S. 316 ff.

## 3. Polizei

Uneinig war man sich bei den Herrschaftsrechten außerdem in der Frage, ob die Standesherren im Hinblick auf die Polizei lediglich Anspruch auf die in Artikel 14 c 4) DBA vorgesehene Ortspolizei oder weitergehend auf die in Abschnitt E 7 ff. der Bayerischen Deklaration vom 7. März 1807 eingeräumte Distriktspolizei nebst besonderer Zuständigkeiten im Handels-, Zunft- und Verkehrswegewesen erheben könnten. Die von der Bundesversammlung eingesetzte Kommission sprach sich für letzteres aus, da sich aus den Kongreßakten nachweisen lasse, daß es die Absicht der Stifter des Bundes gewesen sei, durch die Deklaration nähere Bestimmungen zu Gunsten der Mediatisierten und eine genauere Abgrenzung der den Souveränen und den Mediatisierten zustehenden Rechte auch und gerade im Hinblick auf die niedere Polizei zu treffen.[94] Dem trat man von souveräner Seite mit dem Hinweis entgegen, über eine derartige Absicht sei in den Kongreßprotokollen nichts zu finden.[95] Überdies wurde geltend gemacht, daß in Zweifelsfällen der Bundesakte Vorrang vor der als subsidiär anzusehenden Bayerischen Deklaration zukommen und deren Inhalt durch den klaren Wortlaut der Akte beschränkt sein müsse.[96]

## 4. Abgaben- und Schuldenwesen

Unterschiedliche Auffassungen bestanden schließlich hinsichtlich der Auslegung des Artikels 14 b) DBA, wonach die Standesherren die privilegierteste Klasse in ihrem Souveränitätsstaat bilden sollten, insbesondere in Ansehung der Besteuerung. Umstritten war, ob die Mediatisierten auch dann eine steuerliche Privilegierung beanspruchen konnten, wenn in dem betreffenden Staat verfassungsmäßig überhaupt keine privilegierte Untertanenklasse existierte. Angesichts des insoweit klaren Wortlauts der Bundesakte wurde diese Frage mehrheitlich bejaht. ‚Bilden' könne nur so verstanden werden, daß die Standesherren noch umfangreichere Vorrechte genießen sollten als bereits existierende privilegierte Klassen, jedenfalls aber die (einzigen) bevorzugten Untertanen zu sein hätten, sofern solche nicht vorhanden seien.[97] Dabei wies man namentlich auf den Wortlaut der Rheinbundakte hin, welche die ehemaligen Reichsstände lediglich der privilegiertesten Klasse im Staat gleichgestellt hatte. Daraus sei zu folgern, daß den Standesherren nunmehr ein originärer Privilegienstatus zukomme und nicht mehr nur ein abgeleiteter. Ansonsten, so wurde argumentiert, würde

---

[94] Protokolle der deutschen Bundesversammlung 1819, S. 297 f.

[95] *Vollgraff*, Standesherrn, S. 752 f.

[96] Vgl. *Vahlteich*, Standesherren, S. 85 f.

[97] *Von Dresch*, Oeffentliches Recht, S. 279 Fn. i; *ders.*; Abhandlungen, S. 150 f.; 159; *Zoepfl*, Grundsätze, Band 2, § 309, S. 287 Fn. 5.

die Regelung des Artikels 14 b) DBA in Staaten, in denen keinerlei Steuerprivilegien mehr existierten – und das seien die meisten – völlig leerlaufen und als überflüssig anzusehen sein.[98] Nicht zuletzt habe man durch die Regelung die zu Rheinbundzeiten gängige Praxis verhindern wollen, den ehemaligen Reichsständen unter Hinweis auf das Fehlen einer bevorzugten Klasse das Privileg einer Steuerbefreiung vorzuenthalten.[99] Fraglich war allerdings der Umfang der zu gewährenden Steuerbefreiung, da sich die Bundesakte hierüber in Schweigen hüllte. Auch die Bayerische Deklaration von 1807 könne insoweit keinen Maßstab bilden, so argumentierte ein Teil des Schrifttums, da sie in Abschnitt H 10 den Mediatisierten eine Steuerbefreiung grundsätzlich versagt habe, dies aber offenbar einen Widerspruch zur vorrangig anzuwendenden Bundesakte darstelle.[100] Erst die in §§ 53 und 55 der Beilage IV zur bayerischen Verfassung von 1818 vorgesehene Befreiung von den Personal- und Haussteuern sowie die Entschädigung für die aufgehobene Steuerbefreiung könnten als der Bundesakte gemäß angesehen werden.[101] Eine andere Auffassung sah in der Befreiung der Standesherren von Zöllen und Wegegeldern sowie namentlich der Heranziehung ihrer Domänengüter und Gefälle nach dem Maßstab des Steuerbeitrags der bayerischen Stände gemäß Abschnitt H 11 der Deklaration Anhaltspunkte für das Maß der zu gewährenden Steuererleichterung. Noch im Zeitpunkt des Deklarationserlasses seien die Stände nämlich in einem geringeren Maß als die übrigen Untertanen zu den direkten Steuern beizutragen verpflichtet gewesen, erst vier Monate später sei das Steuerprivileg der bayerischen Stände aufgehoben worden.[102]

## IV. Bewertung

Hatten sich die Löwensteiner zu Rheinbundzeiten rechtlich noch in aussichtsreicher Position befunden – rein argumentativ, versteht sich –, so konnte hiervon in der Zeit nach Verabschiedung der Deutschen Bundesakte kaum noch die Rede sein. Zum einen wies die Bundesakte zusammen mit der bayerischen Deklaration von 1807 eben eine wesentlich höhere Regelungsdichte auf als die vergleichsweise grob gestrickte Rheinbundakte. Viele Vorschriften und Maßnahmen der Souveräne konnten sich damit auf konkrete Bestimmungen stützen, weshalb an ihnen schlicht nicht mehr zu rütteln war. Zum anderen hielt man in Wertheim an zahlreichen, noch aus der Rheinbundzeit stammenden Argumenta-

[98] Vgl. *Vahlteich*, Standesherren, S. 84.
[99] *Vollgraff*, Standesherrn, S. 540, 750.
[100] *Vollgraff*, Standesherrn, S. 751.
[101] *Berchtold*, in: Deutsches Staats-Wörterbuch, Band 10, S. 192.
[102] *Von Dresch*, Abhandlungen, S. 159 f.

tionsmustern fest, ohne diese den geänderten Umständen – insbesondere der nun nicht mehr zu bestreitenden Untertanenstellung der Mediatisierten – anzupassen.

## 1. ALLGEMEINES

Die bereits zu Rheinbundzeiten vorgebrachte löwensteinische Argumentation, die Rechte der Mediatisierten seien im Sinne privatrechtlichen Eigentums zu qualifizieren und daher dem Zugriff des souveränen Gesetzgebers entzogen, führte man auch nach 1815 in abgewandelter Form fort. An dem Standpunkt, die standesherrlichen Privilegien seien entweder als wohlerworbene Rechte oder aufgrund positivrechtlicher Bestimmungen unverletzlich und vom Staat zu schützen, änderte sich im Grundsatz nichts. Allerdings war man sich mehr und mehr der Tatsache bewußt, daß diese Vorrechte in ihrem Bestand auf Dauer nicht mehr zu halten sein würden und suchte daher nach einem Ausgleich in Form einer finanziellen Kompensation – nicht nur für die wirtschaftlichen Einbußen durch entzogene Revenüen und Steuerbefreiungen, sondern auch für den absehbaren Verlust der Hoheitsrechte.

Nach dem noch zu Zeiten des Alten Reiches verbreiteten Rechtsverständnis galten als „wohlerworben" die vermittels eines besonderen menschlichen Aktes erworbenen und damit auf einem speziellen Rechtstitel beruhenden Rechte des Einzelnen.[103] Aufgrund eines solchen Titels – etwa einer kaiserlichen Verleihung – erworbene Rechte waren der freien Disposition des Gesetzgebers entzogen und nur noch unter den Voraussetzungen der Ausübung des *ius eminens* gegen volle Entschädigung entziehbar.[104] Naturgemäß galt dies erst recht für Titel aufgrund positivrechtlicher Bestimmungen wie derjenigen der Deutschen Bundesakte, nunmehr aber auch der Rheinbundakte. Da sich erstere zu Beginn ihres Artikels 14 ausdrücklich auf die Rechtsfolgen der letzteren berief – *um den im Jahre 1806 und seitdem mittelbar gewordenen ehemaligen Reichsständen und Reichsangehörigen* [...] *in allen Bundesstaaten einen gleichförmig bleibenden Rechtszustand zu verschaffen* –, mußten die sich auf die Mediatisierten beziehenden Bestimmungen der Rheinbundakte weiterhin Geltung behalten, soweit sie nicht in diesem Artikel nachfolgend modifiziert wurden. Gleiches galt etwa für diejenigen Regelungen des Reichsdeputationshauptschlusses, welche als Entschädigung für linksrheinische Gebietsverluste Anteile an den Rheinzöllen gewährt hatten und nach Artikel 2 RBA weiterhin in Kraft bleiben sollten.

---

[103] *Häberlin*, Handbuch, Band 1, § 119, S. 385.

[104] *Lübbe-Wolff*, in: ZSStfR 1986 (103), S. 108 f.

Den Forderungen der Löwensteiner kam also nur Berechtigung zu, wenn ihre aufgrund derartiger Rechtstitel beanspruchten Herrschafts- und Beteiligungsrechte – nach heutigem Verständnis genuin öffentlich-rechtlicher Natur und damit nur der (Verfassungs-)Gesetzgebung zugänglich – wie zu Zeiten des Alten Reiches für das Individuum verfügbar, der Disposition des Gesetzgebers aber grundsätzlich entzogen waren.[105] Mit Gründung des Rheinbundes, den damit einhergehenden staatsrechtlichen Umwälzungen sowie der aufkommenden Unterscheidung zwischen Privatrecht und öffentlichem Recht geriet dieser Rechtsgrundsatz allerdings ins Wanken, sieht man von einer stark restaurativ eingestellten Strömung ab, welche die zu Beginn des 19. Jahrhunderts sich entwikkelnde Unterscheidung zwischen privatem und öffentlichem Recht ablehnte und alle Fürstenrechte als private und somit fremder Disposition schlechthin entzogene Rechte qualifizierte.[106] In der rechtswissenschaftlichen Diskussion kristallisierten sich im wesentlichen zwei Hauptrichtungen heraus: Die eine Auffassung berief sich auf die Trennung zwischen privatrechtlichen und staatsrechtlichen Rechtspositionen und wollte das Prinzip der grundsätzlichen Unentziehbarkeit – allenfalls gegen Entschädigung sollte eine Entziehung zulässig sein – nur noch für private, nicht dagegen für öffentlich-rechtliche, insbesondere staatsorganschaftliche Rechte gelten lassen.[107] Die andere Ansicht wollte eine Entschädigung nur für Rechte gewähren, die ihrer Natur nach eine Schätzung zuließen, also einen konkreten Vermögenswert darstellten, was etwa bei der Patrimonialgerichtsbarkeit verneint wurde.[108]

Beide Auffassungen waren freilich mit den nach 1815 maßgeblichen Rechtsnormen schwerlich vereinbar und verkannten überdies die Umstände, die zuvor jahrhundertelang geherrscht hatten. Für eine Differenzierung zwischen öffentlichen Rechten, die entschädigungslos entziehbar sein sollten, auf der einen Seite und privaten auf der anderen enthielten weder Rheinbundakte noch Deutsche Bundesakte irgendwelche Anhaltspunkte. Im Gegenteil: Die Rheinbundakte qualifizierte die *droits de basse et moyenne jurisdiction en matière civile et criminelle* in ihrem Artikel 27 als *droits non-essentiellement inhérens à la souveraineté*. Sie unterschied somit nicht zwischen öffentlichen und privaten Rechten, sondern zwischen solchen, die der Souveränität wesentlich anhaften und von den neuen Landesherren zu beanspruchen sein sollten, und solchen, die der Souveränität gerade nicht immanent sein und den Mediatisierten *comme propriété patrimoniale et privée* verbleiben sollten. Hieran lehnte sich der Wortlaut der Deutschen Bundesakte eng an: Artikel 14 c) DBA sicherte den ehemaligen

---

105 Vgl. *Lübbe-Wolff*, in: ZSStfR 1986 (103), S. 114.
106 *Haller*, Restauration, Band 2, S. 377.
107 Vgl. etwa *Brauer*, Beyträge, S. 19 ff.
108 *H. A. Zachariä*, Staats- und Bundesrecht, S. 117.

Reichsständen *alle diejenigen Rechte und Vorzüge* zu, *welche aus ihrem Eigenthum und dessen ungestörtem Genuß herrühren, und nicht zu der Staatsgewalt und den höhern Regierungsrechten gehören.* Hierzu zählte sie ausdrücklich die Ausübung der bürgerlichen und peinlichen Gerichtsbarkeit in erster und zweiter Instanz sowie die Ortspolizei. Auch die Bundesakte ging also von im privatrechtlichen Sinne eigentümlichen Rechten aus, die nicht Bestandteil der vom Landesherrn als Inhaber der Staatsgewalt zu beanspruchenden Hoheitsrechte sein sollten. Diese Rechte stellten für die ehemaligen Reichsstände aber auch eine vermögenswerte Rechtsposition dar, waren sie doch jahrhundertelang als nutzbare Rechte begriffen worden, die ihren Inhabern auch entsprechende Einnahmen in Form von Taxen, Sporteln und Strafen beschert hatten.

Dieser streng dogmatischen, auf hergebrachten Rechtsgrundsätzen beruhenden Argumentation stand freilich der historische und politische Umbruch von 1806 entgegen, der nicht zuletzt auf einer geänderten Staatsauffassung fußte. Zwar ließ sich damit die teilweise willkürlich anmutende Behandlung der Mediatisierten nicht rechtfertigen, auch wenn die Souveränisten diese mit dem pauschalen Hinweis zu bemänteln versuchten, angesichts der Umwälzung der gesamten verfassungsmäßigen Ordnung sei der Rückgriff auf überkommende Rechtstraditionen nicht mehr statthaft. Denn im Gegensatz zum revolutionären Frankreich, wo zunächst zeitweise anarchische Verhältnisse eintraten und daraufhin eine weitgehend neue Rechtsordnung errichtet wurde, blieb die Kontinuität des Alten Reiches auch nach seinem Untergang teilweise erhalten. So lehnte sich die zwar geplante, jedoch nie verwirklichte Organisation des Rheinbundes nicht nur bewußt an Rechtseinrichtungen des Alten Reiches an, sondern wurde in vielen Bestandteilen zugleich das Modell des späteren Deutschen Bundes.[109] Sowohl Rheinbundakte als auch Deutsche Bundesakte verwendeten durchaus die altbekannte Rechtsterminologie und schufen nur wenige wirklich neue Rechtsbegriffe. Gleichwohl waren die Privilegien der Mediatisierten als feudale Relikte mit dem modernen Staat unvereinbar.

Einen Ausweg aus diesem Dilemma vermochte daher nur eine sowohl im modernen Sinne konstitutionelle als auch nach überkommenem Verständnis legitime Lösung zu weisen. Es gilt sonach die Frage zu beantworten, wie den Mediatisierten ihre Rechte auf verfassungs- und rechtmäßige Weise hätten entzogen werden können, ohne gegen überkommene wie moderne Rechtssätze zu verstoßen. Wie bereits ausgeführt[110], erfuhr die landesherrliche Souveränität durch die Deutsche Bundesakte im Gegensatz zur Rheinbundakte keinerlei Beschränkungen mehr. Die Untertanenstellung der vormaligen Reichsstände war nun nicht

[109] *Huber*, Verfassungsgeschichte, Band 1, S. 86.
[110] Vgl. oben § 5 C. I. 3.

mehr zu bestreiten. Da Artikel 14 c) DBA obendrein erkennen ließ, daß die den Standesherren zugesicherten Rechte mit allen sonstigen Eigentumsrechten gleich zu behandeln seien, waren diese folglich auch den auf allgemeinen Gesetzen beruhenden Beschränkungen des Privateigentums und somit auch der Enteignung durch den Staat gegen angemessene Entschädigung unterworfen.[111] Die Möglichkeit, wohlerworbene Rechte bei Vorliegen bestimmter Voraussetzungen gegen angemessene Entschädigung zu enteignen, war aber keine Erfindung der modernen Konstitutionen, sondern bereits zu Zeiten des Alten Reiches anerkannt. In der Kontinuität dieses althergebrachten Rechtsgrundsatzes mußte es aber – sofern die Voraussetzungen auch nach neuem Rechtsverständnis gegeben waren – dem Landesherrn freistehen, das standesherrliche Eigentum zu enteignen, sofern *das Recht des Einzelnen mit einer, die Förderung des Wohles des Ganzen bezweckenden Einrichtung, mit einem für die Leitung des Staats als heilsam erkannten Grundsatze in Collision*[112] kam und angemessene Entschädigung gewährt wurde. Zweifelsohne wäre diese Lösung den Interessen auch der standesherrlichen Seite entgegengekommen, wie etwa der weitgehend klaglos hingenommene Entzug der Mainzölle gegen Entschädigung durch Bayern beweist. Wenn die Aussichten im Hinblick auf die Hoheitsrechte auch geringer gewesen sein dürften – hier stellte deren symbolischer Charakter ja das Hauptmotiv für die löwensteinische Unnachgiebigkeit dar –, so zeigen doch die Vereinbarungen der großherzoglichen Regierung mit den anderen badischen Standesherren, daß eine Einigung letztlich eine Frage des Preises war.

## 2. Gerichtsbarkeit

Nach dem in allgemeiner Hinsicht Festgestellten war die löwensteinische Grundposition, bei der Gerichtsbarkeit handele es sich um vor willkürlichem Entzug durch den Staat geschütztes Privateigentum, auch nach 1815 nicht zu beanstanden. Hieraus ergaben sich Konsequenzen auch im Hinblick auf andere Forderungen der Fürsten.

So mochte ihr Ansinnen, für ihr auf mehrere Souveränitätsstaaten verteiltes standesherrliches Gebiet eine einzige Justizkanzlei errichten zu dürfen, aus moderner staatsrechtlicher Sicht kühn anmuten; doch war dieses mit den Vorschriften der Bundesakte nicht unvereinbar. Zwar war die Staatsgewalt des Souveräns als Inbegriff sämtlicher Hoheitsrechte und damit auch der Gerichtsbarkeit zum einen nach dem in Artikel 57 WSA verankerten monarchischen Prinzip unteilbar und zum anderen nach dem Territorialprinzip auf ein bestimmtes Staatsgebiet

---

[111] Vgl. auch *H. A. Zachariä*, Staats- und Bundesrecht, S. 286.

[112] *H. A. Zachariä*, Staats- und Bundesrecht, S. 116.

beschränkt.[113] Unzweifelhaft hätte damit die Wahrnehmung hoheitlicher Aufgaben durch in Diensten (auch) eines anderen Souveräns stehende und ggf. von ausländischem Territorium aus agierende Beamte gegen den Grundsatz unbeschränkter Hoheitsgewalt verstoßen. An der Ausübung von Staatsgewalt fehlte es aber gerade beim standesherrlichen Recht der bürgerlichen und peinlichen Gerichtsbarkeit in erster und zweiter Instanz, da die Deutsche Bundesakte an dessen Qualifikation als Patrimonial- und Privateigentum nichts geändert hatte. Vielmehr hatte sie diese Rechte ausdrücklich als nicht zur Staatsgewalt gehörig bezeichnet und damit in ihrer Substanz dem souveränen Zugriff grundsätzlich entzogen. Die Unterscheidung zwischen dem Recht an sich und der bloßen Befugnis zur Ausübung, wie sie damals teilweise vertreten wurde[114], mutete gekünstelt an und ließ sich mit dem Wortlaut der Bundesakte nicht vereinbaren. Wie hätte das Recht selbst öffentlich-rechtlicher, seine Ausübung aber privatrechtlicher Natur sein können? Sah die Bundesakte das Jurisdiktionsrecht aber nicht als Bestandteil der Staatsgewalt an, so konnte dessen Ausübung durch dasselbe Personal in verschiedenen souveränen Staaten auch nicht deren Unteilbarkeit berühren. Dem stand auch nicht die Vorschrift des Artikels 14 c 4) DBA entgegen, wonach die Jurisdiktion nach Vorschrift der Landesgesetze auszuüben war. Insoweit hatte auch die Bundesakte nichts an dem bereits im Alten Reich geltenden Grundsatz ändern wollen, der die Patrimonialgerichtsbarkeit stets der landesherrlichen Gesetzgebung und Oberaufsicht unterworfen hatte.[115] Um aber Einrichtung und Verfahren des Gerichts nicht der Reichweite diesbezüglicher landesherrlicher Vorschriften zu entziehen – diesen hatte die Bundesakte ja die standesherrliche Gerichtsbarkeit ausdrücklich unterworfen – mußten sich der Gerichtsort sowie die Prozeßakten auf dem Territorium des jeweiligen Souveränitätsstaates befinden.

Unterlag die standesherrliche Gerichtsbarkeit aber der landesherrlichen Gesetzgebung, so waren allemal auch die landesherrlichen Vorschriften über den Prozeßablauf, den Geschäftsgang sowie die personelle und materielle Ausstattung der Gerichte zu erfüllen. Der Umstand, daß es sich bei der standesherrlichen Jurisdiktion um Patrimonialeigentum handelte, vermochte daran wie gezeigt nichts zu ändern. Gleiches galt für den Hinweis auf den Landesherrn in der offiziellen Bezeichnung der standesherrlichen Justizbehörde, zumal Abschnitt D 2 der Deklaration von 1807 dies ohnehin verbindlich vorschrieb. Auch die in den badischen und bayerischen Adelsedikten vorgesehene Mindesteinwohnerzahl für die Errichtung von Justizkanzleien war jedenfalls dem Grunde nach nicht zu beanstanden. Die Bundesakte gewährte ja die Gerichtsbarkeit in zweiter Instanz aus-

[113] Vgl. *Zoepfl*, Grundsätze, Band 1, § 46 S. 76 f., § 51 S. 84 f., § 57 S. 98.
[114] Vgl. oben § 6 A. III.
[115] Vgl. oben § 4 D. IV. 2.

drücklich nur für hinreichend große Besitzungen. Um einen ordnungsgemäßen Betrieb bei angemessener Verfahrensdauer zu gewährleisten, mußte dieser Einwohnerzahl auch genügend Gerichtspersonal gegenüberstehen, so daß gegen das Vorschreiben einer Mindestzahl von Räten und dergleichen im Grundsatz nichts einzuwenden war[116], obwohl die maßgeblichen Rechtsquellen hierzu keinerlei Bestimmungen enthielten.[117] Ob allerdings die von Baden geforderte Mindesteinwohnerzahl von 20.000 als angemessen anzusehen war, muß angesichts der mit 14.000 Seelen in Bayern bedeutend niedrigeren Schwelle bezweifelt werden. Allerdings bedeutete diese Hürde für die Löwensteiner kein wirkliches Hindernis; obwohl ihre in Baden gelegenen Gebiete weniger als 20.000 Einwohner aufwiesen, hatte man ja in Karlsruhe eine Ausnahmegenehmigung erhalten.

Für eine Beteiligung der Staatskasse an den Kosten für Unterhaltung der Gerichte und Besoldung ihres Personals ließ sich den maßgeblichen Vorschriften gleichfalls nichts entnehmen. Freilich boten diese den Landesherren ebensowenig eine Rechtsgrundlage dafür, die bei Ausübung der Gerichtsbarkeit zufließenden Taxen, Sporteln und Strafen zu beanspruchen, handelte es sich dabei doch weder um direkte noch indirekte Auflagen. Auch die bayerische Deklaration von 1807 ging offenbar davon aus, daß die Standesherren ihre Gerichtsbarkeit auf eigene Kosten zu verwalten hätten, ihnen dafür aber die dabei anfallenden Einnahmen zugutekommen sollten.

### 3. POLIZEI

Schwerlich zu begründen war hingegen die löwensteinische Forderung nach Ausübung auch der Distriktspolizei. Immerhin hatte noch die Rheinbundakte lediglich zwischen hoher und niederer Polizei unterschieden und damit offengelassen, zu welcher Kategorie sie die Distriktspolizei zählte. Maß man nämlich den Kompetenzen der hohen Polizei ausschließlich Oberaufsicht und Leitung über die untergeordneten Behörden bei, nicht aber vollziehende Aufgaben, so mußte die auch mit Vollzugsangelegenheiten betraute Distriktspolizei hiervon ausgenommen sein und in den standesherrlichen Zuständigkeitsbereich fallen. Wenige Anhaltspunkte ergaben sich insoweit auch aus dem Dritten KE, welches in § 25 dem Landesherrn lediglich die Oberpolizei vorbehielt, in diese aber nach §§ 26 ff. zahlreiche exekutive Zuständigkeiten einbezog. In der bayerischen De-

---

[116] Freilich hoffte man auf badischer Seite, die Patrimonialjustiz so teuer gemacht zu haben, daß die Privilegierten von ihrer Ausübung Abstand nähmen. So jedenfalls die Vermutung *Redeckers*, in: Historischer Atlas für Baden-Württemberg, VII 4-5, S. 5. Eine solche Wirkung der landesherrlichen Vorschriften dürfte allerdings kaum vereinbar gewesen sein mit den Vorschriften der Bundesakte.

[117] Vgl. auch *von Dresch*, Abhandlungen, S. 191.

klaration von 1807 schließlich – die Beilage IV zur bayerischen Verfassung von 1818 entfaltete für das Großherzogtum keinerlei Bindungswirkung – fand sich in Abschnitt E 7 zwar ein deutlicher Hinweis auf die *Districts-Polizei*, deren Gegenstände durch die *Canzlei des Patrimonial-Herrn* zu besorgen seien. Wenn diese Vorschrift auch keinerlei Details über deren konkrete Ausgestaltung enthielt, so brachte sie doch klar zum Ausdruck, daß diese in den Zuständigkeitsbereich der Mediatbehörden fallen und von der standesherrlichen Justizkanzlei wahrgenommen werden sollte. Unübersehbar war indes der Widerspruch zu Artikel 14 c 4) DBA, der den ehemaligen Reichsständen ausdrücklich nur die Ortspolizei einräumte. Die Bundesakte brachte aber den subsidiären Charakter der Bayerischen Deklaration von 1807 unbestritten deutlich zum Ausdruck, indem sie lediglich zur *näheren Bestimmung der angeführten Befugnisse*[118] auf diese verwies. Rechte, die wie die mittlere Polizei in der Akte keine Erwähnung gefunden hatten, ließen sich aus der Deklaration demnach nicht herleiten.

Die Beanstandungen aus Wertheim rücksichtlich der Unterordnung ihrer bayerischen Regierungs- und Justizkanzlei unter die königliche Kreisregierung schließlich fanden in München zu Recht kein Gehör. Da der Staat hierdurch nicht in die materiellen Rechte der Standesherren eingriff, sondern die hierarchische Struktur der Landesverwaltung ausgestaltete, fiel diese Organisationsfrage gemäß Artikel 14 c 4) DBA in den Regelungsbereich der landesherrlichen Gesetze.

### 4. ABGABEN- UND SCHULDENWESEN

Ein schwieriges Unterfangen stellte auch dar, das Wertheimer Begehren nach Gewährung von Steuerfreiheit rechtlich zu begründen. Die Deutsche Bundesakte hatte die Mediatisierten zwar namentlich in Ansehung der Besteuerung als privilegierteste Klasse im Staate bezeichnet und damit zweifellos ein steuerliches Privileg statuiert. Während damit das ‚Ob' der Gewährung eines Steuerprivilegs feststand, schwieg sich die Akte hingegen über den Umfang desselben und damit über das ‚Wie' der Gewährung aus. Sie verhielt sich folglich genau umgekehrt zur Rheinbundakte, die den Rheinbundfürsten die Grundentscheidung überlassen hatte, überhaupt Steuerfreiheit zu bewilligen, für diesen Fall aber eine Gewährung nach gleichen Grundsätzen wie bei den Prinzen des souveränen Hauses vorgeschrieben hatte. Hatte die Rheinbundakte den ehemaligen Reichsständen nicht Steuerfreiheit schlechthin, sondern nur ein Recht auf Gleichstellung mit den Prinzen des regierenden Hauses gewährt[119], so konnte sie unter der

[118] Hervorhebungen vom Verfasser.
[119] Vgl. oben § 4 D. IV. 4.

Geltung des Bundesrechts ohnedies lediglich subsidiäre Geltung beanspruchen. Mit Hinweis auf die Reinbundakte ließ sich also ein Anspruch auf Steuerfreiheit weder dem Grunde noch der Höhe nach herleiten. Gleiches galt für das Dritte KE, welches in § 44 immerhin noch die Drittelsfreiheit der standesherrlichen Liegenschaften ausgesprochen hatte. Nach den obigen Ausführungen[120] entfaltete das Dritte KE zu Rheinbundzeiten keinerlei Bindungswirkung für den badischen Souverän, erst recht aber mußte dies für die Zeit nach Gründung des Deutschen Bundes gelten.

Wenigstens teilweise stützen ließ sich das löwensteinische Verlangen nach Steuerfreiheit durch einen Rückgriff auf die für Fälle, in denen Umfang und Reichweite der in der Bundesakte enthaltenen Rechte fraglich waren, vorgesehene Bayerische Deklaration von 1807. Zwar hieß es in Abschnitt H 10 derselben unmißverständlich: *Es hat in den mediatisirten Landen keine Steuer-Freiheit statt.* Als Ausnahmen von diesem Grundsatz waren aber die folgenden Abschnitte H 11 bis 13 zu sehen, welche den Standesherren eine Reihe fiskalischer Vorzüge gewährten. Neben der in Abschnitt H 12 gewährten Zollbefreiung der standesherrlichen Hausbedürfnisse sowie der in Abschnitt H 13 zugesprochenen Chausseegelderfreiheit verwies Abschnitt H 11 hinsichtlich der Besteuerung der standesherrlichen Domänengüter und Gefälle auf den Maßstab des Steuerbeitrags der bayerischen Stände, die zu diesem Zeitpunkt nur zu einem Drittel zu den direkten Steuern beizutragen hatten.[121] Erst die Verordnung vom 8. Juni 1807[122] beseitigte mit der allgemeinen Aufhebung aller Steuerbefreiungen auch dieses Vorrecht. In der Frage nach dem Umfang der von der Bundesakte gewährten standesherrlichen Steuerprivilegien mußte dies freilich ohne Belang sein, da mangels anderslautender Anordnungen in der Bundesakte nur die Deklaration als solche maßgeblich sein konnte, nicht aber dieser zuwiderlaufende, später erlassene Vorschriften. Daran änderte auch der Umstand nichts, daß Abschnitt H 11 den Steuerbeitrag der Stände lediglich *provisorisch* als Maßstab heranzog und damit spätere Änderungen bereits vorwegnahm. Denn die Bundesakte ließ nicht erkennen, daß sie einzelne Vorschriften der Deklaration unter den Vorbehalt des in der Folge gesetzten bayerischen Rechts stellen wollte. Welche Rechtsfolge mit Artikel 14 c) Nr. 4 DBA in Verbindung mit Abschnitt H 11 – jedenfalls aus bayerischer Sicht – bezweckt war, zeigt auch § 53 der bayerischen Verfassung vom 26. Mai 1818. Ausdrücklich unter Verweis auf Artikel 14 DBA räumte dieser den Standesherren das Privileg der Drittelsfreiheit – wenn auch in anderer Form – wiederum ein, indem er ihnen *eine beständige Rente, welche dem dritten Theil des Betrages der ordentlichen Grundsteuer,*

[120] Vgl. oben § 4 D. IV. 1.
[121] *Feßmaier*, Grundriß, § 162, S. 182; *von Kreittmayr*, Grundriß; § 171, S. 374 ff.
[122] Regierungsblatt 1807, S. 969 ff.

*Haussteuer und Dominicalsteuer von ihren vormals reichsständischen Besitzungen gleich kömmt*, gewährte.

Die Forderung der Fürsten nach Belassung der Land- und Wasserzölle schließlich mußte ohne jede Aussicht auf Erfolg bleiben[123], auch wenn die im wesentlichen aus der Rheinbundzeit übernommene löwensteinische Argumentation im Grundsatz nicht von der Hand zu weisen war. In der Tat hatte zu Reichszeiten der Kaiser das Recht zur Erhebung von Zöllen auch Personen ohne Reichsstandschaft verliehen, wohingegen sich nicht alle Reichsstände im Besitz dieses Privilegs befanden. Das Zollrecht war demnach nicht Inbegriff der Landeshoheit, sondern wurde nach damaligem Verständnis als privates Recht angesehen. Sowohl die Rheinbundakte als auch die Deutsche Bundesakte hatten aber den Mediatisierten die aus ihrem Eigentum fließenden Rechte grundsätzlich vorbehalten, freilich ohne diese im Hinblick auf das Zollrecht zu konkretisieren. Während es die Rheinbundakte aber dabei bewenden ließ, somit also rücksichtlich einzelner, nicht ausdrücklich erwähnter Rechte allgemeine Auslegungsprinzipien und hergebrachte Rechtsgrundsätze in Anwendung kommen mußten, war dies bei der Deutschen Bundesakte nicht der Fall. Ausdrücklich wurde darin zur näheren Bestimmung der genannten Rechte auf die bayerische Deklaration von 1807 verwiesen. Nach Abschnitt H 2 derselben sollten aber *alle Abgaben, wozu die Bewilligung des ehemaligen Reichs-Souverains erforderlich war,* [...] *dem Souverain* gehören. Wie gesehen war dies aber gerade bei den Zöllen der Fall. Insoweit hatte die Deutsche Bundesakte gegenüber der Rheinbundakte also einen Rechtsverlust für die Mediatisierten zur Folge, der allerdings kompensiert wurde durch die ebenfalls in Abschnitt H 2 der Deklaration vorgesehene Ausgleichsregelung. Hierin fand demnach die löwensteinische Forderung nach Entschädigung für die entzogenen Mainzölle ihre rechtliche Grundlage, so daß auch dem Verbot der entschädigungslosen Enteignung in § 14 der badischen Verfassung vom 22. August 1818 Genüge getan war. Mangels konkreter Zahlenangaben in der bayerischen Deklaration war den Souveränen freilich bei der Bemessung der Entschädigung ein gewisser Ermessensspielraum zuzugestehen.

## B. Der Status der Löwensteiner als Standesherren

Neben den Hoheitsrechten sowie der steuerlichen Privilegierung gewährte Artikel 14 DBA den Standesherren noch eine Reihe von weiteren Vorrechten öffentlich-rechtlicher wie auch privatrechtlicher Natur. Gelang die Eingliederung der

[123] Dies nicht zuletzt angesichts der nach Gründung des Deutschen Bundes stärker werdenden Bestrebungen nach Wirtschaftseinheit, die in der Gründung des Deutschen Zollvereins im Jahre 1833 kulminierten.

Löwenstein-Wertheimer in den badischen und bayerischen Staat in durchaus unterschiedlichem Maße – ungeachtet einiger Meinungsverschiedenheiten mit den bayerischen Behörden ließen sie sich vergleichsweise gut in das Königreich integrieren, während sie im Großherzogtum bis 1848 letztlich ein Fremdkörper blieben –, so hatte dieser Umstand doch kaum Auswirkungen auf den Umfang dieser Rechte in beiden Ländern.

## I. Die Situation in Baden

Die Situation der Löwensteiner in Baden war geprägt von dem unsicheren Rechtszustand, in dem sie sich – nicht ganz ohne ihr Zutun – seit dem Ende der Rheinbundzeit befanden. Nach dem einseitigen Erlaß der Vollzugsdeklaration im Jahre 1833 nahmen die badischen Stellen diese als Grundlage für Umfang und Reichweite der löwensteinischen Rechte.

### 1. DIE ÖFFENTLICH-RECHTLICHE SONDERSTELLUNG

Auch wenn die Hoheitsrechte in ihrem Gebiet allesamt vom badischen Staat wahrgenommen wurden, blieb den Löwensteinern doch noch eine Reihe von standesherrlichen Privilegien mit öffentlich-rechtlichem Charakter. Hierzu zählte insbesondere die in § 27 der Verfassung von 1818[124] und § 7 der Vollzugsdeklaration vorgesehene erbliche Mitgliedschaft der volljährigen Familienhäupter in der Ersten Kammer der Ständeversammlung. Obwohl dieses Recht durchaus Möglichkeiten zur Einflußnahme bot – etwa das Steuer- und Haushaltsbewilligungsrecht der Stände nach §§ 53 und 55 der Verfassung, außerdem ihr Gesetzgebungsrecht gemäß §§ 64 und 65 sowie das Recht zur Ministeranklage nach § 67[125] –, machten die Löwensteiner hiervon nur äußerst zurückhaltend Gebrauch. Die Rosenberger Linie erschien gar zu keiner einzigen Sitzung des Landtags.[126]

Ein weiteres, aus Sicht der Standesherren wichtiges Recht stellte der privilegierte Gerichtsstand dar. Gemäß § 10 der Vollzugsverordnung genossen die Löwensteiner in Zivilsachen einen privilegierten Gerichtsstand bei den großherzoglichen Hofgerichten. § 11 gewährte den Häuptern der fürstlichen Familien in peinlichen Sachen das Recht, von Standesgenossen gerichtet zu werden, beließ es aber für die übrigen Familienmitglieder auch in Strafsachen bei der in § 10 erwähnten Gerichtsbarkeit der gewöhnlichen Mittelgerichte. Von nicht zu unter-

[124] Regierungsblatt 1818, S. 101 ff.
[125] Eingehend hierzu *Mußgnug*, in: Deutsche Verwaltungsgeschichte, Band 2, S. 101 ff.
[126] *Furtwängler*, Standesherren, S. 213.

schätzender Bedeutung für die ehemaligen Reichsstände war weiter das in § 5 der Deklaration verbriefte Recht des Trauergeläutes, welches einem jeden Untertan den Status seines verschiedenen vormaligen Herrn augen- bzw. ohrenfällig werden ließ. Darüber hinaus kamen die Löwensteiner nach § 4 in den Genuß eines besonderen Kanzleizeremoniells im Umgang mit den großherzoglichen Behörden, welches die in § 1 ausgesprochene Ebenbürtigkeit unterstrich und im Alltag zur Geltung brachte. Desweiteren gewährte ihnen § 6 Freizügigkeit innerhalb des Bundesgebiets sowie friedlicher Drittstaaten, befreite sie § 9 von der Militärpflicht und beließ ihnen § 20 das Patronatsrecht. Schließlich durften sie zur Verwaltung des Familien- und Patrimonialvermögens gemäß § 25 eine Domänenkanzlei einrichten und deren Personal bestimmte Titel verleihen.

#### 2. DIE PRIVATRECHTLICHEN SONDERRECHTE

Neben diesen besonderen Rechten im Verhältnis zum badischen Staat enthielt die Vollzugsverordnung von 1833 auch von den allgemeinen Normen abweichende Regelungen zivilrechtlicher Natur. Hervorragende Bedeutung kam hier dem in § 8 der Verordnung gewährten Recht der Autonomie zu, also der Berechtigung, über die standesherrlichen Güter und Familienverhältnisse Verfügungen mit verbindlicher Wirkung auch für Dritte zu erlassen. Wichtig für die Löwensteiner war dabei die Fortgeltung ihrer alten Familienverträge sowie die Befugnis zur Errichtung neuer, außerdem der Bestand ihrer Hausstatuten und Familienfideikommisse als Grundlagen für die zukünftige Existenz ihres Adelsgeschlechts.[127]

Daneben durften die Familienhäupter nach § 12 in unstreitigen Fällen unter Hinzuziehung eines Notars die Verlassenschaftssachen (Nachlaßsachen) der Mitglieder der fürstlichen Familie erledigen, außerdem gemäß § 13 unter Aufsicht des Justizministeriums Vormünder für minderjährige Familienmitglieder ernennen.

### II. Die Situation in Bayern

#### 1. DIE ÖFFENTLICH-RECHTLICHE SONDERSTELLUNG

Wie bereits dargestellt, übten die Löwensteiner in den rechtsmainischen Teilen der Grafschaft mit Gerichtsbarkeit in erster und zweiter Instanz sowie gewöhnli-

[127] Vgl. *Schreiber*, Autonomie, S. 39 ff.

cher unterer und Distriktspolizei recht umfangreiche Hoheitsrechte aus; zudem genossen sie diverse steuerliche Privilegien. Darüber hinaus gewährte ihnen das Edikt vom 26. Mai 1818 neben der in § 1 erwähnten Ebenbürtigkeit weitere Ehren- und Sonderrechte mit öffentlich-rechtlichem Charakter; nennenswerte Unterschiede zur badischen Vollzugsverordnung bestanden dabei nicht.

Wie in Baden, so erhielten die Standesherren auch in Bayern nach Titel VI § 2 Nr. 4 der Verfassung vom 26. Mai 1818[128] einen erblichen Sitz in der neu zu errichtenden Kammer der Reichsräte. § 6 des Edikts vom 26. Mai 1818 billigte ihnen in Zivilsachen einen privilegierten Gerichtsstand bei den Appellationsgerichten zu. § 8 räumte den Familienhäuptern das Recht ein, in peinlichen Sachen durch einen aus Ebenbürtigen zusammengesetzten Spruchkörper gerichtet zu werden; die übrigen Familienmitglieder waren auch in peinlichen Sachen ihrem gewöhnlichen privilegierten Gerichtsstand unterworfen. Darüber hinaus gewährten § 5 des Edikts vom 26. Mai 1818 den vormaligen Reichsständen Freizügigkeit, § 11 Freiheit von der Militärpflicht und § 12 Freiheit von Einquartierungen sowie schließlich § 48 das Patronatsrecht. Besondere Ehrenrechte sahen mit einem besonderen Kanzleizeremoniell § 3, mit Kirchengebet und Trauergeläute § 4 sowie mit einer Ehrenwache für die standesherrlichen Schlösser § 13 des Edikts vor. § 61 schließlich gestattete den Standesherren die Verleihung von Titeln an ihr Kanzleipersonal.

### 2. DIE PRIVATRECHTLICHEN SONDERRECHTE

Auch das Königreich Bayern gestand seinen Standesherren eine Reihe von Ausnahmen von den allgemeinen Zivilgesetzen zu. So konnten die Chefs der standesherrlichen Häuser nach § 7 des Edikts vom 26. Mai 1818 Familienmitglieder betreffende unstreitige Verlassenschaftsverhandlungen durch ihre Kanzleien vornehmen lassen, ebenso gemäß § 10 unter Aufsicht des Justizministeriums Vormundschaften bestellen. § 9 schließlich erklärte den Fortbestand der nach den Grundsätzen der alten Reichsverfassung aufgestellten Familienverträge und erlaubte den Standesherren, über ihre Güter und Familienverhältnisse verbindliche Verfügungen zu treffen.

## C. DIE GRAFSCHAFT UNTER BADISCHER UND BAYERISCHER OBERHOHEIT

Während den Bemühungen der Löwensteiner, im Verwaltungsaufbau des bayerischen Staates größeren Einfluß zu erhalten als ihnen die Deklaration von 1807

---

[128] Regierungsblatt 1818, S. 101 ff.

gewährt hatte, angesichts mehrerer Änderungen durch das Edikt von 1818 in mancherlei Hinsicht Erfolg beschieden war, konnte davon in Baden keine Rede sein. Hier führte das jahrzehntelange Beharren auf ihrem Standpunkt dazu, daß selbst die ihnen verbliebenen, ohnehin bescheidenen hoheitlichen Befugnisse ausschließlich von landesherrlichen Stellen ausgeübt wurden. Die tatsächlichen Rechtsprechungs- und Verwaltungskompetenzen der Fürsten stellten sich damit nach 1815 bis 1848 auf der linken und auf der rechten Seite des Mains jeweils vollkommen unterschiedlich dar.

## I. Die Verwaltungsorganisation im badischen Teil der Grafschaft

Obwohl die in Hinsicht auf die Häuser Löwenstein ergangene Vollzugsverordnung von 1833 zumindest eine standesherrliche Gerichtsbarkeit in erster Instanz vorsah[129], wurde im badischen Teil der Grafschaft bis zur allgemeinen und endgültigen Abschaffung der Patrimonialgerichtsbarkeit im Jahre 1848 keine standesherrliche Gerichtsbarkeit mehr ausgeübt. Um nämlich das eigene Vorgehen gegen die großherzogliche Rechtsetzung bei den badischen Stellen, vor allem aber bei der Bundesversammlung nicht in Frage zu stellen, zogen die Fürsten es vor, von den ihnen eingeräumten bescheidenen Hoheitsrechten keinen Gebrauch zu machen. Aber auch vor 1833 existierte im badischen Wertheim keine Justizkanzlei mehr, da sich mangels anderslautender gesetzlicher oder vertraglicher Regelungen – die Adelsedikte von 1818 und 1819 waren nie in Kraft getreten und eine Übereinkunft zwischen beiden Seiten nicht zustandegekommen – nach wie vor das Edikt vom 14. Mai 1813 über die (erstmalige) Abschaffung sämtlicher Patrimonialgerichtsbarkeit in Geltung befand. Die demzufolge ausschließlich landesherrlichen Verwaltungsstrukturen stellten sich im badischen Teil der Grafschaft zwischen 1813 und 1848 sonach folgendermaßen dar:

### 1. GERICHTSBARKEIT

Eingangsinstanz in bürgerlichen Sachen waren gemäß Beilage C I 10[130] zum Staatsorganisationsedikt von 1809 die Bezirksämter. In peinlichen Sachen stand diesen nach Beilage C I 14 lediglich die Untersuchung des Falles zu, hernach waren die Akten an das einschlägige Hofgericht zur Urteilsfällung einzusenden. Gemäß Beilage C I 6 waren die Ämter grundsätzlich mit einem, in Großstädten ausnahmsweise mit zwei Beamten zu besetzen. In erster Instanz sprachen auf dem linksmainischen Gebiet der Grafschaft Wertheim zwei Ämter Recht. Ein

[129] Im Gegensatz etwa zu der für Fürstenberg erlassenen landesherrlichen Deklaration, die auch die zweitinstanzliche Gerichtsbarkeit zugestand.
[130] Regierungsblatt 1809, S. 419 ff.

Stadt- und Erstes Landamt zeichnete verantwortlich für die Stadt Wertheim sowie die östlich der Tauber gelegenen Ortschaften, ein Zweites Landamt kümmerte sich um die Ortschaften westlich der Tauber.[131]

Die zweite Instanz bildeten in Zivilsachen nach Beilage E 5[132] zum Staatsorganisationsedikt vier landesherrliche Hofgerichte. In Strafsachen urteilten die Hofgerichte gemäß Beilage E 7 in erster Instanz, nachdem die Ämter den Prozeß zuvor instruiert hatten. Wollte ein Hofgericht auf Todesstrafe, lebenslange Zuchthausstrafe oder Deportation erkennen, so hatte es dem Oberhofgericht nach Beilage E 15 a) bis c) ein Gutachten vorzulegen, welches das Urteil zu entwerfen und sodann dem Justizministerium zur Bestätigung zuzuleiten hatte. Für den badischen Teil der Grafschaft zuständig war das Hofgericht Mannheim.[133]

Oberste Instanz in Zivil- wie Strafsachen war nach E 12 und 15 e) der Beilage zum Staatsorganisationsedikt das Oberhofgericht mit Sitz in Mannheim.

Der gerichtliche Instanzenzug stellte sich im Großherzogtum zwischen 1813 und 1848 demnach wie folgt dar:

| *Landesherrliche Gerichte* | |
|---|---|
| | |
| *Zivilsachen* | *Strafsachen* |
| Oberhofgericht | Oberhofgericht |
| Hofgericht | Hofgericht (Untersuchung durch Bezirksamt) |
| Bezirksamt | |

2. POLIZEI

An dem in Baden bereits vor 1815 bestehenden dreistufigen Aufbau der inneren Verwaltung änderte sich im Grundsatz bis weit in die zweite Hälfte des 19. Jahrhunderts nichts. Auf unterster Ebene erledigten die Bezirksämter neben ihren rechtsprechenden Aufgaben auch diejenigen der unteren Polizei. Nach Beilage C I 21 ff. zum Staatsorganisationsedikt handelte es sich dabei um das

[131] Beilage A zum Edikt vom 24. Juli 1813, Regierungsblatt 1813, S. 138 f. Vgl. auch *Ehmer*, in: WJB 1984/1985, S. 161 f.
[132] Regierungsblatt 1809, S. 463 ff.
[133] Edikt vom 24. Juli 1813, Regierungsblatt 1813, S. 129 ff. Vgl. auch *Franz/Hofmann/Schaab*, Gerichtsorganisation, S. 20.

Zunft- und Gewerbewesen, die Sicherheits-, Gesundheits- und Armenpolizei sowie die Gemeindeaufsicht.

Nach wie vor – wenn auch in kleinerer Zahl[134] – fungierten Kreisdirektorien als Mittelinstanz, waren aber in vielen Bereichen auch als Ausgangsbehörde zuständig. So bestimmte Beilage D I 7 zum Staatsorganisationsedikt: *Der GeschäftsKreis der KreisDirectorien begreift alle zur StaatsVerwaltung in den ihnen angewiesenen Kreisen gehörige Gegenstände, so weit sie nicht hierunten namentlich ausgenommen sind.* Träger der gesamten Staatsverwaltung in den Kreisgebieten waren damit grundsätzlich die Kreisdirektorien.[135] Gleichwohl normierte das Staatsorganisationsedikt in Beilage D I 8 ff. ausdrücklich eine Reihe von Zuständigkeiten. Neben der Aufsicht über die Ämter zählten dazu – freilich nur im Rahmen einer Administrativjustiz[136] – verwaltungs- und finanzgerichtliche Aufgaben sowie einige weniger bedeutende strafgerichtliche Zuständigkeiten, die Kirchen- und Schulverwaltung und das Handels- und Straßenbauwesen. Mit einer weiteren Verringerung ihrer Anzahl auf nurmehr vier Kreise ging eine Umgestaltung der Kreisdirektorien – nunmehr Kreisregierungen – in reine Aufsichts- und Rekursbehörden einher.[137] Personell besetzt waren die Kreisdirektorien nach Beilage D I 2 mit einem Kreisdirektor (ab 1832 Regierungsdirektor) sowie mindestens zwei Räten. Die Einteilung des badischen Staatsgebiets in zehn Kreise durch die Reitzensteinsche Verwaltungsreform im Jahre 1809 brachte Wertheim – nunmehr Teil des neu gebildeten Main- und Tauberkreises – den Sitz des Kreisdirektoriums. Mit der Reduzierung der Anzahl der Kreise auf nur noch vier im Jahre 1832 verlor die Stadt diesen jedoch an Mannheim, welches Sitz der Regierung des neuen Unterrheinkreises wurde.[138]

Oberste Behörde der allgemeinen Verwaltung war gemäß Beilage F I 7 zum Staatsorganisationsedikt das in fünf Departements gegliederte Ministerium des Innern, welchem die Oberaufsicht über die Sicherheits-, Gesundheits- und Armenpolizei, im Gewerbe- und Zunftwesen, in Kirchen- und Schulangelegenheiten sowie im Bauwesen oblag.

Hieraus ergibt sich für die Zeit zwischen 1809 und 1848 folgender Verwaltungsaufbau:

[134] Zunächst acht, ab 1819 sechs. Vgl. *Walz*, Staatsrecht, S. 8.
[135] *Seiterich*, in: ZGO 1929 (42 N.F.), S. 499.
[136] *Seiterich*, in: ZGO 1929 (42 N.F.), S. 503.
[137] *Seiterich*, in: ZGO 1929 (42 N.F.), S. 540.
[138] *Ehmer*, in: WJB 1984/1985 S. 162.

| *Landesherrliche Behörden* |
| --- |
| |
| Ministerium des Innern |
| Kreisdirektorium<br>(ab 1832 Kreisregierung) |
| Bezirksamt |

3. Finanzverwaltung

Unterbehörden der im ganzen Land ausschließlich landesherrlichen badischen Finanzverwaltung waren nach Beilage C V 50 zum Staatsorganisationsedikt die Bezirksverrechnungen, die 1812 umbenannt wurden in Obereinnehmereien. Ihr Wirkungskreis erstreckte sich gemäß Beilage C V 56 auf die Einnahme und Abrechnung der direkten und indirekten Steuern, die Aufsicht über den Stempelpapiergebrauch und die Erhebung der Taxen, Sporteln und Strafen. Zudem gebührte ihnen nach Beilage C V 51 auch die Erhebung der Zölle. Auch Wertheim war Sitz einer Obereinnehmerei, ab 1835 dann sogar eines Hauptsteueramtes.[139]

Als Mittelbehörden waren die Kreisdirektorien bis 1826 auch mit Aufgaben der Finanzverwaltung betraut, wobei diese fast durchgehend beaufsichtigender Natur waren. So unterlag die gesamte Amtsführung der Bezirksverrechnungen der Aufsicht der Kreisdirektorien; diese hatten die ordnungsgemäße Führung der Bücher sowie die Einziehung der Abgaben zu überwachen.[140] Jeder Kreisdirektion untergeordnet war ein Zollinspektor, dem die Aufsicht über das Zollwesen oblag. Mit der Trennung der Steuer- und Zollverwaltung von der allgemeinen inneren Verwaltung und der Errichtung einer Steuerdirektion im Jahre 1826 ging die Zuständigkeit für sämtliche direkten und indirekten Steuern auf selbige über.[141]

An der Spitze der badischen Finanzverwaltung stand nach Beilage F II 23 das in drei Departements unterteilte Ministerium der Finanzen; dieses führte die Oberaufsicht über die Anordnung und Erhebung aller landesherrlichen direkten und indirekten Steuern.

Daraus ergibt sich für die Zeit zwischen 1809 und 1835[142] folgende Struktur der großherzoglich badischen Finanzverwaltung:

---

[139] *Wysocki*, Finanzbehörden, S. 23.
[140] *Seiterich*, in: ZGO 1929 (42 N.F.), S. 505 f.
[141] *Wysocki*, Finanzbehörden, S. 17.
[142] Mit dem Beitritt Badens zum Deutschen Zollverein im Jahre 1835 wurde die Zollverwaltung mit einer Zolldirektion als Mittelbehörde in Karlsruhe sowie Hauptzollämtern als Unter-

| *Landesherrliche Behörden* |
|---|
| |
| Ministerium der Finanzen |
| Kreisdirektorium mit Zollinspektor (ab 1826 Steuerdirektion) |
| Bezirksverrechnung (ab 1812 Obereinnehmerei) |

## II. Die Verwaltungsorganisation im bayerischen Teil der Grafschaft

Während die löwensteinischen Stellen nach 1813 im badischen Teil der Grafschaft also keinerlei Rechte mit hoheitlichem Charakter mehr ausübten, bestand im bayerischen Teil aufgrund des Edikts vom 26. Mai 1818 eine Reihe von standesherrlichen Behörden und Gerichten – freilich nach wie vor gesteuert von der Zentrale im badischen Wertheim, wo auch die Mehrzahl der Beamten wohnte. Nicht zuletzt dieser Umstand beförderte das Interesse des bayerischen Staates am Abbau der mediaten Gebietsrechte. Seit dem Landtag von 1831 unternommene Versuche König Ludwigs I., den Adel zum Verzicht auf seine Rechte zu bewegen, scheiterten jedoch weitgehend[143] – auch in Wertheim. Das endgültige Ende der standesherrlichen Gerichtsbarkeit und damit auch der Verwaltungsbefugnisse brachte dann der Reformlandtag von 1848 mit dem Gesetz über die Aufhebung der standes- und gutsherrlichen Gerichtsbarkeit vom 4. Juni 1848.[144]

### 1. GERICHTSBARKEIT

In erster Instanz urteilten in Zivilsachen die königlichen Landgerichte (in Städten Stadtgerichte). Diese waren nach § 6 des Gerichtsverfassungsedikts von 1808[145] mit einem Richter sowie zwei bis drei Beisitzern besetzt. In den ehemals reichsständischen Gebieten sprachen gemäß § 19 Absatz 1 des Edikts vom 26. Mai 1818 Patrimonialgerichte in erstinstanzlichen Zivilsachen Recht. Deren vorschriftsmäßige Besetzung bestand aus einem Herrschaftsrichter, einem Adjunkten sowie einem Aktuar. In Strafsachen stand den Untergerichten gemäß § 1 des Gerichtsverfassungsedikts bzw. § 19 Absatz 2 des Edikts vom 26. Mai 1818 lediglich die Untersuchung des Falles zu. Hatten sie die Akten geschlossen, wa-

behörden weitgehend verselbständigt. Teilweise blieben aber Steuer- und Zollverwaltung auf unterer Ebene in Hauptsteuerämtern vereinigt. *Wysocki*, Finanzbehörden, S. 17 und 21.

143 *Volkert*, in: Deutsche Verwaltungsgeschichte, Band 2, S. 541.

144 Regierungsblatt 1848, S. 209 ff.

145 *Organisches Edikt die Gerichtsverfassung im Königreiche Baiern betreffend* vom 24. Juli 1808, Regierungsblatt 1808, S. 1785 ff.

ren diese dem zuständigen Strafgericht zur Urteilsfällung vorzulegen. Für das rechtsmainische Gebiet der Grafschaft Wertheim in erster Instanz zuständig war von 1814 bis 1848 ein standesherrliches Herrschaftsgericht mit Sitz in Kreuzwertheim.[146]

Als Berufungsinstanz entschieden in Zivilsachen königliche Appellationsgerichte sowie standesherrliche Justizkanzleien. In peinlichen Prozessen waren beide nach § 20 des Edikts vom 26. Mai 1818 bzw. § 2 des Gerichtsverfassungsedikts nach Abschluß der Untersuchung des Falles durch das zuständige Land- bzw. Herrschaftsgericht in erster Instanz zur Urteilsfindung berufen. § 24 des Edikts vom 26. Mai 1818 unterwarf die Justizkanzleien der Oberaufsicht des Oberappellationsgerichts. Zu besetzen waren die Appellationsgerichte gemäß §§ 25 f. des Gerichtsverfassungsedikts abhängig von der Größe ihres Sprengels – ein oder zwei Kreise – mit mindestens einem Präsidenten, einem Direktor sowie acht Räten, die Justizkanzleien mit mindestens einem Direktor und zwei Räten[147]. Nachdem man die in Kreuzwertheim bestehende Justizkanzlei im Jahre 1814 provisorisch belassen hatte, wurde sie 1819 als für den in Bayern gelegenen rechtsmainischen Teil der Standesherrschaft zuständige Regierungs- und Justizkanzlei bestätigt und bestand fortan bis zu ihrer Auflösung 1848.[148]

Oberste Instanz in Zivil- wie Strafsachen war nach § 3 des Gerichtsverfassungsedikts das Oberappellationsgericht mit Sitz in München.

Für die Zeit von 1814 bis zur Abschaffung der Patrimonialgerichtsbarkeit 1848 ergab sich im Königreich Bayern folgender gerichtlicher Instanzenzug:

<table>
<tr><th>Landesherrliche Gerichte</th><th>Standesherrliche Gerichte</th></tr>
<tr><td colspan="2">Zivilsachen</td></tr>
<tr><td colspan="2">Oberappellationsgericht</td></tr>
<tr><td>Appellationsgericht</td><td>Justizkanzlei</td></tr>
<tr><td>Stadt-/Landgericht</td><td>Herrschaftsgericht</td></tr>
<tr><td colspan="2"></td></tr>
<tr><td colspan="2">Strafsachen</td></tr>
<tr><td colspan="2">Oberappellationsgericht</td></tr>
<tr><td>Appellationsgericht<br>(Untersuchung durch Stadt-/<br>Landgericht)</td><td>Justizkanzlei<br>(Untersuchung durch Herr-<br>schafts-<br>gericht)</td></tr>
</table>

[146] *Franz/Hofmann/Schaab*, Gerichtsorganisation, S. 104 Fn. 27.
[147] *Volkert* (Hrsg.), Handbuch, S. 121.
[148] *Franz/Hofmann/Schaab*, Gerichtsorganisation, S. 104 Fn. 25.

## 2. POLIZEI

Neben der Jurisdiktion kam den Landgerichten als unteren Polizei- bzw. Verwaltungsbehörden ein umfassender Zuständigkeitsbereich zu, der insbesondere die Gewährleistung der öffentlichen Sicherheit (einschließlich Feuersicherheit und Bauaufsicht), die Aufsicht über die Presse, das Gesundheits-, Fürsorge- und Armenwesen sowie die Förderung von Gewerbe, Handel und Landwirtschaft umfaßte.[149] In ihrer Verwaltungskompetenz den königlichen Landgerichten gleichgestellt waren gemäß § 32 des Edikts vom 26. Mai 1818 die standesherrlichen Herrschaftsgerichte. Ab 1831[150] bestand für die Gerichtsherren die Möglichkeit, unter Beibehaltung der Verwaltungsaufgaben auf die Gerichtsbarkeit der Herrschaftsgerichte zu verzichten, deren Stellung als Verwaltungsbehörde dann herrschaftliche Kommissariate einnahmen.

Auf mittlerer Ebene standen zunächst Generalkreiskommissariate, ab 1817 mit der Einteilung des gesamten Staatsgebiets in acht Kreise dann Kreisregierungen. Diese gliederten sich in Kammern des Innern, die für die allgemeine innere Verwaltung verantwortlich zeichneten, sowie Kammern der Finanzen, zuständig für den Bereich der Finanzverwaltung. Erstere hatten vornehmlich die vom Ministerium des Innern als Zentralstelle erteilten Weisungen weiterzuleiten und die unteren Verwaltungsbehörden zu kontrollieren. Darüber hinaus kamen ihnen bau- und gesundheitspolizeiliche Kompetenzen sowie Zuständigkeiten in Schul- und Kirchenangelegenheiten, Gewerbeaufsichts- und Handelssachen sowie im Straßenbau zu.[151] In den Gebieten der mediatisierten Reichsstände fungierten standesherrliche Regierungs- und Justizkanzleien als Mittelbehörden. Diese waren in ihren Kompetenzen den Kreisregierungen gleichgestellt, waren aber nach §§ 37 Absatz 1, 40 des Edikts vom 26. Mai 1818 innerhalb der Behördenhierarchie diesen und nicht etwa dem Staatsministerium des Innern untergeordnet. Insoweit ergab sich also ein vierstufiger Verwaltungsaufbau. Die Kreuzwertheimer Regierungs- und Justizkanzlei war der Regierung des Untermainkreises mit Sitz in Würzburg zugeordnet.[152]

Dem Staatsministerium des Innern in München schließlich oblagen die oberste Leitung und Aufsicht der Sicherheits-, Gesundheits- und Baupolizeiverwaltung, im Gewerbe-, Handels- und Verkehrswesen sowie in Kirchen- und Schulangelegenheiten. Außerdem hatte es über die Rechte und Pflichten der privilegierten

---

[149] *Volkert* (Hrsg.), Handbuch, S. 41.
[150] *Gesetz über die Rechtsverhältnisse der auf die Gerichtsbarkeit freiwillig verzichtenden Standes- und Gutsherren* vom 28. Dezember 1831, Regierungsblatt 1832, S. 249 ff.
[151] *Volkert* (Hrsg.), Handbuch, S. 37.
[152] *Hofmann/Hemmerich*, Unterfranken, S. 106 f.; *Volkert* (Hrsg.), Handbuch, S. 412.

Stände in Gerichtsbarkeit und Verwaltung zu wachen und der Landeshoheit im Innern Geltung zu verschaffen.

Die Strukturen der inneren Verwaltung in Bayern zwischen 1818 und 1848 lassen sich demnach wie folgt darstellen:

| *Landesherrliche Behörden* | *Standesherrliche Behörden* |
|---|---|
| | |
| Staatsministerium des Innern | |
| Kreisregierung (Kammer des Innern) → | Regierungs- und Justizkanzlei |
| Stadt-/Landgericht | Herrschaftsgericht |

### 3. FINANZVERWALTUNG

Im Rahmen der auch in Bayern ausschließlich landesherrlichen Finanzverwaltung traten als Behörden der unteren Ebene die Rentämter in Erscheinung; ihre Bezirke entsprachen den Landgerichtssprengeln. Zu den Aufgaben der Rentämter zählten die Einnahme und Verrechnung derjenigen Staatsgefälle, die nicht besonderen Verwaltungsbehörden wie etwa den Zollämtern zugewiesen waren, sowie die damit zusammenhängende Buchführung. Daneben oblagen ihnen die Besorgung der Kassengeschäfte der in ihrem Bezirk gelegenen Staatsbehörden der verschiedenen Verwaltungszweige, die Auszahlung der Beamtenbesoldung und Hinterbliebenenbezüge sowie die Bestreitung der sachlichen Ausgaben. Einnahmeüberschüsse waren an die Provinzial-/Kreiskassen abzuführen.[153] Nach dem Steuerprovisorium von 1808[154] – im Jahre 1829 abgelöst durch das Grundsteuerdefinitivum – hatten die Rentämter insbesondere die Grundsteuer, die Dominikal- und Haussteuer, die Gewerbesteuer sowie das Familienschutzgeld einzuziehen, welche an die Stelle der von den Landständen erhobenen 114 Grundsteuern getreten waren. Personell war jedes Rentamt mit einem Rentamtmann besetzt. Für den Bezirk des Herrschaftsgerichts Kreuzwertheim verantwortlich zeichnete das Rentamt Homburg.[155] Mit der Verwaltung des Zollwesens waren auf unterer Ebene Oberzollämter mit nachgeordneten Zollämtern betraut. Das für den bayerischen Teil der Grafschaft zuständige Oberzollamt befand sich in Lengfurt, das nachgeordnete Zollamt in Kreuzwertheim.[156]

[153] *Volkert* (Hrsg.), Handbuch, S. 152 f.
[154] Verordnung vom 13. Mai 1808, Regierungsblatt 1808, S. 1089 ff.
[155] *Hofmann/Hemmerich*, Unterfranken, S. 79.
[156] *Hofmann/Hemmerich*, Unterfranken, S. 197 ff.

Auf mittlerer Ebene figurierten innerhalb der Kreisregierungen die Kammern der Finanzen vornehmlich als Leitungs- und Aufsichtsbehörden. Nach der Verordnung vom 17. Dezember 1825[157] hatten sie die Finanzverwaltung auf Kreisebene zu leiten und nahmen das Haushalts- und das Rechnungswesen, die Aufsicht über Staatseinnahmen und -ausgaben, die Beaufsichtigung der Kassen und des Dienstpersonals, die Führung von Finanzprozessen sowie die Rechenschaftsberichte über die Finanzen des Kreises wahr. Ferner fielen noch die Festsetzung und Erhebung der indirekten Steuern sowie das Forstwesen in ihren Zuständigkeitsbereich. Die Formationsverordnung vom 27. März 1817[158] legte die Besetzung der Regierungsfinanzkammern mit einem Direktor, vier Räten, zwei Assessoren sowie je einem Kreisforstrat und Fiskalrat fest. Im Bereich des Zollwesens übernahm die Generalzoll- und Mautdirektion, ab 1819 dann die Generalzolladministration die Aufgaben einer zentralen Mittelbehörde.[159]

Oberste Behörde der bayerischen Finanzverwaltung war das Staatsministerium der Finanzen, welches ab 1817 die Verwaltung des Staatsvermögens und der Staatsschulden, die Kontrolle des Rechungswesens aller Staats- und Hofkassen, die Erhebung und Verwendung der direkten und indirekten Steuern und Auflagen sowie die Leitung des Vermessungs- und Katasterwesens zu besorgen hatte. Seiner Aufsicht und Leitung unterstanden alle Stellen, die Staatsvermögen verwalteten, Renten und Abgaben einnahmen und Ausgaben für Hof- und Staatsverwaltung leisteten.[160]

Daraus ergibt sich für die Zeit zwischen 1817 und 1848 folgende Struktur der königlich bayerischen Finanzverwaltung:

| *Landesherrliche Behörden* | |
|---|---|
| | |
| Staatsministerium der Finanzen | |
| Kreisregierung (Kammer der Finanzen) | Generalzolladministration |
| Rentamt | Oberzollämter (mit nachgeordneten Zollämtern) |

[157] Regierungsblatt 1825, S. 1049 ff.
[158] Regierungsblatt 1817, S. 233 ff.
[159] *Wysocki*, Finanzbehörden, S. 29.
[160] *Volkert* (Hrsg.), Handbuch, S. 142 f.

## § 7 SCHLUSS

Im Rahmen einer Gesamtbewertung des juristischen Kampfes der Löwenstein-Wertheimer gegen die Mediatisierung und ihre Folgen sind zwei Phasen zu unterscheiden: die Rheinbundzeit zwischen 1806 und 1813 sowie die Zeit nach dem Wiener Kongreß zwischen 1815 und 1848. Streng voneinander zu trennen sind die für die Rechte der ehemaligen Reichsstände jeweils maßgeblichen Rechtsgrundlagen Rheinbundakte und Deutsche Bundesakte, auch wenn beide Normtexte in wesentlichen Teilen deutliche Ähnlichkeit aufweisen. In die Überlegungen einzubeziehen sind neben der rechtsdogmatischen Erörterung nicht zuletzt die politischen und sozioökonomischen Implikationen, die sich in erheblichem Maße auf die Auseinandersetzung und letztlich das mediatisierte Scheitern auswirkten. Diesen Ursachendreiklang beschreibt Gollwitzer so:

> *Die kleinen Herrschaften waren zu schwach, um sich in den machtpolitischen Auseinandersetzungen der napoleonischen Aera zu behaupten, sie standen den uniformen Ordnungsprinzipien eines neuen Zeitalters längst im Wege, und je nachhaltiger sich in der Folge die sozialökonomische Umgestaltung der Gesellschaftsverfassung auswirkte, um so weniger konnten im weiteren Verlauf des 19. Jahrhunderts die Mediatherrschaften ihre 1815 noch garantierten Vorrechte aufrecht erhalten.*[1]

Entgegen der These des im Sinne der Rheinbundfürsten argumentierenden Schrifttums, wonach *die subjizirten vormaligen Reichsstände keine Landesherren mehr, sondern bloße, wenn gleich sehr privilegirte, Unterthanen seyen*[2], hatte die Rheinbundakte den Mediatisierten eine untergeordnete Landesherrschaft gewährt und sie nicht lediglich als privilegierte Staatsbürger eingestuft.[3] Dem Argument, die Mediatisierten wiesen keine Merkmale ihrer bisherigen Landeshoheit mehr auf – diese sei vielmehr samt und sonders von den Souveränitätsrechten nach Artikel 26 umfaßt – und sie übten diese nur im Namen des jeweiligen Souveräns aus[4], kann mit einem Umkehrschluß aus Artikel 25 RBA begegnet werden: Dieser bestimmte nämlich im Hinblick auf die Reichsritterschaft, daß die Rheinbundfürsten deren Gebiete *en toute souveraineté* besitzen sollten, also gerade ohne jede Einschränkung ihrer Souveränität. Die reichsritterlichen Eigentumsrechte hingegen blieben gleichfalls unangetastet.[5] Die in den Artikeln 17 bis 23 genannten Gebiete schließlich sollten die Rheinbundfürsten *en*

---

[1] *Gollwitzer*, Standesherren, S. 17.
[2] *Behr*, Systematische Darstellung, S. 407
[3] So auch *Schier*, Standesherren, S. 12.
[4] *Behr*, Systematische Darstellung, S.403 ff.
[5] *Vollgraff*, Standesherrn, S. 222.

*toute souveraineté et propriété*, also ohne Einschränkung der Souveränität, als Eigentum besitzen. Angesichts einer solcherart beschränkten Souveränität mußten die den Mediatisierten verbliebenen Rechte aber dem Zugriff der Rheinbundfürsten schlechterdings entzogen und damit auch ein Entzug derselben gegen Entschädigung ausgeschlossen sein.

Von einer solchen Differenzierung zwischen unterschiedlichen Souveränitätsgraden war in der Deutschen Bundesakte nichts mehr zu finden. Diese sprach nurmehr von den *souverainen Fürsten und freien Städte*[n] *Deutschlands* sowie *den im Jahr 1806 und seitdem mittelbar gewordenen ehemaligen Reichsständen und Reichs-Angehörigen*. An dem Untertanenstatus der Mediatisierten war nunmehr nicht mehr zu rütteln, was selbstverständlich nicht ohne Auswirkungen auf die Rechtsqualität der den Standesherren zugestandenen Gerechtsame bleiben konnte. Wie auf alle anderen Untertanen auch, so mußte nun auch auf die vormaligen Reichsstände das allgemeine Staatsrecht uneingeschränkte Anwendung finden. Hierzu gehörte namentlich der bereits vor 1806 anerkannte Grundsatz, wonach der Staat bei Vorliegen bestimmter Voraussetzungen berechtigt sei, privates Eigentum gegen angemessene Entschädigung zu enteignen. Damit blieb den Löwensteinern – die Förderung des allgemeinen Wohls durch den Entzug der fraglichen Rechte vorausgesetzt – nur noch der Anspruch auf angemessene Entschädigung. Diese neue Entwicklung fand aber in der löwensteinischen Argumentation in weiten Teilen keine Berücksichtigung; stattdessen blieb diese im wesentlichen den Rechtstraditionen des Alten Reiches verhaftet. Als man schließlich bereit war, die Hoheitsrechte gegen finanzielle Kompensation aufzugeben, verhielt man sich jedoch zu unflexibel und stellte Forderungen, die der badische Staat nicht zu erfüllen in der Lage war.

Stellte sich in der Rheinbundära der *Grundgegensatz* [...] *zwischen auf Kontinuität beruhendem Recht und von Diskontinuität ausgehender Reformpolitik als ein scheinbar unaufhebbarer Widerspruch*[6] dar, konnte hiervon nach 1815 nicht mehr die Rede sein. Während die Rheinbundakte den mediatisierten Reichsständen eine Zwitterstellung zwischen Landesherr und Untertanen einräumte, beließ ihnen die Deutsche Bundesakte lediglich eine privilegierte Untertanenstellung. Hatte sich die Rheinbundakte hierzu noch nicht verhalten, unterwarf Artikel 14 c 4) DBA die Standesherren unmißverständlich den landesherrlichen Gesetzen. Indem sich die Bundesakte also wesentlich eindeutiger für den modernen Souveränitätsstaat entschied als die Rheinbundakte es getan hatte, brach sie – auch

[6] *Schuck*, in: Verfassungsgeschichte und Staatsrechtslehre, S. 24.

wenn mit ihr noch nicht alle feudalen Strukturen verschwanden[7] – den genannten Gegensatz weitgehend auf.

Als von der Rheinbundakte bewußt in Kauf genommene Relikte des Alten Reiches standen die Mediatisierten in der Rheinbundära mit ihren aus Reichszeiten übernommenen Rechten also außerhalb des regulären Staatsaufbaus, während die rheinbündische Souveränität spiegelbildlich zahlreichen Beschränkungen unterworfen war. Demnach konnte es keinen Anstand finden, wenn die weitestgehend an reichsrechtlichen Maßstäben orientierte Argumentation der Löwensteiner rechtliche Kontinuität einforderte und sich auf die althergebrachte Rechtslage berief. Dies galt umso mehr, als die Rheinbundakte entscheidende Fragen offen ließ und zahlreiche auslegungsbedürftige Bestimmungen enthielt. Nach 1815 blieb für das reichsrechtliche Denken hingegen kaum noch Raum. Zum einen regelte die Deutsche Bundesakte in Verbindung mit der bayerischen Deklaration von 1807 die standesherrlichen Rechtsverhältnisse weit detaillierter als es die Rheinbundakte getan hatte. Zum anderen suchte die Bundesakte die Unvereinbarkeit des Mediatisiertenstatus mit dem modernen Verfassungsstaat so weit wie möglich zu beseitigen, indem sie die vormaligen Reichsstände *zu privilegierten Untertanen mit gesellschaftlichen und staatsbürgerlichen Sonderrechten*[8] machte und sie außerdem insoweit ausdrücklich seinen Gesetzen unterwarf. Auch wenn es sich bei der standesherrlichen Gerichtsbarkeit und Polizei um patrimoniale Rechte handelte, waren diese folglich nach gleichen Grundsätzen auszuüben wie die landesherrlichen Hoheitsrechte. In der Frage, ob der Staat grundsätzlich berechtigt sei, diese Rechte zu entziehen, genossen die Löwensteiner nicht mehr und nicht weniger als den Schutz ihres Eigentums nach allgemeinen Rechtsgrundsätzen. Demnach stand es dem Staat grundsätzlich frei, dieses Eigentum unter bestimmten Voraussetzungen für sich zu beanspruchen und gegen angemessene Entschädigung zu entziehen.

Den Löwenstein-Wertheimern und ihrer rechtlichen Argumentation war demnach das gleiche Schicksal beschieden wie den der Verfassungstradition des Alten Reiches verhafteten Staatsrechtslehrern – von Seidensticker verglichen mit *Schiffen, unter denen das Wasser abgelaufen ist*[9]. Zwar ließ sich nach 1806 mit guten Gründen eine gewisse Kontinuität der überkommenen Rechtslehre vertreten; jedoch fehlte es nicht nur in Wertheim an einer tragfähigen und zukunftsorientierten Vorstellung über eine die traditionellen Elemente rezipierende Position, die gleichwohl dem politischen Umbruch Rechnung trug. In der Folgezeit

[7] So zogen sich Ablösungsgesetzgebung und Grundentlastung über Jahrzehnte hin und kamen erst um die Jahrhundertmitte zum Abschluß. Vgl. *Dipper*, Bauernbefreiung, S. 82 ff.
[8] *Schulz*, in: Zeitalter Napoleons, S. 170.
[9] *Seidensticker*, in: Jenaische Allgemeine Literatur-Zeitung, Nr. 197 (1806), S. 346.

kamen dann mehr und mehr Anknüpfungspunkte für die reichspublizistischen Lehren abhanden, so daß der löwensteinische Standpunkt immer stärker zur ideologisch verklärten Reminiszenz an die Vergangenheit ohne politische Perspektive geriet.[10]

Die löwensteinischen Argumente mochten vor 1815 das mit der Rheinbundakte nur unscharf und vage kodifizierte neue Staatsrecht noch so überzeugend in reichsrechtlicher Tradition auslegen. Angesichts der obwaltenden Kräfteverhältnisse mußte es freilich illusorisch erscheinen, daß die Rheinbundsouveräne ihre eben erst gewonnene Machtstellung durch nennenswerte Konzessionen an die vormaligen Mitstände in Frage stellen würden. Da es an einer übergeordneten (schieds-)richterlichen Instanz fehlte, blieb den Löwensteinern selbst eine Überprüfung ihres Rechtsstandpunktes auf Stichhaltigkeit vorenthalten. Aber auch nach dem Ende des Rheinbundes halfen die ausgefeiltesten rechtlichen Darlegungen nichts. Auf souveräner Seite setzte man auf Hinhaltetaktik und geringfügiges Entgegenkommen (Baden) oder auf Zuckerbrot und Peitsche (Bayern). Obendrein wehrte sich namentlich in Baden die vom liberalen Bürgertum dominierte zweite Kammer gegen jedes Zugeständnis gegenüber den Standesherren. Damit waren aus Wertheimer Sicht echte Verbesserungen nicht ernsthaft zu erwarten. Schließlich existierte mit der Frankfurter Bundesversammlung nun zwar ein übergeordnetes Gremium, an welches man sich von standesherrlicher Seite mit Beschwerden wenden konnte. Aber auch dieses von unterschiedlichsten politischen Strömungen geschwächte und von entgegengesetzten Interessen gelähmte Forum beließ es – hatte man es einmal für die standesherrliche Position gewinnen können – bei bloßen Appellen, die größtenteils ungehört verhallten.

Für das weitgehende Scheitern der Löwensteiner und ihrer mediatisierten Standesgenossen war aber noch ein weiterer Umstand ursächlich: Die von ihnen postulierte vertragliche und damit freiwillig und unter Gleichen zustandegekommene Grundlage der Unterwerfung *suchte die dualistische Struktur staatlicher Herrschaft, die seit dem Spätmittelalter die Grundlage des sich herausbildenden modernen Staates war, aufrechtzuerhalten*[11]. Gerade diesen ständestaatlichen Dualismus, der in krassem Gegensatz zum modernen Verfassungsdenken mit seinen monokratischen Verwaltungsstrukturen stand, galt es aber aus Sicht der Reformer aufzuheben. Die unbeschränkte Souveränität war hierzu unerläßliche Voraussetzung und mußte daher zwingend im Zentrum des neuen landesherrlichen Selbstverständnisses stehen. Diesem eher macht- und reformpolitisch und weniger doktrinell-wissenschaftlich motivierten Bestreben der Rheinbundfürsten vermochte man auf mediatisierter Seite mit einer nahezu ausschließlich formal-

[10] Vgl. *Schuck*, in: Verfassungsgeschichte und Staatsrechtslehre, S. 21.
[11] *Schuck*, Rheinbundpatriotismus, S. 236.

juristisch-dogmatischen Argumentationsweise indes nicht beizukommen. Daran änderte auch die erneute Festschreibung der Mediatisiertenrechte durch die Deutsche Bundesakte nichts. Zu den verfassungspolitischen Umwälzungen kamen nun auch noch in verstärktem Maße gesellschafts- und wirtschaftspolitische Reformen, die dem mediatisierten Adel auch seine feudalherrliche Legitimationsbasis entzogen.

War ihr Kampf gegen die Mediatisierung und deren Folgen zwar letztlich zum Scheitern verurteilt, so konnten die Löwensteiner im Laufe der Auseinandersetzung doch den einen oder anderen Erfolg für sich verbuchen. Freilich präsentierte sich die jeweilige Bilanz in den beiden Souveränitätsstaaten, auf welche das Gebiet der ehemaligen Grafschaft verteilt war, in durchaus unterschiedlicher Weise. So begaben sich die Löwensteiner in Baden durch ihr Beharren auf unhaltbaren Positionen weitgehend ihres unterlandesherrlichen Status, den sie in den anderen Bundesstaaten – namentlich in Bayern – noch bis 1848 genossen.[12] Sämtlicher herrschaftlicher Funktionen entkleidet, führten sie ein weitgehend gewöhnliches Untertanendasein, sieht man einmal von den verbliebenen, im wesentlichen unbedeutenden öffentlichen und privaten Sonderrechten ab. Auf der anderen Seite bildeten ausschließlich landesherrliche Stellen die für den linksmainischen Teil der Grafschaft zuständigen Verwaltungs- und Gerichtsbehörden. In finanzieller Hinsicht bot sich ein ähnliches Bild. Einen Großteil der Revenüen hatte der Staat vereinnahmt, und Entschädigungsleistungen scheiterten nicht zuletzt an vollkommen überzogenen löwensteinischen Forderungen. Auch bei der Besteuerung hatte man nichts erreichen können. So war an derart großzügige steuerliche Vergünstigungen, wie sie Bayern seinen Standesherren gewährt hatte, nicht zu denken. Als man schließlich auch in Wertheim begann, die Aussichtslosigkeit der eigenen Positionen gegenüber der großherzoglichen Regierung einzusehen und sich in die nicht mehr ganz so neuen badischen Verhältnisse zu fügen, war es für einen würdevollen Abgang von der staatspolitischen Bühne durch nennenswerte Zugeständnisse Badens zu spät.

Ganz anders erschien die Situation dagegen in Bayern: Hier spielten die Löwensteiner als Inhaber der Patrimonialgerichtsbarkeit in erster und zweiter Instanz sowie der Orts- und Distriktspolizei zumindest nach außen eine gewichtige Rolle in den lokalen und regionalen Herrschaftsverhältnissen. Als nunmehrige Unterlandesherren konnten sie ihre vormalige Stellung gegenüber den früheren Untertanen noch über mehrere Jahrzehnte weitgehend konservieren und wurden vor Ort nach wie vor als Machtfaktor wahrgenommen. Auch wenn damit dem löwensteinischen Wunsch nach Aufrechterhaltung des einstigen Status jedenfalls im Ergebnis Genüge getan war, stellte das Jurisdiktionsrecht bei Lichte betrach-

[12] Vgl. auch *Stockert*, Adel im Übergang, S. 249 f.

tet nicht viel mehr dar als ein einfaches Recht zur Anstellung des Verwaltungspersonals, welches obendrein erheblichen Beschränkungen unterworfen war.[13] Solcherart entwickelte es sich für sie mehr und mehr zu einer bloßen finanziellen Belastung von nicht unerheblichem Umfang, durften doch Gerichtssporteln nur noch als Beitrag zum Unterhalt der Gerichte erhoben werden, nicht aber die einzige Quelle für denselben bilden.[14] Kaum besser stand es mit der Polizeiverwaltung, auch wenn hier die Einflußmöglichkeiten mangels richterlicher Unabhängigkeit deutlich größer waren. Dafür wachte die königliche Kreisregierung mit Argusaugen über die peinliche Beachtung der landesherrlichen Gesetze. Den über Gerichtsbarkeit und Polizei hinaus gewährten öffentlich-rechtlichen und privatrechtlichen Sonderregelungen kam ohnehin vergleichsweise geringe Bedeutung zu. Dagegen ließen sich in finanzieller Hinsicht mit den beträchtlichen Entschädigungszahlungen für die eingezogenen Mainzölle sowie die verlorene Drittelsfreiheit bemerkenswerte Erfolge verbuchen.

Nach der im Jahre 1848 sang- und klanglos vonstatten gegangenen Aufhebung der standesherrlichen Gerichtsbarkeit in Bayern sowie der Übereinkunft mit dem badischen Staat im Jahre 1855 war von der einstigen Herrschaftsstellung der Löwensteiner endgültig nichts mehr übrig. Geblieben waren ihnen lediglich persönliche Vorrechte wie Ebenbürtigkeit, Titel und Kanzleizeremoniell, Trauergeläut, Patronatsrecht, privilegierter Gerichtsstand in Strafsachen, Familienautonomie und Landstandschaft.[15] Der letzte Rest der Standesherrlichkeit verschwand dann im Jahre 1919 mit Artikel 109 Absatz 2 Satz 1 der Weimarer Reichsverfassung[16].

---

[13] *Fischer*, Der Teutsche Adel, Band 2, S. 70.
[14] *Klüber*, Öffentliches Recht, § 288, S. 599, Fn. a).
[15] *Dickel*, Sonderrechte, S. 18 ff.
[16] Dieser lautete: *Öffentlich-rechtliche Vorrechte oder Nachteile der Geburt oder des Standes sind aufzuheben.*

# QUELLEN- UND LITERATURVERZEICHNIS

## Ungedruckte Quellen

**Generallandesarchiv Karlsruhe**

**Bayerisches Hauptstaatsarchiv München**

**Staatsarchiv Wertheim**

**Staatsarchiv Würzburg**

## Gedruckte Quellen


***Badisches Regierungsblatt***

**Kur-Badisches Regierungsblatt**, o. O. 1803-1806.

**Großherzoglich Badisches Regierungsblatt**, o. O. 1807-1816.

**Großherzoglich Badisches Staats- und Regierungsblatt**, Karlsruhe 1817 ff.

***Bayerisches Regierungsblatt***

**Kurbaierisches Regierungsblatt**, München 1803.

**Kurpfalz-baierisches Regierungsblatt**, München 1804-1805.

**Königlich baierisches Regierungsblatt**, München 1806-1817.

**Gesetzblatt für das Königreich Bayern**, München 1818 ff.

**Bluntschli, Johann Caspar** (Hrsg.): Deutsches Staats-Wörterbuch, Band 10, Stuttgart/Leipzig 1867.

**Deutsche Akademie der Wissenschaften zu Berlin** (Hrsg.): Deutsches Rechtswörterbuch. Wörterbuch der älteren deutschen Rechtssprache, Band 5, 1953.

**Erler, Adalbert/Kaufmann, Ekkehard** (Hrsg.): Handwörterbuch zur deutschen Rechtsgeschichte, Bände 1 bis 5, Berlin 1971-1998.

**Gesetz-Sammlung für die Königlichen Preußischen Staaten**, Berlin 1815.

**Großherzoglich Frankfurtisches Regierungsblatt**, Frankfurt am Main 1810-1813.

**Heidelberger Akademie der Wissenschaften** (Hrsg.): Deutsches Rechtswörterbuch. Wörterbuch der älteren deutschen Rechtssprache, Bände 6 bis 11, Weimar 1961-2005.

**Hofmann, Hanns Hubert (Hrsg.)**: Quellen zum Verfassungsorganismus des Heiligen Römischen Reiches Deutscher Nation 1495-1815, Darmstadt 1976.

**Huber, Ernst Rudolf** (Hrsg.): Dokumente zur deutschen Verfassungsgeschichte, Band 1: Deutsche Verfassungsdokumente 1803-1850, 3. Auflage Stuttgart 1978.

**Klüber, Johann Ludwig** (Hrsg.): Acten des Wiener Congresses in den Jahren 1814 und 1815, Bände 1 und 2, Osnabrück 1815.

**Klüber, Johann Ludwig**: Uebersicht der diplomatischen Verhandlungen des Wiener Congresses überhaupt und insonderheit über wichtige Angelegenheiten des teutschen Bundes, Osnabrück 1816.

**Klüber, Johann Ludwig** (Hrsg.): Quellen-Sammlung zu dem Oeffentlichen Recht des Teutschen Bundes, 3. Auflage, Erlangen 1830.

**Königlich-Württembergisches Staats- und Regierungsblatt**, Stuttgart 1806-1823.

**Kurfürstlich Badische LandesOrganisation**, in 13 Edicten sammt Beylagen und Anhang, Karlsruhe 1803.

**Meyer, Philipp Anton Guido von** (Hrsg.): Corpus Iuris Confoederationis Germanicae oder Staatsacten für Geschichte und öffentliches Recht des Deutschen Bundes. Erster Theil: Staatsverträge. Zweiter Theil: Beschlüsse der Deutschen Bundesversammlung, Frankfurt am Main, 3. Auflage 1858.

**Moser, Johann Jacob**: Teutsches Staats-Recht, 53 Bände, Nürnberg u.a. 1737-1754.

**Preußische Akademie der Wissenschaften** (Hrsg.): Deutsches Rechtswörterbuch. Wörterbuch der älteren deutschen Rechtssprache, Bände 1 bis 4, Berlin 1914-1939.

**Protokolle der deutschen Bundesversammlung**, amtliche Ausgabe, Frankfurt am Main 1816-1848.

**Rheinisch-Westfälische Akademie der Wissenschaften** (Hrsg.): Acta Pacis Westphalicae, Serie III, Abteilung B, Band 1/1 Verhandlungsakten: Die Friedensverträge mit Frankreich und Schweden. 1. Teil: Urkunden, Münster 1998.

**Seidensticker, J. A. L.** in: Jenaische Allgemeine Literatur-Zeitung, Nr. 197 vom 29. August 1806, S. 345-349 (Sammelrezension der reichspublizistischen Werke von Klüber, Leist, Gönner, Schmalz und Schnaubert 1803-1806).

**Städel, Franz Heinrich von**: Ehrerbietige Bemerkungen zu dem Organisations-Edict für das Grosherzogthum Baden vom 26ten November 1809 in so ferne solches die Standesherrliche Verhältniße und Berechtigungen betrift. Mit 23 Beylagen. Wertheim im July 1810.

Was ist Souverainetät? und Was ist Landeshoheit? Eine bloße Skizze, anonym und o.O. 1806.

**Winkopp, Peter Adolph** (Hrsg.): Die Rheinische Konföderationsacte, oder d. am 12. Jul. 1806 zu Paris abgeschlossene Vertrag, Frankfurt am Main 1808.

**Winkopp, Peter Adolph** (Hrsg.): Der Rheinische Bund. Eine Zeitschrift politisch-statistisch-geographischen Inhalts. Bände I-XXIII (1806-1813).

## Literatur

**Albert, Peter**: Baden zwischen Neckar und Main in den Jahren 1803-6, Heidelberg 1901.

**Andreas, Willy**: Friedrich Brauer und die Entstehung des ersten badischen Organisationsedikts vom 4. Februar 1803, in: ZGO 1909 (24 N.F.), S. 628-672.

**Andreas, Willy**: Zur Beurteilung der badischen Verwaltungsorganisation vom 26. November 1809 und ihre Weiterbildung, in: ZGO 1912 (27 N.F.), S. 308-332.

**Andreas, Willy**: Der Aufbau des Staates im Zusammenhang der allgemeinen Politik, Leipzig 1913.

**Aretin, Karl Otmar von**: Bayerns Weg zum souveränen Staat. Landstände und konstitutionelle Monarchie 1714-1818, München 1976.

**Arndt, Erwin**: Vom markgräflichen Patrimonialstaat zum großherzoglichen Verfassungsstaat Baden, in: ZGO 1953 (62 N.F.), S. 157-264 und 436-531.

**Aschbach, Joseph**: Geschichte der Grafen von Wertheim von den ältesten Zeiten bis zu ihrem Erlöschen im Mannesstamm im Jahre 1556, Frankfurt am Main 1843.

**Bachmann, Matthias**: Lehenhöfe von Grafen und Herren im ausgehenden Mittelalter. Das Beispiel Rieneck, Wertheim und Castell, Köln 2000.

**Bader, Karl Siegfried**: Zur politischen und rechtlichen Entwicklung Badens, in: *ders.* (Hrsg.): Baden im 19. und 20. Jahrhundert. Verfassungs- und verwaltungsgeschichtliche Studien, Band 1, Karlsruhe 1948, S. 7-22.

**Barfuß, Werner**: Hausverträge und Hausgesetze fränkischer reichsgräflicher Familien (Castell, Löwenstein-Wertheim), Würzburg 1972.

**Beaulieu-Marconnay, Karl von**: Karl von Dalberg und seine Zeit. Zur Biographie und Charakteristik des Fürsten Primas, Band 2, Weimar 1879.

**Behr, Wilhelm Joseph**: Systematische Darstellung des Rheinischen Bundes aus dem Standpunkte des öffentlichen Rechts, Frankfurt am Main 1808.

**Berg, Günther Heinrich von**: Abhandlungen zur Erläuterung der rheinischen Bundesacte, Hannover 1808.

**Bilz, Wolfram**: Die Großherzogtümer Würzburg und Frankfurt. Ein Vergleich, Würzburg 1968.

**Bitterauf, Theodor**: Geschichte des Rheinbundes. Band 1: Die Gründung des Rheinbundes und der Untergang des alten Reiches, München 1905.

**Bog, Ingomar**: Dorfgemeinde; Freiheit und Unfreiheit in Franken, Stuttgart 1956.

**Brauer, Johann Niklaus Friedrich**: Beyträge zu einem allgemeinen Staatsrecht der rheinischen Bundes-Staaten in Funfzig Sätzen, Karlsruhe 1807.

**Brunner, Karl**: Badische Geschichte, Leipzig 1904.

**Christ, Günter**: Aschaffenburg. Grundzüge der Verwaltung des Mainzer Oberstifts und des Dalbergstaates, München 1963.

**Darmstaedter, Paul**: Das Großherzogtum Frankfurt. Ein Kulturbild aus der Rheinbundzeit, Frankfurt am Main 1901.

**Demel, Walter**: Der bayerische Staatsabsolutismus 1806/08-1817. Staats- und gesellschaftspolitische Motivationen und Hintergründe der Reformära in der ersten Phase des Königreichs Bayern, München 1983.

**Dickel, Karl**: Die Sonderrechte der deutschen Standesherren im Reiche und in den einzelnen Bundesstaaten, Wernigerode 1903.

**Diepolder, Gertrud**: Die Mainzölle zwischen Bamberg und Frankfurt vom Spätmittelalter bis 1803, in: *Spindler, Max* (Hrsg.): Bayerischer Geschichtsatlas, München 1969.

**Dipper, Christof**: Die Bauernbefreiung in Deutschland. 1790-1850, Stuttgart 1980.

**Doeberl, Michael**: Entwicklungsgeschichte Bayerns, Band 2: Vom Westfälischen Frieden bis zum Tode König Maximilians I., München, 3. Auflage 1928.

**Dresch, Leonhard von**: Abhandlungen aus verschiedenen Theilen des Rechts, Teil 1: Abhandlungen über Gegenstände des öffentlichen Rechtes sowohl des deutschen Bundes überhaupt als auch einzelner Bundesstaaten, München 1830.

**Dresch, Leonhard von**: Oeffentliches Recht des deutschen Bundes, Tübingen 1830.

**Droege, Georg**: Die Stellung der Städte, in: *Jeserich, Kurt G. A./Pohl, Hans/Unruh, Georg-Christoph von*: Deutsche Verwaltungsgeschichte, Band 1: Vom Spätmittelalter bis zum Ende des Reiches, Stuttgart 1983, S. 177-187.

**Dunkhase, Heinrich Helmut**: Das Fürstentum Krautheim. Eine Staatsgründung um Jagst und Tauber 1802 bis 1806 (1839), Würzburg 1967.

**Ehmer, Hermann**. Wertheim im Großherzogtum Baden. Bilder aus einer alten Stadt, Wertheim 1979.

**Ehmer, Hermann**: Wertheim und die Maingrenze. Die Auswirkungen der napoleonischen Grenzziehung auf die Stadt Wertheim, in: WJB 1984/1985, S. 157-167.

**Ehmer, Hermann**: Geschichte der Grafschaft Wertheim, Wertheim 1989.

**Ehmer, Hermann**: Löwenstein-Wertheim, in: *Schaab, Meinrad/Schwarzmaier, Hansmartin* (Hrsg.): Handbuch der baden-württembergischen Geschichte, Band 2: Die Territorien im Alten Reich, Stuttgart 1995, S. 389-394.

**Eichhorn, Karl Friedrich**: Deutsche Staats- und Rechtsgeschichte, Teil 2, Göttingen, 2. Auflage 1819.

**Fehrenbach, Elisabeth**: Der Einfluß des napoleonischen Frankreich auf das Rechts- und Verwaltungssystem Deutschlands, in: *Reden-Dohna, Armgard von* (Hrsg.): Deutschland und Italien im Zeitalter Napoleons, Wiesbaden 1979, S. 23-39.

**Fehrenbach, Elisabeth**: Das Erbe der Rheinbundzeit. Macht- und Privilegienschwund des badischen Adels zwischen Restauration und Vormärz, in: AfS 1983, S. 99-122.

**Fehrenbach, Elisabeth**: Die territoriale Neuordnung des Südwestens, in: *Rinker, Reiner/Setzler, Wilfried* (Hrsg.): Die Geschichte Baden-Württembergs, Stuttgart, 2. Auflage 1987, S. 211-219.

**Fehrenbach, Elisabeth**: Vom Ancien Régime zum Wiener Kongreß, München 1992.

**Feßmaier, Johann Georg**: Grundriß des baierischen Staatsrechtes: Zum Gebrauch akademischer Vorlesungen, Ingolstadt 1801.

**Fischer, Laurenz Hannibal**: Der Teutsche Adel in der Vorzeit, Gegenwart und Zukunft vom Standpunkte des Bürgerthums betrachtet, 2 Bände, Frankfurt am Main 1852.

**Franz, Eckhart G./Hofmann, Hanns Hubert/Schaab, Meinhard**: Gerichtsorganisation in Baden-Württemberg, Bayern und Hessen im 19. und 20. Jahrhundert, Hannover 1989.

**Freyh, Antje**: Karl Theodor von Dalberg. Ein Beitrag zum Verhältnis von politischer Theorie und Regierungspraxis in der Endphase des Aufgeklärten Absolutismus, Frankfurt am Main 1978.

**Furtwängler, Martin**: Die Standesherren in Baden (1806-1848). Politische und soziale Verhaltensweisen einer bedrängten Elite, Frankfurt am Main 1996.

**Furtwängler, Martin**: Die Fürsten zu Löwenstein-Wertheim als Standesherren in Baden, in: WJB 2000, S. 203-224.

**Geyger**: Beiträge zur Geschichte der teutschen Standesherren, Karlsruhe 1868.

**Glaser, Maria**: Die badische Politik und die deutsche Frage zur Zeit der Befreiungskriege und des Wiener Kongresses, in: ZGO 1928 (41 N.F.), S. 268-317.

**Gollwitzer, Heinz**: Die Standesherren. Die politische und gesellschaftliche Stellung der Mediatisierten 1815-1918. Ein Beitrag zur deutschen Sozialgeschichte, 2. Auflage, Göttingen 1964.

**Golther**: Ueber die staatsrechtlichen Folgen der Veräusserung einer Standesherrschaft, in: ZgStW 1861, S. 208-284.

**Gönner, Nicolaus Thaddäus**: Teutsches Staatsrecht, Landshut 1804.

**Gothein, Eberhard**: Beiträge zur Verwaltungsgeschichte der Markgrafschaft Baden unter Karl Friedrich, in: ZGO 1911 (26 N.F.), S. 25-414.

**Häberlin, Karl Friedrich**: Handbuch des Teutschen Staatsrechts, Band 1, Berlin 1794.

**Haebler, Rolf Gustav**: Badische Geschichte. Die alemannischen und pfälzisch-fränkischen Landschaften am Oberrhein in ihrer politischen, wirtschaftlichen und kulturellen Entwicklung, Karlsruhe 1951.

**Haebler, Rolf Gustav**: Ein Staat wird aufgebaut. Badische Geschichte 1789-1818, Baden-Baden 1948.

**Haller, Karl Ludwig von**: Restauration der Staats-Wissenschaft oder Theorie des natürlich-geselligen Zustands der Chimäre des künstlich-bürgerlichen entgegengesezt, Band 2, 2. Auflage, Winterthur 1820.

**Hammermeyer, Ludwig**: Staatliche Herrschaftsordnung und altständische Repräsentation, in: *Kraus, Andreas* (Hrsg.): Handbuch der bayerischen Geschichte, Band 2: Das Alte Bayern. Der Territorialstaat vom Ausgang des 12. Jahrhunderts bis zum Ausgang des 18. Jahrhunderts, 2. Auflage, München 1988.

**Hartung, Fritz**: Deutsche Verfassungsgeschichte. Vom 15. Jahrhundert bis zur Gegenwart, 9. Auflage, Stuttgart 1950.

**Hilger, Wolfgang**: Die Verhandlungen des Frankfurter Bundestages über die Mediatisierten von 1816 bis 1866, München 1956.

**Hoff, Johann Friedrich**: Die Mediatisiertenfrage in den Jahren 1813-1815, Berlin/Leipzig 1913.

**Hofmann, Hanns Hubert**: Franken seit dem Ende des Alten Reiches (Historischer Atlas von Bayern II/2), München 1955.

**Hofmann, Hanns Hubert**: Adelige Herrschaft und souveräner Staat. Studien über Staat und Gesellschaft in Franken und Bayern im 18. und 19. Jahrhundert, München 1962.

**Hofmann, Hanns Hubert/Hemmerich, Hermann**: Unterfranken. Geschichte seiner Verwaltungsstrukturen seit dem Ende des Alten Reiches 1814 bis 1980, Würzburg 1981.

**Hofmann, Norbert**: „Ältere“ und „Altfürstliche“ Linie. Der Kurztitel der Fürsten zu Löwenstein-Wertheim und die Fürstenerhebung der Linie Löwenstein-Wertheim-Freudenberg, in: WJB 1981/1982, S. 149-172.

**Hofmann, Norbert**: Inventar des löwenstein-wertheim-rosenbergschen Karten- und Planselekts im Staatsarchiv Wertheim 1725-1835, Stuttgart 1983.

**Hömig, Klaus Dieter**: Der Reichsdeputationshauptschluß vom 25. Februar 1803 und seine Bedeutung für Staat und Kirche, Tübingen 1969.

**Huber, Ernst Rudolf**: Deutsche Verfassungsgeschichte. Seit 1789, Band 1: Reform und Restauration 1789 bis 1830, 2. Auflage, Stuttgart/Berlin/Köln 1960.

**Hufeld, Ulrich** (Hrsg.): Der Reichsdeputationshauptschluß von 1803. Eine Dokumentation zum Untergang des Alten Reiches, Köln 2003.

**Hug, Wolfgang**: Geschichte Badens, Stuttgart 1992.

**Kell, Eva**: Die Frankfurter Union (1803-1806). Eine Fürstenassoziation zur „verfassungsmäßigen Selbsterhaltung" der kleineren weltlichen Adelsherrschaften, in: ZfhistF 1991 (18), S. 71-97.

**Ketterer, Hermann**: Das Fürstentum Aschaffenburg und sein Übergang an die Krone Bayern, Aschaffenburg 1914/1915.

**Kienitz, Otto**: Die Fürstlich Löwenstein-Wertheimischen Territorien und ihre Entwicklung, in: HVAW 1919, S. 31-108.

**Klüber, Johann Ludwig**: Staatsrecht des Rheinbundes, Tübingen 1808.

**Klüber, Johann Ludwig**: Uebersicht der diplomatischen Verhandlungen des Wiener Congresses überhaupt und insonderheit über wichtige Angelegenheiten des teutschen Bundes, Osnabrück 1816.

**Klüber, Johann Ludwig**: Öffentliches Recht des Teutschen Bundes und der Bundesstaaten, Frankfurt am Main 1840.

**Klueting, Harm**: Dalbergs Großherzogtum Frankfurt – ein napoleonischer Modellstaat? Zu den rheinbündischen Reformen im Fürstentum Aschaffenburg und im Großherzogtum Frankfurt, in: AJ 1988, S. 359-380.

**Knemeyer, Franz-Ludwig**: Regierungs- und Verwaltungsformen in Deutschland zu Beginn des 19. Jahrhunderts, Köln/Berlin 1970.

**Kohler, Adolf**: Die Bauernbefreiung und Grundentlastung in Baden, Freiburg i. B. 1958.

**Kohler, J. C.**: Die staatsrechtlichen Verhältnisse des mittelbar gewordenen vormals reichsständischen Adels in Deutschland, Sulzbach 1844.

**Krapp, Berthold**: Die badische Ämterorganisation vom Reichsdeputationshauptschluß bis zum Ende der Rheinbundszeit, Karlsruhe 1931.

**Kraus, Andreas**: Geschichte Bayerns. Von den Anfängen bis zur Gegenwart, München 1983.

**Kreittmayr, Wiguläus Xaver Aloys von**: Grundriß des Allgemeinen und Deutschen Staatsrechts. Dritter Theil von dem bayerischen Staatsrecht, München 1770.

**Krieger, Albert**: Badische Geschichte, Berlin/Leipzig 1921.

**Kuhn, Otto**: Die Trennung der Justiz und Administration, Leipzig 1840.

**Lenel, Paul**: Beiträge zur Kenntnis von Rechtsverfassung und Rechtsverwaltung der Markgrafschaft Baden im achtzehnten Jahrhundert, Karlsruhe 1912.

**Lenel, Paul**: Badens Rechtsverwaltung und Rechtsverfassung unter Markgraf Karl Friedrich. 1738-1803, Karlsruhe 1913.

**Lübbe-Wolff, Gertrude**: Das wohlerworbene Recht als Grenze der Gesetzgebung im neunzehnten Jahrhundert, in: ZSStfR 1986 (103), S. 104-139.

**Mader, Karl**: Entstehung und Entwicklung der Stadt Wertheim. Eine siedlungskundliche Studie, in: WJB 1954, S. 26-42.

**Maurenbrecher, Romeo**: Grundsätze des heutigen deutschen Staatsrechts, 3. Auflage, Frankfurt am Main 1847.

**Meier, Robert**: Souverän und doch geteilt: Kondominate. Eine Annäherung an eine typische Sonderform des Alten Reichs am Beispiel der Grafschaft Wertheim, in: ZNR 2002, S. 253-272.

**Münzing, Harry**: Die Mediatisierung der ehemaligen reichsunmittelbaren Standesherren und Reichsritter im Herzogtum Nassau, Mainz 1980.

**Mußgnug, Reinhard**: Das Finanzverfassungsrecht in den Thüringischen Fürstentümern, in: ZNR 2002, S. 290-311.

**Mußgnug, Reinhard**: Der Haushaltsplan als Gesetz, Göttingen 1976.

**Mußgnug, Reinhard**: Die Finanzierung der Verwaltung an der Wende vom Ständestaat des 18. zum Verfassungsstaat des 19. Jahrhunderts, in: Die Verwaltung und ihre Ressourcen – Untersuchungen zu ihrer Wechselwirkung, Beiheft 9 zu: Der Staat, Berlin 1991, S. 79-100.

**Mußgnug, Reinhard**: Die rechtlichen und pragmatischen Beziehungen zwischen Regierung, Parlament und Verwaltung, in: *Jeserich, Kurt G. A./Pohl, Hans/Unruh, Georg-Christoph von*: Deutsche Verwaltungsgeschichte, Band 2: Vom Reichsdeputationshauptschluß bis zur Auflösung des Deutschen Bundes, Stuttgart 1983, S. 95-119.

**Neidhard, Johann Friedrich**: Geschichte Ludwigs, Grafen von Löwenstein-Wertheim, Wertheim 1794.

**Obser, Karl** (Bearb.) in: *Badische Historische Kommission* (Hrsg.): Politische Correspondenz Karl Friedrichs von Baden, 1783-1806, Band 5: 1804-1806, Heidelberg 1901.

**Ott, Hugo**: Baden, in: *Jeserich, Kurt G. A./Pohl, Hans/Unruh, Georg-Christoph von*: Deutsche Verwaltungsgeschichte, Band 2: Vom Reichsdeputationshauptschluß bis zur Auflösung des Deutschen Bundes, Stuttgart 1983, S. 583-608.

**Press, Volker**: Die wittelsbachischen Territorien. Die pfälzischen Lande und Bayern, in: *Jeserich, Kurt G. A./Pohl, Hans/Unruh, Georg-Christoph von*: Deutsche Verwaltungsgeschichte, Band 1: Vom Spätmittelalter bis zum Ende des Reiches, Stuttgart 1983, S. 552-599.

**Quint, Wolfgang**: Souveränitätsbegriff und Souveränitätspolitik in Bayern. Von der Mitte des 17. bis zur ersten Hälfte des 19. Jahrhunderts, Berlin 1971.

**Rall, Hans**: Kurbayern in der letzten Epoche der alten Reichsverfassung 1745-1801, München 1952.

**Redecker, Ulrike**: Verwaltungsgliederung in Baden, Württemberg und Hohenzollern (Baden: 1976), in: *Kommission für geschichtliche Landeskunde in Baden-Württemberg* (Hrsg.): Historischer Atlas von Baden-Württemberg, Stuttgart 1972-1988, VII 4-5.

**Rob, Klaus (Bearb.)**: Regierungsakten des Primatialstaates und des Großherzogtums Frankfurt 1806-1813, in: *Historische Kommission bei der Bayerischen Akademie der Wissenschaften* (Hrsg.): Quellen zu den Reformen in den Rheinbundstaaten, Band 3, München 1995.

**Rödel, Volker**: Endzeit eines kleinen Reichsfürstentums. Der letzte Regierungswechsel im Hause Löwenstein-Wertheim-Rochefort im Jahr 1789 und seine Vorgeschichte, in: WJB 1990, S. 167-200.

**Rössler, Hellmuth**: Fränkischer Geist – Deutsches Schicksal. Ideen – Kräfte – Gestalten in Franken 1500 – 1800, Kulmbach 1953.

**Rommel, Gustav**: Graf Eberhard von Wertheim und Kaiser Karl IV., in: WJB 1952, S. 43 f.

**Rommel, Gustav**: Wertheim und seine Beziehungen zum Collegiatstift Aschaffenburg, in: WJB 1952, S. 45-49.

**Sauer, Paul**: Napoleons Adler über Württemberg, Baden und Hohenzollern. Südwestdeutschland in der Rheinbundzeit, Stuttgart/Berlin/Köln/Mainz 1987.

**Schier, Rolf**: Standesherren. Zur Auflösung der Adelsvorherrschaft in Deutschland (1815-1918), Heidelberg/Karlsruhe 1977.

**Schimke, Maria** (Bearb.): Regierungsakten des Kurfürstentums und Königreichs Bayern 1799-1815, in: *Historische Kommission bei der Bayerischen Akademie der Wissenschaften* (Hrsg.): Quellen zu den Reformen in den Rheinbundstaaten, Band 4, München 1996.

**Schöffel, Paul**: Der Markt Wertheim von 1009, in: ZGO 1941 (54 N.F.), S. 468-482.

**Schreiber, Albert**: Die Autonomie der deutschen Standesherrschaften Badens, Miltenberg 1912.

**Schroeder, Klaus-Peter**: Das Alte Reich und seine Städte. Untergang und Neubeginn: Die Mediatisierung der oberdeutschen Reichsstädte im Gefolge des Reichsdeputationshauptschlusses 1802/03, München 1991.

**Schuck, Gerhard**: Rheinbundpatriotismus und politische Öffentlichkeit zwischen Aufklärung und Frühliberalismus. Kontinuitätsdenken und Diskontinuitätserfahrung in den Staatsrechts- und Verfassungsdebatten der Rheinbundpublizistik, Stuttgart 1994.

**Schuck, Gerhard**: Staatssouveränität und Verfassungsdiskussion in der rheinbündischen Reformzeit, in: *Kassimatis, Georg/Stolleis, Michael* (Hrsg.): Verfassungsgeschichte und Staatsrechtslehre. Griechisch-deutsche Wechselwirkungen, Frankfurt am Main 2001, S. 19-26.

**Schulz, Thomas**: Die Mediatisierung des Adels, in: *Württembergisches Landesmuseum* (Hrsg.), Baden und Württemberg im Zeitalter Napoleons, Band 2, Stuttgart 1987, S. 157-174.

**Schweinitz, Hans Bernhard von**: Hohenlohe und die „Mediatisierung" in Franken und Schwaben. Ein Beitrag zur Geschichte der durch die Rheinische Bundesakte in Südwestdeutschland geschaffenen Verhältnisse, Tübingen 1953.

**Seiterich, Ludwig**: Kreisdirektorium und Kreisregierung im ehemaligen Grossherzogtum Baden und die historische Entwicklung ihrer Zuständigkeiten, in: ZGO 1929 (42 N.F.), S. 493-556.

**Sicken, Bernhard**: Der Fränkische Reichskreis. Seine Ämter und Einrichtungen im 18. Jahrhundert, Würzburg 1970.

**Spies, Hans-Bernd**: Die Mediatisierung der auf der rechten Mainseite gelegenen löwenstein-wertheimischen Gebiete durch den Fürstprimatischen Staat (1806), in: WJB 1996, S. 179-194.

**Spindler, Max** (Hrsg.): Bayerischer Geschichtsatlas, München 1969.

**Spindler, Max** (Hrsg.): Handbuch der bayerischen Geschichte, Band 4: Das neue Bayern 1800-1970, Teilband 1, München 1974.

**Stetten, Wolfgang von**: Die Rechtsstellung der unmittelbaren freien Reichsritterschaft, ihre Mediatisierung und ihre Stellung in den neuen Landen. Dargestellt am fränkischen Kanton Odenwald, Schwäbisch Hall 1973.

**Stiefel, Karl**: Baden 1648-1952, 2 Bände, Karlsruhe 1977.

**Stockert, Harald**: Adel im Übergang. Die Fürsten und Grafen von Löwenstein-Wertheim zwischen Landesherrschaft und Standesherrschaft 1780-1850, Stuttgart 2000.

**Stockert, Harald**: Die Fürsten und Grafen von Löwenstein-Wertheim als Landesherren – Existenzbedingungen und Handlungsspielräume am Ende des 18. Jahrhunderts, in: WJB 2000, S. 183-201.

**Stockert, Harald**: Vom Gewinner der Säkularisation zum Opfer der Mediatisierung – Das Haus Löwenstein-Wertheim zwischen dem Frieden von Lunéville und der Gründung des Rheinbundes, in: ZfwürttLG 2002 (61), S. 293-304.

**Störmer, Wilhelm**: Zur Grundherrschaft der Grafen von Wertheim, in: WJB 1963/1964, S. 18-23.

**Ullmann, Hans-Peter**: Badische Finanzreformen in der Rheinbundzeit, in: GuG 1982, S. 333 ff.

**Ullmann, Hans-Peter**: Staatsschulden und Reformpolitik. Die Entstehung moderner öffentlicher Schulden in Bayern und Baden 1780-1820, 2 Bände, Göttingen 1986.

**Ullmann, Hans-Peter**: Baden 1800 bis 1830, in: *Schwarzmaier, Hansmartin u.a.* (Hrsg.), Handbuch der baden-württembergischen Geschichte, Band 3: Vom Ende des Alten Reiches bis zum Ende der Monarchien, Stuttgart 1992, S. 25-67.

**Unruh, Georg-Christoph von**: Polizei, Polizeiwissenschaft und Kameralistik, in: *Jeserich, Kurt G. A./Pohl, Hans/Unruh, Georg-Christoph von*: Deutsche Verwaltungsgeschichte, Band 1: Vom Spätmittelalter bis zum Ende des Reiches, Stuttgart 1983, S. 388-427.

**Vahlteich**: Die deutschen Standesherren. Ein Überblick über ihre Lage und Verhältnisse, Jena 1844.

**Volkert, Wilhelm**: Bayerns Zentral- und Regionalverwaltung zwischen 1799 und 1817, in: *Weis, Eberhard* (Hrsg.): Reformen im rheinbündischen Deutschland, München 1984, S. 169-180.

**Volkert, Wilhelm** (Hrsg.): Handbuch der bayerischen Ämter, Gemeinden und Gerichte 1799-1980, München 1983.

**Volkert, Wilhelm**: Bayern, in: *Jeserich, Kurt G. A./Pohl, Hans/Unruh, Georg-Christoph von*: Deutsche Verwaltungsgeschichte, Band 2: Vom Reichsdeputationshauptschluß bis zur Auflösung des Deutschen Bundes, Stuttgart 1983, S. 503-550.

**Vollgraff, Karl**: Die teutschen Standesherrn. Ein historisch-publizistischer Versuch, Gießen 1824.

**Vollgraff, Karl**: Über die Unverletzbarkeit der standesherrlichen Eigentumsrechte, Marburg 1837 (neu aufgelegt von *Mack, Eugen*, Wolfegg 1924).

**Wagner, Karl**: Über Verfassung und Einrichtung der Stadt Wertheim nach Ertheilung der Frankfurter Rechte im Jahr 1306, in: *ders.*, Skizzen zur Geschichte der Stadt Wertheim nach archivalischen Vorlagen, Wertheim 1885.

**Walz, Ernst**: Das Staatsrecht des Großherzogtums Baden, Tübingen 1909.

**Weber, Wolfgang**: Die Veränderungen in der staatsrechtlichen Lage der Deutschen Standesherren zwischen Rheinbundakte, Deutscher Bundesakte und Gegenwart, Jena 1904.

**Weech, Friedrich von**: Die badischen Landtagsabschiede von 1554 bis 1668, in: ZGO 1877 (29), S. 323-420.

**Weech, Friedrich von**: Badische Geschichte, Karlsruhe 1890.

**Weis, Eberhard**: Die Begründung des modernen bayerischen Staates unter König Max I. (1799 bis 1825), in: *Spindler, Max* (Hrsg.): Handbuch der bayerischen Geschichte, Band 4/1: Das neue Bayern 1800-1970, München 1974.

**Weis, Eberhard**: Bayern und Frankreich in der Zeit des Konsulats und des Ersten Empire (1799-1815), in: HistZ 1983 (237), S. 559-595.

**Wild, Gerhard**: Das Fürstentum Leiningen vor und nach der Mediatisierung, Mainz 1954.

**Willoweit, Dietmar**: Deutsche Verfassungsgeschichte. Vom Frankenreich bis zur Wiedervereinigung Deutschlands, 4. Auflage, München 2001.

**Willoweit, Dietmar**: Rechtsgrundlagen der Territorialgewalt. Landesobrigkeit, Herrschaftsrechte und Territorium in der Rechtswissenschaft der Neuzeit, Köln/Wien 1975.

**Windelband, Wolfgang**: Die Verwaltung der Markgrafschaft Baden zur Zeit Karl Friedrichs, Leipzig 1917.

**Wunder, Bernd**: Die Entstehung des modernen Staates in Baden und Württemberg, in: *Württembergisches Landesmuseum* (Hrsg.), Baden und Württemberg im Zeitalter Napoleons, Band 2, Stuttgart 1987, S. 103-120.

**Würtz, Christian**: Johann Niklas Friedrich Brauer (1754-1813) – badischer Reformer in napoleonischer Zeit, Stuttgart 2005.

**Wysocki, Josef**: Die räumliche Organisation der staatlichen Finanzbehörden, Hannover 1982.

**Zachariä, Heinrich Albert**: Deutsches Staats- und Bundesrecht, Göttingen 1841.

**Zachariä, Karl Salomo**: Handbuch des französischen Civilrechts, Band 1, Heidelberg 1808.

**Zachariä, Karl Salomo**: Das Staatsrecht der Rheinischen Bundesstaaten und das Rheinische Bundesrecht erläutert in einer Reihe Abhandlungen, Heidelberg 1810.

**Zachariä, Karl Salomo**: Die Souverainetätsrechte der Krone Würtemberg in ihrem Verhältnisse zu den standesherrlichen Eigenthumsrechten des Fürstlichen Gesamthauses Hohenlohe, Heidelberg 1836.

**Zeile, Christine**: Baden im Vormärz. Die Politik der Ständeversammlung sowie der Regierung zur Adelsfrage, Grundentlastung und Judenemanzipation 1818 bis 1843, München 1989.

**Zimmermann, Kurt**: Obrigkeit, Bürgertum und Wirtschaftsformen im alten Wertheim. Untersuchungen zur verfassungs-, sozial- und wirtschaftsgeschichtlichen Struktur einer landesherrlichen Stadt Mainfrankens im 16. Jahrhundert, Würzburg 1975.

**Zoepfl, Heinrich**: Grundsätze des allgemeinen und deutschen Staatsrechts, mit besonderer Rücksicht auf die neuesten Zeitverhältnisse, 2 Bände, Heidelberg und Leipzig, 4. Auflage 1855 (Band 1) und 1856 (Band 2).

**Zoepfl, Heinrich**: Die neuesten Angriffe auf die staatsrechtliche Stellung der deutschen Standesherren. Kritisch beleuchtet, Karlsruhe 1867.

**Zoepfl, Heinrich**: Deutsche Rechtsgeschichte, Band 2, 4. Auflage, Braunschweig 1872.

**Die Territorien der Löwensteiner nach dem Reichsdeputationshauptschluß**

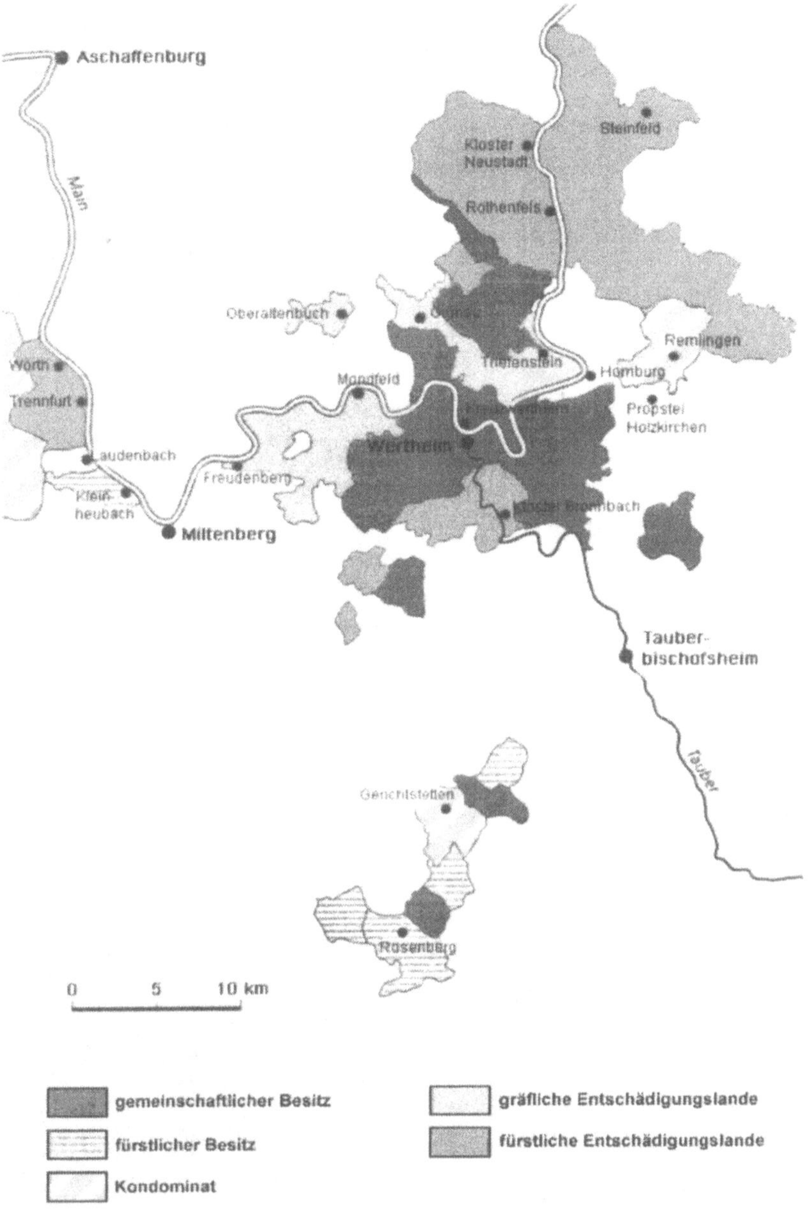


Vorlage: Stockert, Adel im Übergang, S. 130

# Die Grafen und Fürsten von Löwenstein-Wertheim (Auswahl)

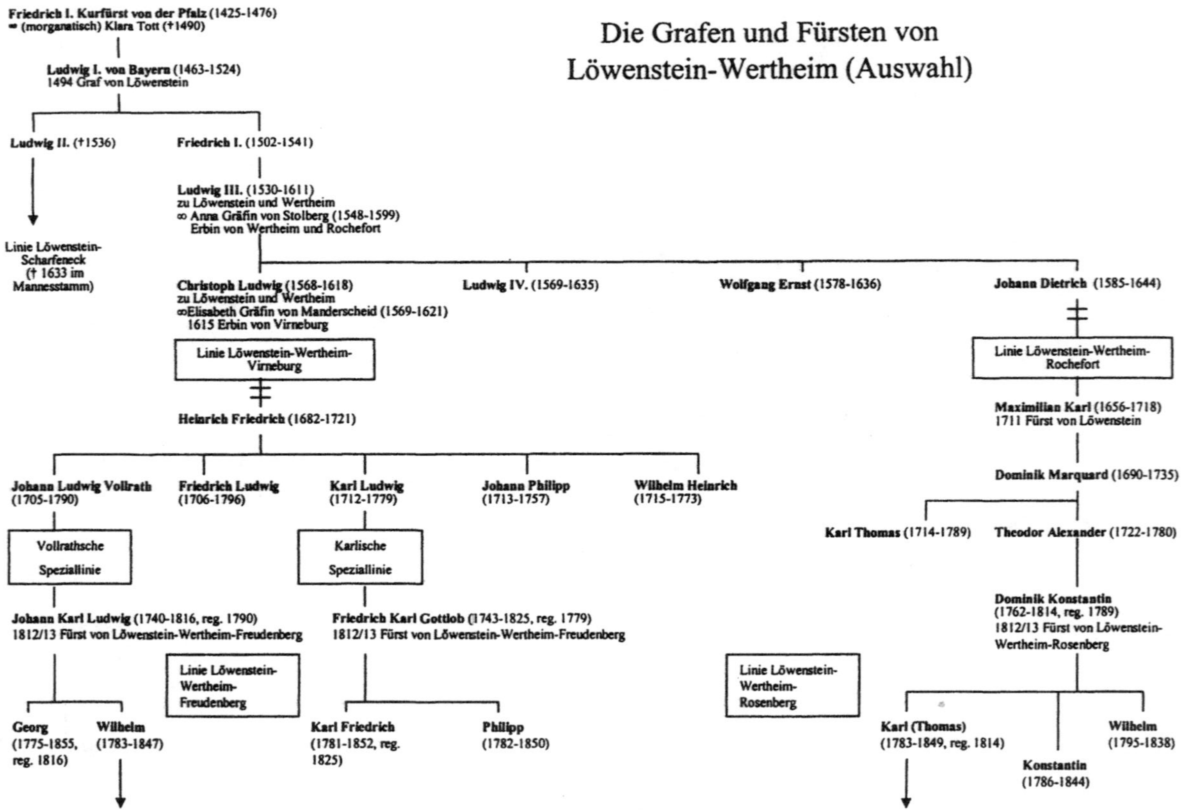

**RECHTSHISTORISCHE REIHE**

Band 1 Studien zu den germanischen Volksrechten. Gedächtnisschrift für Wilhelm Ebel. Vorträge gehalten auf dem Fest-Symposion anläßlich des 70. Geburtstages von Wilhelm Ebel am 16. Juni 1978 in Göttingen. Götz Landwehr (Hrsg.) 1982.

Band 2 Hans Poeschel: Die Statuten der Banken, Sparkassen und Kreditgenossenschaften in Hamburg und Altona von 1710 bis 1889. 1978.

Band 3 Thomas Kolbeck: Juristenschwemmen, Untersuchungen über den juristischen Arbeitsmarkt im 19. und 20. Jahrhundert. 1978.

Band 4 Norbert Hempel: Richterleitbilder in der Weimarer Republik. 1978.

Band 5 Rolf Stratmann: Die Scheinbußen im mittelalterlichen Recht. 1978.

Band 6 Martin C. Lockert: Die niedersächsischen Stadtrechte zwischen Aller und Weser. Vorkommen und Verflechtungen. Eine Bestandsaufnahme. 1979.

Band 7 Joachim Rückert/Wolfgang Friedrich: Betriebliche Arbeiterausschüsse in Deutschland, Großbritannien und Frankreich im späten 19. und frühen 20. Jahrhundert. Eine vergleichende Studie zur Entwicklung des kollektiven Arbeitsrechts. 1979.

Band 8 Peter Bender: Die Rezeption des römischen Rechts im Urteil der deutschen Rechtswissenschaft. 1979.

Band 9 Friedrich Karl Alsdorf: Untersuchungen zur Rechtsgestalt und Teilung deutscher Ganerbenburgen. 1980.

Band 10 Dietmar Willoweit/Winfried Schich (Hrsg.): Studien zur Geschichte des sächsisch-magdeburgischen Rechts in Deutschland und Polen (Sammelband). 1980.

Band 11 Brigitte Hempel: Der Entwurf einer Polizeiordnung für das Herzogtum Sachsen-Lauenburg aus dem Jahre 1591. 1980.

Band 12 Klaus-Detlev Godau-Schüttke: Rechtsverwalter des Reiches. Staatssekretär Dr. Curt Joël. 1981.

Band 13 Rainer Polley: Anton Friedrich Justus Thibaut (AD 1772-1840) in seinen Selbstzeugnissen und Briefen. Teil 1: Abhandlung. Teil 2: Briefwechsel. Teil 3: Register zum Briefwechsel. 1982.

Band 14 Michael Wettengel: Der Streit um die Vogtei Kelkheim 1275-1276. Ein kanonischer Prozeß.1981.

Band 15 Otto Wilhelm Krause: Naturrechtler des sechzehnten Jahrhunderts. Ihre Bedeutung für die Entwicklung eines natürlichen Privatrechts. 1982.

Band 16 Helga Spindler: Von der Genossenschaft zur Betriebsgemeinschaft. Kritische Darstellung der Sozialrechtslehre Otto von Gierkes. 1982.

Band 17 Holger Otte: Gustav Radbruchs Kieler Jahre 1919 - 1926. 1982.

Band 18 Rüdiger Teuner: Die fuldische Ritterschaft 1510 - 1656. 1982.

Band 19 Gerhard Dilcher/Rudolf Hoke/Gian Savino Pene Vidari/Hans Winterberg (Hrsg.): Grundrechte im 19. Jahrhundert. 1982.

Band 20 Karl-Hans Schloßstein: Die westfälischen Fabrikengerichtsdeputationen - Vorbilder, Werdegang und Scheitern. 1982.

Band 21 Birger Schulz: Der Republikanische Richterbund (1921-1933). 1982.

Band 22 Engelbert Krause: Die gegenseitigen Unterhaltsansprüche zwischen Eltern und Kindern in der deutschen Privatrechtsgeschichte. 1982.

Band 23 Meent W. Francksen: Staatsrat und Gesetzgebung im Großherzogtum Berg (1806-1813). 1982.

Band 24 Gerd von Sonnleithner: Bearbeitung des Handelsrechts durch Ignaz von Sonnleithner in seinem "Leitfaden über das österreichische Handels- und Wechselrecht". 1982.

Band 25 Rudolf Palme: Rechts-, Wirtschafts- und Sozialgeschichte der inneralpinen Salzwerke bis zu deren Monopolisierung. 1983.

Band 26 Helen Bosshard: Pestalozzis Staats- und Rechtsverständnis und seine Stellung in der Aufklärung. 1983.

Band 27 Jens Jessen: Die Selbstzeugnisse der deutschen Juristen. Erinnerungen, Tagebücher und Briefe. Eine Bibliographie. 1983.

Band 28 Günter Martin Jensen: Das Domanium Waldeck. Die rechtliche Zuordnung eines Fürstenvermögens. 1984.

Band 29 Johann Heinrich Kumpf: Petitionsrecht und öffentliche Meinung im Entstehungsprozeß der Paulskirchenverfassung 1848/49. 1983.

Band 30 Sabine Frey: Rechtsschutz der Juden gegen Ausweisungen im 16. Jahrhundert. 1983.

Band 31 Dietrich Joswig: Die germanische Grundstücksübertragung. 1984.

Band 32 Andreas Baryli: Konzessionssystem contra Gewerbefreiheit. Zur Diskussion der österreichischen Gewerberechtsreform 1835 bis 1860. 1984.

Band 33 Gerhard Oberkofler: Studien zur Geschichte der österreichischen Rechtswissenschaft. 1984.

Band 34 Rudolf Lauda: Kaufmännische Gewohnheit und Burgrecht bei Notker dem Deutschen. Zum Verhältnis von literarischer Tradition und zeitgenössischer Realität in der frühmittelalterlichen Rhetorik. 1984.

Band 35 Jens Jensen: Die Ehescheidung des Bischofs Hans von Lübeck von Prinzessin Julia Felicitas von Württemberg-Weiltingen AD 1648-1653. Ein Beitrag zum protestantischen Ehescheidungsrecht im Zeitalter des beginnenden Absolutismus. 1984.

Band 36 Horst Schröder: Friedrich Karl von Savigny. Geschichte und Rechtsdenken beim Übergang vom Feudalismus zum Kapitalismus in Deutschland. 1984.

Band 37 Andreas Hatzung: Dogmengeschichtliche Grundlagen und Entstehung des zivilrechtlichen Notstands. 1984.

Band 38 Matthias Klasen: Das Billwerder Landrecht. Landrecht und Landgericht in den Hamburger Elbmarschen. 1985.

Band 39 Rainer Jamin: Aufbau, Tätigkeit und Verfahren der Auseinandersetzungsbehörden bei der Durchführung der preußischen Agrarreformen. 1985.

Band 40 Henry Winter: Teilschuld, Gesamtschuld und unechte Gesamtschuld. Zur Konzeption der §§ 420 ff. BGB - Ein Beitrag zur Entstehungsgeschichte des BGB. 1985.

Band 41 Hermann Eichler: Verfassungsbewegung in Amerika und Europa. 1985.

Band 42 Dagmar Bandemer: Heinrich Albert Zachariae. Rechtsdenken zwischen Restauration und Reformation. 1985.

Band 43 Eva-Christine Frentz: Das Hamburgische Admiralitätsgericht (1623-1811). Prozeß und Rechtsprechung. 1985.

Band 44 Karl Lillig: Rechtsetzung im Herzogtum Pfalz-Zweibrücken während des 18. Jahrhunderts. Ein Beitrag zur Geschichte der territorialen Rechtsbildung. 1985.

Band 45 Walter Weber: Die Entwicklung der Sparkassen zu selbständigen Anstalten des öffentlichen Rechts. Ein Beitrag zur Entwicklung des Anstaltsbegriffs im 19. Jahrhundert. 1985.

Band 46 Bärbel Baum: Der Stabreim im Recht. Vorkommen und Bedeutung des Stabreims in Antike und Mittelalter. 1986.

Band 47 Hans Popp: Die nationalsozialistische Sicht einiger Institute des Zivilprozeß- und Gerichtsverfassungsrechts. 1986.

Band 48 John Karl-Heinz Montag: Die Lehrdarstellung des Handelsrechts von Georg Friedrich von Martens bis Meno Pöhls. Die Wissenschaft des Handelsrechts im ersten Drittel des 19. Jahrhunderts. 1986.

Band 49 Volker D. Anhäusser: Das internationale Obligationenrecht in der höchstrichterlichen Rechtsprechung des 19. Jahrhunderts. 1986.

Band 50 Udo Beer: Die Juden, das Recht und die Republik. Verbandswesen und Rechtsschutz 1919-1933. 1986.

Band 51 Herbert Grziwotz: Der moderne Verfassungsbegriff und die "Römische Verfassung" in der deutschen Forschung des 19. und 20. Jahrhunderts. 1986.

Band 52 Ralf Conradi: Karl Friedrich Eichhorn als Staatsrechtslehrer. Seine Göttinger Vorlesung über "Das Staatsrecht der deutschen Bundesstaaten" nach einer Kollegmitschrift aus dem Wintersemester 1821/22. 1987.

Band 53 Dieter Dannreuther: Der Zivilprozeß als Gegenstand der Rechtspolitik im Deutschen Reich 1871 - 1945. Ein Beitrag zur Geschichte des Zivilprozeßrechts in Deutschland. 1987.

Band 54 Stephan Felix Pauly: Organisation, Geschichte und Praxis der Gesetzesauslegung des (Königlich) Preußischen Oberverwaltungsgerichtes 1875 - 1933. 1987.

Band 55 Rüdiger Schulz: Die Entstehung des Seerechts des Allgemeinen Deutschen Handelsgesetzbuches unter besonderer Berücksichtigung der Bestimmungen über die Reederei, den Schiffer und die Schiffsmannschaft. 1987.

Band 56 Reinhold Reis: Deutsches Privatrecht in den Weistümern der Zenten Schriesheim und Kirchheim. 1987.

Band 57 Jürgen Christoph: Die politischen Reichsamnestien 1918 - 1933. 1987.

Band 58 Gerhard Oberkofler/Eduard Rabofsky: Hans Kelsen im Kriegseinsatz der k.u.k.-Wehrmacht. Eine kritische Würdigung seiner militärtheoretischen Angebote. 1988.

Band 59 Arne Wulff: Staatssekretär Prof. Dr. Dr. h.c. Franz Schlegelberger. 1876-1970. 1991.

Band 60 Gerhard Köbler (Hrsg.): Wege europäischer Rechtsgeschichte. Karl Kroeschell zum 60. Geburtstag. 1987.

Band 61 Rüdiger Hütte: Der Gemeinschaftsgedanke in den Erbrechtsreformen des Dritten Reichs. 1988.

Band 62 Markus Göldner: Politische Symbole der europäischen Integration. Fahne, Hymne, Hauptstadt, Paß, Briefmarke, Auszeichnungen. 1988.

Band 63 Wolfgang Kröner: Freiheitsstrafe und Strafvollzug in den Herzogtümern Schleswig, Holstein und Lauenburg von 1700 bis 1864. 1988.

Band 64 Werner Gaile: Die Norder Theelacht. 1988.

Band 65 Karl v. Kempis: Andreas Gaill (1526 - 1587). Zum Leben und Werk eines Juristen der frühen Neuzeit. 1988.

Band 66 Wolf-Rüdiger Osburg: Die Verwaltung Hamburgs in der Franzosenzeit. 1811-1814. 1988.

Band 67 Christian Schudnagies: Hans Frank. Aufstieg und Fall des NS-Juristen und Generalgouverneurs. 1988.

Band 68 Otmar Jung: Senatspräsident Freymuth. Richter, Sozialdemokrat und Pazifist in der Weimarer Republik. Eine politische Biographie. 1989.

Band 69 Joachim Lohner: Das landeshauptmannschaftliche Gericht in Oberösterreich zu Beginn der Neuzeit. Eine Darstellung des oberösterreichischen Prozeßrechts am obersten Territorialgericht des Landes anhand der oberösterreichischen Landtafel.1989.

Band 70 Bernd Klemann: Rudolf von Jhering und die Historische Rechtsschule. 1989.

Band 71 Adalbert Langer: Männer um die österreichische Zivilprozeßordnung 1895. Zusammenspiel / Soziales Ziel. 1990.

Band 72 Robert-Dieter Klee: Die Landessuperintendentur Lauenburg. Ursprung und Entwicklung sowie Ende der Sonderstellung des Kirchenkreises Herzogtum Lauenburg durch die nordelbische Kirchenvereinigung. 1989.

Band 73 Heinrich Herrmann: Die Gehöferschaften im Bezirk Trier. 1989.

Band 74 Wilhelm Brauneder, Franz Baltzarek (Hrsg.): Modell einer neuen Wirtschaftsordnung. Wirtschaftsverwaltung in Österreich 1914 - 1918. 1991.

Band 75 Thomas Dreyer: Die "Assecuranz- und Haverey-Ordnung" der Freien und Hansestadt Hamburg von 1731. 1990.

Band 76 Bernhard Sendler: Die Rechtssprache in den süddeutschen Stadtrechtsreformationen. 1990.

Band 77 Brigitte Lehmann: Ehevereinbarungen im 19. und 20. Jahrhundert. 1990.

Band 78 Michael Sunnus: Der NS-Rechtswahrerbund (1928-1945). Zur Geschichte der nationalsozialistischen Juristenorganisation. 1990.

Band 79 Stefan Schulz: Die historische Entwicklung des Rechts an Bienen. (§§ 961 - 964 BGB). 1990.

Band 80 Gerhard Lingelbach, Heiner Lück (Hrsg.): Deutsches Recht zwischen Sachsenspiegel und Aufklärung. Rolf Lieberwirth zum 70. Geburtstag dargebracht von Schülern, Freunden und Kollegen, herausgegeben von Gerhard Lingelbach und Heiner Lück. 1991.

Band 81 Manfred Krohn: Die deutsche Justiz im Urteil der Nationalsozialisten 1920 - 1933. 1991.

Band 82 Angelika Kühn: Privilegierung nationaler Minderheiten im Wahlrecht der Bundesrepublik Deutschland und Schleswig-Holsteins. 1991.

Band 83 Georg Brun: Leben und Werk des Rechtshistorikers Heinrich Mitteis unter besonderer Berücksichtigung seines Verhältnisses zum Nationalsozialismus. 1991.

Band 84 Wolfgang Simon: Claudius Freiherr von Schwerin. Rechtshistoriker während dreier Epochen deutscher Geschichte. 1991.

Band 85 Friedrich-Carl Wachs: Das Verordnungswerk des Reichsdemobilmachungsamtes. Stabilisierender Faktor zu Beginn der Weimarer Republik. 1991.

Band 86 Jens-Uwe Petersen: Die Vorgeschichte und die Entstehung des Mieterschutzgesetzes von 1923 nebst der Anordnung für das Verfahren vor dem Mieteinigungsamt und der Beschwerdestelle. 1991.

Band 87 Ulrike Haibach: Familienrecht in der Rechtssprache. Die historische Entwicklung zentraler Ausdrücke des geltenden Familienrechts. 1991.

Band 88 Joern Christian Nissen: Die Beratungen des Seeversicherungsausschusses der Akademie für Deutsches Recht zu einem neuen Seeversicherungsgesetz (1934-1939). Ein Beitrag zur Entwicklung der allgemeinen Lehren des Seeversicherungsrechts unter besonderer Berücksichtigung des Handelsgesetzbuchs und der Allgemeinen Deutschen Seeversicherungs-Bedingungen 1919. 1991.

Band 89 Diethard Bühler: Die Entstehung der allgemeinen Vertragsschluß-Vorschriften im Allgemeinen Deutschen Handelsgesetzbuch (ADHGB) von 1861. Ein Beitrag zur Kodifikationsgeschichte des Privatrechts im 19. Jahrhundert. 1991.

Band 90 Gerhard Oberkofler: Die Vertreter des Römischen Rechts mit deutscher Unterrichtssprache an der Karls-Universität in Prag. Vom Vormärz bis 1945. 1991.

Band 91 Ulrich Andermann: Ritterliche Gewalt und bürgerliche Selbstbehauptung. Untersuchungen zur Kriminalisierung und Bekämpfung des spätmittelalterlichen Raubrittertums am Beispiel norddeutscher Hansestädte. 1991.

Band 92 Heinz Marcus Hanke: Luftkrieg und Zivilbevölkerung. Der kriegsvölkerrechtliche Schutz der Zivilbevölkerung gegen Luftbombardements von den Anfängen bis zum Ausbruch des Zweiten Weltkrieges. 1991.

Band 93 Kirsten Kraglund: Familien- und Erbrecht. Materielles Recht und Methoden der Rechtsanwendung in der Rechtsprechung des Oberappellationsgerichts der vier Freien Städte Deutschlands zu Lübeck. 1991.

Band 94 Reinhard Lorenz: Die politische und rechtliche Stellung des Proletariats in Preußen in der Zeit zwischen den Reformen und der Revolution 1848/49. 1991.

Band 95 Eric Hilgendorf: Die Entwicklungsgeschichte der parlamentarischen Redefreiheit in Deutschland. 1991.

Band 96 Hans J. Reiter: Die Handelsgesellschaft Villeroy & Boch von der Gründung 1836 bis zum Jahr 1878. 1992.

Band 97 Martin Johannes Heller: Reform der deutschen Rechtssprache im 18. Jahrhundert. 1992.

Band 98 Michael Kotulla: Die Tragweite der Grundrechte der revidierten preußischen Verfassung vom 31.01.1850. 1992.

Band 99 Michael Siefener: Hexerei im Spiegel der Rechtstheorie. Das crimen magiae in der Literatur von 1574 bis 1608. 1992.

Band 100 Andreas Ebert-Weidenfeller: Hamburgisches Kaufmannsrecht im 17. und 18. Jahrhundert. Die Rechtsprechung des Rates und des Reichskammergerichtes. 1992.

Band 101 Enno Bommel: Die Entstehung der Verwirkungslehre in der Krise des Positivismus. 1992.

Band 102 Ralph Steppacher: Die Berücksichtigung der bäuerlichen Postulate bei der Entstehung des ZGB und der Revision des OR. Ein Beitrag zur schweizerischen Kodifikationsgeschichte (1893 - 1912). 1992.

Band 103 Martin Fleckenstein: Die Todesstrafe im Werk Carl Joseph Anton Mittermaiers (1787 - 1867). Zur Entwicklungsgeschichte eines Werkbereichs und seiner Bedeutung für Theorie- und Methodenbildung. 1992.

Band 104 Jörn Eckert: Der Kampf um die Familienfideikommisse in Deutschland. Studien zum Absterben eines Rechtsinstitutes. 1992.

Band 105 Jörg Grotkopp: Beamtentum und Staatsformwechsel. Die Auswirkungen der Staatsformwechsel von 1918, 1933 und 1945 auf das Beamtenrecht und die personelle Zusammensetzung der deutschen Beamtenschaft. 1992.

Band 106 Andreas Rohde: Die Garantiehaftung des Vermieters und ihr Verhältnis zum Unmöglichkeitsrecht in dogmengeschichtlicher und modernrechtlicher Sicht. 1992.

Band 107 Tjark Siefke Kunstreich: Gesamtvertretung. Eine historisch-systematische Darstellung. 1992.

Band 108 Jürgen Krüger: Blindheit und Königtum. Die Blindheit des Königs Georg V. von Hannover als verfassungsrechtliches Problem. 1992.

Band 109 Wolfgang Putschek: Ständische Verfassung und autoritäre Verfassungspraxis in Österreich 1933-1938 mit Dokumentenanhang. Verfassung und Verfassungswirklichkeit. Mit einem Anhang: Denkschriften von Rechtsanwalt Dr. Erich Führer 1936/37. 1993.

Band 110 Klaus Hofmann: Die Verdrängung der Juden aus öffentlichem Dienst und selbständigen Berufen in Regensburg 1933-1939. 1993.

Band 111 Franz Kilger: Die Entwicklung des Telegraphenrechts im 19. Jahrhundert mit besonderer Berücksichtigung der technischen Entwicklung. Telegraphenrecht im 19. Jahrhundert. 1993.

Band 112 Wilhelm Brauneder (Hrsg.): Heiliges Römisches Reich und moderne Staatlichkeit. 1993.

Band 113 Thomas Heinrich: Das preußische Nichtehelichenrecht: Von der Aufklärung zur Reaktion. 1993.

Band 114 Gerald Kohl: Jagd und Revolution. Das Jagdrecht in den Jahren 1848 und 1849. 1993.

Band 115 Christian Schudnagies: Der Kriegs- oder Belagerungszustand im Deutschen Reich während des Ersten Weltkrieges. Eine Studie zur Entwicklung und Handhabung des deutschen Ausnahmezustandsrechts bis 1918. 1994.

Band 116 Elisabeth Bellmann: Die Internationale Kriminalistische Vereinigung (1889-1933). 1994.

Band 117 Julia Pfannkuch: Volksrichterausbildung in Sachsen 1945-1950. 1993.

Band 118 Jörg Offen: Von der Verwaltungsgemeinschaft des BGB von 1896 zur Zugewinngemeinschaft des Gleichberechtigungsgesetzes von 1957. 1994.

Band 119 Dorothee Kohlhas-Müller: Untersuchungen zur Rechtsstellung Theoderichs des Großen. 1995.

Band 120 Monika Rose: Das Gerichtswesen des Herzogtums Pfalz-Zweibrücken im 18. Jahrhundert. Ein Beitrag zur territorialen Gerichtsbarkeit im Alten Reich. 1994.

Band 121 Jörn Eckert / Hans Hattenhauer (Hrsg.): Bibel und Recht. Rechtshistorisches Kolloquium 9. - 13. Juni 1992 an der Christian-Albrechts-Universität zu Kiel. 1994.

Band 122 Robert Martin Mizia: Der Rechtsbegriff der Autonomie und die Begründung des Privatfürstenrechts in der deutschen Rechtswissenschaft des 19. Jahrhunderts. 1995.

Band 123 Walther Graf von Plettenberg: Das Fortleben des Liber Iudiciorum in Asturien/León (8. - 13. Jh.). 1994.

Band 124 Wolfgang Schulz: Das deutsche Börsengesetz. Die Entstehungsgeschichte und wirtschaftlichen Auswirkungen des Börsengesetzes von 1896. 1994.

Band 125 Frank Hagemann: Der Untersuchungsausschuß Freiheitlicher Juristen. 1949 – 1969. 1994.

Band 126 Andreas Rethmeier: "Nürnberger Rassegesetze" und Entrechtung der Juden im Zivilrecht. 1995.

Band 127 Edith Grether: Die Poesie der Throne. Die Juristen in der Fruchtbringenden Gesellschaft. 1995.

Band 128 Anna Bartels-Ishikawa: Der Lippische Thronfolgestreit. Eine Studie zu verfassungsrechtlichen Problemen des Deutschen Kaiserreiches im Spiegel der zeitgenössischen Staats. 1995.

Band 129 Jörg Schmidt: Otto Koellreutter 1883-1972. Sein Leben, sein Werk, seine Zeit. 1995.

Band 130 Christian Hattenhauer: Wahl und Krönung Franz II. AD 1792. Das Heilige Reich krönt seinen letzten Kaiser - Das Tagebuch des Reichsquartiermeisters Hieronymus Gottfried von Müller und Anlagen. 1995.

Band 131 Jutta v. der Decken: Das Seearbeitsrecht im Hamburger Stadtrecht von 1301 bis 1603. 1995.

Band 132 Detlev Schmidt: Die Reform des Rechts der Handelsvertreter von 1953. 1995.

Band 133 Gabi Roßdeutscher: Privatautonomie im Scheidungsrecht. Scheidungsbezogene Vereinbarungen in den letzten 200 Jahren. 1995.

Band 134 Harald Kahlenberg: Leben und Werk des Rechtshistorikers Walther Merk. Ein Beispiel für das Verhältnis von Rechtsgeschichte und Nationalsozialismus. 1995.

Band 135 Michael Steitz: Adelbert Düringer am Reichsgericht (1902-1915). Seine aktienrechtlichen Entscheidungen und sein Einfluß auf das Aktienrecht in Deutschland. 1995.

Band 136 Christian Becker: Beata Justorum Translatio. Juristen in schleswig-holsteinischen Leichenpredigten. 1996.

Band 137 Christoph Seiler: Vom Allgemeinen Landrecht zum Bürgerlichen Gesetzbuch. Dargestellt am Beispiel der höchstrichterlichen Judikatur zum kaufrechtlichen Sachmängelgewährleistungsrecht. 1996.

Band 138 Bernd Mayer: Die Vertrauensmännerausschüsse auf den preußischen Steinkohlegruben an der Saar. Entstehung und Wirken. Eine rechtshistorische Untersuchung. 1996.

Band 139 Rochus Scholl: Juden und Judenrecht im Herzogtum Pfalz-Zweibrücken. Ein Beitrag zur Rechtsgeschichte eines deutschen Kleinstaates am Ende des alten Reiches. 1996.

Band 140 Meike Bursch: Judentaufe und frühneuzeitliches Strafrecht. Die Verfahren gegen Christian Treu aus Weener/Ostfriesland 1720-1728. 1996.

Band 141 Markus Hillenbrand: Fürstliche Eheverträge. Gottorfer Hausrecht 1544 - 1773. 1996.

Band 142 Ulf Häder: Das gemeinschaftliche Oberappellationsgericht thüringischer Staaten in Jena. Ein Beitrag zur Geschichte des Gerichtswesens im 19. Jahrhundert. 1996.

Band 143 Andreas Bauer: Das Gnadenbitten in der Strafrechtspflege des 15. und 16. Jahrhunderts. Dargestellt unter besonderer Berücksichtigung von Quellen der Vorarlberger Gerichtsbezirke Feldkirch und des Hinteren Bregenzerwaldes. 1996.

Band 144 Christian Wirth: Der Jurist Johann Andreas Georg Friedrich Rebmann zwischen Revolution und Restauration. 1996.

Band 145 Stefanie Müller: Die Rechtsprechung des Hanseatischen Oberlandesgerichts zum persönlichen Eherecht in Hamburgischen Gerichtsfällen von 1879 -1900. 1996.

Band 146 Jean-Nicolas Morisset: Der Frachtvertrag in der *Ordonnance de la marine* von 1681. 1996.

Band 147 Dirk Lentfer: Die Glogauer Landesprivilegien des Andreas Gryphius von 1653. 1996.

Band 148 Wencke Mull: Die Haftung für Einsturzschäden nach den §§ 836-838 BGB in der Rechtsprechung des Reichsgerichts. 1996.

Band 149 Renate Zelger: Teufelsverträge. Märchen, Sage, Schwank, Legende im Spiegel der Rechtsgeschichte. 1996.

Band 150 Guido Kraß: Das Arrestverfahren in Frankfurt am Main im Spätmittelalter. 1996.

Band 151 F. Benedict Heyn: Die Entwicklung des Eisenbahnfrachtrechts von den Anfängen bis zur Einführung des Allgemeinen Deutschen Handelsgesetzbuches (ADHGB). 1996.

Band 152 Thomas Lang: Die Staats- und Verfassungslehre Carl Salomo Zachariaes. 1996.

Band 153 Michael Hebeis: Karl Anton von Martini (1726-1800). Leben und Werk. 1996.

Band 154 Gerald Hubert: Die Diskussion um die rechtliche Natur der Bizone in den Jahren 1947-1949. 1996.

Band 155 Christof Horn: Die Rechtsprechung des Reichsgerichts in Ehescheidungssachen der Jahre 1900 bis 1905. 1996.

Band 156 Hermann Nehlsen / Georg Brun (Hrsg.): Münchener rechtshistorische Studien zum Nationalsozialismus. 1996.

Band 157 Jan Otto Clemens Kehrberg: Die Entwicklung des Elektrizitätsrechts in Deutschland. Der Weg zum Energiewirtschaftsgesetz von 1935. 1997.

Band 158 Johannes Tradt: Der Religionsprozeß gegen den Zopfschulzen (1791-1799). Ein Beitrag zur protestantischen Lehrpflicht und Lehrzucht in Brandenburg-Preußen gegen Ende des 18. Jahrhunderts. 1997.

Band 159 Dietmar Olsen: Das kaufrechtliche Sachmängelgewährleistungsrecht des Code civil in der Rechtsprechung deutscher Gerichte im 19. Jahrhundert. Ein Beitrag zur Ablösung der Partikularrechte durch das BGB. 1997.

Band 160 Ulrich Bernhardt: Die Deutsche Akademie für Staats- und Rechtswissenschaft »Walter Ulbricht" 1948-1971. 1997.

Band 161 Claudia Susan Hoppe: Die Bürgschaft im Rechtsleben Hamburgs von 1600 bis 1900. 1997.

Band 162 Franz-Rudolf Ecker: Die Entwicklung des Bergrechts im Saarbrücker Steinkohlenrevier bis zum Ende des 18. Jahrhunderts. Ein Vergleich mit dem älteren deutschen Bergrecht. 1997.

Band 163 Anne Katrin Rückert: Politik und Privatrecht in der »konservativen Revolution". 1997.

Band 164 Gisbert Laube: Der Reichskunstwart. Geschichte einer Kulturbehörde 1919-1933. 1997.

Band 165 Nicolas Lührig: Die Diskussion über die Reform der Juristenausbildung von 1945 bis 1995. 1997.

Band 166 Regula Gerber Jenni: Die Emanzipation der mehrjährigen Frauenzimmer. Frauen im bernischen Privatrecht des 19. Jahrhunderts. 1997.

Band 167 Mischa A. Färber: Das gemeinschaftliche Testament in der höchstrichterlichen Rechtsprechung zum Allgemeinen Preußischen Landrecht und zum BGB. Ein Beitrag zur Ablösung der Partikularrechte durch das BGB. 1997.

Band 168 Catherine Antoinette Gasser: Philipp Lotmar 1850-1922. Professor der Universität Bern. Sein Engagement für das Schweizerische Arbeitsrecht. 1997.

Band 169 Lars Immisch: Der sozialistische Richter in der DDR und seine Unabhängigkeit. Der Versuch eines Rechtsvergleiches zum Unabhängigkeitsbegriff in der bundesdeutschen Rechtsordnung. 1997.

Band 170 Jessica Jacobi: Besitzschutz vor dem Reichskammergericht. Die friedenssichernde Funktion der Besitzschutzklagen am Reichskammergericht im 16. Jahrhundert, dargestellt anhand von Kameralisten. 1998.

Band 171 Ewald Hügemann: Die Geschichte des öffentlichen und privaten Mietpreisrechts vom Ersten Weltkrieg bis zum Gesetz zur Regelung der Miethöhe von 1974. 1998.

Band 172 Lutz Rentzow: Die Entstehungs- und Wirkungsgeschichte der Vernewerten Landesordnung für das Königreich Böhmen von 1627. 1998.

Band 173 Sabine Stürmer: Mühlenrecht im Herzogtum Pfalz-Zweibrücken während des 18. Jahrhunderts. Ein Beitrag zum Wirtschaftsrecht eines deutschen Kleinstaates im Alten Reich. 1998.

Band 174 Mario Bogisch: *Nemo testis in re sua*. Das Problem der Zeugnisfähigkeit bei der Anwendung der deutschen Zivilprozeßordnung von 1877. 1998.

Band 175 Rainer Oßwald: Pactane sunt servanda? Freiwilligkeit, Zwang und Unverbindlichkeitserklärungen im islamischen Vertragsrecht malikitischer Schule. 1998.

Band 176 Bettina Kern: Der preußische BGB-Entwurf von 1842. 1998.

Band 177 Inken Fuhrmann: Die Diskussion über die Einführung der fakultativen Zivilehe in Deutschland und Österreich seit Mitte des 19. Jahrhunderts. 1998.

Band 178 Annette Rieck: Der Heilige Ivo von Hélory (1247-1303). Advocatus pauperum und Patron der Juristen. 1998.

Band 179 Frank Bottenberg: Die Hamburgische Strafprozeßordnung von 1869. 1998.

Band 180 Matthias Krauß: Das kursächsische Postrecht von seinen Anfängen bis zum Ende des Alten Reichs. 1998.

Band 181 Torsten Schmidt: Die Entmündigung von den Anfängen des BGB bis zu ihrer Ablösung durch das Institut der Betreuung. 1998.

Band 182 Christian Nunn: Rudolf Müller-Erzbach. 1874-1959. Von der realen Methode über die Interessenjurisprudenz zum kausalen Rechtsdenken (Leben und Werk). 1998.

Band 183 Christian Ortloff: Das staatskirchenrechtliche System Wilhelm Traugott Krugs. Glaubens- und Gewissensfreiheit – eine Forderung der Vernunft. 1998.

Band 184 Christian Hattenhauer: Schuldenregulierung nach dem Westfälischen Frieden. Der sog. § *de indaganda* und seine Umsetzung im Jüngsten Reichsabschied (AD 1648 und 1654). 1998.

Band 185 Werner Schubert: Preußen im Vormärz. Die Verhandlungen der Provinziallandtage von Brandenburg, Pommern, Posen, Sachsen und Schlesien sowie – im Anhang – von Ostpreußen, Westfalen und der Rheinprovinz (1841-1845). 1998.

Band 186 Silvia Schumacher: Das Rechtsverhältnis zwischen Eltern und Kindern in der Privatrechtsgeschichte. 1999.

Band 187 Kai Sommer: Die Strafbarkeit der Homosexualität von der Kaiserzeit bis zum Nationalsozialismus. Eine Analyse der Straftatbestände im Strafgesetzbuch und in den Reformentwürfen (1871-1945). 1998.

Band 188 Jan Erik Backhaus: Volksrichterkarrieren in der DDR. 1999.

Band 189 Ralf Ruhnau: Die Fürstlich Thurn und Taxissche Privatgerichtsbarkeit in Regensburg. Ein Kuriosum der deutschen Rechtsgeschichte. 1999.

Band 190 Antonio Grilli: Die französische Justizorganisation am linken Rheinufer 1797-1803. 1999.

Band 191 Stephanie Kammerloher-Lis: Die Entstehung des Gesetzes über die religiöse Kindererziehung vom 15. Juli 1921. 1999.

Band 192 Jan Telp: Ausmerzung und Verrat. Zur Diskussion um Strafzwecke und Verbrechensbegriffe im Dritten Reich. 1999.

Band 193 Kurt von Pannwitz: Die Entstehung der Allgemeinen Deutschen Wechselordnung. Ein Beitrag zur Geschichte der Vereinheitlichung des deutschen Zivilrechts im 19. Jahrhundert. 1999.

Band 194 Sylvia Busch: Die Entstehung der Allgemeinen Gerichtsordnung für die Preussischen Staaten von 1793/95. Ein Beitrag zur Geschichte der Kodifikationsbewegung und der Reform des Zivilprozesses in Preußen im 18. Jahrhundert. 1999.

Band 195 Dirk Bieresborn: Klage und Klageerwiderung im deutschen und englischen Zivilprozeß. Eine rechtshistorische und rechtsvergleichende Untersuchung unter besonderer Berücksichtigung der Beeinflussung durch das römisch-kanonische Verfahren. 1999.

Band 196 Andreas Thier / Guido Pfeifer / Philipp Grzimek (Hrsg.): Kontinuitäten und Zäsuren in der Europäischen Rechtsgeschichte. Europäisches Forum Junger Rechtshistorikerinnen und Rechtshistoriker München 22.-24. Juli 1998. 1999.

Band 197 Franz Smola: Die Fürstlich Liechtenstein'sche Kunstsammlung. Rechtsfragen zur Verbringung der Sammlung von Wien nach Vaduz in den Jahren 1944/45. 1999.

Band 198 Frank Martin Krauss: Das geteilte Eigentum im 19. und 20. Jahrhundert. Eine Untersuchung zum Fortbestand des Teilungsgedankens. 1999.

Band 199 Matthias Frey: Die spanische Aktiengesellschaft im 18. Jahrhundert und unter dem Código de Comercio von 1829. 1999.

Band 200 Alexandra Gilde: Die Stellung der Frau im Reichsstrafgesetzbuch von 1870/71 und in den Reformentwürfen bis 1919 im Urteil der bürgerlichen Frauenbewegung. Eine Analyse ausgewählter Straftatbestände. 1999.

Band 201 Malte Dießelhorst / Arne Duncker: Hans Kohlhase. Die Geschichte einer Fehde in Sachsen und Brandenburg zur Zeit der Reformation. 1999.

Band 202 Jörg Hillmann: Territorialrechtliche Auseinandersetzungen der Herzöge von Sachsen-Lauenburg vor dem Reichskammergericht im 16. Jahrhundert. 1999.

Band 203 Carsten Engler: Die Kommanditgesellschaft (KG) und die stille Gesellschaft im Allgemeinen Deutschen Handelsgesetzbuch (ADHGB) von 1861. 1999.

Band 204 Vesta Hoffmann-Steudner: Die Rechtsprechung des Reichsgerichts zu dem Scheidungsgrund des § 49 EheG (EheG 1938) in den Jahren 1938-1945. 1999.

Band 205 Michaela Thiele: Die Auflösung von Arbeitsverhältnissen aufgrund Anfechtung und außerordentlicher Kündigung nach der Rechtsprechung des Reichsarbeitsgerichts (1927-1945). 2000.

Band 206 Peter Landau / Hermann Nehlsen / Mathias Schmoeckel (Hrsg.): Karl von Amira zum Gedächtnis. 1999.

Band 207 Marcus Flinder: Die Entstehungsgeschichte des Zivilgesetzbuches der DDR. 1999.

Band 208 Boris Franz Leo Bromm: Die Entstehungsgeschichte des Berufs des Handelsvertreters. Unter besonderer Berücksichtigung der Sozialgesetzgebung in den Jahren von 1871-1933. 2000.

Band 209 Winfried C. J. Eberstein: Das Tierschutzrecht in Deutschland bis zum Erlaß des Reichs-Tierschutzgesetzes vom 24. November 1933. Unter Berücksichtigung der Entwicklung in England. 1999.

Band 210 Patrick Deller: Der „nach dem Vertrage" vorausgesetzte Gebrauch (§ 459 Absatz 1 Satz 1 BGB). Eine kaufrechtliche Untersuchung unter Berücksichtigung rechtshistorischer wie rechtsvergleichender Grundlagen. 2000.

Band 211 Eckard Freiherr von Bodenhausen: Haftung des Geschäftsherrn für Verrichtungsgehilfen im Straßen- und Schienenverkehr. Eine Analyse der Entscheidungen des Reichsgerichts zu § 831 BGB (1900-1945). 2000.

Band 212 Birte Gast: Der Allgemeine Teil und das Schuldrecht des Bürgerlichen Gesetzbuchs im Urteil von Raymond Saleilles (1855-1912). 2000.

Band 213 Hansjörg Michael Huber: Koloniale Selbstverwaltung in Deutsch-Südwestafrika. Entstehung, Kodifizierung und Umsetzung. 2000.

Band 214 Ulf Björner: Die Verfassungsgerichtsbarkeit im Norddeutschen Bund und Deutschen Reich (1867-1918). Eine rechtshistorische Untersuchung über Gerichtsbarkeit im Spannungsfeld von Politik und Recht innerhalb der von Bismarck geschaffenen deutschen Bundesstaaten. 2000.

Band 215 Mathias Freiherr von Rosenberg: Friedrich Carl von Savigny (1779-1861) im Urteil seiner Zeit. 2000.

Band 216 Reinhard Binder-Krieglstein: Österreichisches Adelsrecht 1868-1918/19. Von der Ausgestaltung des Adelsrechts der cisleithanischen Reichshälfte bis zum Adelsaufhebungsgesetz der Republik unter besonderer Berücksichtigung des adeligen Namensrechts. 2000.

Band 217 Claudia-Regine Nerius: Johannes Lehmann-Hohenberg (1851-1925). Eine Studie zur völkischen Rechts- und Justizkritik im Deutschen Kaiserreich. 2000.

Band 218 Ludger Meuten: Die Erbfolgeordnung des Sachsenspiegels und des Magdeburger Rechts. Ein Beitrag zur Geschichte des sächsisch-magdeburgischen Rechts. 2000.

Band 219 Christoph Alexander von Wilcken: Die Reformbestrebungen zum Genossenschaftsgesetz in der Frühzeit der Bundesrepublik. Die Beratungen der Sachverständigenkommission zur Überprüfung des Genossenschaftsrechts 1954 bis 1958 und der Referentenentwurf von 1962. 2000.

Band 220 Verein Junger RechtshistorikerInnen Zürich (Hrsg.): ¿Rechtsgeschichte(n)? ¿Histoire(s) du droit? ¿Storia/storie del diritto? ¿Legal Histori(es)? Europäisches Forum Junger Rechtshistorikerinnen und Rechtshistoriker Zürich 28.-30. Mai 1999. 2000.

Band 221 Hans Christian Schüler: Die Entstehungsgeschichte der Bundesnotarordnung vom 24. Februar 1961. 2000.

Band 222 Nils-Eberhard Schramm: Die Vereinigung demokratischer Juristen (1949-1999). 2000.

Band 223 Silke Anke Torp: Das Rechtsverhältnis zwischen den Eltern und ihren Kindern. Dienstleistungspflicht, Aussteuer und Ausstattung. Eine Analyse der Rechtsprechung des Reichsgerichts und des Reichsarbeitsgerichts zu den Vorschriften der §§ 1616 bis 1625 des Bürgerlichen Gesetzbuches in der Zeit von 1900 bis 1945. 2000.

Band 224 Martin Jürgen Maaß: Die Geschichte des Eigentumsvorbehalts, insbesondere im 18. und 19. Jahrhundert. 2000.

Band 225 Stefanie Langer: Rechtswissenschaftliche Itinerarien. Lebenswege namhafter europäischer Juristen vom 11. bis zum 18. Jahrhundert. 2000.

Band 226 Ulrich Schmitz: Der Unterhaltsanspruch des nichtehelichen Kindes gegen seinen Erzeuger. Die rechtsgeschichtliche und dogmatische Entwicklung im deutschen Recht. 2000.

Band 227 Sebastian Günther: Friedrich Carl von Savigny als Grundherr. 2000.

Band 228 Henning Ibs: Hermann J. Held (1890-1963). Ein Kieler Gelehrtenleben in den Fängen der Zeitläufe. 2000.

Band 229 Matthias Rücker: Wirtschaftswerbung unter dem Nationalsozialismus. Rechtliche Ausgestaltung der Werbung und Tätigkeit des Werberats der deutschen Wirtschaft. 2000.

Band 230 Hendrik Sandmann: Die Entwicklung von Begriff und Inhalt des Wirtschaftchsrechts durch die Rechtswissenschaft in der Weimarer Republik. 2000.

Band 231 Sibylle Müller: Gibt es Menschenrechte bei Samuel Pufendorf? 2000.

Band 232 Karin Olechowski-Hrdlicka: Die gemeinsamen Angelegenheiten der Österreichisch-Ungarischen Monarchie. Vorgeschichte – Ausgleich 1867 – Staatsrechtliche Kontroversen. 2001.

Band 233 Johannes Mierau: Die juristischen Abschluß- und Diplomprüfungen in der SBZ/DDR. Ein Einblick in die Juristenausbildung im Sozialismus. 2001.

Band 234 Jörg Wolff (Hrsg.): Stillstand, Erneuerung und Kontinuität. Einsprüche zur Preußenforschung. 2001.

Band 235 Friedo Schröder: Die anwaltliche Tätigkeit während der nationalsozialistischen Herrschaft. Eine Analyse der anwaltlichen Argumentation in Zivilprozessen anhand der vorhandenen Prozeßakten der Landgerichte Frankenthal, Wiesbaden, Limburg und Frankfurt und der Handakten der *jüdischen Konsulenten* des OLG-Bezirks Frankfurt. 2001.

Band 236 Der Code pénal des Königreichs Westphalen von 1813 mit dem Code pénal von 1810 im Original und in deutscher Übersetzung. Herausgegeben und mit einer Einleitung versehen von Werner Schubert. 2001.

Band 237 Klaus Richter: Deutsches Kolonialrecht in Ostafrika 1885-1891. 2001.

Band 238 Kai von Lewinski: Deutschrechtliche Systembildung im 19. Jahrhundert. 2001.

Band 239 Alexander Herzog: Sittenwidrige Rechtsgeschäfte in der höchstrichterlichen Rechtsprechung aus den Jahren 1948-1965. 2001.

Band 240 Claudia Rönnau: Die Beratungen des Wasserrechtsausschusses der Akademie für Deutsches Recht zu einem Reichswassergesetz (1934-1941). Ein Beitrag zur Dogmatik der Begriffe *Gemeingebrauch* und *Sondergebrauch* in der Zeit des Nationalsozialismus. 2001.

Band 241 Momme Rohlack: Kriegsgesellschaften (1914-1918). Arten, Rechtsformen und Funktionen in der Kriegswirtschaft des Ersten Weltkrieges. 2001.

Band 242 Rolf Geyer: Der Gedanke des Verbraucherschutzes im Reichsrecht des Kaiserreichs und der Weimarer Republik (1871-1933). Eine Studie zur Geschichte des Verbraucherrechts in Deutschland. 2001.

Band 243 Felix Lorenz Benjamin Lehmann: Der Rote Adlerorden. Entstehung und rechtliche Grundlagen (1705-1918). 2002.

Band 244 Marc Ludwig: Der Pfändungsschutz für Lohneinkommen. Die Entstehungs- und Entwicklungsgeschichte der Vorschriften zum Schutz vor Lohnpfändung in Deutschland. 2001.

Band 245 Alexander Wachter: Dorfschule zwischen Pastor und Schulmeister. Zur Säkularisierung des niederhessischen Schulwesens im 19. Jahrhundert. 2001.

Band 246 Richard Scholz: Analyse der Entstehungsbedingungen der reichsgerichtlichen Aufwertungsrechtsprechung. Untersuchung unter besonderer Berücksichtigung der konservativen Geldpolitik der Reichsbank und der Inflationspolitik der Reichsregierung. 2001.

Band 247 Judith Laeverenz: Märchen und Recht. Eine Darstellung verschiedener Ansätze zur Erfassung des rechtlichen Gehalts der Märchen. 2001.

Band 248 Christina Schenk: Bestrebungen zur einheitlichen Regelung des Strafvollzugs in Deutschland von 1870 bis 1923. 2001.

Band 249 Nils Werner: Die Prozesse gegen die Landvolkbewegung in Schleswig-Holstein 1929/32. Ein Beitrag zur Justizkritik in der späten Weimarer Republik. 2001.

Band 250 Wolfgang Walter: Das Duell in Bayern. Ein Beitrag zur bayerischen Strafrechtsgeschichte. 2002.

Band 251 Jörn Eckert / Kjell Å. Modéer (Hrsg.): Geschichte und Perspektiven des Rechts im Ostseeraum. Erster Rechtshistorikertag im Ostseeraum 8.–12. März 2000. 2001.

Band 252 Jan Könighaus: Die Inauguration der Christian-Albrechts-Universität zu Kiel 1665. Symbolgehalt und rechtliche Bedeutung des Universitätszeremoniells. 2002.

Band 253 Andreas Görgen: Rechtssprache in der Frühen Neuzeit. Eine vergleichende Untersuchung der Fremdwortverwendung in Gesetzen des 16. und 17. Jahrhunderts. 2002.

Band 254 Ralf Schäfer: Die Rechtsstellung der Haigerlocher Juden im Fürstentum Hohenzollern-Sigmaringen von 1634-1850. Eine rechtsgeschichtliche Untersuchung. 2002.

Band 255 Regine Schmalhorst: Die Tierhalterhaftung im BGB von 1896. Die Entstehung und Änderung des § 833 BGB sowie eine Analyse der Rechtsprechung des Reichsgerichts bis 1908. 2002.

Band 256 Thomas Hense: Konrad Beyerle. Sein Wirken für Wissenschaft und Politik in Kaiserreich und Weimarer Republik. 2002.

Band 257 Christian Mahlmann: Die Strafrechtswissenschaft der DDR. Klassenkampftheorie und Verbrechenslehre. 2002.

Band 258 Henning Kahmann: Die Bankiers von Jacquier & Securius 1933–1945. Eine rechtshistorische Fallstudie zur "Arisierung" eines Berliner Bankhauses. Mit einem Geleitwort von John Kornblum. 2002.

Band 259 Volker Friedrich Drecktrah: Die Gerichtsbarkeit in den Herzogtümern Bremen und Verden und in der preußischen Landdrostei Stade von 1715 bis 1879. 2002.

Band 260 Andreas Klass: Standes- oder Leistungselite? Eine Untersuchung der Karrieren der Wetzlarer Anwälte des Reichskammergerichts (1693-1806). 2002.

Band 261 Wolfgang Eder: Das italienische Tribunale Speciale per la Difesa dello Stato und der deutsche Volksgerichtshof. Ein Vergleich zwischen zwei politischen Gerichtshöfen. 2002.

Band 262 Albrecht Cordes / Bernd Kannowski (Hrsg.): Rechtsbegriffe im Mittelalter. 2002.

Band 263 Thomas Hildebrandt: Die Brandenburgischen Provinziallandtage von 1841, 1843, und 1845 anhand ausgewählter Verhandlungsgegenstände. 2002.

Band 264 Jan Finzel: Georg Adam Struve (1619–1692) als Zivilrechtler. 2003.

Band 265 Björn Carsten Frenzel: Das Selbstverständis der Justiz nach 1945. Analyse der Rolle der Justiz unter Berücksichtigung der Reden zur *Wiedereröffnung* der Bundes- und Oberlandesgerichte. 2003.

Band 266 Nils Reichhelm: Die marxistisch-leninistische Staats- und Rechtstheorie Karl Polaks. 2003.

Band 267 Raik Schneider: Altrechtliche Personenzusammenschlüsse. Ihre Entwicklung unter besonderer Berücksichtigung des Rechts des Großherzogtums Sachsen-Weimar-Eisenach sowie der Herzogtümer Sachsen-Meiningen und Sachsen-Gotha. 2003.

Band 268 Anke Meier: Die Geschichte des deutschen Konkursrechts, insbesondere die Entstehung der Reichskonkursordnung von 1877. 2003.

Band 269 Stefan Jens Jordan: Leben und Werk des Tübinger Rechtsprofessors Wilhelm Gottlieb Tafinger 1760–1813. 2003.

Band 270 Stefanie Hubig: Die historische Entwicklung des § 23 ZPO. Zum Ursprung und Fortleben des Vermögensgerichtsstandes im deutschen Prozeßrecht des 19. Jahrhunderts. 2003.

Band 271 Michael G. Perband: Der Grundsatz der freien Beweiswürdigung im Zivilprozeß (§ 286 ZPO) in der Rechtsprechung des Reichsgerichts. 2003.

Band 272 Mathias Bouveret: Die Stellung des Staatsoberhauptes in der parlamentarischen Diskussion und Staatsrechtslehre von 1848 bis 1918. 2003.

Band 273 Barbara Széchényi: Rechtliche Grundlagen bayerischer Zensur im 19. Jahrhundert. 2003.

Band 274 Sylvia Scharfenberg: Die Entstehungsgeschichte des Beurkundungsgesetzes vom 28. August 1969. 2003.

Band 275 Urte Nesemann: Die schwedische Familiengesetzgebung von 1734 bis zu den Reformgesetzen von 1915 bis 1920 und deren Einfluss auf die Gesetzgebungsprojekte der Weimarer Republik. Unter besonderer Berücksichtigung der Rechtsstellung der Frau und des unehelichen Kindes. 2003.

Band 276 Alexandra Brück: Die Polizeiordnung Herzog Christians von Braunschweig-Lüneburg vom 6. Oktober 1618. 2003.

Band 277 Torsten Landwehr: Das Kommissionsgeschäft in Rechtswissenschaft, Gesetzgebung und Rechtspraxis vom 16. bis zum Ende des 18. Jahrhunderts. 2003.

Band 278 Tassilo Wilhelm Maria Englert: Deutsche und italienische Zivilrechtsgesetzgebung von 1933–1945. Parallelen in der Rechtsetzung und gegenseitige Beeinflussung unter besonderer Berücksichtigung des Familien- und Erbrechts. 2003.

Band 279 Tobias Prang: Der Schutz der Versicherungsnehmer bei der Auslegung von Versicherungsbedingungen durch das Reichsgericht. 2003.

Band 280 Thorsten Lieb: Privileg und Verwaltungsakt. Handlungsformen der öffentlichen Gewalt im 18. und 19. Jahrhundert. 2004.

Band 281 Michael Rühling: Das Ladenschlussgesetz vom 28. November 1956. Vorgeschichte, Entstehung des Gesetzes und weitere Entwicklung. 2004.

Band 282 Kathrin Nawotki: Die schleswigsche Deichstavengerechtigkeit. Vom 17. Jahrundert bis in die Gegenwart. Eine gewohnheitsrechtliche Superfizies an nordfriesischen Deichgrundstücken und ihre Entwicklung. 2004.

Band 283 Erik Nils Voigt: Die Gesetzgebungsgeschichte der militärischen Ehrenstrafen und der Offiziersehrengerichtsbarkeit im preußischen und deutschen Heer von 1806 bis 1918. 2004.

Band 284 Dorothea Riedi Hunold: Die Einführung der allgemeinen Wechselfähigkeit in der Schweiz in der zweiten Hälfte des 19. Jahrhunderts. Unter besonderer Berücksichtigung der politischen, wirtschaftlichen und sozialen Verhältnisse. 2004.

Band 285 Thomas Gergen: Pratique juridique de la paix et trêve de Dieu à partir du concile de Charroux (989–1250). Juristische Praxis der Pax und Treuga Dei ausgehend vom Konzil von Charroux (989–1250). 2004.

Band 286 Kathrin Bethkenhagen: Die Entwicklung des Luftrechts bis zum Luftverkehrsgesetz von 1922. 2004.

Band 287 Heiko Lüpkes: Die Verbrechen der Diener des Staats im Allgemeinen Landrecht für die Preußischen Staaten von 1794 und ihre Entwicklung zu den Vergehen und Verbrechen im Amte im Strafgesetzbuch für die Preußischen Staaten von 1851. 2004.

Band 288 Mirco Peter Hirsch: Von der Erbbescheinigung des Preußischen Rechts zum Erbschein des Bürgerlichen Gesetzbuchs. 2004.

Band 289 Bettina Günther: Die Behandlung der Sittlichkeitsdelikte in den Policeyordnungen und der Spruchpraxis der Reichsstädte Frankfurt am Main und Nürnberg im 15. bis 17. Jahrhundert. 2004.

Band 290 Seunghyeon Seong: Der Begriff der *nicht gehörigen Erfüllung* aus dogmengeschichtlicher und rechtsvergleichender Sicht. 2004.

Band 291 Steffen-Werner Meyer: Bemühungen um ein Reichsgesetz gegen den Büchernachdruck. Anläßlich der Wahlkapitulation Leopolds II. aus dem Jahre 1790. 2004.

Band 292 Ulrich Löffler: Instrumentalisierte Vergangenheit? Die nationalsozialistische Vergangenheit als Argumentationsfigur in der Rechtsprechung des Bundesverfassungsgerichts. 2004.

Band 293 Norbert Koch: Die Entwicklung des deutschen privaten Immissionsschutzrechts seit Beginn der Industrialisierung. Unter besonderer Berücksichtigung des Einflusses der höchstrichterlichen Rechtsprechung. 2004.

Band 294 Julius Ludwig Pfeiffer: Das Tierschutzgesetz vom 24. Juli 1972. Die Geschichte des deutschen Tierschutzrechts von 1950 bis 1972. 2004.

Band 295 Bert-Hagen Strodthoff: Die richterliche Frage- und Erörterungspflicht im deutschen Zivilprozeß in historischer Perspektive. 2004.

Band 296 Tim Kannewurf: Die Höfeordnung vom 24. April 1947. Entstehungsgeschichte und Einordnung in die Entwicklung des Anerbenrechts. 2004.

Band 297 Steffi Heine: Die Methodendiskussion nach Inkrafttreten des Bürgerlichen Gesetzbuches und die Gründung des Vereins *Recht und Wirtschaft*. 2004.

Band 298 Anne Marlene Simon-Holtorf: Geschichte des Familienwahlrechts in Frankreich (1871 bis 1945). 2004.

Band 299 Jürgen Busch: Das Germanenbild der deutschen Rechtsgeschichte. Zwischen Wissenschaft und Ideologie. Mit einem Vorwort von Herwig Wolfram. 2004.

Band 300 Jan Kohlmann: Der Marsch zu den Gräbern von Karl und Rosa. Geschichte eines Gedenktages. 2004.

Band 301 Christian Rainer Schlicht: Die kumulative Schuldübernahme in der Rechtsprechung des Reichsgerichts und in der zeitgenössischen Literatur. 2004.

Band 302 Hans Peter Glöckner: Positive Vertragsverletzung. Die Geburt eines Rechtsinstituts. 2006.

Band 303 João Manuel Azevedo Alexandrino Fernandes: Die Theorie der Interpretation des Gesetzes bei Francisco Suárez. 2005.

Band 304 René Funk: Die Wahlprüfung der volksgewählten Abgeordneten der Volksvertretungen im Frühkonstitutionalismus. Eine Untersuchung der Wahlprüfung in den Kammern der Abgeordneten des Großherzogtums Baden, des Königreichs Württemberg und des Großherzogtums Hessen. 2005.

Band 305 Carolin O'Sullivan. Die Ahndung von Rechtsbrüchen der Seeleute im mittelalterlichen hamburgischen und hansischen Seerecht (1301–1482). 2005.

Band 306 Martin Jürgens: Staat und Reich bei Ernst Rudolf Huber. Sein Leben und Werk bis 1945 aus rechtsgeschichtlicher Sicht. 2005.

Band 307 Florian G. Dürselen: Franz Beyerle (1885–1977). Leben, Ära und Werk eines Rechtshistorikers. 2005.

Band 308 Kai Bandilla: Urheberrecht im Kaiserreich. Der Weg zum Gesetz betreffend das Urheberrecht an Werken der Literatur und Tonkunst vom 19. Juni 1901. 2005.

Band 309 Stefan Mieth: Die Entwicklung des Denkmalrechts in Preußen 1701–1947. 2005.

Band 310 Catharina Lodemann: Die Geschichte des französischen *acte de gouvernement*. 2005.

Band 311 Christina Wicke: Kodifikationsbestrebungen und Wissenschaft in Hessen-Darmstadt im vorkonstitutionellen Zeitalter. Zu der Beteiligung der Gießener Rechtsprofessoren an den Gesetzgebungsarbeiten in Hessen-Darmstadt in der Zeit zwischen 1769 und 1820. 2005.

Band 312 Christiane Chlosta: Nur dem Gesetz unterworfen? Eine rechtsgeschichtliche Untersuchung zu Idee und Wirklichkeit richterlicher Gesetzestreue unter besonderer Berücksichtigung der Aufwertungsrechtsprechung und des richterlichen Prüfungsrechts. 2005.

Band 313 Kathrin Dirr: Hoheitsrechtliche Streitigkeiten zwischen den Kölner Erzbischöfen und der Stadt Köln auf Grundlage reichskammergerichtlicher Verfahren des 16. und 17. Jahrhunderts. 2005.

Band 314 Michael Racky: Die Diskussion über Gewaltenteilung und Gewaltentrennung im Vormärz. 2005.

Band 315 Petra Thiemrodt: Die Entstehung des Staatshaftungsgesetzes der DDR. Eine Untersuchung auf der Grundlage von Materialien der DDR-Gesetzgebungsorgane mit zeitgeschichtlichen Bezügen. 2005.

Band 316 Julius F. Reiter: Entstehung und staatsrechtliche Theorie der italienischen *Carta del Lavoro*. 2005.

Band 317 André Book: Die Justizreform in der Frühzeit der Bundesrepublik. Die Beratungen der Kommission zur Vorbereitung einer Reform der Zivilgerichtsbarkeit in den Jahren 1955 bis 1961. 2005.

Band 318 Frank Zentz: Das amerikanische Strafverfahren als Element der Besatzungspolitik in Deutschland. Erziehung zur Demokratie durch den *Court of Appeals* 1948–1955. 2005.

Band 319 Friederike Quaisser: Mietrecht im 19. Jahrhundert. Ein Vergleich der mietrechtlichen Konzeptionen im Allgemeinen Landrecht für die Preußischen Staaten von 1794 und dem gemeinen Recht. 2005.

Band 320 Stefan Burghard: Professor Dr. Wilhelm Kahl – Leben zwischen Wissenschaft und Politik. 2005.

Band 321 Günter Baranowski: Die *Russkaja Pravda* – ein mittelalterliches Rechtsdenkmal. 2005.

Band 322 Christina Schneider: Die SS und „das Recht". Eine Untersuchung anhand ausgewählter Beispiele. 2005.

Band 323 Werner Schubert (Hrsg.): Zivilprozessreform in der Weimarer Zeit. Quellen zur Emminger-Zivilprozessverordnung vom 13.2.1924 und zu den Arbeiten der Zivilprozesskommission des Reichsjustizministeriums (1922–1930). Eingeleitet und herausgegeben von Werner Schubert. 2005.

Band 324 Felix Gaul: Der Jurist Rudolf Isay (1886–1956). Ein verantwortungsbewusster Vermittler im Spannungsfeld zwischen dynamischer Rechtsschöpfung, ökonomischem Wandel und technischem Fortschritt. 2005.

Band 325 Konstanze Braun: Dr. Otto Georg Thierack (1889–1946). 2005.

Band 326 Eckart Klein / Stefan Chr. Saar / Carola Schulze (Hrsg.): Zwischen Rechtsstaat und Diktatur. Deutsche Juristen im 20. Jahrhundert. 2006.

Band 327 Stefan Botor: Das *Berliner Sühneverfahren* – Die letzte Phase der Entnazifizierung. 2006.

Band 328 Andreas Köhler: Die Sorgerechtsregelungen bei Ehescheidung seit 1945. Scheidungsstrafe und verordnete Gemeinsamkeit. 2006.

Band 329 Lars Düwel: Die Nichtigkeit und Anfechtbarkeit der Ehe in der Rechtsprechung des Reichsgerichts zwischen 1900 und 1945. 2006.

Band 330 Katalin Polgar: Das Oberappellationsgericht der vier freien Städte Deutschlands (1820–1879) und seine Richterpersönlichkeiten. 2006.

Band 331 liegt noch nicht vor!

Band 332 Diana-Catharina Kurtz: Das Institut der Adoption im preußischen Allgemeinen Landrecht und im französischen Code civil zwischen Rezeption römisch-rechtlicher Prinzipien und verändertem Familienverständnis. 2006.

Band 333 liegt noch nicht vor!

Band 334 Ronald Hoffmann: Die Domänenfrage in Thüringen. Über die vermögensrechtlichen Auseinandersetzungen mit den ehemaligen Landesherren in Thüringen nach dem Ersten Weltkrieg. 2006.

Band 335 Joachim Windmüller: *Ohne Zwang kann der Humanismus nicht existieren...* – „Asoziale" in der DDR. 2006.

Band 336 Sven Christian Gläser: Die Mediatisierung der Grafschaft Wertheim. Der juristische Kampf eines kleinen Reichsstandes gegen den Verlust der Landesherrschaft und seine Folgen. 2006.

www.peterlang.de

FSC
www.fsc.org
MIX
Papier | Fördert
gute Waldnutzung
FSC® C083411

Kolibri 360 GmbH
Ferdinand-Jühlke-Straße 7
99095 Erfurt, Deutschland
produktsicherheit@kolibri360.de

Druck:
CPI Druckdienstleistungen GmbH
im Auftrag der
Kolibri 360 GmbH
Ferdinand-Jühlke-Str. 7
99095 Erfurt